Praxiswissen Docker

Zu diesem Buch – sowie zu vielen weiteren O'Reilly-Büchern – können Sie auch das entsprechende E-Book im PDF-Format herunterladen. Werden Sie dazu einfach Mitglied bei dpunkt.plus+:

www.dpunkt.plus

Praxiswissen Docker

Grundlagen und Best Practices für das Deployen von Software mit Containern

Sean P. Kane
mit Karl Matthias

Deutsche Übersetzung von Thomas Demmig

Sean P. Kane mit Karl Matthias

Lektorat: Ariane Hesse
Übersetzung: Thomas Demmig
Korrektorat: Sibylle Feldmann, *www.richtiger-text.de*
Satz: III-satz, *www.drei-satz.de*
Herstellung: Stefanie Weidner, Frank Heidt
Umschlaggestaltung: Michael Oréal, *www.oreal.de*
Druck und Bindung: mediaprint solutions GmbH, 33100 Paderborn

Bibliografische Information der Deutschen Nationalbibliothek
Die Deutsche Nationalbibliothek verzeichnet diese Publikation in der Deutschen Nationalbibliografie; detaillierte bibliografische Daten sind im Internet über *http://dnb.d-nb.de* abrufbar.

ISBN:
Print 978-3-96009-235-3
PDF 978-3-96010-832-0
ePub 978-3-96010-833-7

1. Auflage 2024
Translation Copyright © 2024 dpunkt.verlag GmbH
Wieblinger Weg 17
69123 Heidelberg

Authorized German translation of the English edition of *Docker: Up & Running, 3rd Edition*
ISBN 9781098131821 © 2023 Sean P. Kane and Karl Matthias. This translation is published and sold by permission of O'Reilly Media, Inc., which owns or controls all rights to publish and sell the same.

Dieses Buch erscheint in Kooperation mit O'Reilly Media, Inc. unter dem Imprint »O'REILLY«. O'REILLY ist ein Markenzeichen und eine eingetragene Marke von O'Reilly Media, Inc. und wird mit Einwilligung des Eigentümers verwendet.

Hinweis:
Dieses Buch wurde mit mineralölfreien Farben auf PEFC-zertifiziertem Papier aus nachhaltiger Waldwirtschaft gedruckt. Der Umwelt zuliebe verzichten wir zusätzlich auf die Einschweißfolie. Hergestellt in Deutschland.

Schreiben Sie uns:
Falls Sie Anregungen, Wünsche und Kommentare haben, lassen Sie es uns wissen: *kommentar@oreilly.de*.

Die vorliegende Publikation ist urheberrechtlich geschützt. Alle Rechte vorbehalten. Die Verwendung der Texte und Abbildungen, auch auszugsweise, ist ohne die schriftliche Zustimmung des Verlags urheberrechtswidrig und daher strafbar. Dies gilt insbesondere für die Vervielfältigung, Übersetzung oder die Verwendung in elektronischen Systemen.
Es wird darauf hingewiesen, dass die im Buch verwendeten Soft- und Hardware-Bezeichnungen sowie Markennamen und Produktbezeichnungen der jeweiligen Firmen im Allgemeinen warenzeichen-, marken- oder patentrechtlichem Schutz unterliegen.
Alle Angaben und Programme in diesem Buch wurden mit größter Sorgfalt kontrolliert. Weder Autor noch Übersetzer noch Verlag können jedoch für Schäden haftbar gemacht werden, die in Zusammenhang mit der Verwendung dieses Buches stehen.

5 4 3 2 1 0

Für meine Frau und meine Kinder, die alles lohnenswert machen.

Für meine Eltern, die mir den Weg wiesen, Logik und Leidenschaft miteinander zu verbinden.

Und für meine Schwester, die mir beibringt, die Welt durch die Wahrnehmung anderer zu erforschen.

– Sean P. Kane

Für meine Mutter, die mich zum Lesen brachte, und für meinen Vater, der mir vorlas.

Und für meine Frau und meine Töchter, die für mich Felsen in der Brandung sind.

– Karl Matthias

Inhalt

Vorwort

Container sind allgegenwärtig. Von der lokalen Entwicklung über Continuous Integration bis hin zum Managen produktiver Workloads im großen Maßstab sind überall Container im Spiel. Wie ist es dazu gekommen? Wohin wird die Reise noch gehen? Und was müssen Sie als Leser oder Leserin über diese Revolution wissen, die unsere Branche umgewälzt hat?

Viele ältere Technologien haben es versprochen: »Write once, run everywhere.« Aber nicht alle Runtimes haben diese Möglichkeit geboten, und selbst die, bei denen es möglich war, erforderten deren Verfügbarkeit (und die aller zusätzlichen Abhängigkeiten), damit eine Anwendung laufen konnte. Container versprechen nun: »Build once, run anywhere.« Sie erlauben es Ihnen, Ihre Anwendungen, die dafür erforderlichen Runtimes, Konfigurationsdateien und alle weiteren Dateiabhängigkeiten in einem Artefakt zu verpacken. Solange Sie eine Container-Runtime auf der Zielmaschine haben, funktioniert Ihre Anwendung einfach. Das erlaubt Ihrer Infrastruktur, tatsächlich agnostisch gegenüber den Anwendungen zu sein. »Also auf meinem Rechner läuft es« – das ist Vergangenheit!

Container bieten ein Standard-Application-Programming-Interface (eine API) zum Verwalten des Lebenszyklus eines Containers und der im Container verpackten Anwendungen. Diese API stellt eine homogene Schnittstelle zu einer ansonsten heterogenen Deployment-Landschaft bereit und befreit Operations-Teams davon, sämtliche Details und Besonderheiten beim Deployen und Ausführen von Anwendungen kennen zu müssen. Damit können sie sich darauf konzentrieren, was sie am besten können – Infrastruktur managen, Sicherheit und Compliance sicherstellen und den Laden am Laufen zu halten.

Diese Schnittstelle ist auch die Basis für einen ganzen Berg an Innovationen. Container-Orchestrierer wie Kubernetes oder Nomad nutzen diese Kontrollebene, um für mehr Abstraktion zu sorgen und es einfacher zu machen, containerisierte Workflows im großen Maßstab zu managen. Service-Mesh-Technologien wie Istio arbeiten Hand in Hand mit Orchestrierern und entkoppeln Aspekte wie Service Discovery und die Sicherheit vom Anwendungsstack.

All die Vorteile einer Standardschnittstelle machen sich auch weiter oben im Stack bemerkbar und erleichtern den Alltag in der Entwicklung. Ein einzelner Befehl kann eine ganze Entwicklungsumgebung erschaffen. Mit *Continuous Integration* (CI) lassen sich problemlos Container hochfahren, die Datenbanken, Queues oder sonstige Abhängigkeiten Ihrer Anwendung beheimaten, sodass mit dieser Integrations-, Smoke- oder End-to-End-Tests ausgeführt werden können und Ihre Arbeit kontrolliert werden kann. Und schließlich erlaubt die Portabilität der Container den Entwicklungsteams, für ihre Arbeit auch im Produktivumfeld Verantwortung zu übernehmen und damit viele Facetten von DevOps umzusetzen.

In einer Welt, in der Runtimes regelmäßig neue Major-Versionen erhalten, Teams sowie Organisationen polyglott und DevOps-Praktiken wie Blue-Green- oder Canary-Releases die Norm sind und in der die Größe von Umgebungen beispiellos ist, ist die Technologie, mit der Teams auf der ganzen Welt ihre Anwendungen bauen und deployen, die der Container. Container sind nicht mehr länger neu oder ungewöhnlich – sie sind die Regel, wenn Organisationen Anwendungen verpacken und deployen.

Aber die Arbeit mit Containern ist nicht einfach. Ich habe nun nahezu zehn Jahre lang Container genutzt, viel Zeit damit verbracht, Menschen auf der ganzen Welt davon zu erzählen, und kann guten Gewissens sagen: Dieses Thema besitzt viele Facetten.

Sean und Karl haben jahrelange Erfahrung in einen sehr gut lesbaren, aber trotzdem umfassenden Leitfaden für den Einsatz von Containern mit Docker umgesetzt. Was Sie für den Anfang wissen müssen, um Docker produktiv einzusetzen, finden Sie sämtlich in diesem Buch – von der Installation über das Verwenden und Bauen von Images, die Arbeit mit Containern, das Untersuchen von Builds und der Runtime bis hin zum produktiven Einsatz von Containern ist hier alles beschrieben.

Sean und Karl scheuen darüber hinaus auch nicht davor zurück, auf kleinste Details einzugehen. Sie zeigen beispielsweise, wie einfache Linux-Primitive wie `cgroups` und Namensräume dazu beitragen, die Magie von Containern möglich zu machen. Zudem wächst das Ökosystem von Docker immer weiter, und in diesem Buch finden Sie auch dieses beschrieben.

Im Vorwort der zweiten Auflage von *Praxiswissen Docker* hat Laura Tacho eine scharfsinnige Beobachtung gemacht: Cloud-native Technologien wie VMs und Container konkurrieren nicht miteinander, stattdessen ergänzen sie sich sogar. Diese Aussage ist heutzutage noch viel wahrer – das Aufkommen von Technologien wie Kata Containers (*https://katacontainers.io/*), die schlanke virtuelle Maschinen zum Ausführen von Containern nutzen und damit das Beste aus beiden Welten bieten (die Isoliertheit von VMs mit der Portabilität von Containern), sind ein Beweis für Lauras Kommentar.

Container sind allgegenwärtig. Auch eine lange Reise beginnt mit einem ersten Schritt – und tatsächlich ist die Reise, Container zu verstehen, eine lange. Wenn dieses Buch Ihr erster Schritt ist, haben Sie die richtige Wahl getroffen. Zwei sehr erfahrene Reiseleiter zeigen Ihnen den Weg, und auch wenn mir klar ist, dass Sie es nicht brauchen, wünsche ich Ihnen viel Glück.

Viel Spaß mit Containern.

– Raji Gandhi
Begründer von DefMacro Software, LLC, und Autor von
Head First Software Architecture, Head First Git und JavaScript Next
@looselytyped (https://twitter.com/looselytyped)
Columbus, Ohio
April 2023

Einleitung

Dieses Buch richtet sich an alle, die Praxiserfahrung mit Linux-Containern und ihrem Einsatz zum Verbessern von Entwicklungs- und Produktivpraktiken sammeln wollen. Bei den meisten modernen Integrations-Workflows und Produktivsystemen muss man in der Entwicklung und in DevOps ein gutes Verständnis von Linux-Containern und ihren Vorteilen haben, um die Wiederholbarkeit und Vorhersagbarkeit im gesamten System deutlich zu verbessern. Auf dem Weg werden wir erfahren, wie man Linux-Container im Docker-Ökosystem baut, testet, deployt und debuggt. Wir behandeln zudem ein paar wichtige Orchestrierungstools, die Linux-Container noch besser machen. Hilfestellungen zu Security und Best Practices für Ihre Containerumgebung runden das Kapitel ab.

Wer sollte dieses Buch lesen?

Das Buch richtet sich an Leser, die nach Lösungen für die verschiedenen mit dem komplexen Workflow bei Entwicklung und Deployment von Anwendungen einhergehenden Problemen suchen. Wenn Sie an Docker, Kubernetes, Linux-Containern, DevOps und umfangreichen skalierbaren Softwareinfrastrukturen interessiert sind, ist dieses Buch genau das Richtige für Sie.

Warum überhaupt dieses Buch lesen?

Heutzutage sind jede Menge Foren, Projektbeschreibungen und Artikel zum Thema Docker im Internet verfügbar, und manche handeln davon, dass es sich schon auf dem absteigenden Ast befindet.

Warum also sollten Sie Ihre kostbare Zeit mit dem Lesen dieses Buchs verbringen?

Auch wenn es heutzutage Alternativen gibt, hat allein Docker dafür gesorgt, dass Linux-Container für die Entwicklung und für Operations wirklich einsetzbar sind. Bevor Docker das Container-Image-Format geschaffen und dabei geholfen hat, viele der zentralen Bibliotheken zu bauen, die heute in Containerisierungssystemen zum Einsatz kommen, ließen sich Linux-Container nur schwer nutzen, und sie blieben größtenteils Tools sehr großer Cloud-Hosting-Unternehmen, die Skalierbarkeit anbieten mussten, während sie gleichzeitig ihre Systeme vor nicht vertrauenswürdigem Usercode zu schützen hatten.

Docker hat all das geändert.

Nun, auch wenn tatsächlich schon viele Informationen über Docker und Linux-Container bereitstehen, entwickelt sich die Landschaft immer noch weiter. Stellen Sie sich vor, Sie hätten gerade einen Blogpost gelesen, der vor vier Jahren über Docker veröffentlicht wurde. Die Vorschläge darin funktionieren vielleicht immer noch, aber es mag nicht mehr unbedingt der beste Ansatz sein. Während wir die erste Auflage dieses Buchs schrieben, hat Docker, Inc. allein vier neue Versionen veröffentlicht und sein hauseigenes Ökosystem um eine Reihe bedeutender Tools erweitert. In den sieben Jahren zwischen der ersten und der dritten Auflage dieses Buchs hat sich die Docker-Landschaft stark verändert. Docker wurde viel stabiler, und es gibt zusätzliche Tools, die ähnliche Rollen erfüllen. Statt an zu wenigen Tools zu kranken, gibt es mittlerweile eine Auswahl an guten Tools für nahezu jeden Aspekt aus dem DevOps-Workflow. Zu verstehen, was mit Linux-Containern und Docker alles möglich ist und wie sie zu Ihrem Workflow passen und in den unterschiedlichen Szenarien eingebunden werden können, ist nicht trivial.

So haben wir für mehrere Unternehmen an Aufbau und Betrieb von unterschiedlichen produktiven Linux-Container-Plattformen über neun Jahre gearbeitet – unter anderem mit Docker, Mesos und Kubernetes. Wir haben Docker nur wenige Monate nach seinem Release in einer Produktivumgebung implementiert und möchten in den nachfolgenden Kapiteln einige Erkenntnisse mit Ihnen teilen, die wir in den Jahren 2014 und 2015 im Rahmen der Weiterentwicklung unserer Plattform gewonnen haben. Ziel soll es hierbei sein, Sie von unseren Erfahrungen profitieren zu lassen, sodass Sie den Stolpersteinen, denen wir begegnet sind, so weit wie möglich aus dem Weg gehen können. Natürlich ist auch die Onlinedokumentation des Docker-Projekts zwar durchaus nützlich (*https://docs.docker.com*), wir möchten Ihnen hier jedoch ein viel umfassenderes Gesamtbild vermitteln und Ihnen einige der Verfahrensweisen vorstellen, die sich bestens bewährt haben.

Nach der Lektüre dieses Buchs sollten Sie über hinreichende Kenntnisse verfügen, um zu verstehen, was Linux-Container sind, was Docker eigentlich leistet, warum sie von Bedeutung sind und wie Sie sie nutzen können, um alles von der lokalen Entwicklung bis hin zur Produktivumgebung zu vereinfachen. Lassen Sie sich von diesem Buch auf eine kurze, aufschlussreiche Reise in das Universum einiger interessanter Technologien mitnehmen, die so manche praktische Anwendungen bieten.

Aufbau des Buchs

Hier ein Überblick über den Inhalt des Buchs:

- Die Kapitel 1 und 2 bieten Ihnen eine Einführung in Docker und erläutern, was genau Docker eigentlich ist und wie Sie es verwenden können.

- Kapitel 3 führt Sie schrittweise durch die Installation von Docker.
- Die Kapitel 4 bis 6 sind dem Docker-Client, Images und Containern gewidmet und untersuchen deren Aufgaben und Funktionsweisen.
- Kapitel 7 zeigt auf, wie Sie Images und Container debuggen können.
- Kapitel 8 führt in Docker Compose ein. Sie erfahren, wie signifikante Vereinfachungen in der Softwareentwicklung von komplexen containerbasierten Services mit Docker Compose möglich sind.
- Kapitel 9 behandelt Themen, die wichtig sind, um einen reibungslosen Übergang in die Produktivumgebung zu gewährleisten.
- Kapitel 10 demonstriert das Deployment von Containern in Public und Private Clouds in größerem Maßstab.
- In Kapitel 11 geht es um fortgeschrittene Themen, die einige Erfahrung mit Docker voraussetzen und von Bedeutung sind, wenn Sie anfangen, Docker in Ihrer Produktivumgebung einzusetzen.
- Kapitel 12 schaut sich ein paar alternative Tools an, die in containerisierten Linux-Umgebungen nützlich sein können.
- Kapitel 13 untersucht einige der grundlegenden Konzepte, die sich beim Design der nächsten Generation internetweit verfügbarer Produktivsoftware herausgebildet haben.
- Und Kapitel 14 schnürt die maßgeblichen Inhalte dieses Buchs schließlich zu einem ansehnlichen, mit einer hübschen Schleife dekorierten Paket zusammen: Es enthält eine Zusammenfassung der verfügbaren Tools, die Ihnen dabei helfen sollen, das Deployment und die Skalierung von Softwarediensten zu verbessern.

Natürlich sind wir uns darüber im Klaren, dass kaum jemand technische Fachbücher von vorne bis hinten durchliest und Einleitungen nur allzu leicht übersprungen werden. Wenn Sie es allerdings schon mal bis hierher geschafft haben, finden Sie nachstehend noch einige Hinweise dazu, wie Sie bei der Lektüre des Buchs vorgehen sollten:

- Wenn Linux-Container Neuland für Sie sind, sollten Sie das Buch von Anfang an lesen. Die ersten beiden Kapitel erörtern die Grundlagen von Docker und Linux-Containern und beschreiben, was sie leisten, wie sie funktionieren und warum Sie all dem Beachtung schenken sollten.
- Falls Sie sofort loslegen und Docker auf Ihrem Rechner installieren und ausführen wollen, sollten Sie direkt zu den Kapiteln 3 und 4 springen. Hier erfahren Sie, wie Docker installiert wird, wie Images erstellt oder heruntergeladen werden, wie Sie Container starten können und vieles mehr.
- Sind Sie mit den Grundlagen von Docker vertraut, benötigen aber dennoch Hilfe, um es in der Entwicklung zu nutzen, sollten Sie Kapitel 5 bis 8 lesen. Diese behandeln sehr viele Themen zum täglichen Einsatz von Docker mit Docker Compose, das Ihnen den Alltag erleichtert.

- Wenn Sie Docker bereits zur Entwicklung verwenden, aber Hilfe benötigen, um eine Produktivumgebung einzurichten, sollten Sie die Lektüre ab Kapitel 9 in Betracht ziehen, die sich mit dem Deployment und dem Debugging von Containern sowie weiteren fortgeschrittenen Themen befassen.
- Sie sind Software- oder Plattformarchitekt? Dann dürfte Sie Kapitel 13 interessieren, denn hier werden aktuell gängige Erwägungen zum Design containerisierter Anwendungen und horizontal skalierbarer Services betrachtet.

Konventionen dieses Buchs

In diesem Buch gelten folgende typografische Konventionen:

- Neue Begriffe, Dateinamen und Dateinamenserweiterungen sind *kursiv* gedruckt.
- URLs und E-Mail-Adressen sind im *Hyperlink*-Format dargestellt.
- Für Programm-Listings oder im Fließtext vorkommende Variablen- oder Funktionsnamen, Datenbanken, Datentypen, Umgebungsvariablen, Anweisungen und Schlüsselwörter wird eine `nicht proportionale Schrift` verwendet.
- Texte, die vom Benutzer durch eigene Eingaben oder aus dem Kontext ersichtliche Werte ersetzt werden sollen, sind in **`fett gedruckter nicht proportionaler Schrift`** gedruckt.

Dieses Element kennzeichnet einen Tipp oder Vorschlag.

Dieses Symbol kennzeichnet einen allgemeinen Hinweis.

Dieses Symbol kennzeichnet eine Warnung.

Danksagungen

Wir möchten den vielen Menschen danken, die jede Auflage dieses Buchs überhaupt erst möglich gemacht haben:

- Nic Benders, Bjorn Freeman-Benson und Dana Lawson (New Relic), die unsere Bemühungen stets unterstützten und uns die nötige Zeit für die erste Auflage verschafften.

- Roland Tritsch und Nitro Software für die Unterstützung von Karl bei der Arbeit an der zweiten Auflage.
- Laurel Ruma (O'Reilly), die uns vorschlug, ein Buch über Docker zu schreiben, und Mike Loukides, der alles Notwendige arrangierte.
- Besonderer Dank gilt unserem Lektor Brian Anderson, der uns klargemacht hat, worauf wir uns einlassen, und der uns bei jedem Schritt zur Seite stand.
- Nikki McDonald und Virginia Wilson, die uns durch den Prozess der zweiten Auflage führten.
- Und Dank an John Devins, Michele Cronin und Elizabeth Faerm, die unfassbar viel dafür getan haben, dafür zu sorgen, dass diese dritte Auflage das Licht der Welt erblickt hat.
- Vielen Dank an Yevgeniy (Jim) Brikman, den Autor des ausgezeichneten *Praxishandbuchs Terraform*, bei dem wir uns freundlicherweise stark für das Website-Design von *http://dockerupandrunning.com* bedienen durften.
- Eine neue Leserschaft an eine neue Technologie heranzuführen, benötigt besonderes Talent. Wir sind sehr dankbar, dass sich Lars Herrmann, Laura Frank Tacho und Raju Ghandi die Zeit genommen haben, jeweils ein Vorwort zu schreiben.
- Danke den Lesern unseres Buchentwurfs, die gewährleisteten, dass wir beim Schreiben nicht vom richtigen Weg abkamen: Ksenia Burlachenko, die eine erste Bewertung und eine vollständige technische Rezension lieferte, sowie Andrew T. Baker, Sébastien Goasguen, Henri Gomez, Chelsey Frank, Rachid Zarouali, Werner Dijkerman, Predrag Knežević und Vishwesh Ravi Shrimali.
- Besondere Erwähnung verdienen Alice Goldfuss und Tom Offermann, die uns detailliertes und durchweg nützliches Feedback gaben.
- Gillian McGarvey, Melanie Yarbrough und Sonia Saruba für das Redigieren des Manuskripts, damit es so aussieht, als hätten wir in der Schule bei der Rechtschreibung und Zeichensetzung aufgepasst. 517 fehlende Kommata, und die Zählung läuft weiter …
- Sue Klefstad, die uns dabei half, sicherzustellen, dass das Stichwortverzeichnis der dritten Auflage eine nützliche Referenz für alle Leserinnen und Leser wurde, und Wendy Catalano und Ellen Troutman, die das Gleiche in den Vorauflage geschafft haben.
- Ein besonderer Dank geht an Nick Adams und alle, die bei O'Reilly Media hinter den Kulissen dafür gesorgt haben, dass das Buch in allen Formaten gut zu lesen ist.
- Unseren Kollegen bei New Relic, die uns beim Einsatz von Docker begleiteten und viele der Erfahrungen sammelten, von denen wir hier berichten.
- Grains of Wrath Brewery, World Cup Coffee, McMenamins Ringlers Pub, Old Town Pizza, A Beer at a Time!, Taylor's Three Rock pub und weitere, die uns freundlicherweise ihre Tische und Strom zur Verfügung stellten, auch wenn unsere Speisen und Getränke schon längst verzehrt waren.

- Unseren Familien für ihre Unterstützung und dafür, dass sie uns die nötige Ruhe gewährten, wenn wir sie brauchten.
- Und schließlich allen, die uns ermutigten, uns Ratschläge gaben oder uns in anderer Weise irgendwie beim Schreiben dieses Buchs unterstützt haben.

KAPITEL 1

Einführung

Die Entstehung von Docker

Es war der 15. März 2013, als Solomon Hykes, der Gründer und Geschäftsführer von dotCloud (jetzt Docker, Inc.), das Projekt Docker erstmals – ohne Vorankündigung und großes Brimborium – in einer blitzartigen Fünf-Minuten-Präsentation (*http://youtu.be/wW9CAH9nSLs*) auf der Python Developers Conference in Santa Clara, Kalifornien, vorstellte. Zu diesem Zeitpunkt hatten lediglich rund 40 Menschen außerhalb des Unternehmens dotCloud Gelegenheit gehabt, Docker auszuprobieren.

Schon wenige Wochen nach dieser Präsentation brach ein unerwartet großer Medienrummel über das Projekt herein. Es wurde umgehend auf GitHub (*https://github.com/moby/moby*) vollständig als Open Source zur Verfügung gestellt, damit jedermann es herunterladen und eigene Beiträge dazu leisten konnte. Im Laufe der darauffolgenden Monate gewann Docker in der Branche zunehmend an Bekanntheit, und man bescheinigte ihm, die bisherige Art und Weise der Softwareentwicklung, -verteilung und -nutzung revolutionieren zu können. Innerhalb eines Jahres hatte praktisch jede und jeder Branchenkundige zumindest von Docker Notiz genommen, wenngleich vielen Menschen nicht ganz klar war, was es eigentlich genau leistet und warum das so spannend ist.

Docker ist ein Tool, das eine einfache Kapselung des Erstellungsprozesses von Artefakten zur Verteilung beliebiger Anwendungen verspricht. Dabei ist das Deployment für beliebige Umgebungen skalierbar, und der Workflow sowie die Reaktionsfähigkeit der betreffenden agilen Unternehmen werden optimiert.

Das Docker-Versprechen

Diejenigen, die noch keine Erfahrung mit Docker hatten, verstanden Docker zunächst vordergründig als Virtualisierungsplattform, aber tatsächlich war es das erste wirklich nutzbare Werkzeug, um auf einer viel neueren Technologie namens *Containerisierung* aufbauen zu können. Docker und Linux-Container hatten deutlichen Einfluss auf eine Reihe von Branchensegmenten mit Tools und Technologien wie

Vagrant, KVM, Xen, OpenStack, Mesos, Capistrano, Fabric, Ansible, Chef, Puppet, SaltStack usw. Wie Sie vielleicht bemerkt haben, ist die Liste der Produkte, deren Marktanteil durch Docker beeinflusst wurde, schon ziemlich aufschlussreich, und vielleicht haben Sie auch bereits welche davon eingesetzt. Viele Administratorinnen und Administratoren dürften sich darin einig sein, dass diese Tools eine ganze Reihe von Anwendungsfällen abdecken, und trotzdem wurden all die beteiligten Workflows durch Docker für immer verändert. Dies hängt im Wesentlichen damit zusammen, dass Docker einen großen Einfluss darauf hat, wie ein Continuous-Integration- und Continuous-Delivery-Workflow (CI/CD-Workflow) nach Meinung der meisten Menschen auszusehen hat. Statt bei jedem Schritt einen zeitaufwendigen Prozess umzusetzen, der von Spezialkräften gemanagt werden muss, erwartet man heutzutage, dass eine DevOps-Pipeline vollständig automatisiert ist und alle Schritte nacheinander abgearbeitet werden, ohne dass ein Mensch eingreifen muss. Zudem werden den vorgenannten Technologien im Allgemeinen produktivitätssteigernde Eigenschaften nachgesagt, und genau deshalb wird ihnen auch so viel Aufmerksamkeit zuteil. Docker befindet sich sozusagen im Zentrum einiger der leistungsfähigsten Technologien des letzten Jahrzehnts und kann zu signifikanten Verbesserungen fast jedes Schritts der Pipeline führen.

Würden Sie es allerdings Punkt für Punkt mit den jeweiligen Platzhirschen der verschiedenen Einsatzbereiche vergleichen (zum Beispiel im Konfigurationsmanagement), stünde es höchstwahrscheinlich lediglich als mittelmäßiger Wettbewerber da. In manchen Bereichen kann Docker seine Stärken besser ausspielen als in anderen, insgesamt betrachtet, decken die Features, die es mitbringt, aber ein sehr breites Anwendungsspektrum ab. Durch die Zusammenführung der Schlichtheit von Softwaretest- und -verteilungstools wie Vagrant und Capistrano mit der komfortablen Verwaltungshandhabung von Virtualisierungssystemen sowie optionalen Schnittstellen zur problemlosen Implementierung der Automatisierung von Workflow und Orchestrierung stellt Docker einen sehr leistungsfähigen Satz an Features zur Verfügung.

Viele neue Technologien kommen und gehen, insofern ist eine gewisse Skepsis gegenüber den neuesten Trends durchaus angebracht. Als Docker neu war, hätte man es sicherlich einfach als eine weitere neue Technologie abtun können, die sich irgendwelcher speziellen Probleme annimmt, mit denen Entwicklerinnen und Administratoren konfrontiert sind. Und wenn Sie es lediglich als Pseudovirtualisierungs- oder Deployment-Technologie sehen, erscheint es womöglich wirklich nicht besonders reizvoll. Allerdings leistet Docker sehr viel mehr als nur das, was es auf den ersten Blick zu erkennen gibt.

Die Kommunikation und die Workflows mehrerer Teams zu koordinieren, ist oftmals selbst in kleineren Unternehmen und Organisationen schwierig und teuer. Dessen ungeachtet kommt dem detaillierten Informationsaustausch zwischen den Teams jedoch immer mehr Bedeutung für ein erfolgreiches Arbeiten zu. Die Entdeckung und Implementierung eines Tools, das diese Kommunikation erleichtert und gleichzeitig dazu beiträgt, stabilere Software zu produzieren, ist also von enormem Nutzen – und genau deswegen ist Docker einen zweiten Blick wert. Natürlich ist es kein Wundermittel, und seine zielführende Implementierung will wohlüberlegt sein, trotzdem sind Docker und Linux-Container ein guter Ansatz, um in der Praxis auftretende organisatorische Probleme zu lösen und einem Unternehmen das zügigere Deployment besserer Software zu ermöglichen. Abgesehen davon kann ein gut geplanter Linux-Container-Workflow auch zufriedenere Teams und spürbare Kosteneinsparungen zur Folge haben.

Wo also treten die größten Schwierigkeiten auf? Software in dem Tempo auszuliefern, das heutzutage gefordert wird, ist nicht leicht – und wenn ein Unternehmen wächst und aus zwei oder drei Entwicklern mehrere Entwicklerteams werden, wird es auch zunehmend schwieriger, die Kommunikation hinsichtlich des Deployments neuer Softwareversionen zu koordinieren. Die Entwicklerteams müssen möglichst weitreichende Kenntnisse von der Umgebung besitzen, in der ihre Software laufen soll, und die Administratorinnen und Administratoren müssen ihrerseits immer umfassender mit der internen Funktionsweise der ausgelieferten Software vertraut sein. Im Allgemeinen ist es durchaus vernünftig, diese Kenntnisse kontinuierlich weiter zu vertiefen, weil das letztlich zu einem besseren Verständnis der Softwareumgebung insgesamt führt und somit das Design stabilerer Software ermöglicht. Allerdings ist dieses Wissen nur sehr schwer skalierbar, wenn das Wachstum eines Unternehmens zunimmt.

Die spezifischen Details einer Softwareumgebung bedingen oft eine Menge Kommunikation, die für die beteiligten Teams nicht immer unmittelbar von Nutzen ist. Wenn beispielsweise ein Entwicklerteam darauf warten muss, dass ein Administratorenteam irgendeine Library in der Version 1.2.1 deployt, kommt es zunächst nicht weiter – und für das betroffene Unternehmen bedeutet das verlorene Arbeitszeit. Könnten die Entwickler die Version der verwendeten Library hingegen einfach selbst aktualisieren und dann ihren Code schreiben, testen und ausliefern, würde sich die Zeit bis zum Deployment deutlich verkürzen, und es bestünden darüber hinaus geringere Risiken beim Deployment der Änderung. Und wenn umgekehrt die Administratorenteams die Software auf dem Host aktualisieren könnten, ohne sich mit mehreren Entwicklerteams abstimmen zu müssen, ginge es ebenfalls schneller voran. Docker unterstützt die Möglichkeit, die Software so zu isolieren, dass weniger Kommunikation zwischen den beteiligten Teams erforderlich ist.

Docker reduziert aber nicht nur die notwendige Kommunikation, sondern wirkt sich auch hinsichtlich der Softwarearchitektur recht bestimmend aus und begünstigt Anwendungen, die besonders stabil ausgelegt sind. Seine architektonische Philosophie stellt *atomare Container* oder *Wegwerfcontainer* in den Mittelpunkt. Beim Deployment wird die gesamte laufende Umgebung der alten Anwendung zusammen mit der Anwendung selbst weggeworfen. Nichts in der Umgebung der alten Anwendung überlebt länger als die Anwendung selbst – eine einfache Idee mit großem Effekt. Auf diese Weise wird es äußerst unwahrscheinlich, dass eine Anwendung versehentlich auf irgendwelche Überbleibsel einer vorhergehenden Version zugreift. Und auch beim Debuggen vorgenommene kurzlebige Änderungen können so keinen Eingang in künftige Versionen finden, indem sie vom lokalen Dateisystem eingelesen werden. Außerdem sind Anwendungen dadurch hochgradig portabel und lassen sich leicht auf einen anderen Server verschieben, denn alle Zustände müssen unveränderlicher Bestandteil des Deployment-Artefakts sein oder an einen externen Speicherort wie eine Datenbank, einen Cache oder einen Dateiserver übergeben werden.

Die Anwendungen sind somit nicht nur besser skalierbar, sondern auch zuverlässiger – und die Instanzen eines Anwendungscontainers können kommen und gehen, ohne dass sich dies großartig auf die Verfügbarkeit des Frontends auswirken würde. Hierbei handelt es sich um erprobte architektonische Entscheidungen, die sich bei Anwendungen bewährt haben, in denen Docker nicht zum Einsatz kommt. Docker hat diese Designentscheidungen übernommen und gewährleistet somit, dass sich containierisierte Anwendungen im Bedarfsfall ebenfalls dementsprechend verhalten – was nur vernünftig ist.

Vorteile des Docker-Workflows

Es ist nicht einfach, all die Möglichkeiten, die Docker mitbringt, in sinnvoll zusammenhängende Kategorien einzuordnen. Eine gut vollzogene Implementierung verschafft dem Unternehmen als Ganzes sowie den Teams, den Entwicklerinnen und Entwicklern sowie den Admins im Besonderen zahlreiche Vorteile. Sie vereinfacht architektonische Designentscheidungen, weil alle Anwendungen aus der Perspektive des Hostsystems von außen betrachtet im Wesentlichen gleich aussehen. Außerdem fällt es leichter, Toolings zu erstellen, die von mehreren Anwendungen gemeinsam genutzt werden können. Alles auf dieser Welt hat Vor- und Nachteile, im Fall von Docker ist es aber schon erstaunlich, wie sehr die Vorteile überwiegen. Im Folgenden sind einige der Vorteile beschrieben, die Docker und Linux-Container Ihnen bieten:

Vorhandene Fertigkeiten der Entwicklerteams fließen vollumfänglich in die Erstellung von Softwarepaketen mit ein.

In vielen Unternehmen mussten für die Erstellung von Softwarepaketen für die jeweils zu unterstützenden Plattformen eigens Stellen für Release und Build Engineers geschaffen werden, die über die erforderlichen Kenntnisse im Umgang mit den entsprechenden Toolings verfügen. Der Einsatz von Tools wie `rpm`, `mock`, `dpkg` oder `pbuilder` kann ziemlich kompliziert sein und muss jeweils individuell erlernt werden. Docker schnürt alle von Ihnen benötigten Bestandteile zu einem Paketformat zusammen, das als Open-Container-Initiative-(OCI-)Standard (*https://opencontainers.org*) bekannt ist.

Anwendungssoftware und erforderliche Betriebssystemdateien werden in einem standardisierten Image-Format gebündelt.

Früher musste ein Paket nicht nur die eigentliche Anwendung enthalten, sondern darüber hinaus auch viele weitere Dateien, auf die sie angewiesen war, wie z. B. Libraries oder Daemons. Trotzdem konnte man sich nie sicher sein, dass Ausführungs- und Entwicklungsumgebung hundertprozentig übereinstimmten. Für nativ kompilierten Code bedeutete dies, dass das Build-System exakt die gleichen Versionen der Shared Libraries haben musste wie die Produktivumgebung. Dies erschwerte die Paketierung und bereitete vielen Unternehmen Probleme, verlässlich funktionierende Pakete zu liefern. Oftmals versuchen Entwickler, die die (auf Red Hat basierende) Linux-Distribution Scientific Linux verwenden (*https://scientificlinux.org*), ein unter Red Hat Enterprise Linux (*https://www.redhat.com/en/technologies/linux-platforms/enterprise-linux*) getestetes Paket zum Laufen zu bekommen in der Hoffnung, dass beide Distributionen einander ähnlich genug sind. Mit Docker wird die Anwendung allerdings bereits inklusive aller für die Ausführung erforderlichen Dateien zur Verfügung gestellt. Dank der mehrschichtigen Images (Overlays), die an dieser Stelle zum Einsatz kommen, handelt es sich hierbei um einen effizienten Vorgang, der gewährleistet, dass Ihre Anwendung in der erwarteten Umgebung läuft.

Pakete werden mit exakt gleichen Artefakten zum Testen und Ausliefern für alle Systeme in allen Umgebungen benutzt.
: Wenn das Entwicklerteam über eine Versionsverwaltung Änderungen eincheckt, kann ein neues Docker-Image erstellt werden, das den vollständigen Überprüfungsvorgang durchläuft und an die Produktivumgebung ausgeliefert wird, ohne dass dabei eine Neukompilierung oder die Erstellung eines neuen Pakets erforderlich wäre, es sei denn, dies ist speziell gewünscht.

Abstraktion von Softwareanwendungen von der Hardware, ohne Ressourcen zu opfern.
: Wenn ein Abstraktionslayer zwischen der physischen Hardware und der darauf laufenden Softwareanwendung erforderlich ist, werden typischerweise herkömmliche Virtualisierungslösungen wie VMware eingesetzt – zum Preis eines höheren Ressourcenbedarfs: Der Hypervisor, der die VMs verwaltet, sowie alle laufenden VM-Kernel nutzen einen bestimmten Prozentsatz der Hardwareressourcen des Systems, die den Anwendungen dann nicht mehr zur Verfügung stehen. Ein Container hingegen ist einfach nur ein weiterer, typischerweise direkt mit dem Linux-Kernel kommunizierender Prozess, der daher mehr Ressourcen in Anspruch nehmen kann, bis er an die systemseitig vorgegebene oder ihm zugewiesene Kontingentsgrenze stößt.

Zum Zeitpunkt des ursprünglichen Docker-Release existierten Linux-Container bereits seit einigen Jahren, und auch viele der anderen Technologien, auf denen Docker beruht, sind nicht völlig neu. Allerdings bildet die einzigartige Mischung der nachhaltigen Designentscheidungen hinsichtlich Architektur und Workflow hier ein großes Ganzes, das erheblich leistungsfähiger ist als die Summe seiner Teile. Docker allein hat allen Software-Engineers Zugang zu den seit 2008 verfügbaren Linux-Containern verschafft. Es gestattet die relativ einfache Integration von Linux-Containern in den bereits vorhandenen Workflow bzw. die Prozessabläufe eines Unternehmens. Tatsächlich waren offenbar derart viele Menschen von den oben beschriebenen Schwierigkeiten betroffen, dass das Interesse an Docker viel schneller zunahm, als man vernünftigerweise hätte erwarten dürfen.

Seit seinem Start im Jahr 2013 hat Docker bereits einige Iterationen gesehen, verfügt nun über eine Fülle an Funktionen und läuft weltweit in einer großen Anzahl von

Produktivumgebungen. Es entwickelte sich sehr schnell zu einem der Grundsteine jedes modernen verteilten Systems und hat viele andere dazu inspiriert, darauf aufzubauen. Eine Vielzahl von Unternehmen ziehen Docker und Linux-Container als Lösung für ernst zu nehmende Probleme in Betracht, mit denen sie sich im Rahmen des Deployments ihrer Anwendungen konfrontiert sehen.

Was Docker nicht ist

Docker ist für eine breite Palette von Problemstellungen geeignet, für deren Lösung in der Vergangenheit üblicherweise Tools anderer Kategorien herangezogen wurden. Diese Vielseitigkeit bedingt es oftmals aber auch, dass die Funktionalität in bestimmten Bereichen nicht allzu tiefgreifend ausgeprägt ist. So werden manche Unternehmen feststellen, dass sie komplett auf ihre Tools für die Konfigurationsverwaltung verzichten können, wenn sie Docker einsetzen. Es kann zwar durchaus einige der Aufgaben herkömmlicher Tools übernehmen – seine wahre Stärke zeigt sich jedoch darin, dass es in der Regel mit ihnen kompatibel ist oder sich durch sie ergänzen lässt. Im Folgenden stellen wir einige der Toolkategorien vor, die Docker zwar nicht unmittelbar ersetzt, die sich aber in Kombination verwenden lassen. Auf diese Weise können oft hervorragende Ergebnisse erzielt werden.

Enterprise-Virtualisierungsplattform (VMware, KVM usw.)
: Ein Container ist keine virtuelle Maschine (kurz VM) im herkömmlichen Sinn. Virtuelle Maschinen enthalten ein vollständiges Betriebssystem, das von einem Hypervisor betrieben wird, der innerhalb des Hostsystems ausgeführt wird. Ein Hypervisor schafft virtuelle Hardwareschichten, die es möglich machen, zusätzliche Betriebssysteme auf einem einzelnen physischen Rechner laufen zu lassen. Das macht es sehr leicht, mehrere virtuelle Maschinen mit völlig anderen Betriebssystemen auf einem einzelnen Host auszuführen. Bei einem Container teilen sich der Host und der Container denselben Kernel – das bedeutet, dass der Container weniger Ressourcen belegt als eine VM, aber auf demselben Betriebssystem (z. B. Linux) beruhen muss wie der Host.

Cloud-Plattform (OpenStack, CloudStack usw.)
: Ebenso wie bei Enterprise-Virtualisierungsplattformen haben – oberflächlich betrachtet – Container-Workflows und die klassischeren Cloud-Plattformen viele Gemeinsamkeiten. Beide werden typischerweise für die horizontale Skalierung eingesetzt, um wechselndem Leistungsbedarf Rechnung zu tragen. Docker ist allerdings keine Cloud-Plattform, sondern handhabt das Deployment, die Ausführung und die Verwaltung von Containern auf bereits vorhandenen Docker-Hosts. Es ist nicht möglich, neue Hosts (Instanzen), neue Objektspeicher, neuen Speicherplatz oder eine der anderen typischerweise auf einer Cloud-Plattform verfügbaren Ressourcen zu erstellen. Wenn Sie Docker-Tooling ausweiten, werden Sie mehr und mehr von den Vorteilen profitieren, die traditionell mit der Cloud assoziiert werden.

Konfigurationsverwaltung (Puppet, Chef usw.)

Docker kann zwar die Möglichkeiten zur Administration von Anwendungen und deren Abhängigkeiten erheblich verbessern, ist aber kein direkter Ersatz für eine herkömmliche Konfigurationsverwaltung. *Dockerfiles* legen fest, wie ein fertiger Container zur Build-Zeit aussehen soll, haben aber keinen Einfluss auf den aktuellen Zustand und können auch nicht verwendet werden, um das Docker-Hostsystem zu verwalten. Nichtsdestotrotz kann die Nutzung von Docker dazu führen, dass die Komplexität von Konfigurationsverwaltungscode deutlich reduziert wird. Allein dadurch, dass mehr und mehr Server einfach zu Docker-Hosts werden, wird der von einer Firma genutzte Code der Konfigurationsverwaltung viel kleiner, und Docker kann anschließend dafür verwendet werden, die komplexen Anforderungen einer Anwendung innerhalb von standardisierten OCI-Images auszurollen.

Deployment-Framework (Capistrano, Fabric usw.)

Docker erleichtert viele Aspekte des Deployments, indem es eigenständige Container-Images erstellt, die alle Abhängigkeiten einer Anwendung kapseln und ohne weitere Anpassungen für alle Umgebungen geeignet sind. Es kann jedoch nicht verwendet werden, um die komplexen Deployments selbst zu automatisieren. Für die Aneinanderreihung umfangreicherer automatisierter Workflows werden im Allgemeinen zusätzliche Tools benötigt. Diese Methode verlangt, dass alle deployten Container auf allen Hosts konsistent ausgerollt werden, weil Docker und andere Linux-Container-Werkzeuge wie Kubernetes (k8s) eine wohldefinierte Deployment-Schnittstelle besitzen. Ein einziger Deployment-Workflow würde für die meisten – wenn nicht sogar alle – Docker-basierten Anwendungen ausreichen.

Entwicklungsumgebung (Vagrant usw.)

Vagrant ist ein Developer-Tool zur Verwaltung virtueller Maschinen, das häufig zur Simulation einer Serverumgebung genutzt wird, die der echten Produktivumgebung, in der eine Anwendung laufen wird, sehr ähnlich ist. Unter anderem vereinfacht Vagrant die Ausführung von Linux-Software auf Rechnern mit Windows oder macOS. Virtuelle Maschinen, die durch Tools wie Vagrant gemanagt werden, versuchen, das klassische »Auf meinem Rechner hat es funktioniert«-Szenario zu vermeiden, das auftritt, wenn die Software bei der Entwicklung wunderbar funktioniert, woanders aber nicht. Wie auch bei vielen der vorherigen Beispiele ist es allerdings nicht notwendig, eine breite Palette von Produktivumgebungen in der Entwicklungsumgebung zu simulieren, wenn Sie Docker einsetzen. Das hängt damit zusammen, dass die meisten Produktivumgebungen einfache Linux-Container-Server sein werden, die auch leicht lokal gebaut werden können.

Workload-Manager (Mesos, Kubernetes, Swarm usw.)

Ein Orchestrierungslayer (inklusive des eingebauten Swarm-Modus) muss genutzt werden, wenn man die Workload auf einen Pool von Linux-Container-Hosts intelligent verteilen möchte. Er trackt den aktuellen Status aller Hosts und der genutzten Ressourcen und unterhält ein Inventar von allen laufenden

Containern. Diese Systeme sind dazu gedacht, die regulären Aufgaben zu automatisieren, die erforderlich sind, um ein produktives Cluster sauber laufen zu lassen, und Tools anzubieten, die dabei helfen, die ausgesprochen dynamische Natur containerisierter Workloads besser durch die beteiligten Personen im Griff behalten zu können.

Jeder dieser Punkte führt eine wichtige Funktion auf, die Docker und Linux-Container verändert und verbessert hat. Linux-Container sind eine Möglichkeit, Software in einer kontrollierten und isolierten Umgebung zu betreiben, während die durch Docker eingeführte einfach zu nutzende Kommandozeilenschnittstelle (*Command Line Interface*, CLI) und der Container-Image-Standard die Arbeit mit Containern deutlich vereinfacht haben und dafür sorgten, dass es einen reproduzierbaren Weg gibt, Software über die gesamte Computerflotte hinweg bauen zu können.

Wichtige Begrifflichkeiten

Hier werden einige Begrifflichkeiten kurz genannt und erläutert, die im weiteren Verlauf des Buchs verwendet werden:

Docker-Client
: Das ist der `docker`-Befehl, der im Docker-Workflow am meisten genutzt wird, um mit Docker-Servern zu arbeiten.

Docker-Server
: Das ist der `dockerd`-Befehl, der genutzt wird, um den Docker-Server-Prozess zu starten, der über einen Client Container baut und startet.

Docker-Image
: Docker- und OCI-Images bestehen aus einem oder mehreren Dateisystem-Layern, angereichert mit einigen wichtigen Metadaten, die alle Dateien repräsentieren, die eine containerisierte Anwendung benötigt. Ein einzelnes Docker-Image kann auf zahlreiche Hosts kopiert werden. Ein Image hat üblicherweise eine Repository-Adresse, einen Namen und ein Tag. Das Tag wird generell zur Identifizierung einer spezifizierten Version eines Image nutzt (zum Beispiel *docker.io/superorbital/wordchain:v1.0.1*). Ein Docker-Image ist ein Image, das zum Docker-Toolset kompatibel ist, während es sich bei einem OCI-Image spezifischer um ein Image handelt, das den Open-Container-Initiative-Standard erfüllt und garantiert mit jedem OCI-kompatiblen Tool läuft.

Linux-Container
: Das ist ein Container, der von einem Docker- oder OCI-Image instanziiert wird. Ein spezifischer Container existiert genau ein einziges Mal. Allerdings kann es mehrere Container von ein und demselben Image geben. Der Begriff *Docker-Container* führt eigentlich in die Irre, weil Docker einfach die Containerfunktionalität des Betriebssystems nutzt.

Atomic oder Immutable Host
Ein Atomic oder Immutable Host ist ein kleines Betriebssystemabbild wie Fedora CoreOS (*https://getfedora.org/en/coreos/*), das das Hosting von Containern erlaubt sowie Image-basierte (atomic) Betriebssystem-Upgrades ermöglicht.

Zusammenfassung

Sofern Sie nicht den entsprechenden beruflichen Hintergrund besitzen, ist es nicht ganz einfach, Docker zu verstehen. Im folgenden Kapitel geben wir Ihnen einen umfangreichen Überblick darüber, was Docker eigentlich leistet, wie es eingesetzt werden sollte und welche Vorteile Sie erzielen können, wenn Sie all das bei der Implementierung berücksichtigen.

KAPITEL 2

Docker im Überblick

Bevor Sie anfangen, Docker zu installieren und zu konfigurieren, soll an dieser Stelle kurz erläutert werden, was es eigentlich genau damit auf sich hat und was es leistet. Im Prinzip handelt es sich um eine sehr effiziente Technologie, die gar nicht mal so kompliziert ist. In diesem Kapitel stellen wir die allgemeine Funktionsweise von Docker und Linux-Containern vor, erläutern, warum sie so leistungsfähig sind, und liefern Ihnen einige Argumente, die für ihre Verwendung sprechen. Aufgrund der Tatsache, dass Sie dieses Buch lesen, ist zwar zu vermuten, dass Sie bereits mindestens einen guten Grund gefunden haben, Container zu benutzen, dennoch kann es ja keinesfalls schaden, Ihre Kenntnisse noch ein wenig zu erweitern, bevor Sie richtig loslegen.

Und keine Sorge: Dieses Kapitel wird Sie nicht lange aufhalten. Schon das nächste Kapitel hat die Installation und die Inbetriebnahme von Docker auf Ihrem System zum Inhalt.

Workflows vereinfachen

Auf den ersten Blick ist es nicht offensichtlich, dass Docker einen großen positiven Einfluss auf das Unternehmen und die Teamprozesse haben kann, wenn es richtig implementiert und eingeführt wird – schließlich ist Docker doch auch nur eine Software. Es ist daher Zeit, tiefer einzusteigen und zu erfahren, wie Docker und Linux-Container sowohl die Kommunikation als auch die Workflows vereinfachen können. Das beginnt für gewöhnlich mit dem Deployment. Um eine Anwendung in den Produktivbetrieb zu übernehmen, werden traditionell die folgenden Schritte unternommen (siehe Abbildung 2-1):

1. Die Anwendungsentwicklerinnen und -entwickler fordern bestimmte Ressourcen von den Administratorinnen und Administratoren an.
2. Die gewünschten Ressourcen werden den Entwicklern zur Verfügung gestellt.
3. Die Entwickler erstellen Skripte und bereiten das Deployment vor.
4. Administratoren und Entwickler stimmen das Deployment miteinander ab und nehmen wiederholt Modifikationen und Verbesserungen vor.
5. Die Entwickler entdecken weitere Abhängigkeiten.

6. Die Administratoren arbeiten daran, zusätzliche Anforderungen zu erfüllen.
7. Die Schritte 4 bis 6 werden *n*-mal wiederholt.
8. Das Deployment der Anwendung ist vollzogen.

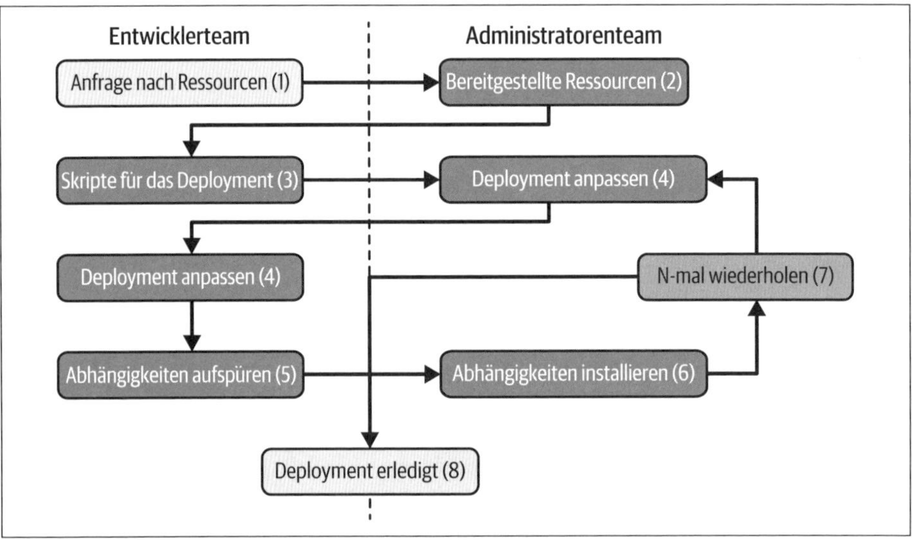

Abbildung 2-1: Ein typischer Workflow beim Deployment ohne Docker

Unserer Erfahrung nach dauert das Deployment einer nagelneuen Anwendung auf traditionelle Art und Weise bei komplexen Produktivsystemen nicht selten fast eine Woche. Das ist nicht sehr ertragreich, und obwohl viele Hindernisse mithilfe verschiedener DevOps-Praktiken umgangen werden könnten, ist dies oftmals dennoch weiterhin mit großem Aufwand und einer Menge Kommunikation zwischen den Teams verbunden. Derartige Vorgänge sind in der Regel nicht nur technisch anspruchsvoll, sondern auch kostspielig. Noch schlimmer ist allerdings, dass sie sich nachteilig auf die Bereitschaft der Entwicklerteams auswirken, zukünftig Innovationen umzusetzen. Wenn das Deployment neuer Software schwierig, zeitraubend und von der Verfügbarkeit der Ressourcen anderer Teams abhängig ist, werden die Entwickler vielmehr versuchen, möglichst alles in die vorhandene Anwendung einzubauen, um dem lästigen und umständlichen neuen Deployment zu entgehen – oder, schlimmer noch, Probleme gar nicht mehr lösen, für die eine neue Entwicklung erforderlich ist.

Systeme wie *Heroku* (*https://www.heroku.com*), die ein Deployment quasi auf Knopfdruck durchführen, haben den Entwicklerinnen und Entwicklern gezeigt, wie einfach ihr Leben sein kann, wenn sie selbst für ihre Anwendung und den überwiegenden Teil der Abhängigkeiten verantwortlich sind. Unterhält man sich mit ihnen über dieses Thema, führt das nicht selten zu einer Debatte darüber, wie reibungslos das Deployment bei Heroku und ähnlichen Systemen ablaufen könnte. Und wenn Sie zum Administratorenteam gehören, sind Ihnen vermutlich auch schon einige Klagen darüber zu Ohren gekommen, um wie viel langsamer Ihre internen Systeme im Vergleich zum Deployment mit »Push-Button«-Lösungen wie Heroku sind, die auf Linux-Container-Technologie aufbauen.

Heroku ist eine vollständige Umgebung und nicht nur eine Container-Engine. Nun erhebt Docker keineswegs den Anspruch, alle Funktionen von Heroku abzudecken, aber es sorgt für eine klare Trennung zwischen den Zuständigkeiten und der Verkapselung von Abhängigkeiten, was die Produktivität in ähnlicher Weise steigert. Außerdem ermöglicht Docker eine noch feiner abgestimmte Steuerung als Heroku, weil ein Entwickler oder eine Entwicklerin hier praktisch für alles selbst verantwortlich ist – bis hin zu den Datei- und Paketversionen, mit denen die Anwendung laufen soll. Einige der Orchestrierungstools, die auf Docker aufbauen (wie Kubernetes, Docker Swarm oder Mesos), versuchen, die Einfachheit von Systemen wie Heroku zu kopieren. Aber auch diese Plattformen bündeln noch mehr Funktionen um Docker herum, um eine höhere Leistungsfähigkeit zu erreichen, was wiederum zu einer komplexen Umgebung führt. Eine einfache Plattform, die nur Docker unterstützt, besitzt trotzdem alle Prozesse, ohne eine hohe Komplexität hinzuzufügen.

Als Unternehmen verfolgt Docker einen Ansatz, den man mit »Batterien sind im Lieferumfang enthalten, aber entnehmbar« beschreiben könnte. Soll heißen: Docker wird mit allen Tools ausgeliefert, die typischerweise zur Erledigung anfallender Aufgaben nötig sind, wobei einzelne Komponenten jedoch leicht ausgetauscht werden können, um auch benutzerdefinierte Lösungen zu ermöglichen. Docker verwendet zur Übergabe von Images ein Repository und gestattet es so, die Zuständigkeit für die Image-Erstellung vom Deployment und dem Betrieb des Containers zu trennen.

In der Praxis ermöglicht dies den Entwicklerteams, ihre Anwendung inklusive aller Abhängigkeiten zu erstellen, sie in Entwicklungs- und Testumgebungen zu überprüfen und dann genau dieses Paket aus Anwendung und Abhängigkeiten für die Produktivumgebung freizugeben. Da solche Pakete von außen betrachtet immer gleich aussehen, kann das Administratorenteam für das Deployment und den Betrieb der Anwendungen Standardtools einsetzen. Der in Abbildung 2-2 beschriebene Workflow sieht dann in etwa so aus:

1. Die Entwickler erstellen das Docker-Image und liefern es bei der Registry ab.
2. Die Administratoren stellen sowohl Konfigurationsinformationen für den Container als auch Ressourcen zur Verfügung.
3. Die Entwickler veranlassen das Deployment.

Möglich wird das Ganze dadurch, dass Docker es gestattet, alle durch Abhängigkeiten verursachten Probleme schon während der Entwicklungsphase und beim Testen der Anwendung aufzuspüren. Zum Zeitpunkt des ersten Deployments ist diese Arbeit also bereits erledigt. Darüber hinaus sind für gewöhnlich weniger Handover zwischen dem Entwicklerteam und dem Administratorenteam erforderlich. In einer sorgfältig definierten Pipeline lässt sich damit vermeiden, dass neben dem Entwicklerteam noch irgendjemand anderes beim Erstellen und Deployen eines neuen Service beteiligt sein muss. Das stellt eine beträchtliche prozedurale Vereinfachung dar und spart viel Zeit. Und was noch besser ist: Die Tests der Deployment-Umgebung vor dem Release führen letztendlich zu einer stabileren Software.

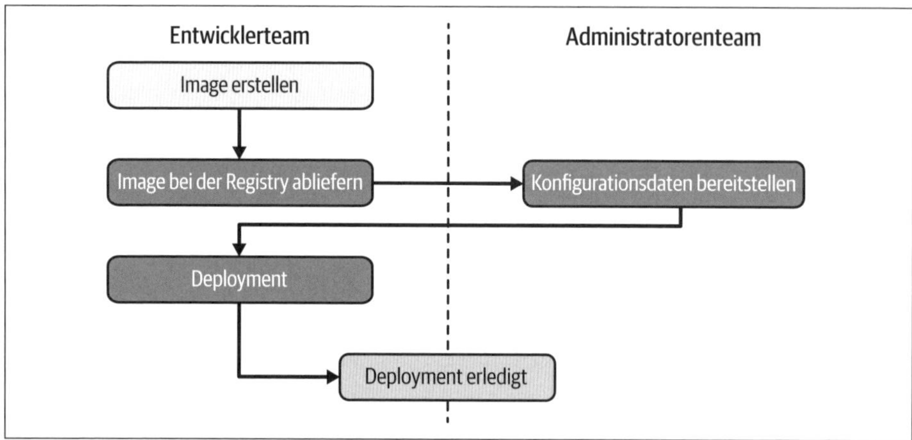

Abbildung 2-2: Workflow beim Deployment mit Docker

Umfassender Support und breite Akzeptanz

Docker wird gut unterstützt, und die Mehrheit der großen Public-Cloud-Provider besitzt einen direkten Support. So kommen Docker und Linux-Container beispielsweise in den Amazon Web Services (*AWS*) in mehreren Produkte zu Einsatz, wie Amazon Elastic Container Service (*Amazon ECS*), Amazon Elastic Kubernetes Service (*Amazon EKS*), Amazon Fargate und Amazon Elastic Beanstalk. Linux-Container lassen sich zudem unter anderem über Google App Engine (*GAE*), Google Kubernetes Engine, Red Hat OpenShift, IBM Cloud, Microsoft Azure und viele weitere Services nutzen. Auf der DockerCon 2014 kündigte Eric Brewer außerdem an, dass Google Docker als primäres internes Containerformat unterstützen wird. Und dabei handelt es sich nicht nur um gute PR für die beiden Unternehmen – vielmehr profitiert die Docker-Community spürbar davon, dass sehr viel Geld in die Stabilität und den Erfolg der Docker-Plattform investiert wurde.

Damit baut Docker seinen Einfluss weiter aus, denn sein Image-Format für Container ist das gängige gemeinsame Format der Cloud-Provider geworden, und es bietet Potenzial für »Einmal schreiben, überall ausführen«-Cloud-Anwendungen. Als Docker die Development Library `libswarm` veröffentlichte, führte ein Entwickler von Orchard das gleichzeitige Deployment eines Linux-Containers auf einer heterogenen Zusammenstellung verschiedener Cloud-Provider vor. Diese Art von Orchestrierung war früher alles andere als einfach, da jeder Cloud-Provider unterschiedliche APIs oder andere Tools für das Managen von Instanzen bereitstellte, die normalerweise das kleinste Element waren, das man mit einer API verwalten konnte. Was 2014 lediglich ein Versprechen von Docker war, ist mittlerweile zum Mainstream geworden, da viele große Firmen weiterhin in die Plattform, den Support und das Tooling investieren. Da die meisten Cloud-Provider eine Form von Docker- und Linux-Container-Orchestrierung ebenso anbieten wie eine Container-Runtime, wird Docker selbst sehr gut für jede mögliche Art von Anwendung in gängigen Produktivumgebungen unterstützt. Wenn Ihr gesamtes Tooling um Docker und Linux-

Container herum gebaut ist, können Sie Ihre Anwendungen unabhängig von irgendeiner Cloud einfach mit neuer Flexibilität deployen, was vorher nicht möglich war.

2017 stiftete Docker seine Runtime `containerd` der Cloud Native Computing Foundation (*CNCF*, *https://www.cncf.io*)[1], und 2019 erhielt es den Graduated-Projektstatus.

Heutzutage kommen Linux-Container in der Entwicklung, bei der Auslieferung und in Produktivumgebungen mehr denn je zum Einsatz. 2022 begann Docker, Anteile am Servermarkt an die neueste Version von Kubernetes zu verlieren, das den Docker-Daemon nicht mehr länger benötigt, aber selbst diese Releases von Kubernetes bauen sehr stark auf der `containerd`-Runtime auf, die ursprünglich von Docker entwickelt wurde. Docker ist zudem weiterhin in vielen Entwicklungs- und CI/CD-Workflows stark vertreten.

Aber wie sieht es mit dem Support durch die Betriebssystemhersteller und deren Akzeptanz aus? Der Docker-Client läuft auf den meisten wichtigen Betriebssystemen, und der Server kann unter Linux- und Windows-Servern laufen. Der Großteil des Ökosystems nutzt Linux-Server, aber auch andere Plattformen bekommen langsam, aber sicher Unterstützung. Der eingeschlagene Pfad führt jedoch höchstwahrscheinlich weiterhin über Linux-Server, die Linux-Container ausführen.

Es ist tatsächlich möglich, Windows-Container nativ (also ohne virtuelle Maschine) auf 64-Bit-Versionen von Windows Server 2016+ zu betreiben. Allerdings benötigen 64-Bit-Versionen von Windows 10+ Professional weiterhin Hyper-V, um den Windows-Server-Kernel bereitzustellen, der für die Windows-Container genutzt wird. Ein paar mehr Details finden sich in »Windows-Container« auf Seite 151.

Es sei auch darauf hingewiesen, dass Linux-Container in Windows außerhalb einer virtuellen Maschine mithilfe von WSL 2 (Windows Subsystem for Linux, Version 2) ausgeführt werden können.

Um den gestiegenen Bedarf an Docker-Tooling in Entwicklungsumgebungen zu unterstützen, hat Docker einfach nutzbare Implementierungen für macOS und Windows bereitgestellt. Diese scheinen zwar nativ zu laufen, nutzen im Hintergrund aber eine kleine virtuelle Maschine mit Linux, um den Docker-Server und den Linux-Kernel bereitzustellen. Docker wurde ursprünglich mit der Linux-Distribution Ubuntu entwickelt, inzwischen werden jedoch größtenteils auch die anderen großen Linux-Distributionen unterstützt, sofern es möglich ist. Red Hat ist beispielsweise bei Containern voll eingestiegen, und alle ihre Plattformen besitzen eine First-Class-Unterstützung für Docker. Angesichts der nahezu überall vorhandenen Nutzbarkeit von Containern in der Linux-Welt gibt es nun Distributionen wie Red Hats Fedora CoreOS, das für Linux-Container-Workloads gedacht ist.

In den ersten Jahren nach dem Release von Docker äußerte sich eine Reihe von Wettbewerbern kritisch über Dockers proprietäres Image-Format. Container auf Linux hätten kein standardisiertes Format, so Docker, Inc., daher entwickelten sie ein eigenes Format nach ihren Anforderungen.

1 *https://thenewstack.io/docker-donate-container-runtime-containerd-cloud-native-computing-foundation*

Serviceprovider und kommerzielle Anbieter waren zu Beginn zurückhaltend darin, Plattformen zu bauen, die von den Launen einer Firma abhängen würden, deren Interessen sich mit ihren eigenen überschneiden. Daher hatte Docker als Firma in dieser Zeit durchaus mit Problemen zu kämpfen. Um guten Willen zu zeigen und im Markt mehr Verbreitung zu finden, entschied sich Docker dazu, bei der Gründung der *Open Container Initiative* im Juni 2015 zu helfen. Die erste vollständige Spezifikation von dieser Arbeit wurde im Juli 2017 veröffentlicht und basierte zu großen Teilen auf der zweiten Version von Dockers Image-Format. Es ist nun möglich, eine OCI-Zertifizierung für Container-Images und Container-Runtimes zu erhalten.

Dies ist die primäre High-Level-Runtime mit OCI-Zertifizierung:

- `containerd` (*https://containerd.io*) ist die Standard-High-Level-Runtime in modernen Versionen von Docker und Kubernetes.

Diese OCI-zertifizierten Runtimes auf niedrigerer Ebene lassen sich von `containerd` nutzen, um Container zu managen und zu erstellen:

- `runc` (*https://github.com/opencontainers/runc*) wird von `containerd` oft als Standard-Runtime auf niedrigerer Ebene verwendet.
- `crun` (*https://github.com/containers/crun*) ist in C geschrieben und dabei auf Geschwindigkeit und einen geringen Speicherverbrauch getrimmt.
- Kata Containers (*https://katacontainers.io*) von Intel, Hyper und der OpenStack Foundation ist eine virtualisierte Runtime, die eine Mischung aus Containern und virtuellen Maschinen ausführen kann.
- gVisor (*https://github.com/google/gvisor*) von Google ist eine Sandbox-Runtime, die vollständig im Userspace implementiert ist.
- Nabla Containers (*https://nabla-containers.github.io*) ist eine weitere Sandbox-Runtime, die dazu entworfen ist, die Angriffsoberfläche von Linux-Containern signifikant zu verringern.

Deployment und Orchestrierung von vollständigen Systemen mit Containern werden stetig größer. Viele der Tools stehen unter einer Open-Source-Lizenz und sind sowohl on premise als auch als Cloud- oder als Software-as-a-Service-(SaaS-)Angebote verfügbar – entweder in einer Private oder in einer Public Cloud. Angesichts der hohen Investitionen, die weiterhin in Linux-Container fließen, ist es wahrscheinlich, dass Docker weiter eine wichtige Rolle im Gefüge des modernen Internets spielen wird.

Architektur

Docker ist eine leistungsfähige Technologie, und wie so häufig bedeutet dies auch, dass sowohl Tools als auch Prozesse ein hohes Maß an Komplexität besitzen. Unter der Haube ist Docker ziemlich komplex, allerdings ist es trotzdem ein einfaches Client-Server-Modell. Es verbergen sich zwar einige Teile hinter der Docker-API, darunter `containerd` und `runc`, aber das grundlegende System ist letztendlich lediglich ein Client, der über eine API zu einem Server spricht. Hinter den Kulissen macht Docker regen Gebrauch von Kernel-Mechanismen wie iptables, Virtual Bridging, Linux Control Groups (`cgroups`), Linux-Namespaces, Linux-Capabilities, Secure Computing Mode, einer Reihe von Treibern für verschiedene Dateisysteme und noch mehr. Mit einigen davon werden wir uns in Kapitel 11 näher befassen. Zunächst betrachten wir jedoch die Funktionsweise von Client und Server und geben eine kurze Einführung in die Netzwerk-Layer, die sich unterhalb eines Linux-Containers in Docker befinden.

Das Client-Server-Modell

Am einfachsten ist es, sich Docker als zweiteiliges System bestehend aus dem Client und dem Server/Daemon vorzustellen (siehe Abbildung 2-3). Optional gibt es noch eine dritte Komponente namens *Registry*, die Docker-Images sowie Metadaten über diese Images speichert. Der Server sorgt dafür, dass Ihre Container laufen, und verwaltet sie. Und mithilfe des Clients teilen Sie dem Server mit, welche Aufgaben er erledigen soll. Der Docker-Daemon (*https://de.wikipedia.org/wiki/Daemon*) kann auf einer beliebigen Anzahl von Servern laufen, und ein einzelner Client kann auf eine beliebige Anzahl von Servern zugreifen. Die Kommunikation geht stets vom Client aus, allerdings kann der Docker-Server direkt mit der Image-Registry kommunizieren, wenn der Client ihn dazu anweist. Die Clients sind dafür verantwortlich, den Servern Aufgaben zuzuweisen, während die Server containerisierte Anwendungen hosten und managen.

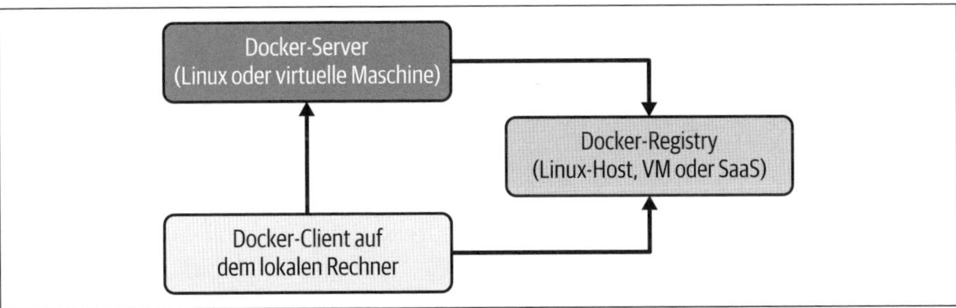

Abbildung 2-3: Dockers Client-Server-Modell

Die Docker-Struktur unterscheidet sich ein wenig von anderer Client-Server-Software. Es gibt einen `docker`-Client und einen `dockerd`-Server, es sind aber keine komplett getrennten Monolithen. Der Server orchestriert ein paar weitere Komponenten hinter den Kulissen für den Client, darunter `containerd-shim-runc-v2`, das zur Interaktion mit `runc` und `containerd` dient. Docker versteckt jede Komplexität hinter einer einfachen API, sodass Sie von einem Client-Server-Modell ausgehen können. Auf jedem Docker-Host läuft normalerweise ein Docker-Server, der eine beliebige Anzahl von Containern verwalten kann. Sie können dann das `docker`-Kommandozeilentool verwenden, um mit dem Server zu sprechen – entweder direkt vom Server oder, wenn richtig konfiguriert, über eine sichere Netzwerkverbindung von einem anderen Rechner aus. Zu einem späteren Zeitpunkt folgen mehr Details dazu.

Netzwerkports und Unix-Sockets

Der Kommandozeilenclient `docker` und der `dockerd`-Daemon kommunizieren über Netzwerk-Sockets miteinander. Docker, Inc. hat bei der Internet Assigned Numbers Authority (*IANA*, *https://www.iana.org*) drei Ports für die Nutzung des Docker-Daemons und des Clients reserviert: TCP-Port 2375 für unverschlüsselten Traffic und Port 2376 für verschlüsselte SSL-Verbindungen, dazu Port 2377 für Docker Swarm Mode. Die Nutzung eines alternativen Ports ist bei Bedarf einfach konfigurierbar. In den Standardeinstellungen nutzt Docker einen Unix-Socket für die Kommunikation mit dem lokalen Daemon. Damit ist sichergestellt, dass bei der initialen Installation ein möglichst sicheres System gewährleistet ist. Das ist auch nachträglich konfigurierbar, aber es wird dringend empfohlen, Netzwerkports nicht mit Docker zu verwenden, weil es keine Benutzerauthentifizierung und keine rollenbasierte Zugriffskontrolle beim Docker-Daemon gibt. Der Unix-Socket kann bei verschiedenen Systemen auf unterschiedlichen Pfaden liegen, meist findet er sich aber unter */var/run/docker.sock*. Falls Sie hier bestimmte Vorlieben haben, können Sie diese Einstellung üblicherweise während der Installation konfigurieren. Andernfalls werden aber vermutlich auch die Voreinstellungen reibungslos funktionieren.

Neuere Versionen von Docker Desktop erstellen eventuell ihre eigene Datei *docker.sock* im Home-Verzeichnis des Benutzers unter *.docker/run/* und verlinken einfach */var/run/docker.sock* dorthin.

Stabiles Tooling

Zu den vielen Faktoren, die zur hohen Akzeptanz von Docker beigetragen haben, zählt auch das einfach zu nutzende, aber dennoch leistungsstarke Tooling. Seit der initialen Veröffentlichung wurden die Funktionen dank der Docker-Community stets erweitert. Das Docker-Tooling unterstützt das Erstellen von Docker-Images, einen verteilten Modus namens Swarm Mode, ein einfaches Deployment einzelner Docker-Daemons und auch alle Funktionen, die zur Verwaltung eines Docker-Remote-Servers nötig sind. Die Bemühungen der Community konzentrieren sich – inklusive Swarm Mode – auf die Verwaltung ganzer *Flotten* (gemeint sind damit Cluster) von Docker-Servern sowie die Planung und Orchestrierung von Container-Deployments.

Sprechen wir in diesem Buch über Docker Swarm oder den Swarm Mode (*https://docs.docker.com/engine/swarm*), beziehen wir uns auf die eingebaute Swarm-Funktionalität im Client und im Server von Docker, die auf einer Bibliothek namens SwarmKit aufbaut. Bei der Suche nach Artikeln im Internet finden Sie eventuell Verweise auf eine ältere Stand-alone-Version von Docker Swarm, die heutzutage oft als Docker Swarm »Classic« (*https://github.com/docker-archive/classicswarm*) bezeichnet wird.

Docker hat auch eigene Orchestrierungstools entwickelt, unter anderem Compose (*https://github.com/docker/compose*), Docker Desktop (*https://www.docker.com/products/docker-desktop*) und Swarm Mode (*https://docs.docker.com/engine/swarm*), die mittlerweile ein sinnvoll zusammenhängendes Deployment in mehreren Umgebungen ermöglichen. Dockers Angebote in der Orchestrierung von Produktivumgebungen wurden großflächig von Googles Kubernetes überholt, wobei aber darauf hingewiesen sei, dass Kubernetes vor der Version v1.24 von Anfang 2022 stark auf Docker aufbaute.[2] Dockers eigene Orchestrierungstools bleiben allerdings hilfreich, wobei Compose vor allem bei der lokalen Entwicklung durchaus nützlich ist.

Da Docker sowohl ein Kommandozeilentool als auch eine REST-API enthält, ist es sehr einfach, zusätzliches Tooling in beliebigen Programmiersprachen zu entwickeln. Für Skripte bietet sich das Kommandozeilentool an, und alles, was der Client erledigen kann, lässt sich auch programmatisch über die REST-API erreichen. Die Docker-CLI ist so bekannt, dass viele CLI-Tools von anderen Linux-Container-Werkzeugen, wie zum Beispiel `podman` (*https://podman.io*) oder `nerdctl` (*https://github.com/containerd/nerdctl*), aus Gründen der Kompatibilität und zum einfacheren Übergang gleiche Argumente nutzen.

Dockers Kommandozeilentool

Das Kommandozeilentool `docker` ist diejenige Schnittstelle, die von den meisten Menschen vorrangig zur Kommunikation mit Docker verwendet wird. Dabei handelt es sich um ein Go-Programm (*https://golang.org*), das auf allen gängigen Architekturen und Betriebssystemen kompiliert und ausgeführt werden kann. Es ist auf verschiedenen Plattformen als Bestandteil der normalen Docker-Distribution verfügbar und lässt sich unmittelbar anhand des Go-Quellcodes kompilieren. Das Tool bietet unter anderem die folgenden Möglichkeiten:

- Erstellen eines Container-Image.
- Laden eines Image aus der Registry des Docker-Daemons oder Hinzufügen eines Image zur Registry.
- Starten eines Containers auf einem Docker-Server entweder im Vordergrund oder im Hintergrund.
- Abrufen der Docker-Logs von einem Remote-Server.
- Interaktives Ausführen eines Befehls innerhalb eines auf einem Remote-Server laufenden Containers.
- Monitoring-Statistiken Ihres Containers.
- Abruf einer Liste der Prozesse aus Ihrem Container.

Sie können vermutlich erkennen, wie diese Funktionen in einem Workflow zur Erstellung, zum Deployment und zur Beobachtung von Anwendungen genutzt werden können. Das `docker`-Kommandozeilentool ist allerdings nicht die einzige Methode, mit Docker zu interagieren, und auch nicht notwendigerweise die mächtigste.

2 *https://kubernetes.io/blog/2020/12/02/dockershim-faq*

Docker-Engine-API

Wie manch andere moderne Software besitzt auch der Docker-Daemon eine API. Tatsächlich verwendet Dockers Kommandozeilentool diese Schnittstelle, um mit dem Docker-Daemon zu kommunizieren. Da sie öffentlich zugänglich und gut dokumentiert ist, greift externes Tooling oftmals direkt darauf zu. Auf diesem Weg können beliebige Werkzeuge all die Images und Container erstellen, begutachten und managen, die sich unter der Verwaltung des Docker-Daemons befinden. Und auch wenn Einsteiger zunächst kaum Bedarf haben werden, direkt auf die Docker-API zuzugreifen, ist es doch gut zu wissen, dass diese Möglichkeit besteht. Wenn Docker mit der Zeit immer häufiger in Ihrem Unternehmen eingesetzt wird, werden Sie zunehmend feststellen, dass die API einen guten Integrationspunkt für dieses Tooling bietet.

Die API (*https://dockr.ly/2wxCHnx*) ist auf der Docker-Website ausführlich dokumentiert. Während das Docker-Ökosystem allmählich heranreifte, sind nach und nach stabile Implementierungen der Docker-API-Libraries für viele verbreitete Programmiersprachen entstanden. Docker selbst bietet SDKs für Python und Go an (*https://dockr.ly/2wxCHnx*), und es gibt zusätzliche Bibliotheken von Drittentwicklern, die einen Blick wert sind. Wir haben beispielsweise im Lauf der Jahre die Bibliotheken für Go (*https://github.com/fsouza/go-dockerclient*) und Ruby (*https://github.com/upserve/docker-api*) verwendet und festgestellt, dass sie stabil arbeiten und schnell aktualisiert werden, wenn neue Docker-Versionen erscheinen.

Die meisten Aufgaben, die Sie mit dem Kommandozeilentool bewerkstelligen können, lassen sich auch vergleichsweise einfach über die API erledigen. Zwei erwähnenswerte Ausnahmen sind jedoch die Endpunkte, die Streaming verwenden bzw. Zugriff auf ein Terminal erfordern: die Aktivierung von Remote Shells bzw. die Ausführung eines Containers im interaktiven Modus. In diesen Fällen ist es meist einfacher, das Kommandozeilentool zu verwenden.

Containernetzwerk

Linux-Container bestehen zwar größtenteils aus Prozessen, die auf dem Host selbst laufen, sie verhalten sich jedoch ganz anders als die übrigen Prozesse auf dem Netzwerk-Layer. Anfänglich unterstützte Docker lediglich ein einzelnes Netzwerkmodell. Mittlerweile unterstützt es aber eine ganze Reihe an Konfigurationen, die die meisten Anwendungsanforderungen erfüllen. Viele Nutzerinnen und Nutzer lassen ihre Container in der Standardkonfiguration laufen, dem *Bridge Mode*. Lassen Sie uns einen Blick darauf werfen, wie das funktioniert.

Um den Bridge-Modus zu verstehen, ist es am einfachsten, sich vorzustellen, dass sich jeder Linux-Container wie ein Host im privaten Netzwerk verhält. Der Docker-Server fungiert als virtuelle Bridge, und die Container sind die daran angeschlossenen Clients. Eine Bridge ist eine Netzwerkkomponente mit (normalerweise) zwei Anschlüssen, die einfach nur den Daten-Traffic des einen Anschlusses an den zweiten Anschluss weiterleitet. Sie können sich das Ganze wie ein kleines virtuelles Netzwerk vorstellen, an das Hosts angeschlossen sind. Die Implementierung (siehe Abbildung 2-4) sieht folgendermaßen aus: Jeder Container besitzt eine eigene virtuelle Ethernet-Schnittstelle, die mit der Docker-Bridge verbunden ist, sowie eine eigene dieser virtuellen Schnittstelle zugeordnete IP-Adresse (siehe Abbildung 2-4). Docker erlaubt es, einzelne Ports oder Gruppen von Ports des Hosts an den Container anzubinden, damit die Außenwelt ihn erreichen kann. Der Traffic wird dabei größtenteils durch die vpnkit-Bibliothek (*https://github.com/moby/vpnkit*) gemanagt.

Docker weist den privaten Subnetzen ungenutzte IP-Adressblöcke gemäß RFC1918 (*https://www.rfc-editor.org/rfc/rfc1918*) zu. Beim Start wird überprüft, welche dieser Adressblöcke auf dem Host nicht in Benutzung sind, und dann wird einer für das virtuelle Netzwerk ausgewählt. Die so erzeugte Netzwerkbrücke zum lokalen Netzwerk des Hosts ist auf dem Server über eine Schnittstelle mit der Bezeichnung `docker0` erreichbar. Das bedeutet, dass sich standardmäßig alle Container im selben Netzwerk befinden und direkt miteinander kommunizieren können. Um jedoch den Host oder die Außenwelt zu erreichen, müssen sie die Schnittstelle `docker0` der virtuellen Bridge verwenden.

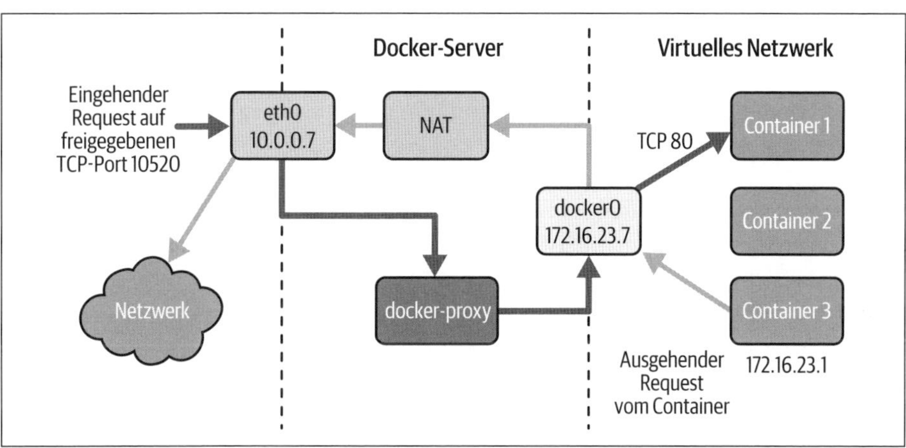

Abbildung 2-4: Das Netzwerk eines typischen Docker-Servers

Es gibt eine schwindelerregende Vielzahl von Möglichkeiten, den Netzwerk-Layer von Docker zu konfigurieren, die von der Zuweisung eigener IP-Adressblöcke bis hin zur Einrichtung einer benutzerdefinierten Schnittstelle für die Bridge reichen. Häufig werden einfach die Standardmechanismen genutzt, in manchen Situationen sind allerdings kompliziertere oder anwendungsspezifische Einstellungen erforderlich. Weitere Informationen zur Docker-Vernetzung finden Sie in der Dokumentation (*https://dockr.ly/2otp461*). In Kapitel 11 werden wir noch genauer auf Netzwerke eingehen.

Bei der Entwicklung Ihres Docker-Workflows sollten Sie anfangs bei den Standardeinstellungen bleiben. Wenn Sie später das virtuelle Netzwerk loswerden wollen oder feststellen, dass Sie es tatsächlich nicht benötigen, können Sie dies anpassen. Das Netzwerk ist für jeden Container einzeln konfigurierbar, und Sie können den kompletten virtuellen Netzwerk-Layer für einen Container mittels `--net=host` beim

Aufruf von `docker container run` deaktivieren. In diesem Modus verwenden Linux-Container ausschließlich die Netzwerkadressen und -geräte des Hosts, und es findet keine Provisionierung von virtuellen Interfaces oder Bridges statt. Beachten sollten Sie, dass Host-Networking Auswirkungen auf die Sicherheit haben kann, die Sie möglicherweise berücksichtigen müssen. Andere Netzwerktopologien werden in Kapitel 11 behandelt.

Docker ausreizen

Wie für die meisten Tools gilt auch für Docker, dass es Use Cases gibt, für die es hervorragend geeignet ist, und andere, auf die das nicht zutrifft. So könnten Sie beispielsweise ein Glasgefäß problemlos mit einem Hammer öffnen, allerdings hätte dies zweifellos auch einige Nachteile. Wenn Sie wissen, wie man ein Tool richtig einsetzt oder ob es überhaupt für die anstehende Aufgabe geeignet ist, sind Sie schnell wieder auf dem richtigen Weg.

Zunächst einmal ist Dockers Architektur eindeutig für Anwendungen ausgelegt, die entweder zustandslos sind oder aber ihren Zustand in einem externen Speicher wie einer Datenbank oder einem Cache speichern bzw. *externalisieren*. Diese sind einfach zu containerisieren. Docker erzwingt einige gute Entwicklungsprinzipien für diese Art von Anwendungen. Auf die Frage, warum das sinnvoll ist, kommen wir später noch zu sprechen. Gleichzeitig bedeutet das allerdings auch, dass Vorhaben wie der Betrieb einer Datenbank in einem Docker-Container dem Versuch gleichkommen, gegen den Strom anzuschwimmen: Es ist zwar nicht unmöglich und heißt auch nicht, dass Sie es nicht tun sollten, es handelt sich dabei jedoch schlicht und ergreifend um Use Cases, für die Docker nicht besonders gut geeignet ist. Und wenn Sie gleich mit einem derartigen Use Case einsteigen, werden Sie vermutlich sehr schnell enttäuscht sein. Datenbanken, die gut in Docker laufen, werden heutzutage häufig so deployt, allerdings ist dies kein einfacher Weg. Wirklich gut eignet sich Docker hingegen für Anwendungen wie Webschnittstellen, Backend-APIs oder lediglich kurzzeitig laufende Tasks wie Wartungsskripte, die ansonsten häufig von `cron` erledigt werden.

Wenn Sie sich zunächst einmal darauf konzentrieren, ein Verständnis dafür zu entwickeln, wie Containeranwendungen funktionieren, die zustandslos sind, oder ihren Zustand externalisieren, schaffen Sie die Grundlage dafür, auch andere Use Cases in Betracht ziehen zu können. Wir raten dringend dazu, mit zustandslosen Anwendungen anzufangen und erst einmal ein paar Erfahrungen zu sammeln, bevor Sie sich an anderen Use Cases versuchen. An dieser Stelle soll auch nicht unerwähnt bleiben, dass die Community hart daran arbeitet, einen besseren Support für zustandsbehaftete Anwendungen in Docker zu gewährleisten. In dem Bereich wird sich in den kommenden Jahren voraussichtlich einiges tun.

Container sind keine virtuellen Maschinen

Eine gute Möglichkeit, Ihr Verständnis dafür zu vertiefen, wie sich Docker einsetzen lässt, besteht darin, sich Linux-Container nicht als virtuelle Maschinen (VMs) vorzustellen, sondern als äußerst leichtgewichtige Wrapper eines einzelnen Unix-Prozesses. Bei der eigentlichen Ausführung könnte dieser Prozess weitere Prozesse erzeugen, andererseits könnte ein Container aber auch nur eine einzige statisch kompilierte Binärdatei enthalten (siehe »Externe Abhängigkeiten« auf Seite 251). Außerdem sind Container kurzlebig: Im Gegensatz zu traditionellen virtuellen Maschinen können sie ohne Weiteres einfach kommen und gehen.

Virtuelle Maschinen sind ganz bewusst als Ersatz für echte Hardware konzipiert, die normalerweise, in einem Rack montiert, dort einige Jahre verbleiben würde. Und da sie einen echten Server ersetzen sollen, sind sie oft von langlebiger Natur. Selbst in der Cloud, in der ihre Betreiber sie ganz nach Bedarf hoch- oder herunterfahren, laufen die virtuellen Maschinen meistens doch zumindest einige Tage. Container können dagegen zwar durchaus ebenfalls über längere Zeiträume in Betrieb bleiben, andererseits aber genauso gut schon eine Minute nach ihrer Erzeugung und der Erledigung einer Aufgabe wieder gelöscht werden. Grundsätzlich ist das alles auch schön und gut, aber doch ein fundamental anderer Ansatz als bei der herkömmlichen Verwendung virtueller Maschinen.

Wenn Sie Docker auf macOS oder Windows nutzen, startet im Hintergrund eine virtuelle Linux-Maschine, die `dockerd` startet. Auf Linux kann Docker jedoch nativ laufen, sodass keine virtuelle Maschine notwendig ist (siehe Abbildung 2-5).

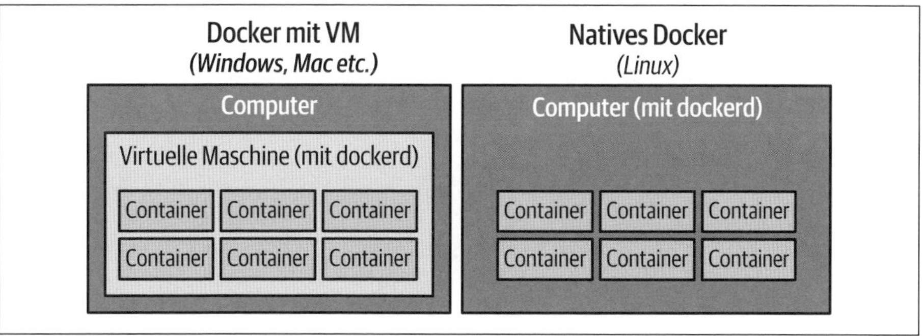

Abbildung 2-5: Typische Docker-Installationen

Beschränkte Isolierung

Container sind grundsätzlich voneinander isoliert, dabei gelten allerdings mehr Einschränkungen, als man möglicherweise vermuten würde. Sie können die einem Container zur Verfügung stehenden Ressourcen zwar durchaus begrenzen, standardmäßig teilen sich jedoch alle Container gleichberechtigt die CPU-Performance sowie den Arbeitsspeicher des Hosts – ganz so, wie man es von parallel laufenden Unix-Prozessen auch erwarten würde. Wenn Sie keine Beschränkung vorgeben, konkurrieren die Container also um die auf dem Server verfügbaren Ressourcen. Das mag für Ihren Anwendungsfall in Ordnung sein, hat dann allerdings auch Einfluss auf Ihre Designentscheidungen. Eine Begrenzung der Rechenzeit und des Arbeitsspeichers durch Docker ist möglich, in den meisten Fällen sehen diese Einstellungen aber anders aus als bei einer virtuellen Maschine.

Häufig nutzen mehrere Container einen oder mehrere Layer des Dateisystems gemeinsam. Hierbei handelt es sich um eine der effizienteren Designentscheidungen in Docker, die jedoch zur Folge hat, dass Sie eventuell Container neu bauen und deployen müssen, die weiterhin das ältere Image nutzen.

Auf dem Docker-Server selbst sind containerisierte Prozesse auch nur gewöhnliche Prozesse, die auf genau derselben Instanz des Linux-Kernels laufen wie das Betriebssystem des Hosts. Alle Containerprozesse erscheinen sogar in der normalen Ausgabe des `ps`-Befehls des Docker-Servers. Hier verhält sich Docker völlig anders als ein Hypervisor, bei dem die Isolierung der Prozesse üblicherweise so weit geht, dass für jede virtuelle Maschine eine eigene Instanz des Betriebssystems ausgeführt wird.

Diese standardmäßig nur lockere Eingrenzung der Prozesse lässt es reizvoll erscheinen, weitere Ressourcen des Hosts freizugeben, beispielsweise ein gemeinsam genutztes Dateisystem zum Speichern von Zuständen. Sie sollten sich allerdings wirklich gut überlegen, ob Sie einem Container zusätzliche Ressourcen des Hosts zur Verfügung stellen, sofern diese nicht ausschließlich von diesem einen Container genutzt werden. Auf die Sicherheitsaspekte von Containern kommen wir später noch zu sprechen, im Allgemeinen sollte man jedoch in Betracht ziehen, die Isolierung durch Richtlinien von Security-Enhanced Linux (SELinux, *https://www.redhat.com/en/topics/linux/what-is-selinux*) oder AppArmor (*https://apparmor.net*) weiter zu verstärken, anstatt die vorhandenen Beschränkungen aufzuweichen.

Viele Container nutzen zum Starten von Prozessen standardmäßig die UID 0. Weil der Container ein in sich geschlossenes Objekt ist, erscheint das auf den ersten Blick narrensicher – das ist es aber nicht: Da alle Prozesse auf demselben Kernel laufen, kann der `root`-Benutzer des Containers durch Sicherheitslücken oder Fehlkonfigurationen unautorisierten Zugang zu den Ressourcen, Dateien und Prozessen des Hosts erlangen (siehe »Sicherheitsaspekte« auf Seite 315 für eine Erörterung, wie sich das vermeiden lässt).

Container sind leichtgewichtig

Zu der genauen Funktionsweise kommen wir später – was jedoch das Erstellen eines Containers angeht, ist nicht zwingend viel Festplattenplatz notwendig. Ein kurzer Test zeigt, dass ein anhand eines bereits vorhandenen Image neu erstellter Container ganze 12 KB (Kilobyte) auf der Festplatte belegt – das kann man getrost als leichtgewichtig bezeichnen. Eine neu erstellte virtuelle Maschine belegt im Vergleich dazu oft mehrere Hundert oder Tausend Megabytes, da mindestens ein vollständiges Betriebssystem installiert sein muss. Der Grund für die geringe Größe eines neuen Containers ist, dass er lediglich einen Verweis auf das mehrschichtige Dateisystem des Image sowie einige Metadaten über die Konfiguration enthält. Standardmäßig werden dabei keine Dateien kopiert, die von dem Container gebraucht werden. Container sind lediglich Prozesse auf dem laufenden System, die eventuell nur Informationen von der Festplatte lesen müssen, sodass nicht notwendigerweise eine Kopie der Daten für den exklusiven Gebrauch des Containers benötigt wird – bis zu dem Zeitpunkt, an dem Daten zu schreiben sind, die nur für diese Containerinstanz gedacht sind.

Dank ihres niedrigen Speicherplatzbedarfs können Container für Aufgaben genutzt werden, die lediglich von kurzlebiger Dauer sind oder für die das Erstellen einer zusätzlichen virtuellen Maschine viel zu aufwendig wäre. So würden Sie beispielsweise wohl kaum auf den Gedanken kommen, eine komplette virtuelle Maschine hochzufahren, nur um einen `curl`-Befehl abzusetzen, der eine entfernte Website abruft – zu diesem Zweck einen Container zu starten, käme andererseits aber durchaus infrage.

Unveränderliche Infrastruktur

Durch das Deployment der meisten Ihrer Anwendungen in Containern können Sie damit anfangen, die Konfigurationsverwaltung zu vereinfachen, indem Sie die Infrastruktur möglichst unverändert beibehalten. In Anbetracht der Tatsache, wie schwierig es in der Praxis ist, im Rahmen der Konfigurationsverwaltung eine wirklich idempotente Codebasis zu pflegen, hat das Konzept einer unveränderlichen Infrastruktur in jüngster Zeit an Popularität hinzugewonnen. Sobald der Umfang dieser Codebasis zunimmt, kann sie schnell ebenso unhandlich und schwierig zu warten werden wie althergebrachte, große, monolithische Anwendungen.

Mit Docker können Sie jedoch einen sehr leichtgewichtigen Server einsetzen, der kaum Konfigurationsaufwand erfordert – in vielen Fällen sogar überhaupt keinen. Die Verwaltung der Anwendungen erfolgt einfach dadurch, dass die Container auf dem Docker-Server deployt bzw. erneut deployt werden. Sollten dann wichtige Updates anstehen, beispielsweise des Docker-Daemons oder des Linux-Kernels, setzen Sie einfach einen neuen Server mit diesen Updates auf und deployen die Container dort. Anschließend können Sie den alten Server ausmustern oder ebenfalls aktualisieren.

Containerbasierte Linux-Distributionen wie Red Hats Fedora CoreOS (*https://getfedora.org/en/coreos*) sind nach diesem Prinzip designt. Statt einen Server außer Betrieb zu nehmen, kann sich Fedora CoreOS komplett selbst aktualisieren. Konfiguration und Workload verbleiben größtenteils in den Containern, sodass Sie kaum etwas am Betriebssystem konfigurieren müssen.

Durch die saubere Trennung zwischen Deployment und Konfiguration der Server nutzen viele Produktivumgebungen Tools wie HashiCorps Packer (*https://www.packer.io/intro/index.html*), um virtuelle Server-Images zu bauen, und nutzen dann Docker, um Configuration-Management-Systeme fast oder vollständig zu vermeiden.

Zustandslose Anwendungen

Eine Webanwendung, die ihren Zustand in einer Datenbank speichert, ist ein schönes Beispiel für die Art von Anwendungen, die gut für Container geeignet sind. Zustandslose Anwendungen sind normalerweise so designt, dass sie eine einzelne Anfrage beantworten können, ohne Informationen aus den Requests von einem oder mehreren Clients zwischenspeichern zu müssen. Das gilt ebenso für kurzlebige Memcache-Instanzen (*https://memcached.org*). Bei genauerer Betrachtung finden sich in Ihrer Webanwendung jedoch wahrscheinlich auch unverzichtbare lokale Zustände, wie z. B. Konfigurationsdateien. Auf den ersten Blick mag das nicht der Rede wert sein, aber wenn Sie diese Konfiguration in das Image »einbacken«, ist Ihr Image nur begrenzt wiederverwendbar, und es wird schwieriger, es in andere Umgebungen einzubinden, ohne mehrere Images für unterschiedliche Deployment-Ziele betreuen zu müssen.

In vielen Fällen bedeutet die Containerisierung einer Anwendung, dass Sie Konfigurationszustände in Umgebungsvariablen ablegen, die dann zur Laufzeit an Ihre Anwendung übergeben werden können. Statt also die Konfiguration direkt in den Container zu bauen, wenden Sie die Konfiguration auf den Container beim Deployen an. Auf diese Weise können Sie ein und denselben Container nutzen, um die Anwendung in einer Test- oder einer Produktivumgebung auszuführen. In den meisten Unternehmen erfordern die unterschiedlichen Umgebungen viele verschiedene Konfigurationseinstellungen, wie zum Beispiel Verbindungs-URLs für diverse externe Services, die die Anwendung nutzt.

Außerdem werden Sie beim Einsatz von Containern bemerken, dass sich die Größe der containerisierten Anwendung immer weiter reduziert, während Sie sie derartig herunteroptimieren, dass sie nur noch die unbedingt notwendigen Komponenten enthält, um lauffähig zu sein. Jedenfalls haben wir festgestellt, dass die Überlegungen, irgendwelche Aufgaben in verteilter Form als Container auszuführen, interessante Designentscheidungen hervorbringen können. Wenn es beispielsweise um einen Service geht, der Daten sammelt, verarbeitet und das Ergebnis zurückliefert, könnten Sie auf mehreren Servern Container zur Erledigung dieser Aufgabe konfigurieren und dann einen weiteren Container zum Einsammeln der Resultate einrichten.

Zustände externalisieren

Docker ist also am besten für zustandslose Anwendungen geeignet. Wie aber speichert man dann im Bedarfsfall Zustände? Konfigurationsdaten werden zum Beispiel typischerweise in Umgebungsvariablen abgelegt. Docker unterstützt von Haus aus Umgebungsvariablen, die in den zu einer Containerkonfiguration gehörenden Metadaten gespeichert werden. So ist gewährleistet, dass Ihrer Anwendung beim Neustart des Containers stets dieselben Konfigurationsdaten übergeben werden. Außerdem ist es dadurch leicht möglich, die Konfiguration des laufenden Containers zu überwachen, was das Debugging deutlich vereinfacht, auch wenn es Sicherheitsbedenken bezüglich des Bereitstellens von Secrets in Umgebungsvariablen gibt. Es ist außerdem möglich, Ihre Anwendungskonfiguration in einem externen Datastore wie Consul (*https://www.consul.io*) oder PostgreSQL (*https://www.postgresql.org*) abzulegen.

Skalierbare Anwendungen speichern ihren Zustand meist in Datenbanken, und beim Einsatz von Docker spricht nichts dagegen, dies mit containerisierten Anwendungen ebenso zu handhaben. Anwendungen, die Dateien speichern müssen, bereiten da schon eher Schwierigkeiten: Das Speichern von Dateien im Dateisystem des Containers erfolgt schleppend, das hierfür zur Verfügung stehende Platzangebot ist eingeschränkt, und der Zustand geht beim Beenden und erneuten Erstellen des Containers verloren. Wenn Sie also einen zustandsbehafteten Service starten und ohne externen Speicher dem Container hinzufügen, werden Sie den Zustand des Containers wieder verlieren. Anwendungen, die ihren Zustand auf dem Dateisystem speichern, müssen also wohlüberlegt migriert werden. Sollten Sie in solchen Fällen zu dem Schluss gelangen, dass Linux-Container Ihnen Vorteile bringen, ist es am besten, eine Lösung zu entwickeln, die den Zustand an einer zentralen Stelle speichert, die für alle Hosts zugänglich ist, auf denen Container laufen. Unter bestimmten Umständen sind dafür Services wie Amazon Simple Storage Service (Amazon S3) oder OpenStack Swift geeignet. Weitere Möglichkeiten sind außerdem ein lokaler Block Store oder sogar das Mounten eines iSCSI-Laufwerks oder eines EBS-Volumes innerhalb des Containers. Docker-Volume-Plug-ins (*https://docs.docker.com/engine/extend/plugins_volume*) unterstützen einige Optionen und werden näher in Kapitel 11 behandelt.

Es ist zwar möglich, Zustände auf dem lokalen Dateisystem des Hosts zu externalisieren, im Allgemeinen rät die Community jedoch davon ab, weil diese Vorgehensweise als fortgeschrittener Use Case zu betrachten ist. Stattdessen wird dringend empfohlen, zunächst nur zustandslose Anwendungen einzusetzen. Grundsätzlich sprechen viele Gründe dafür, von der Externalisierung von Zuständen abzusehen – und in fast allen Fällen hängen sie damit zusammen, dass zwischen dem Container und dem Host Abhängigkeiten entstehen, die der Nutzung von Docker als dynamischem, horizontal skalierbarem Service für das Deployment von Anwendungen zuwiderlaufen. Wenn Ihr Container den Status auf dem Dateisystem des lokalen Hosts ablegt, ist er ausschließlich auf dem System nutzbar, das mit diesem Dateisystem verbunden ist. Remote-Volumes, die dynamisch an einen Container angehängt werden können, sind generell eine gute Lösung, aber auch ein fortgeschrittener Use Case.

Der Docker-Workflow

Wie bei vielen anderen Tools sollte auch bei Docker ein spezifischer Workflow eingehalten werden, der äußerst leistungsfähig und gut an die Organisation vieler Unternehmen angepasst ist, sich allerdings wahrscheinlich ein wenig von Ihrem jetzigen unterscheidet. Nachdem wir in unserem Unternehmen eine erfolgreiche Anpassung unserer ursprünglichen Workflows an den Docker-Ansatz durchgeführt haben, können wir aus Überzeugung behaupten, dass sich die damit einhergehenden Veränderungen für viele unserer Teams als vorteilhaft erwiesen haben. Und sofern dieser Workflow vernünftig implementiert wird, kann er auch tatsächlich dazu beitragen, die versprochene Reduzierung des Kommunikationsaufwands zwischen den Teams Wirklichkeit werden zu lassen.

Versionsverwaltung

Docker bringt zwei Varianten einer Versionsverwaltung mit: Die eine dient der Überwachung der Dateisystem-Layer, aus denen das Image aufgebaut ist, und bei der anderen handelt es sich um ein Kennzeichnungssystem für erstellte Images.

Dateisystem-Layer

Linux-Container sind aus übereinandergestapelten Dateisystem-Layern aufgebaut, die durch einen jeweils eindeutigen Hashwert identifizierbar sind, wobei die während des Build-Prozesses vorgenommenen Modifikationen in einem Layer oberhalb der vorhergehenden Änderungen abgelegt werden. Das ist ungemein praktisch, weil auf diese Art für jeden neuen Build nur diejenigen Layer neu angelegt werden müssen, die auch tatsächlich Modifikationen enthalten – und das spart Zeit und Bandbreite, denn Container werden in Form solcher Layer ausgeliefert, und somit müssen die bereits auf dem Server gespeicherten Layer nicht erneut übertragen werden. Wenn Sie Erfahrung mit klassischen Deployment-Tools haben, wissen Sie auch, dass dabei immer wieder dieselben Daten übertragen werden, oft Hunderte von Megabytes – und zwar bei jedem Deployment. Das ist nicht nur ausgesprochen ineffizient, es lässt sich auch nicht wirklich ermitteln, was genau sich denn eigentlich von dem einen zum nächsten Deployment geändert hat. Dank der Layer und des Umstands, dass Linux-Container sämtliche Abhängigkeiten enthalten, ist bei diesem Verfahren jedoch viel besser feststellbar, was für Modifikationen Sie in die Produktivlandschaft deployen.

Zur Verdeutlichung: Wie Sie wissen, enthält ein Docker-Image alles zur Ausführung Ihrer Anwendung Erforderliche. Wenn Sie nun lediglich eine einzige Codezeile geändert haben, möchten Sie Ihre Zeit sicherlich nicht damit verschwenden, ein neues Image mit sämtlichen Abhängigkeiten zu erstellen. Stattdessen kann Docker durch den Build-Cache sicherstellen, dass nur diejenigen Layer neu erstellt werden, die auch tatsächlich von dem geänderten Code betroffen sind.

Image-Tags

Die zweite Form der Versionsverwaltung, die Docker zu bieten hat, liefert die Antwort auf eine wichtige Frage: Welche war die vorhergehende Version der aktuellen Anwendung? Das ist manchmal gar nicht so leicht zu sagen. Für Anwendungen, die ohne Container auskommen, gibt es in diesem Kontext einen Haufen verschiedener Lösungen, vom Git-Tagging jeder releasten Version über Deployment-Logs bis hin zu für ein Deployment markierten Builds usw. Sollten Sie Ihr Deployment beispielsweise mit Capistrano (*https://capistranorb.com*) koordinieren, werden Versionsnummern für die Releases auf dem Server erzeugt und symbolische Links verwendet, um eine davon zur aktuellen Version zu machen.

In skalierten Produktivumgebungen kocht in Bezug auf die Deployment-Versionierung häufig jede Anwendung ihr eigenes Süppchen, oder aber alle Anwendungen nutzen dasselbe Verfahren – bis auf eine einzige Ausnahme. Noch schlimmer ist es in heterogenen Umgebungen, in denen verschiedene Programmiersprachen zum Einsatz kommen. Hier sind dann die Deployment-Tools für die einzelnen Anwendungen oft völlig unterschiedlich und bieten kaum gemeinsame Nutzungsmöglichkeiten. Auf die Frage »Welche war die vorhergehende Version?« erhält man also viele verschiedene Antworten – je nachdem, wen man fragt und um welche Anwendung es geht. Docker verfügt zu diesem Zweck über einen integrierten Mechanismus: das Image-Tagging als Standard-Build-Schritt. Sie können verschiedene Versionen Ihrer Anwendung auf dem Server belassen, sodass ein Durchführen eines Rollbacks trivial ist. Hierbei handelt es sich nicht um Zauberei und auch keineswegs um eine Funktionalität, die anderes Deployment-Tooling nicht ebenfalls zu bieten hätte – allerdings kann sie mit Container-Images problemlos zum Standard für sämtliche Anwendungen erhoben werden, damit alle Beteiligten grundsätzlich und ausnahmslos die gleichen Erwartungen an das Versions-Tagging der Anwendungen stellen können. Das macht die Kommunikation zwischen Teams und Tooling viel einfacher, da nur eine echte Quelle für Anwendungs-Releases existiert.

Sowohl im Internet als auch in diesem Buch wird für ein Container-Image häufig das Tag `latest` verwendet. Dies erweist sich für Einsteiger und beim Schreiben von Beispielen insofern als recht nützlich, weil hiermit stets auf den aktuellsten Build eines Image zugegriffen wird. Da es sich jedoch um ein *Floating Tag* handelt, also ein Tag, dessen Bedeutung sich ändern kann, ist es normalerweise keine besonders gute Idee, es im Rahmen von Workflows zu verwenden, denn deren Abhängigkeiten könnten womöglich aktualisiert werden, ohne dass Sie es bemerken. In diesem Fall würde es auch nichts nützen, ein Rollback zu veranlassen, weil die vorherige Version dann ja nicht mehr mit dem Tag `latest` gekennzeichnet ist. Es ist zudem schwierig, zu verifizieren, ob die gleichen Images auf verschiedenen Servern laufen. Die Daumenregel hierbei ist: Nutze nicht das `latest`-Tag in der Produktivumgebung. Aus den gleichen Gründen ist es nicht einmal eine gute Idee, das `latest`-Tag von Upstream-Images zu verwenden.

Es wird dringend empfohlen, Ihre CI/CD-Builds mit etwas zu taggen, das exakt den verwendeten Quellcode-Commit kenntlich macht, der beim Bauen genutzt wurde. In einem `git`-Workflow kann das der `git`-Hash sein, der zum Commit gehört. Sind Sie so weit, ein Image zu releasen, wird dazu geraten, eine semantische Versionierung zu verwenden (*https://semver.org*) und Ihr Image mit Tags wie 1.4.3, 2.0.0 und so weiter zu versehen.

Das Pinnen von Versionen erfordert ein bisschen mehr Arbeit, um sie aktuell zu halten, aber es verhindert ebenfalls viele unerfreuliche und zum falschen Zeitpunkt auftauchende Überraschungen beim Bauen und Deployen.

Anwendungen erstellen

Das Erstellen von Anwendungen gilt in vielen Unternehmen als eine Art »Schwarze Kunst«, weil nicht selten nur eine Handvoll Menschen darüber Bescheid wissen, welche Hebel und Schalter betätigt werden müssen, um ein wohlgeformtes, auslieferbares Artefakt zu erhalten. Der meiste Aufwand beim Deployment einer neuen Anwendung besteht darin, den Build richtig hinzubekommen. Zwar kann Docker in dieser Hinsicht nicht ausnahmslos alle Probleme lösen, es stellt jedoch ein standardisiertes Konfigurationstool für Builds und weitere Hilfsprogramme zur Verfügung. Dadurch wird es sehr viel einfacher, das korrekte Erstellen Ihrer Anwendungen zu erlernen sowie neue Builds zum Laufen zu bekommen.

Wird das Docker-Kommandozeilentool mit dem `build`-Parameter aufgerufen, nimmt es ein Dockerfile entgegen und erstellt ein Docker-Image. Jeder Befehl in einem Dockerfile erzeugt einen neuen Layer in dem Image, sodass leicht festzustellen ist, was in diesem Build vor sich geht, indem man sich das Dockerfile selbst anschaut. Der große Vorteil, den all diese Standardisierungen mit sich bringen, besteht darin, dass jeder Entwickler, der Erfahrung mit Dockerfiles hat, problemlos den Build jeder beliebigen anderen Anwendung modifizieren kann. Und weil es sich bei einem Docker-Image um ein standardisiertes Artefakt handelt, bleibt das dem Build zugrunde liegende Tooling unabhängig von der verwendeten Programmiersprache, dem Base-Image oder der erforderlichen Layer-Anzahl immer dieselbe. Das *Dockerfile* ist normalerweise in einem Versionsverwaltungssystem eingecheckt, wodurch sich die Änderungen nachvollziehen lassen. Moderne Multi-Stage-Docker-Builds erlauben es ebenfalls, die Build-Umgebung separat vom finalen Image zu definieren. Dies ermöglicht eine hohe Konfigurierbarkeit für die Build-Umgebung – genau so, wie sie für die Produktionsumgebung gebraucht wird.

Viele Docker-Builds bestehen aus einem einzigen Aufruf des Befehls `docker image build` und erzeugen ein einzelnes Artefakt, das Container-Image. Da für gewöhnlich die gesamte Logik des Builds im Dockerfile steckt, fällt es nicht schwer, standardisierte Build-Jobs für die verschiedenen Teams zu erzeugen, die dann mit Systemen zur kontinuierlichen Integration, wie *Jenkins* (*https://jenkins-ci.org*), verwendet werden können. Um den Build-Prozess weiter zu standardisieren, nutzen einige Unternehmen (z. B. eBay) standardisierte Linux-Container, die die Image-Builds anhand eines Dockerfiles erstellen. SaaS-Lösungen wie *Travis-CI* (*https://travis-ci.org*) und *CodeShip* (*https://codeship.com*) bieten ebenfalls erstklassigen Support für Docker-Builds.

Es ist auch möglich, das Erstellen mehrere Images zu automatisieren, die unterschiedliche zugrunde liegende Rechnerarchitekturen unterstützen (zum Beispiel x86 und ARM), indem der neuere BuildKit-Support in Docker genutzt wird (*https://github.com/moby/buildkit*).

Testen

Docker selbst enthält kein integriertes Test-Framework, aber die Art und Weise, wie Container erstellt werden, bietet einige Vorteile beim Testen von Linux-Containern.

Das Testen einer Produktivanwendung kann auf vielfältige Weise erfolgen, etwa in Form von Unit-Tests oder als Integrationstests in einer simulierten Produktivumgebung. Zudem begünstigt Docker sorgfältigere Testverfahren, weil hier garantiert ist, dass ein Artefakt – sofern es denn alle Tests besteht – auch definitiv in die Produktivumgebung Einzug hält. Diese Garantie wird dadurch ermöglicht, dass wir entweder den Docker-SHA-Hashwert des Containers oder das benutzerdefinierte Tagging nutzen können, um sicherzustellen, dass auch wirklich konstant dieselbe Version der Anwendung ausgeliefert wird.

Da Container per Design alle ihre Abhängigkeiten mit sich bringen, ist das Ausführen von Tests auf diesen Containern sehr zuverlässig. Wenn beispielsweise ein Unit-Test-Framework zu dem Ergebnis kommt, dass ein Container-Image die Tests bestanden hat, können Sie sicher sein, dass beim Deployment keine Probleme mit der Versionierung irgendeiner der verwendeten Bibliotheken auftreten werden. Das ist bei den meisten anderen Technologien alles andere als einfach zu bewerkstelligen. Beispielsweise umfassen sogar Java-WAR-Dateien (*Java Web Application Archive*) keine Tests des Anwendungsservers selbst. Wenn dieselbe Java-Anwendung hingegen als Linux-Container deployt wird, enthält dieser grundsätzlich auch den Anwendungsserver, und somit können vor der Auslieferung vollumfängliche Smoke-Tests durchgeführt werden.

Darüber hinaus hat das Deployment von Anwendungen in Form von Linux-Containern auch den Vorteil, dass in Situationen, in denen mehrere Anwendungen mittels einer Art API über das Netzwerk kommunizieren, die Entwickler der einen Anwendung ohne jede Schwierigkeit für die Kompatibilität mit der Version des anderen Service sorgen können, der aktuell für die benötigte Umgebung getaggt ist (z. B. Test- oder Produktivumgebung). Soll heißen: Die jeweiligen Entwicklerteams müssen keineswegs Fachleute hinsichtlich der Funktionsweise bzw. des Deployments des anderen Service sein, um die Entwicklung ihrer eigenen Anwendung fortführen zu können. Wenn Sie dieses Modell auf eine serviceorientierte Architektur mit unzähligen Microservices ausdehnen, können Linux-Container zu einem echten Rettungsanker für Entwicklerinnen oder in der Qualitätssicherung tätige Ingenieure werden, die durch den Sumpf der Microservice-API-Aufrufe waten müssen.

Ein gängiges Verfahren in Organisationen, die Linux-Container in Produktivumgebungen einsetzen, ist der Einsatz automatischer Integrationstests, die eine bestimmte Version eines Linux-Containers für verschiedene Services herunterladen und diese gegen die aktuell deployte Version verbinden. Der neue Service kann dann mittels Integrationstests gegen dieselbe Version getestet werden, gegen die es auch deployt wird. Wenn man dies in einer heterogenen Umgebung macht, wäre früher ein sehr umfangreiches angepasstes Tooling nötig gewesen. Durch die Standardisierung mit Linux-Containern ist das nun vergleichsweise einfach zu lösen.

Paketierung

Docker-Builds erzeugen ein Image, das als einzelnes Artefakt behandelt werden kann, auch wenn es technisch gesehen aus mehreren Dateisystemschichten bestehen kann. Es spielt keine Rolle, in welcher Programmiersprache die Anwendung geschrieben wurde oder auf welcher Linux-Distribution sie laufen soll, das Resultat des Builds ist stets ein mehrschichtiges Docker-Image. Und das Ganze basiert natürlich vollständig auf dem Docker-eigenen Tooling. An dieser Stelle kommen wir nun also auf die Metapher der »Frachtcontainer« zu sprechen, nach denen Docker benannt wurde: einzelne, transportierbare Objekte, deren Handhabung unter Zuhilfenahme universellen Toolings möglich ist, und zwar unabhängig davon, was sie enthalten. So wie Seefrachtschiffe, die alles in Stahlcontainern verpacken, muss auch das Docker-Tooling lediglich mit einer einzigen Art von Paketen zurechtkommen: den Docker-Images. Dies erweist sich insofern als besonders effizient, weil dasselbe Tooling für alle Anwendungen einsetzbar ist – und es bedeutet außerdem, dass von anderen Entwicklerinnen und Entwicklern erstellte Tools ebenfalls mit Ihren Images nutzbar sind.

Anwendungen, die früher traditionell eine Menge Konfigurationsaufwand erforderten, wenn man sie auf einem anderen Host oder Entwicklungssystem verwenden wollte, sind nun dank Docker unglaublich portabel: Unmittelbar nach seiner Erzeugung kann ein Container auf jedem beliebigen System deployt werden, auf dem ein Docker-Server auf der gleichen Architektur läuft.

Deployment

Beim Deployment können so viele verschiedene Arten von Tools zur Anwendung kommen, dass wir sie an dieser Stelle unmöglich alle auflisten können. Um nur einige zu nennen: Unter anderem gehören dazu Shell-Skripte, Capistrano (*https://capistranorb.com*), Fabric (*https://www.fabfile.org*), Ansible (*https://www.ansible.com*) und hausinternes, selbst entwickeltes Tooling. Wir haben die Erfahrung gemacht, dass in Unternehmen mit mehreren Entwicklerteams für gewöhnlich in jedem der Teams nur ein oder zwei Leute wirklich alle Tricks und Kniffe kennen, um das Deployment funktionsfähig zu bekommen. Das heißt im Umkehrschluss aber auch: Wenn etwas schiefgeht, ist das Team auf eben diese Menschen angewiesen, um alles wieder zum Laufen zu bringen. Wie Sie sich inzwischen sicher schon denken können, spielen derartige Probleme beim Einsatz von Docker praktisch kaum noch eine Rolle. Das integrierte Tooling unterstützt eine einfache Deployment-Strategie (einen »Einzeiler«), um einen Build auf einem Host abzulegen und zum Funktionieren zu bringen. Der normale Docker-Client kann beim Deployment nur jeweils einen Host auf einmal handhaben, es sind aber viele andere Tools verfügbar, die das problemlose Deployment auf einem Cluster von Docker- oder anderen, kompatiblen Linux-Container-Hosts ermöglichen. Dank der konsequenten Standardisierungen in Docker können Sie ein Deployment Ihres Builds auf jedem dieser Systeme vornehmen – und das mit lediglich geringem Aufwand aufseiten der Entwicklerteams.

Das Docker-Ökosystem

Über die Jahre hat sich rund um Docker eine lebhafte Community aus Entwicklerinnen und Entwicklern sowie Systemadministratorinnen und -administratoren gebildet. Ähnlich wie bei der DevOps-Bewegung werden dadurch bessere Tools gefördert, weil mehr Code zur Lösung von Problemen beim Betrieb der Server entwickelt wird. Wo sich Lücken im Docker-Tooling auftun, springen andere Unternehmen oder Entwickler ein – und viele dieser zusätzlichen Tools sind ebenfalls Open Source und können daher wiederum von anderen Unternehmen erweitert und modifiziert werden, um sie an die eigenen Bedürfnisse anzupassen.

Docker ist ein kommerzielles Unternehmen, das der Open-Source-Community dankenswerterweise den Quellcode der Kernbestandteile von Docker zur Verfügung stellt. Andere Unternehmen sind dazu angehalten, der Community beizutreten und selbst zur Weiterentwicklung beizutragen. Falls Sie an den Versionen der Docker-Tools interessiert sind, für die Support geleistet wird, finden Sie unter *https://www.docker.com/support* weitere Informationen zu den verfügbaren Angeboten.

Orchestrierung

Die erste wichtige Kategorie von Tools, die Dockers Kernbestandteile und die Linux-Container um zusätzliche Funktionalität erweitern, dient der Orchestrierung und Durchführung umfangreicher Deployments. So verhalten sich etwa New Relics *Centurion* (*https://github.com/newrelic/centurion/*), Spotifys *Helios* (*https://github.com/spotify/helios*) und Ansibles Docker-Modul (*https://oreil.ly/V8X_f*) allesamt hinsichtlich der Orchestrierung weiterhin eher wie klassische Deployment-Tools, nutzen dabei aber die Container als Distributionsartefakt. Sie haben einen grundsätzlich recht einfachen Ansatz, der leicht zu implementieren ist. So bekommen Sie viele der Vorteile von Docker ohne große Komplexität, allerdings wurden einige dieser Tools durch robustere und flexiblere Werkzeuge wie Kubernetes ersetzt.

Vollständige automatische Scheduler wie Kubernetes (*https://kubernetes.io*) oder Apaches *Mesos* (*http://mesos.apache.org*) mit dem Marathon Scheduler (*https://mesosphere.github.io/marathon/*) sind leistungsstärkere Optionen, die nahezu die komplette Kontrolle über einen Pool von Hosts ermöglichen. Andere kommerzielle Produkte wie HashiCorps *Nomad* (*https://www.nomadproject.io/*), Mesospheres *DC/OS* (Datacenter Operating System, *https://dcos.io/*) und Rancher (*https://rancher.com/*) sind ebenfalls sehr verbreitet.[3] Das Ökosystem der freien und kommerziellen Optionen wächst kontinuierlich.

Immutable Atomic Hosts

Ein weiteres Konzept zur Erweiterung der Docker-Funktionalität bilden die sogenannten immutablen (unveränderlichen) Atomic Hosts. Herkömmlicherweise handelt es sich bei Servern und virtuellen Maschinen um Systeme, die sorgfältig einge-

3 Manche dieser kommerziellen Angebote bieten kostenlose Versionen ihrer Plattformen an.

richtet, konfiguriert und gewartet werden, damit sie ein breites Spektrum von Funktionen zur Verfügung stellen, das eine Vielzahl von Use Cases abdeckt. Updates müssen dann oft auf mehreren Hosts gleichzeitig durchgeführt werden, also in *nicht atomarer* Form. Dabei gibt es viele verschiedene Konfigurationsmöglichkeiten, und es kommt immer wieder zu unerwartetem Verhalten des Systems. Heutzutage werden die meisten Systeme direkt im laufenden Betrieb gepatcht und aktualisiert. Beim Software-Deployment mithilfe von Tools wie Docker wird hingegen zumeist die gesamte Anwendung komplett ausgetauscht, anstatt zu versuchen, ein laufendes System zu patchen – immerhin gehört es ja schließlich zu den Vorzügen von Containern gegenüber herkömmlichen Deployment-Modellen, dass sie es erleichtern, Updates *atomar* durchführen zu können, also alle Bestandteile eines komplexen Systems einzeln zu aktualisieren.

Aber wie wäre es denn, wenn man das gesamte Betriebssystem nach dem Muster der Container austauschen könnte? Statt mittels Konfigurationsverwaltung zu versuchen, Patches und Updates der Betriebssystemkomponenten durchzuführen, würde man einfach ein schlankes neues Betriebssystem-Image einspielen und den Server neu starten. Und sollte irgendetwas nicht mehr funktionieren, könnte man leicht ein Rollback veranlassen und wieder das vorherige Image verwenden.

Bei dieser Vorgehensweise handelt es sich um das grundlegende Konzept Linux-basierter Atomic-Host-Distributionen wie Red Hats CoreOS (*https://getfedora.org/en/coreos*), das Bottlerocket OS (*https://github.com/bottlerocket-os/bottlerocket*) und andere. Sie sind dadurch nicht nur in der Lage, einzelne Anwendungen leicht zu entfernen und erneut zu deployen, dieselbe Philosophie gilt vielmehr für das gesamte System. Dank dieses Verfahrens erlangt das Gesamtsystem ein ungeahntes Maß an Beständigkeit und Belastbarkeit.

Zu den typischen Merkmalen eines immutablen oder atomaren Hosts (*https://gist.github.com/jzb/0f336c6f23a0ba145b0a*) gehören minimaler Speicherbedarf, ein auf Linux-Container und Docker ausgerichtetes Design sowie die Möglichkeit, atomare Updates und Rollbacks des Betriebssystems vornehmen zu können, die sich sowohl auf eigenständigen Systemen als auch auf Virtualisierungsplattformen durch Orchestrierungstools leicht steuern lassen.

In Kapitel 3 werden wir erläutern, wie Sie diese immutablen Hosts in Ihren Entwicklungsprozess integrieren können. Falls Sie diese Hosts auch als Deployment-Ziele einsetzen, können Sie dadurch eine beispiellose Symmetrie zwischen Ihrer Entwicklungs- und Ihrer Produktivumgebung erzielen.

Weitere Tools

Docker ist nicht nur eine eigenständige Lösung, sondern besitzt auch eine riesige Anzahl an Features. Dennoch wird immer wieder der Punkt erreicht, an dem jemand mehr braucht, als Docker liefern kann. Es gibt ein großes Ökosystem an Tools, die Dockers Funktionalitäten verbessern oder vergrößern. Einige gute Tools setzen auf der Docker-API auf, wie *Prometheus* (*https://prometheus.io/*) für das Monitoring oder *Ansible* (*https://www.ansible.com/*) für eine einfache Orchestrierung. Andere nutzen die Plug-in-Architektur von Docker. Plug-ins sind ausführbare Programme, die konform zu der Spezifikation sind, die das Senden und Empfangen von Daten von Docker beschreibt.

Viele der Docker-Plug-ins werden als veraltet angesehen und durch bessere Ansätze ersetzt. Achten Sie darauf, sich ausreichend zu informieren, bevor Sie sich dazu entscheiden, ein Plug-in einzusetzen, um sicherzustellen, dass das die beste Option ist und es nicht demnächst ersetzt wird oder keine Unterstützung mehr erhält.

Es gibt eine Menge guter Tools, die entweder über die API mit dem Service reden oder als Plug-in laufen. Viele dieser Plug-ins vereinfachen das Leben mit Docker bei diversen Cloud-Providern. Das hilft ziemlich gut bei der nahtlosen Integration zwischen Docker und der Cloud. Da die Community weiterhin innovativ arbeitet, erweitert sich das Ökosystem ebenfalls weitestgehend. Es gibt fortlaufend neue Lösungen und Tools in diesem Bereich. Wenn Sie in Ihrer Umgebung auf Schwierigkeiten stoßen, schauen Sie sich im Ökosystem um!

Zusammenfassung

Das war Docker im Überblick. Wir werden uns später noch etwas eingehender mit der Architektur befassen, weitere Beispiele für Tools der Community vorstellen und einige der Konzepte zum Design stabiler Containerplattformen näher betrachten. Aber inzwischen können Sie es vermutlich kaum erwarten, endlich loszulegen – deshalb geht es im nächsten Kapitel erst mal an die Installation und das Ausführen von Docker.

KAPITEL 3

Docker installieren

Wir sind nun an dem Punkt angelangt, an dem Sie hoffentlich verstanden haben, was Docker ist und was es nicht ist. Und jetzt ist es Zeit für etwas Praxis. Lassen Sie uns Docker installieren, sodass Sie sehen können, wie man damit arbeitet. Die Installation von Docker variiert je nachdem, welche Plattform Sie zur Entwicklung und welche Linux-Distribution Sie für die Produktivumgebung verwenden wollen.

In diesem Kapitel erläutern wir die Einrichtung einer vollständig funktionsfähigen Docker-Entwicklungsumgebung, die auf den meisten aktuellen Desktop-Betriebssystemen einsetzbar ist. Als Erstes wird der Docker-Client auf Ihrer nativen Entwicklungsplattform installiert, danach wird ein Docker-Server unter Linux eingerichtet, und zum Schluss testen wir die Installation, um zu gewährleisten, dass sie ordnungsgemäß arbeitet.

Der Docker-Client kann zur Steuerung des Servers zwar auf macOS und unter Windows ausgeführt werden, allerdings können Docker-Container nur unter Linux erstellt und gestartet werden. Daher ist für Nicht-Linux-Systeme eine virtuelle Maschine oder ein Remote-Server erforderlich, um den Linux-basierten Docker-Server zu hosten. Docker Community Edition, Docker Machine und Vagrant bieten einige Ansätze, um dieses Problem zu lösen. Alle diese Tools werden in diesem Kapitel behandelt. Es ist ebenfalls möglich, Windows-Container nativ auf Windows-Systemen auszuführen. Das wird genauer in »Windows-Container« auf Seite 151 behandelt. Dieses Buch fokussiert sich allerdings größtenteils auf Linux-Container.

Das Docker-Ökosystem unterliegt einem rasanten Wandel, denn die Technologie wird laufend fortentwickelt, damit eine größere Bandbreite an Problemen gelöst und ein stabileres Arbeiten gewährleistet werden kann. Manche der in diesem Buch und anderswo erwähnten Features sind inzwischen möglicherweise überholt. Eine Liste der als veraltet geltenden Features, die gegebenenfalls entfernt werden, finden Sie unter *https://docs.docker.com/engine/deprecated/*.

Wir gehen davon aus, dass Sie in den meisten Codebeispielen dieses Buchs eine klassische Unix-Shell verwenden. Sie können PowerShell nutzen, sollten sich aber darüber im Klaren sein, dass dann manche Befehle angepasst werden müssen.

In einer Umgebung, in der Sie einen Proxy einsetzen müssen, achten Sie bitte darauf, dass er für Docker korrekt konfiguriert ist (*https://docs.docker.com/network/proxy*).

Der Docker-Client

Der Docker-Client unterstützt nativ die 64-Bit-Versionen von Linux, Windows und macOS.

Die meisten der bekannteren Linux-Distributionen beruhen ursprünglich entweder auf Debian oder auf Red Hat. Debian-Systeme verwenden das `deb`-Paketformat und `apt` (*Advanced Package Tool*) (*https://wiki.debian.org/AptCLI*) zur Installation vorgefertigter Software. Red-Hat-Systeme hingegen nutzen zu diesem Zweck `rpm` (*Red Hat Package Manager*) und `yum` (*Yellowdog Updater, Modified, https://de.wikipedia.org/wiki/Yellow dog_Updater,_Modified*) oder Dandified `yum` (`dnf`) (*https://goo.gl/TdkGRS*). Alpine Linux, das häufig in Umgebungen eingesetzt wird, die einen sehr kleinen Linux-Fußabdruck erfordern, baut auf dem *Alpine Package Keeper* (`apk`, *https://wiki.alpinelinux.org/wiki/Package_management*) auf, um die Softwarepakete zu managen.

Auf macOS und unter Windows stellen Installationsprogramme mit grafischer Benutzeroberfläche die einfachste Möglichkeit zum Installieren und Updaten vorgefertigter Software dar. *Homebrew* (*http://brew.sh*) für macOS und *Chocolatey* (*https://chocolatey.org/*) unter Windows sind bei technisch versierten Anwendern ebenfalls sehr beliebt.

Dieses Kapitel zeigt einige Ansätze auf, um Docker zu installieren. Stellen Sie sicher, dass Sie das passende Verfahren für sich wählen. Es kann zu Problemen führen, wenn Sie mehr als eine Installation durchführen und nicht wissen, wie Sie richtig zwischen den Installationen wechseln können.

Wählen Sie eine der folgenden Optionen: Docker Desktop, Docker Community Edition, die Paketverwaltung Ihres Betriebssystems oder Vagrant.

Linux

Wir raten dringend dazu, Docker auf einer aktuellen Version Ihrer bevorzugten Linux-Distribution auszuführen. Im Allgemeinen ist es zwar möglich, Docker auch auf älteren Versionen zu betreiben, dabei kann es jedoch zu signifikanten Stabilitätsproblemen kommen. Grundsätzlich ist der Linux-Kernel 3.8 (oder neuer) erforderlich, und wir empfehlen, das neueste stabile Kernel-Release für Ihre Distribution zu nutzen. Die nachfolgenden Anleitungen setzen voraus, dass Sie eine aktuelle stabile Version von Ubuntu oder Fedora Linux verwenden.

Wir behandelt Docker Desktop für Linux (*https://docs.docker.com/desktop/linux/install*) hier zwar nicht, aber es wurde releast und lässt sich auf Linux verwenden, wenn Sie den Docker-Daemon lieber in einer lokalen virtuellen Maschine statt direkt auf Ihrem System laufen lassen wollen.

Ubuntu Linux 22.04 (64 Bit)

Schauen wir uns die Schritte an, die erforderlich sind, um Docker auf der 64-Bit-Version von Ubuntu Linux 22.04 zu installieren.

Für andere Versionen von Ubuntu konsultieren Sie bitte die Dokumentation für Ubuntu (*https://dockr.ly/2NwNbuw*).

Diese ersten beiden Befehle stellen sicher, dass Sie keine ältere Version von Docker installiert haben. Die Pakete wurden ein paarmal umbenannt, daher müssen einige Möglichkeiten spezifiziert werden:

```
$ sudo apt-get remove docker docker.io containerd runc
$ sudo apt-get remove docker-engine
```

Fehlermeldungen von `apt-get`, die »Unable to locate package« oder »Package is not installed« lauten, können Sie ignorieren.

Als Nächstes müssen Sie die benötigten Softwareabhängigkeiten nachinstallieren und das richtige apt-Repository für die Docker Community Edition hinzufügen. Damit ist es möglich, die Pakete für Docker herunterzuladen und zu installieren, die validiert und signiert sind.

```
$ sudo apt-get update
$ sudo apt-get install \
    ca-certificates \
    curl \
    gnupg \
    lsb-release
$ sudo mkdir -p /etc/apt/keyrings
$ curl -fsSL https://download.docker.com/linux/ubuntu/gpg |\
    sudo gpg --dearmor -o /etc/apt/keyrings/docker.gpg
$ sudo chmod a+r /etc/apt/keyrings/docker.gpg
$ echo \
    "deb [arch=$(dpkg --print-architecture) \
    signed-by=/etc/apt/keyrings/docker.gpg] \
    https://download.docker.com/linux/ubuntu \
    $(lsb_release -cs) stable" |\
    sudo tee /etc/apt/sources.list.d/docker.list > /dev/null
```

Damit ist das Repository konfiguriert. Führen Sie nun folgende Befehle aus, um Docker zu installieren:

```
$ sudo apt-get update
$ sudo apt-get install \
    docker-ce \
    docker-ce-cli \
    containerd.io \
    docker-compose-plugin
```

Wenn Sie keine Fehlermeldungen erhalten haben, ist Docker nun erfolgreich installiert!

Fedora Linux 36 (64 Bit)

Schauen wir uns jetzt an, was erforderlich ist, um Docker auf der 64-Bit-Version von Fedora Linux 36 zu installieren.

Für aktuellere oder andere Versionen von Fedora konsultieren Sie die Dokumentation für Fedora (*https://dockr.ly/2NwNdTa*).

Das erste Kommando stellt sicher, dass Sie keine veraltete Docker-Version installiert haben. Wie auch unter Ubuntu wurde das Paket mehrfach umbenannt, sodass es mehrere Möglichkeiten gibt:

```
$ sudo dnf remove -y \
    docker \
    docker-client \
    docker-client-latest \
    docker-common \
    docker-latest \
    docker-latest-logrotate \
    docker-logrotate \
    docker-selinux \
    docker-engine-selinux \
    docker-engine
```

Als Nächstes müssen Sie die benötigten Abhängigkeiten und das `dnf`-Repository für die Docker Community Edition hinzufügen:

```
$ sudo dnf -y install dnf-plugins-core
$ sudo dnf config-manager \
        --add-repo \
        https://download.docker.com/linux/fedora/docker-ce.repo
```

Jetzt können Sie die aktuelle Version der Docker Community Edition installieren:

```
$ sudo dnf install -y \
    docker-ce \
    docker-ce-cli \
    containerd.io \
    docker-compose-plugin
```

macOS

Um Docker auf macOS zu installieren, sollten Sie den offiziellen Installer von Docker Desktop verwenden.

Installationsprogramm mit grafischer Benutzeroberfläche

Laden Sie den aktuellen Docker Desktop for Mac Installer (*https://dockr.ly/2wyTpCO*) herunter und doppelklicken Sie auf das Programmsymbol. Folgen Sie den Anweisungen des Programms, bis die Installation abgeschlossen ist. Docker Desktop for macOS fußt auf dem xhyve-Projekt (*https://github.com/machyve/xhyve*) und Apples Hypervisor-Framework (*https://developer.apple.com/documentation/hypervisor*), um einen nativen und leichtgewichtigen Virtualisierungslayer für Linux-Server-Komponenten bereitzustellen und virtuelle Linux-Maschinen zu starten, die Docker-Images erstellen und Container ausführen können.

Installation per Homebrew

Sie können die Docker-CLI-Tools ebenfalls über den populären Homebrew-Paketmanager installieren. Wenn Sie diesen Ansatz wählen, sollten Sie beachten, dass Sie Vagrant verwenden, um Ihre Linux-VM zu erstellen und zu verwalten. Dies wird in Kürze in »Server, die nicht auf Linux-VMs basieren« auf Seite 65 näher beschrieben.

Microsoft Windows 11

Dies sind die erforderlichen Schritte zum Installieren von Docker Desktop auf Windows 11.

Es ist sehr empfehlenswert, das Windows Subsystem for Linux (WSL2, *https://docs.microsoft.com/en-us/windows/wsl/install*) einzurichten, *bevor* Sie Docker Desktop installieren, und dann eine der verfügbaren Optionen im Docker Desktop Installer auszuwählen, um WSL2 zu aktivieren und als Standard vorzugeben.

Docker Desktop for Windows kann Hyper-V (*https://oreil.ly/vt6-o*) nutzen, um eine native Virtualisierungsschicht für die Linux-Server-Komponenten bereitzustellen, aber WSL2 sollte bei der Arbeit mit Linux-Containern die bequemere Variante sein.

Laden Sie zunächst die aktuelle Version des Installers für Docker Desktop for Windows herunter (*https://dockr.ly/2C0n7H0*) und doppelklicken Sie auf das Programmsymbol. Folgen Sie den Anweisungen des Programms, bis die Installation abgeschlossen ist.

Den Linux-Container-Modus für Windows aktivieren

Standardmäßig sollte Ihre Docker-Desktop-Installation unter Windows für Linux-Container eingerichtet sein, aber wenn Sie einmal eine Nachricht erhalten, die so etwas wie »no matching manifest for windows/amd64« besagt, ist Docker Desktop vermutlich für Windows-Container konfiguriert.

Linux-Container sind weiterhin der verbreitetste Typ von Containern, und in diesem Buch wird auch von Linux-Container-Support ausgegangen. Sie können Ihr Windows-Setup einfach anpassen, indem Sie mit der rechten Maustaste auf das Docker-Icon in der Windows-Taskbar klicken und *Switch to Linux containers…* auswählen (siehe die Abbildungen 3-1 und 3-2).

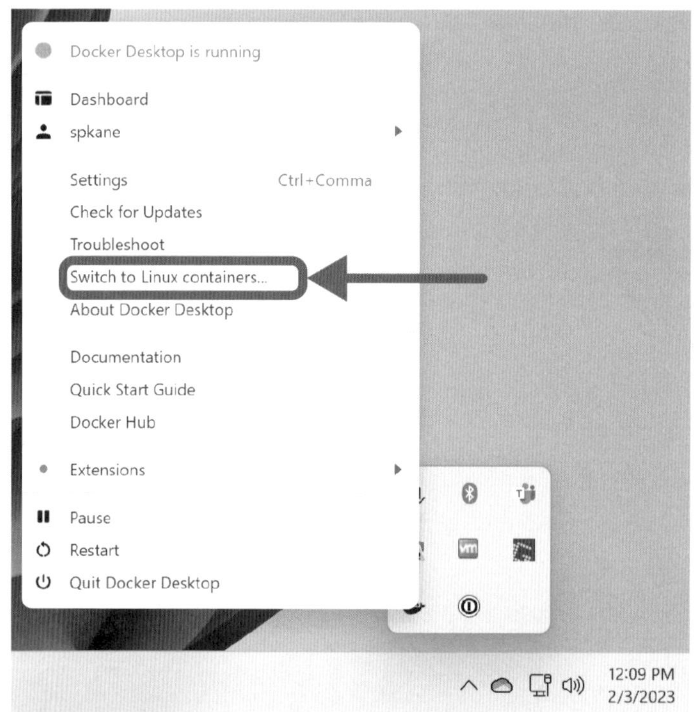

Abbildung 3-1: Wechsel zu Linux-Containern

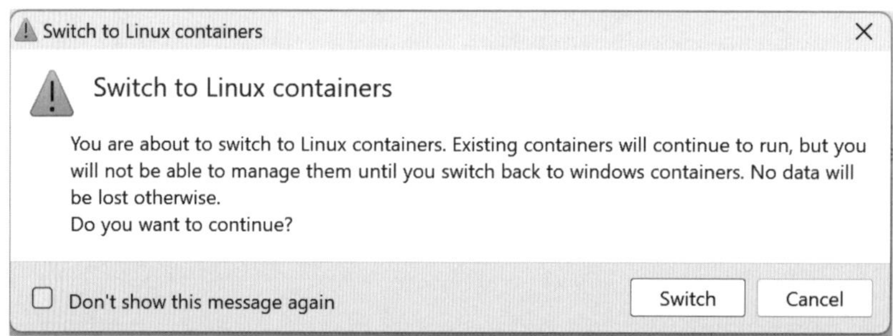

Abbildung 3-2: Bestätigungsdialog

Sie können leicht hin- und herwechseln, wenn Sie sowohl Linux- als auch Windows-Container einsetzen.

Chocolatey-Installation

Es ist ebenfalls möglich, die Docker-CLI-Tools über die Paketverwaltung für Windows Chocolatey (*https://docs.chocolatey.org/en-us/choco/setup*) zu installieren. Wenn Sie diesen Ansatz wählen, sollten Sie sich überlegen, auch Vagrant zu installieren, um Linux-VMs erstellen und verwalten zu können. Näheres wird in »Server, die nicht auf Linux-VMs basieren« auf Seite 65 beschrieben.

Installationsanleitungen für weitere Betriebssysteme finden Sie unter *https://docs.docker.com/engine/install*.

Der Docker-Server

Der Docker-Server ist eine separate Binärdatei unabhängig vom Client und ist für die meiste Arbeit in Docker zuständig. Als Nächstes schauen wir uns die am häufigsten genutzten Methoden an, um Docker-Server zu verwalten.

Docker Desktop und Docker Community Edition haben bereits einen Server aufgesetzt, sodass Sie nichts weiter tun müssen, als sicherzustellen, dass der Server (`dockerd`) auf Ihrem System läuft. Unter Windows und macOS bedeutet das im Allgemeinen, die Docker-Anwendung zu starten. Unter Linux müssen Sie eventuell die folgenden `systemctl`-Befehle ausführen, um den Server zu starten.

Linux mit systemd

Aktuelle Fedora- und Ubuntu-Versionen verwenden `systemd` (*https://www.freedesktop.org/wiki/Software/systemd*) zur Verwaltung der auf dem System laufenden Prozesse. Da Sie Docker bereits installiert haben, können Sie durch die Eingabe von

```
$ sudo systemctl enable docker
```

gewährleisten, dass der Server bei jedem Systemstart mitgestartet wird. Dieser Befehl weist `systemd` an, den Docker-Service zu aktivieren und den Daemon zu starten, wenn das System neu gebootet wird oder in den Standard-Runlevel wechselt.

Geben Sie folgenden Befehl ein, um den Docker-Server zu starten:

```
$ sudo systemctl start docker
```

Server, die nicht auf Linux-VMs basieren

Wenn Sie Microsoft Windows oder macOS verwenden, benötigen Sie eine virtuelle Maschine, um zu Testzwecken einen Docker-Server einzurichten. Die Docker Community Edition macht es einfach, weil die VM mittels der nativen Technologie die jeweilige Plattform für Sie bereitstellt. Wenn Sie eine ältere Version von Windows nutzen oder aus anderen Gründen die Docker Community Edition nicht einsetzen können, sollten Sie sich Docker Machine (*https://github.com/docker/machine*) anschauen, das die Erstellung und Verwaltung von Docker-Servern, die unter einer Linux-VM laufen, ermöglicht.

Neben Vagrant können Sie je nach eigenen Präferenzen und Anforderungen auch andere Virtualisierungstools nutzen, zum Beispiel Lima auf macOS (*https://github.com/lima-vm/lima*) oder einen Standard-Virtualisierer, um einen lokalen Docker-Server aufzusetzen.

Vagrant

Vagrant unterstützt verschiedene Hypervisoren und ist in vielen Fällen zur Simulation der kompliziertesten Umgebungen einsetzbar.

Ein typischer Use Case für den Einsatz von Vagrant bei der Entwicklung mit Docker ist der Support des Testens von Images, die Ihrer Produktivumgebung entsprechen. Es unterstützt nicht nur gängige Distributionen wie Red Hat Enterprise Linux (*https://www.redhat.com/en/technologies/linux-platforms/enterprise-linux*) und Ubuntu (*https://ubuntu.com*), sondern auch fein abgestimmte Atomic-Host-Distributionen wie Fedora CoreOS (*https://getfedora.org/en/coreos*).

Vagrant lässt sich auf den meisten Plattformen problemlos installieren, indem Sie unter *https://www.vagrantup.com/downloads.html* ein eigenständiges Paket herunterladen.

Dieses Vagrant-Beispiel ist nicht sicher und soll auch nicht als Vorbild dienen. Es ist nur dazu gedacht, die grundlegenden Anforderungen zum Aufsetzen und Verwenden einer *Remote*-Docker-Server-VM aufzuzeigen. Das Absichern des Servers darf aber nicht vergessen werden – es ist ausgesprochen wichtig.

Der Einsatz von Docker Desktop für die Entwicklung ist oft die bessere Lösung (sofern es möglich ist).

Sie brauchen einen Hypervisor, der auf Ihrem System vollständig installiert ist. Zu den möglichen Optionen gehören:

- VirtualBox (*https://www.virtualbox.org/wiki/Downloads*)
  - frei verfügbar
  - unterstützt mehrere Plattformen auf den meisten Architekturen
- VMware Workstation Pro/Fusion (*https://oreil.ly/4uNsR*)
  - kommerzielle Software
  - unterstützt mehrere Plattformen auf den meisten Architekturen
- HyperV (*https://oreil.ly/agPTI*)
  - kommerzielle Software
  - unterstützt Windows auf den meisten Architekturen
- KVM (*https://www.linux-kvm.org*)
  - frei verfügbar
  - unterstützt Linux auf den meisten Architekturen

Im folgenden Beispiel werden Sie einen auf Ubuntu basierenden Docker-Host erstellen, auf dem der Docker-Daemon läuft. Dann werden Sie ein Hostverzeichnis mit einem Namen wie *docker-host* oder ähnlich anlegen und in dieses Verzeichnis wechseln:

```
$ mkdir docker-host
$ cd docker-host
```

Um Vagrant nutzen zu können, müssen Sie eine Vagrant Box (VM Image) finden (*https://app.vagrantup.com/boxes/search*), die zu Ihrem Provisionierer und Ihrer Architektur kompatibel ist. Im Beispiel nutzen wir eine Vagrant Box für die Hypervisor Virtual Box.

Virtual Box funktioniert nur auf Intel/AMD-x86(64)-Systemen, und die von uns eingesetzte Vagrant Box ist spezifisch für AMD64-Systeme gebaut.

Erstellen Sie nun eine neue Datei namens *Vagrantfile* mit dem folgenden Inhalt:

```
puts (<<-EOT)
  -----------------------------------------------------------------
  [WARNUNG] Es wird ein unverschlüsselter Docker-TCP-Port auf
  der VM freigegeben!!

  Das ist NICHT sicher und kann Ihr System einem deutlichen
  Risiko unterwerfen, wenn es in einem größeren Netzwerk
  eingesetzt wird.
  -----------------------------------------------------------------

EOT

$script = <<-SCRIPT
echo \'{"hosts": ["tcp://0.0.0.0:2375", "unix:///var/run/docker.sock"]}\' | \
sudo tee /etc/docker/daemon.json
sudo mkdir -p /etc/systemd/system/docker.service.d
echo -e \"[Service]\nExecStart=\nExecStart=/usr/bin/dockerd\" | \
sudo tee /etc/systemd/system/docker.service.d/docker.conf
sudo systemctl daemon-reload
sudo systemctl restart docker
SCRIPT

Vagrant.configure(2) do |config|

  # Kompatible Vagrant Box auswählen.
  config.vm.box = 'bento/ubuntu-20.04'

  # Docker installieren, wenn es noch nicht auf dem Image ist.
  config.vm.provision :docker

  # Docker so konfigurieren, dass es an einem unverschlüsselten
  # lokalen Port lauscht.
  config.vm.provision "shell",
    inline: $script,
    run: "always"
```

```
  # Docker-Port per Port-Forwarding an 12375 (oder einen
  # anderen offenen Port) auf unserer Hostmaschine weiterleiten.
  config.vm.network "forwarded_port",
    guest: 2375,
    host: 12375,
    protocol: "tcp",
    auto_correct: true

end
```

Sie können eine Kopie dieser Datei wie folgt erhalten:

```
$ git clone https://github.com/bluewhalebook/\
docker-up-and-running-3rd-edition.git --config core.autocrlf=input
$ cd docker-up-and-running-3rd-edition/chapter_03/vagrant
$ ls Vagrantfile
```

Eventuell müssen Sie in `git clone` den Backslash (\) entfernen und die URL wieder zu einer Zeile zusammenfügen. Er steht dort, weil der Befehl zu lang für eine normale Druckseite ist. In einer normalen Unix-Shell sollte es funktionieren, solange in keiner Zeile führende oder abschließende Leerzeichen stehen.

Achten Sie darauf, dass Sie sich im Verzeichnis mit dem *Vagrantfile* befinden, und führen Sie dann den folgenden Befehl aus, um die Vagrant-VM zu starten.

Dieses Setup ist nur ein einfaches Beispiel. Es ist nicht sicher und sollte nicht ausgeführt werden, wenn der Server aus einem größeren Netzwerk erreichbar ist.

Docker stellt unter *https://docs.docker.com/engine/security/protect-access* eine Dokumentation zum Absichern Ihres Docker-Endpunkts mit SSH- oder TLS-Client-Zertifikaten bereit und bietet unter *https://docs.docker.com/engine/security/#docker-daemon-attack-surface* zudem weitere Informationen über die Angriffsoberfläche des Docker-Daemons.

```
$ vagrant up
…
Bringing machine 'default' up with 'virtualbox' provider…
==> default: Importing base box 'bento/ubuntu-20.04'…
==> default: Matching MAC address for NAT networking…
==> default: Checking if box 'bento/ubuntu-20.04' version '…' is up to date…
==> default: A newer version of the box 'bento/ubuntu-20.04' for provider…
==> default: available! You currently have version '…'. The latest is version
==> default: '202206.03.0'. Run `vagrant box update` to update.
==> default: Setting the name of the VM: vagrant_default_1654970697417_18732
==> default: Clearing any previously set network interfaces…
…
==> default: Running provisioner: docker…
    default: Installing Docker onto machine…
==> default: Running provisioner: shell…
    default: Running: inline script
    default: {"hosts": ["tcp://0.0.0.0:2375", "unix:///var/run/docker.sock"]}
    default: [Service]
    default: ExecStart=
    default: ExecStart=/usr/bin/dockerd
```

Unter macOS erhalten Sie eventuell einen Fehler wie:

```
VBoxManage: error: Details: code NS_ERROR_FAILURE
(0x80004005), component MachineWrap, interface IMachine
```

Das liegt an den Sicherheitsfeatures von macOS. Eine schnelle Suche sollte Sie zu einem Onlineposting führen (*https://scriptcrunch.com/solved-vboxmanage-error-component-machinewrap*), das einen Fix beschreibt.

Läuft die VM, sollten Sie sich mit dem Docker-Server verbinden können, indem Sie den folgenden Befehl ausführen und dem Docker-Client über das Argument -H mitteilen, womit er sich verbinden soll:

```
$ docker -H 127.0.0.1:12375 version
Client:
 Cloud integration: v1.0.24
 Version:           20.10.14
 API version:       1.41
...
Server: Docker Engine - Community
 Engine:
  Version:          20.10.17
  API version:      1.41 (minimum version 1.12)
...
```

Aus der Ausgabe können Sie entnehmen, welche Versionen die diversen Komponenten besitzen, aus denen sich Docker-Client und -Server zusammensetzen.

Das Übergeben von IP-Adresse und Port bei jedem Ausführen eines Docker-Befehls ist nicht ideal, aber zum Glück lässt sich Docker über den Befehl docker context so einrichten, dass es mehrere Docker-Server kennt. Dazu schauen wir uns zunächst an, welcher Kontext gerade verwendet wird. Achten Sie auf den Eintrag mit einem Sternchen daneben (*) – dieser markiert den aktuellen Kontext:

```
$ docker context list
NAME       TYPE ... DOCKER ENDPOINT             ...
default *  moby ... unix:///var/run/docker.sock ...
...
```

Sie können durch das Ausführen der folgenden Befehle einen neuen Kontext für die Vagrant-VM erstellen und ihn dann aktivieren:

```
$ docker context create vagrant --docker host=tcp://127.0.0.1:12375
vagrant
Successfully created context "vagrant"
$ docker context use vagrant
vagrant
```

Lassen Sie sich wieder alle Kontexte ausgeben, sollten Sie etwas wie das Folgende erhalten:

```
$ docker context list
NAME       TYPE ... DOCKER ENDPOINT             ...
default    moby ... unix:///var/run/docker.sock ...
vagrant *  moby ... tcp://127.0.0.1:12375       ...
...
```

Ist Ihr aktueller Kontext auf `vagrant` gesetzt, werden Sie beim Ausführen von `docker version` ohne den zusätzlichen Parameter `-H` trotzdem mit dem korrekten Docker-Server verbunden und erhalten die gleichen Informationen wie zuvor.

Geben Sie Folgendes ein, um sich mit einer Shell auf der virtuellen Maschine zu verbinden:

```
$ vagrant ssh
...
Welcome to Ubuntu 20.04.3 LTS (GNU/Linux 5.4.0-91-generic x86_64)
...
vagrant@vagrant:~$ exit
```

Bis Sie Zeit dazu finden, dieses Setup abzusichern, ist es am besten, die VM herunterzufahren und Ihren Kontext zurück auf den ursprünglichen Zustand zu setzen:

```
$ vagrant halt
...
==> default: Attempting graceful shutdown of VM...

$ docker version
Cannot connect to ... daemon at tcp://127.0.0.1:12375. Is the ... daemon running?

$ docker context use default
default
```

Nutzen Sie macOS, sollten Sie einen Blick auf Colima (*https://github.com/abiosoft/colima*) werfen, das es sehr einfach macht, eine flexible Docker- oder Kubernetes-VM hochzufahren.

Installation testen

Haben Sie einen lauffähigen Client und einen eingerichteten Server, können Sie testen, ob alles funktioniert. Sie sollten jetzt in der Lage sein, auf Ihrem lokalen System einen der nachstehend aufgelisteten Befehle auszuführen, um den Docker-Daemon anzuweisen, den aktuellsten offiziellen Container der jeweiligen Distribution herunterzuladen und diesen dann mittels eines laufenden Unix-Shell-Prozesses zu starten.

Dieser Schritt ist wichtig, weil er sicherstellt, dass sämtliche Systembestandteile korrekt installiert sind und wie erwartet miteinander kommunizieren können. Hier kommt eins der Docker-Features zum Tragen: Wir können Container einer beliebigen Linux-Distribution ausführen. In den nächsten Schritten starten wir Linux-Container, die auf Ubuntu, Fedora und Alpine Linux beruhen. Sie brauchen aber nicht alle davon auszuführen, um zu beweisen, dass das wirklich funktioniert – einen der Container zu starten, ist völlig ausreichend.

Wenn Sie den Docker-Client auf einem Linux-System ausführen, müssen Sie eventuell den `docker`-Befehlen jeweils ein `sudo` voranstellen, da der `root`-User standardmäßig der einzige User mit Docker-Zugriff sein kann.

Die meisten Docker-Installationen erstellen eine `docker`-Gruppe, die dazu verwendet werden kann, die Zugriffsrechte für den `dockerd`-Unix-Socket zu verwalten. Sie können alternativ auch einfach Ihr Benutzerkonto der Gruppe hinzufügen, sodass Sie nicht länger `sudo` verwenden müssen (*https://man7.org/linux/man-pages/man8/sudo.8.html*).

Ubuntu

Probieren wir, einen Container mit dem neuesten Ubuntu-Linux-Base-Image zu starten:

```
$ docker container run --rm -ti docker.io/ubuntu:latest /bin/bash

root@aa9b72ae1fea:/#
```

Fedora

In diesem Beispiel starten wir einen Container mit dem neuesten Fedora-Linux-Base-Image:

```
$ docker container run --rm -ti docker.io/fedora:latest /bin/bash

[root@5c97201e827b /]# exit
```

Alpine Linux

Und schließlich können Sie noch einen Container testen, der das neueste Alpine-Linux-Base-Image nutzt:

```
$ docker container run --rm -ti docker.io/alpine:latest /bin/sh

/ # exit
```

`docker.io/ubuntu:latest`, `docker.io/fedora:latest` und `docker.io/alpine:latest` repräsentieren jeweils den Namen eines Docker-Image-Repositorys, dem ein Image-Name und ein Image-Tag folgen.

Docker-Server erkunden

Auch wenn der Docker-Server oft automatisch installiert und aktiviert wird und automatisch läuft, ist es sinnvoll, zu wissen, wie einfach es sein kann, den Docker-Daemon (*https://docs.docker.com/engine/reference/commandline/dockerd*) auf einem Linux-System manuell laufen zu lassen, etwa durch das Eintippen des folgenden Befehls:

```
$ sudo dockerd -H unix:///var/run/docker.sock \
  --config-file /etc/docker/daemon.json
```

Dieser Abschnitt geht davon aus, dass Sie sich auf dem Linux-Server oder der VM befinden, auf dem oder der der Docker-Daemon läuft. Nutzen Sie Docker Desktop auf Windows oder auf dem Mac, können Sie nicht so einfach mit `dockerd` interagieren, da es vor Endnutzern bewusst versteckt wird, aber wir zeigen Ihnen gleich einen Trick.

Der Befehl, der den Docker-Daemon startet, erstellt und lauscht einem Unix Domain Socket (`-H unix:///var/run/docker.sock`) und liest den Rest der Konfiguration aus */etc/docker/daemon.json*. Sie müssen den Docker-Server wahrscheinlich nicht eigenhändig starten, aber das ist es, was hinter den Kulissen geschieht. Auf Nicht-Linux-Systemen haben Sie meist eine Linux-basierte virtuelle Maschine, um den Docker-Server zu hosten. Docker Desktop setzt für Sie im Hintergrund eine virtuelle Maschine auf.

Wenn Docker schon läuft, wird ein erneutes Starten von Docker fehlschlagen, da Sie denselben Netzwerkport nicht zweimal verwenden können.

In den meisten Fällen ist es sehr einfach, sich per SSH auf den neuen Docker-Server zu verbinden und sich umzuschauen. Durch die nahtlose Integration von Docker Desktop in Nicht-Linux-Systeme fällt kaum auf, dass Docker Desktop eine lokale VM startet, worin der Docker-Daemon läuft. Weil diese VM so entworfen wurde, dass sie sehr klein und sehr stabil ist, läuft darauf kein SSH-Daemon, und es ist daher ein wenig schwierig, auf sie zuzugreifen.

Wenn Sie neugierig sind oder das Bedürfnis haben, die darunterliegende VM zu begutachten, können Sie das trotzdem tun. Dafür brauchen Sie allerdings ein paar weitere Kenntnisse. Wir werden in »nsenter« auf Seite 345 noch einmal wesentlich detaillierter über das Kommando `nsenter` sprechen, für den Augenblick reicht es allerdings, zu wissen, wie Sie die VM (oder den zugrunde liegenden Host) sehen können, und zwar mit diesen Befehlen:

```
$ docker container run --rm -it --privileged --pid=host debian \
  nsenter -t 1 -m -u -n -i sh

/ # cat /etc/os-release
PRETTY_NAME="Docker Desktop"

/ # ps | grep dockerd
 1540 root      1:05 /usr/local/bin/dockerd
                         --containerd /var/run/desktop-containerd/containerd.sock
                         --pidfile /run/desktop/docker.pid
                         --swarm-default-advertise-addr=eth0
                         --host-gateway-ip 192.168.65.2

/ # exit
```

Diese Befehle nutzen einen privilegierten Debian-Container, der das Kommando `nsenter` enthält, das die Namespaces des Linux-Kernels verändert, sodass Sie in das Dateisystem der darunterliegenden VM oder des Hosts navigieren können.

Der Container ist privilegiert, was es uns erlaubt, den darunterliegenden Host zu begutachten. Sie sollten sich nicht angewöhnen, diese zu nutzen, wenn reguläre System-Call-Rechte ausreichen. Näheres dazu finden Sie in »Sicherheitsaspekte« auf Seite 315.

Können Sie einen Endpunkt eines Docker-Servers nutzen, wird Ihnen dieser Befehl Zugriff auf den zugrunde liegenden Host ermöglichen.

Die Konfiguration des Docker-Daemons wird meist unter */etc/docker/daemon.json* gespeichert, aber vielleicht fällt Ihnen auf, dass sie in der Docker-Desktop-VM irgendwo unter */containers/services/docker/rootfs/etc/docker/daemon.json* liegt. Docker nutzt vernünftige Voreinstellungen, sodass die Datei sehr klein ist oder gar nicht vorhanden sein muss.

Wenn Sie Docker Desktop verwenden, können Sie die Datei editieren, indem Sie auf das Docker-Icon klicken und *Preferences/Docker Engine* auswählen, wie Abbildung 3-3 zeigt.

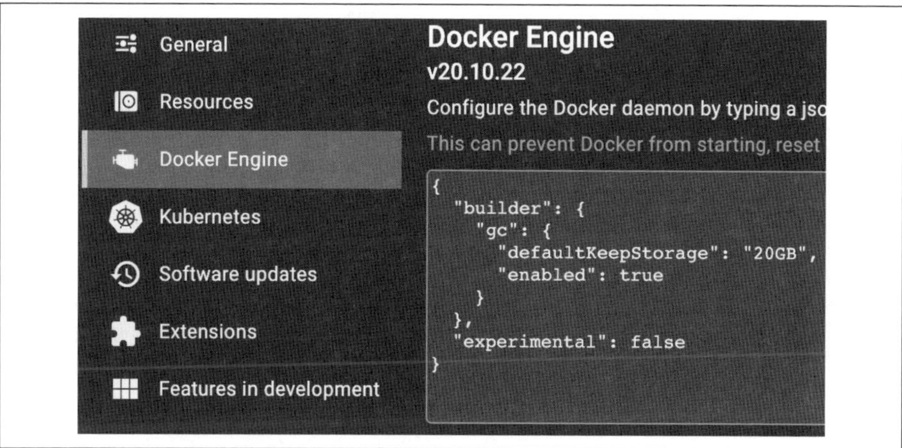

Abbildung 3-3: Serverkonfiguration von Docker Desktop

Zusammenfassung

Damit steht Ihnen nun eine funktionierende Docker-Installation zur Verfügung, und Sie können sich mit anderen Dingen als der Vorgehensweise bei der Einrichtung befassen. Im nächsten Kapitel werden wir einige grundlegende Docker-Funktionen anhand praktischer Beispiele erkunden, etwa wie man Docker-Images erstellt und handhabt. Diese stellen die Basis für jeden Container dar, den Sie jemals mit Docker starten werden.

Wenn im verbleibenden Teil des Buchs auf der Kommandozeile der Befehl `docker` auftaucht, sollten Sie immer davon ausgehen, dass Ihr System über einen Docker-Kontext, mittels der Umgebungsvariablen oder über den Kommandozeilenparameter `-H` so konfiguriert ist, dass der Docker-Client mit dem Docker-Daemon kommunizieren kann.

KAPITEL 4

Docker-Images verwenden

Jeder Linux-Container beruht auf einem Image. Bei Images handelt es sich um die grundlegende Definition dessen, was in einem laufenden Container eingesetzt wird. Das Image entspricht im Wesentlichen einer virtuellen Festplatte, die zur VM wird, wenn sie gestartet wird. Docker-Images oder solche im Format der *Open Container Initiative* (OCI, *https://opencontainers.org*) stellen die Grundlage für alles dar, was Sie mit Docker anfangen können. Um einen Container zu starten, müssen Sie entweder ein öffentlich zugängliches Image herunterladen oder selbst eins erstellen. Sie können sich Images als das eine Asset vorstellen, das das Dateisystem für den Container repräsentiert. Aber unter der Haube bestehen alle Docker-Images aus einem oder mehreren verlinkten Dateisystem-Layern, die sich im Allgemeinen eins zu eins den Build-Schritten beim Erstellen des Image zuordnen lassen.

Weil Images aus einzelnen Layern aufgebaut sind, haben sie spezielle Anforderungen an den Linux-Kernel. Es werden Treiber benötigt, damit Docker das Storage-Backend nutzen kann. Bei der Image-Verwaltung ist Docker auf das Speichersystem angewiesen, das mit dem zugrunde liegenden Linux-Dateisystem kommuniziert, um die verschiedenen Storage-Backends zu handhaben und zu einem einzelnen, nutzbaren Image zu vereinigen. Unterstützt werden die folgenden:

- Overlay2 (*https://oreil.ly/r4JHY*)
- *B-Tree File System (btrfs, https://btrfs.wiki.kernel.org/index.php/Main_Page)*
- *Device Mapper (https://www.sourceware.org/dm)*

Alle diese Storage-Backends bieten zur Verwaltung von Images ein schnelles *Copy-on-Write*-Dateisystem (CoW). Wir erläutern nähere Spezifikationen der verschiedenen Backends in Kapitel 11. Zunächst nutzen wir allerdings das Standard-Backend und zeigen, wie Images funktionieren, da sie die Grundlage für fast alles darstellen, was Sie mit Docker erledigen, darunter:

- Bauen von Images.
- Hochladen (Pushen) von Images zu einer Image-Registry.
- Herunterladen (Pullen) von Images von einer Image-Registry.
- Erzeugen und Starten von Containern von einem Image.

Der Aufbau eines Dockerfiles

Wenn Sie mit den Standardtools ein benutzerdefiniertes Docker-Image erstellen möchten, müssen Sie sich mit dem Aufbau des Dockerfiles vertraut machen. Diese Datei beschreibt alle zum Erstellen eines Image erforderlichen Schritte und befindet sich normalerweise im Root-Verzeichnis des Quellcode-Repositorys Ihrer Anwendung.

Ein typisches *Dockerfile* sieht in etwa wie das nachstehend gezeigte aus, das einen Container für eine Node.js-basierte Anwendung erzeugt:

```
FROM node:18.13.0

ARG email="anna@example.com"
LABEL "maintainer"=$email
LABEL "rating"="Five Stars" "class"="First Class"

USER root

ENV AP /data/app
ENV SCPATH /etc/supervisor/conf.d

RUN apt-get -y update

# die Daemons
RUN apt-get -y install supervisor
RUN mkdir -p /var/log/supervisor

# Supervisor-Konfiguration
COPY ./supervisord/conf.d/* $SCPATH/

# Anwendungscode
COPY *.js* $AP/

WORKDIR $AP

RUN npm install

CMD ["supervisord", "-n"]
```

Bei der Analyse dieses Dockerfiles werden Sie einer Reihe von möglichen Anweisungen begegnen, die Sie zur Steuerung der Image-Erstellung einsetzen können. Jede in einem Dockerfile enthaltene Zeile erzeugt einen neuen Layer in dem von Docker gespeicherten Image. Der Layer enthält alle Änderungen, die erzeugt werden, wenn die Befehle ausgeführt werden. Das heißt, dass bei der Neuerstellung eines Image nur solche Layer neu angelegt werden, die von denen des vorhergehenden Builds abweichen, alle unveränderten Layer können unverändert weiterverwendet werden.

Sie könnten eine Node-Instanz zwar auch anhand eines einfachen Linux-Image erstellen, allerdings stehen in Docker Hub (*https://registry.hub.docker.com*) bereits offizielle Node-Images zur Verfügung. Die Node.js-Community pflegt eine Reihe von Docker-Images (*https://registry.hub.docker.com/_/node*), die es Ihnen dank eines entsprechenden Taggings ermöglichen, schnell festzustellen, welche Versionen verfügbar sind.

Wenn Sie eine ganz bestimmte Version verwenden möchten, könnten Sie stattdessen beispielsweise auch auf `node:18.13.0` verweisen. Das folgende Basis-Image stellt Ihnen ein Ubuntu-Linux-Image zur Verfügung, das Node 18.13.0 ausführt:

```
FROM docker.io/node:18.13.0
```

Der Parameter `ARG` bietet eine Möglichkeit, Variablen und ihre Standardwerte zu setzen, die nur während des Bauens des Image zur Verfügung stehen:

```
ARG email="anna@example.com
```

Durch das Setzen von Labels zu Images und Containern können Sie Metadaten über Key-Value-Paare hinzufügen. Diese können später genutzt werden, um nach Docker-Images und Containern zu suchen und sie zu identifizieren. Sie können Labels von Images mittels des `docker container inspect`-Befehls ansehen. Für das Maintainer-Label nutzen wir den Wert des Build-Arguments `email`, das in der vorherigen Zeile des Dockerfiles definiert wurde. So lässt sich dieses Label jederzeit beim Bauen des Image ändern:

```
LABEL "maintainer"=@email
LABEL "rating"="Five Stars" "class"="First Class"
```

Standardmäßig führt Docker alle Prozesse innerhalb des Containers als `root` aus, das können Sie aber mit dem Befehl `USER` ändern:

```
USER root
```

Container sind zwar vom Betriebssystem des Hosts mehr oder weniger isoliert, sie nutzen jedoch denselben Kernel. Aufgrund potenzieller Sicherheitsrisiken sollten Container in Produktivumgebungen daher in fast allen Fällen unter einem nicht privilegierten Benutzerkonto ausgeführt werden.

Anders als die `ARG`-Anweisung gestattet es die `ENV`-Anweisung Ihnen, Umgebungsvariablen der Shell zu setzen, die zur Konfiguration der Anwendung dienen und während des Build-Vorgangs verwendet werden können. Die `ENV`- und `ARG`-Anweisungen lassen sich nutzen, um so das Dockerfile zu vereinfachen und Wiederholungen zu vermeiden:

```
ENV AP /data/app
ENV SCPATH /etc/supervisor/conf.d
```

Der nachstehende Code erzeugt mittels einer Reihe von `RUN`-Anweisungen die erforderliche Dateistruktur und installiert benötigte Software. Sie werden auch Build-Variablen verwenden, die zuvor definiert wurden. Das vereinfacht ein wenig die Arbeit und schützt auch vor Tippfehlern.

```
RUN apt-get -y update

# Daemons
RUN apt-get -y install supervisor
RUN mkdir -p /var/log/supervisor
```

Es ist im Allgemeinen keine gute Idee, Befehle wie `apt-get -y update` oder `dnf -y update` in den Dockerfiles von Anwendungen auszuführen, weil sie bei jedem Build den Index des Repositorys erneuern. Das führt dazu, dass der Build nicht notwendigerweise reproduzierbar ist, da nicht sichergestellt ist, dass Paketversionen die gleiche Version tragen. Die Paketversionen können sich zwischen den Builds nämlich verändern. Stattdessen sollten Ihre Anwendungs-Images auf anderen Images basieren, die bereits die Updates installiert haben und bei denen die Versionen in einem bekannten Zustand sind. Das ist schneller und besser reproduzierbar.

Die `COPY`-Anweisung dient dazu, Dateien vom lokalen Dateisystem in Ihr Image zu kopieren. Zumeist handelt es sich dabei um den Code Ihrer Anwendung und zusätzlich benötigte Dateien. Da `COPY` die Dateien in das Image kopiert, benötigen Sie nicht weiter Zugriff auf das lokale Dateisystem, nachdem das Image gebaut wurde.

```
# Supervisor-Konfiguration
COPY ./supervisord/conf.d/* $SCPATH/

# Anwendungscode
COPY *.js* $AP/
```

Denken Sie daran, dass jede Zeile einen neuen Layer im Docker-Image erzeugt. Aus diesem Grund ist es oftmals sinnvoll, mehrere von der Programmlogik her zusammengehörige Befehle in einer Zeile zusammenzufassen. Es ist sogar möglich, die `COPY`- und `RUN`-Anweisungen so miteinander zu kombinieren, dass ein komplexes Skript in Ihr Image kopiert und dann mit nur zwei Befehlen im Dockerfile ausgeführt wird.

Mit der `WORKDIR`-Instruktion ändern Sie das für die nachfolgenden Anweisungen des Builds gültige Arbeitsverzeichnis und den Standardprozess, der den Container startet:

```
WORKDIR $AP
RUN npm install
```

Die Reihenfolge der Befehle in einem Dockerfile kann erheblichen Einfluss auf die Fertigstellungsdauer nachfolgender Builds haben. Sie sollten versuchen, die Befehle so anzuordnen, dass die Änderungen zwischen den einzelnen Builds möglichst erst am Ende stattfinden. Das bedeutet, dass Sie mit dem Hinzufügen von Code und ähnlichen Schritten bis zum Schluss warten sollten. Bei der Neuerstellung eines Image müssen nach Vornahme der ersten Änderung sämtliche Layer neu erzeugt werden.

Zum Abschluss erfolgt die `CMD`-Anweisung, mit der Sie den Befehl angeben, der den im Container auszuführenden Prozess startet:

```
CMD ["supervisord", "-n"]
```

Auch wenn es keine strikte Regel ist, ist es trotzdem empfehlenswert, nur einen einzigen Prozess in einem Container laufen zu lassen. Die Kernidee ist, dass ein Container lediglich eine einzelne Funktion bereitstellen sollte, sodass eine horizontale Skalierung von individuellen Funktionen in der Architektur problemlos möglich ist. In diesem Beispiel wird `supervisord` als Prozessmanager verwendet. Das hilft, die Resilienz der Node-Anwendung innerhalb des Containers zu verbessern, und stellt sicher, dass die Anwendung stets läuft. Das kann auch während Entwicklungsarbeiten hilfreich sein, um Probleme nachzuvollziehen, da es möglich ist, den Service neu zu starten, ohne den kompletten Container neu starten zu müssen.

Einen ähnlichen Effekt erreichen Sie mit dem Argument `--init` bei `docker container run`, das wir in »Prozessverwaltung« auf Seite 196 behandeln.

Erstellen eines Image

Nun soll das erste Image erstellt werden. Klonen Sie zu diesem Zweck ein Git-Repository, das eine Beispielanwendung namens *docker-node-hello* enthält:[1]

```
$ git clone https://github.com/spkane/docker-node-hello.git \
  --config core.autocrlf=input
Cloning into 'docker-node-hello'...
remote: Counting objects: 41, done.
remote: Total 47 (delta 0), reused 0 (delta 0), pack-reused 47
Unpacking objects: 100% (47/47), done.

$ cd docker-node-hello
```

Auf vielen Systemen mit Linux oder macOS ist Git bereits installiert – sollte es jedoch nicht verfügbar sein, können Sie unter *https://git-scm.com/downloads* ein entsprechendes Installationsprogramm herunterladen. Mit dem Parameter `--config core.autocrlf=input` kann sichergestellt werden, dass die Zeilenenden des Repositorys nicht versehentlich gegenüber dem erwarteten Linux-Standard verändert werden.

Der Befehl lädt ein funktionsfähiges Dockerfile und den dazugehörigen Quellcode in ein Verzeichnis namens *docker-node-hello* herunter. Wenn Sie sich den Inhalt anzeigen lassen (und dabei das Git-Repository ignorieren), sollten Sie Folgendes sehen:

```
$ tree -a -I .git
.
├── .dockerignore
├── .gitignore
├── Dockerfile
├── index.js
├── package.json
└── supervisord
    └── conf.d
        ├── node.conf
        └── supervisord.conf
```

1 Dabei handelt es sich um einen Fork von GitHub (*https://github.com/enokd/docker-node-hello*).

Schauen wir uns die wichtigsten Dateien einmal etwas näher an.

Die Datei *Dockerfile* sollte der im vorhergehenden Abschnitt analysierten Datei entsprechen.

In der Datei *.dockerignore* können Sie Ordner und Dateien angeben, die beim Erstellen eines Image nicht auf den Docker-Host hochgeladen werden sollen. In diesem Fall enthält sie nur eine Zeile:

```
.git
```

Dadurch übergeht der Befehl `docker image build` das Verzeichnis *.git*, in dem das gesamte Quellcode-Repository gespeichert ist. Die restlichen Dateien repräsentieren die Dateien Ihres Quellcodes aus dem aktuell ausgecheckten Branch. Für das Erstellen des Docker-Image wird dieses *.git*-Verzeichnis nicht benötigt, und da es im Laufe der Zeit ziemlich umfangreich werden kann, brauchen Sie auch keine Zeit damit zu verschwenden, es bei jedem Build mit zu kopieren. Die Datei *package.json* definiert die Node.js-Anwendung und listet alle Abhängigkeiten darin auf. In der *index.js* ist der eigentliche Quellcode der Anwendung enthalten.

Das Verzeichnis *supervisord* enthält die Konfigurationsdateien für das Programm `supervisord`, das dem Starten und Monitoring der Anwendung dient.

In diesem Beispiel für das Monitoring der Anwendung `supervisord` (*http://supervisord.org*) einzusetzen, bedeutet im Grunde genommen, mit Kanonen auf Spatzen zu schießen. Es soll Ihnen aber einen kleinen Einblick in die Verfahrensweisen geben, die Sie in Containern nutzen können, um Ihre Anwendung und deren Ausführungszustand zu steuern.

Wie in Kapitel 3 erläutert, muss der Docker-Server laufen und Ihr Client fähig sein, mit ihm zu kommunizieren, damit Sie ein Docker-Image erstellen können. Wenn das gegeben ist, sollten Sie nun in der Lage sein, mit dem unten stehenden Befehl einen neuen Build anzustoßen, der anhand der Dateien im Arbeitsverzeichnis ein neues Image erstellt und mit einem Tagging versieht.

Die einzelnen Schritte, die in der folgenden Ausgabe erkennbar sind, können direkt den Zeilen des Dockerfiles zugeordnet werden, und jeder Schritt erzeugt einen neuen Image-Layer, der auf den vorhergehenden Layern abgelegt wird. Der erste Build, den Sie ausführen, wird einige Minuten Zeit in Anspruch nehmen, weil das Node-Base-Image heruntergeladen werden muss. Die nachfolgenden Builds erfolgen dann erheblich schneller – es sei denn, es wurde zwischenzeitlich eine neue Version unseres Basis-Image veröffentlicht.

Die folgende Ausgabe stammt vom neuen BuildKit, das in Docker enthalten ist. Sehen Sie eine deutlich andere Ausgabe, nutzen Sie vermutlich noch den älteren Image-Builder-Code.

Sie können BuildKit in Ihrer Umgebung aktivieren, indem Sie die Umgebungsvariable `DOCKER_BUILDKIT` auf `1` setzen.

Mehr dazu finden Sie auf der Website von Docker unter *https://docs.docker.com/build/buildkit*.

Am Ende des `build`-Befehls sehen Sie einen Punkt. Dieser bezieht sich auf den Build-Kontext, der Docker mitteilt, welche Dateien auf den Server hochzuladen sind, damit unser Image gebaut werden kann. In vielen Fällen wird am Ende eines `build`-Befehls einfach ein `.` stehen, da dieser für das aktuelle Verzeichnis steht. Diesen Build-Kontext filtert die Datei *.dockerignore* aus, sodass wir nicht mehr hochladen, als erforderlich ist.

Docker geht davon aus, dass sich das Dockerfile im aktuellen Verzeichnis befindet. Ist das nicht der Fall, können Sie darauf mit dem Argument `-f` verweisen.

Führen wir den Build nun aus:

```
$ docker image build -t example/docker-node-hello:latest .

 => [internal] load build definition from Dockerfile
 => => transferring dockerfile: 37B
 => [internal] load .dockerignore
 => => transferring context: 34B
 => [internal] load metadata for docker.io/library/node:18.13.0
 => CACHED [1/8] FROM docker.io/library/node:18.13.0@19a9713dbaf3a3899ad...
 => [internal] load build context
 => => transferring context: 233B
 => [2/8] RUN apt-get -y update
 => [3/8] RUN apt-get -y install supervisor
 => [4/8] RUN mkdir -p /var/log/supervisor
 => [5/8] COPY ./supervisord/conf.d/* /etc/supervisor/conf.d/
 => [6/8] COPY *.js* /data/app/
 => [7/8] WORKDIR /data/app
 => [8/8] RUN npm install
 => exporting to image
 => => exporting layers
 => => writing image sha256:991844271ca5b984939ab49d81b24d4d53137f04a1bd...
 => => naming to docker.io/example/docker-node-hello:latest
```

Sofern davon auszugehen ist, dass dies gefahrlos möglich ist, verwendet Docker zur Beschleunigung des Builds einen lokalen Cache. Das führt gelegentlich zu unerwarteten Schwierigkeiten, da es nicht immer erkennt, wenn sich etwas auf einem unteren Layer verändert hat. In der obigen Ausgabe finden sich Zeilen wie `=> [2/8] RUN apt-get -y update`. Erhalten Sie stattdessen `=> CACHED [2/8] RUN apt-get -y update`, hat Docker entschieden, den Cache zu verwenden. Sie können den Cache beim Aufruf von `docker image build` mit dem Argument `--no-cache` deaktivieren.

Wenn Sie Ihre Docker-Images auf einem System erstellen, auf dem noch andere Prozesse laufen, können Sie die für Ihre Builds verfügbaren Ressourcen beschränken, indem Sie mehrere der cgroup-Methoden nutzen, die in Kapitel 5 beschrieben werden. Details zu den Argumenten von `docker image build` finden Sie in der offiziellen Dokumentation (*https://docs.docker.com/engine/reference/commandline/image_build/*).

`docker image build` macht das Gleiche wie `docker build`.

Haben Sie Probleme, einen Build korrekt durchzuführen, können Sie sich »Multi-Stage-Builds« auf Seite 100 und »Fehlerbehebung bei fehlgeschlagenen Builds« auf Seite 114 in diesem Kapitel anschauen.

Ausführen eines Image

Nach der erfolgreichen Erstellung Ihres Image starten Sie es mit folgendem Befehl:

```
$ docker container run --rm -d -p 8080:8080 example/docker-node-hello:latest
```

Der Befehl weist Docker an, von dem Image mit dem Tag `example/docker-node-hello:latest` einen im Hintergrund laufenden Container zu erzeugen und den Containerport 8080 an den Port 8080 des Docker-Hosts zu binden. Wenn alles erwartungsgemäß funktioniert, sollte die Node.js-Anwendung nun in einem Container auf dem Host laufen. Sie können das mit dem Befehl `docker container ls` überprüfen. Wenn Sie die Anwendung in Aktion sehen möchten, müssen Sie einen Webbrowser starten und **`<Docker-Host-IP-Adresse>:8080`** in das Adressfeld eingeben. Die IP-Adresse des Docker-Hosts können Sie normalerweise ermitteln, indem Sie sich den Eintrag von `docker context list` anschauen, der mit einem Sternchen markiert ist, oder indem Sie den Wert der Umgebungsvariablen `DOCKER_HOST` ausgeben, sofern diese gesetzt ist. Ist `DOCKER ENDPOINT` auf einen Unix-Socket gesetzt, wird die IP-Adresse sehr wahrscheinlich `127.0.0.1` sein:

```
$ docker context list
NAME       TYPE … DOCKER ENDPOINT                …
default *  moby … unix:///var/run/docker.sock …
…
```

Ermitteln Sie die IP-Adresse und geben Sie sie in das Adressfeld Ihres Webbrowsers ein, zum Beispiel *https://127.0.0.1:8080/* (oder die Remote-Docker-Adresse, wenn die anders ist). Oder Sie nutzen ein Befehlszeilentool wie `curl`. Folgender Text sollte dann erscheinen:

```
Hello World. Wish you were here.
```

Build-Argumente

Schauen Sie sich das gebaute Image an, werden Sie sehen können, dass das Maintainer-Label auf `anna@example.com` gesetzt wurde:

```
$ docker image inspect \
  example/docker-node-hello:latest | grep maintainer
            "maintainer": "anna@example.com",
```

Wollten wir dieses Label ändern, könnten wir den Build einfach erneut laufen lassen und dabei über das Argument `--build-arg` einen neuen Wert für das `ARG email` mitgeben, zum Beispiel:

```
$ docker image build --build-arg email=me@example.com \
    -t example/docker-node-hello:latest .
...
 => => naming to docker.io/example/docker-node-hello:latest
```

Nachdem der Build fertig ist, können wir die Ergebnisse durch eine erneute Inspektion des neuen Image überprüfen:

```
$ docker image inspect \
  example/docker-node-hello:latest | grep maintainer
            "maintainer": "me@example.com",
```

Die Anweisungen `ARG` und `ENV` können dabei helfen, ein Dockerfile sehr flexibel zu machen, während gleichzeitig das häufige Wiederholen von Werten vermieden wird, die sich nur schlecht aktuell halten lassen.

Umgebungsvariablen als Konfiguration

Wenn Sie sich die Datei *index.js* ansehen, werden Sie bemerken, dass dort die Variable `$WHO` auftaucht, mit deren Hilfe die Anwendung feststellen kann, wen sie begrüßen soll:

```
var DEFAULT_WHO = "World";
var WHO = process.env.WHO || DEFAULT_WHO;

app.get('/', function (req, res) {
  res.send('Hello ' + WHO + '. Wish you were here.\n');
});
```

Sehen wir uns kurz an, wie man die Anwendung konfigurieren kann, indem man ihr beim Start eine Umgebungsvariable übergibt.

Zunächst einmal müssen Sie den laufenden Container durch die Ausführung von zwei Befehlen beenden. Der erste Befehl liefert Ihnen die Container-ID, die Sie für den zweiten Befehl benötigen:

```
$ docker container ls
CONTAINER ID  IMAGE                            STATUS          ...
b7145c06083f  example/centos-node-hello:latest  Up 4 minutes ...
```

Sie können die Ausgabe des Befehls `docker container ls` mit einer Go-Vorlage formatieren (*https://developer.hashicorp.com/nomad/tutorials/templates/go-template-syntax*), sodass nur diejenigen Informationen angezeigt werden, an denen Sie auch interessiert sind. Bei dem obigen Beispiel können Sie etwa ein Kommando wie `docker container ls --format "table {{.ID}}\t{{.Image}}\t{{.Status}}"` verwenden, um die Ausgabe auf die drei Felder zu beschränken, die Sie sehen möchten. Außerdem können Sie den Befehl `docker container ls -quiet` ohne weitere Formatierungsoptionen nutzen, um nur die Container-ID auszugeben.

Als Nächstes können Sie mithilfe der Container-ID der vorherigen Ausgabe den laufenden Container beenden:

```
$ docker container stop b7145e06083f
b7145e06083f
```

`docker container ls` ist funktional das Gleiche wie `docker container list`, `docker container ps` oder `docker ps`.

Und `docker container stop` bewirkt das Gleiche wie `docker stop`.

Sie können den Container nun neu starten, nachdem Sie das Argument `--env` zu `docker container run` hinzugefügt haben:

```
$ docker container run --rm -d \
    --publish mode=ingress,published=8080,target=8080 \
    --env WHO="Sean and Karl" \
    example/docker-node-hello:latest
```

Wenn Sie die Seite in Ihrem Webbrowser erneut laden, sollte der Text auf der Webseite jetzt folgendermaßen lauten:

```
Hello Sean and Karl. Wish you were here.
```

Sie können den vorherigen docker-Befehl auch wie folgt kürzer fassen:

```
$ docker container run --rm -d -p 8080:8080 \
    -e WHO="Sean and Karl" \
    example/docker-node-hello:latest
```

Stoppen Sie diesen Container nun, indem Sie `docker container stop` nutzen und dabei die korrekte Container-ID übergeben.

Benutzerdefinierte Base-Images

Base-Images bilden die Grundlage für die Erstellung weiterer Docker-Images. Dabei handelt es sich meistens um minimale Installationen von Linux-Distributionen wie Ubuntu, Fedora oder Alpine Linux, sie können jedoch auch sehr viel kleiner sein und lediglich eine einzige statisch kompilierte Binärdatei enthalten. Für die meisten Menschen stellt die Verwendung der offiziellen Base-Images ihrer bevorzugten Linux-Distribution oder eines bestimmten Tools eine ausgezeichnete Option dar.

Es gibt allerdings auch Situationen, in denen es besser ist, eigene Base-Images zu erstellen, die nicht auf von anderen Usern erzeugten Images beruhen. Ein Grund hierfür könnte zum Beispiel sein, dass bei allen Deployment-Methoden für Hardware, VMs und Container ein einheitliches Betriebssystem-Image verwendet werden soll. Ein weiterer Grund bestünde darin, dass Sie das Image beträchtlich verkleinern möchten. So ist es beispielsweise nicht erforderlich, eine komplette Ubuntu-Distribution auszuliefern, wenn es sich bei Ihrer Anwendung um ein statisch kompiliertes C- oder Go-Programm handelt. Außerdem stellen Sie womöglich fest, dass Sie nur die regelmäßig zum Debuggen benötigten Tools sowie einige andere Shell-Befehle oder -Programme benötigen. Das Erstellen solch eines Image kann sich durchaus in Form eines schnelleren Deployments und einer einfacheren Distribution der Anwendung auszahlen.

Ein gängiger Mittelweg zwischen den beiden Ansätzen ist die Erstellung von Images mit Alpine Linux, das sehr klein konzipiert wurde und als Basis für Docker-Images populär ist. Um die Distribution klein zu halten, basiert Alpine Linux auf der modernen und leichtgewichtigen Standard Library *musl* (*https://musl.libc.org*) statt auf der traditionellen GNU C Library (*glibc*, *https://www.gnu.org/software/libc*). In der Regel ist das kein großes Problem, da die meisten Pakete *musl* unterstützen, man sollte sich dessen jedoch bewusst sein. Den größten Einfluss hat *musl* auf Java-basierte Anwendungen und DNS-Auflösungen. Sie ist aufgrund der geringen Image-Größe in Produktivumgebungen sehr verbreitet und in Bezug auf den Speicherplatz hoch optimiert – auch der Grund dafür, dass sie standardmäßig mit */bin/sh* statt mit */bin/bash* ausgeliefert wird. Dennoch können Sie *glibc* und *bash* in Alpine Linux installieren, wenn Sie sie wirklich benötigen. Das ist häufig bei JVM-Containern der Fall.

In der offiziellen Dokumentation finden sich sehr brauchbare Anleitungen zum Erstellen von Base-Images unter den verschiedenen Linux-Distributionen (*https://dockr.ly/2N1FZcU*).

Images speichern

Sie haben nun ein Docker-Image erstellt, das Ihren Wünschen entspricht, und wollen es irgendwo speichern, damit alle Docker-Hosts, auf denen Sie es deployen möchten, problemlos darauf zugreifen können. Dieser Speicherort ist gleichzeitig auch der Übergabepunkt, an dem die zuvor erstellten und zum zukünftigen Deployment bestimmten Images abgelegt werden. Normalerweise erzeugt man die Images nicht auf dem produktiven Server, der sie ausführen soll. Diesen Prozess haben wir bereits beschrieben, als es um die Übergabe zwischen den Teams zum Deployment der Anwendung ging. Beim Deployment wird für gewöhnlich ein Image aus einem Repository heruntergeladen und dann auf einem oder mehreren Linux-Servern ausgeführt. Es gibt verschiedene Möglichkeiten, wie Sie Ihr Image in einem zentralen Repository speichern können, um es leicht zugänglich zu machen.

Öffentliche Registries

Docker stellt eine öffentliche Registry für Images zur Verfügung (*https://registry.hub.docker.com*), die von der Community »geshared«, also miteinander geteilt werden. Sie enthält unter anderem die offiziellen Images der verschiedenen Linux-Distributionen, vorgefertigte WordPress-Container und vieles andere mehr.

Sofern Sie Ihre Images im Internet publizieren möchten, ist eine öffentliche Registry wie Docker Hub der am besten geeignete Ort dafür. Es gibt allerdings auch noch andere Möglichkeiten. Als die grundlegenden Docker-Tools erstmals allmählich Verbreitung fanden, gab es Docker Hub (*https://hub.docker.com/*) noch gar nicht – und deshalb wurde *Quay.io* (*http://quay.io/*) ins Leben gerufen, um diese offenkundige Lücke zu schließen. Mittlerweile hat Quay.io mehrfach den Besitzer gewechselt und gehört aktuell zu Red Hat. Cloud-Provider wie Google und SaaS-Anbieter wie GitHub haben ihre eigenen Registries. Hier besprechen wir nur zwei davon.

Bei Docker Hub und Quay.io handelt es sich um zentralisierte Registries für Docker-Images, die vom gesamten Internet aus zugänglich sind und es ermöglichen, private und öffentliche Images zur Verfügung zu stellen. Beide Services besitzen angenehme Benutzeroberflächen und gestatten die Verwaltung der Zugriffsrechte verschiedener Teams und Benutzer. Außerdem bieten beide Unternehmen brauchbare kommerzielle Optionen zum Hosten privater Images (SaaS). Das Geschäftsmodell ähnelt dem von GitHub, das ebenfalls private Repositories im Angebot hat. Hierbei könnte es sich um einen ersten Schritt in die richtige Richtung handeln, wenn Sie Docker ernsthaft einsetzen wollen, aber noch nicht genug Code ausliefern, um eine hausintern gehostete Lösung zu rechtfertigen.

Für Unternehmen, die Docker in großem Umfang einsetzen, besteht der größte Nachteil dieser Registries darin, dass sie sich nicht in demselben lokalen Netzwerk befinden, in dem das Deployment der Anwendung stattfindet, sodass jeder Image-Layer bei jedem Deployment einer Anwendung quer durchs Internet wandern muss. Die dabei auftretenden Latenzzeiten haben deutlich spürbare Auswirkungen auf Software-Deployments – und wenn es zu Verbindungsausfällen kommt, kann die Fähigkeit eines Unternehmens, reibungslose und pünktliche Deployments durchzuführen, ernsthaften Schaden nehmen. Derartige Schwierigkeiten lassen sich jedoch durch ein vernünftiges Design entschärfen, bei dem nur leichtgewichtige Image-Layer zum Einsatz kommen, die schnell per Internet übertragbar sind.

Private Registries

Die andere Option, die von vielen Unternehmen in Betracht gezogen wird, ist das Hosten einer eigenen internen Image-Registry, die mit dem Docker-Client interagieren kann und das Pushen, Pullen und Suchen nach Images unterstützt. Das Open-Source-Projekt Distribution (*https://github.com/distribution/distribution*) bietet die grundlegende Funktionalität, auf der die meisten anderen Registries aufbauen.

Weitere starke Mitbewerber von privaten Registries sind *Harbor* (*https://goharbor.io*) und *Red Hat Quay* (*https://www.redhat.com/en/technologies/cloud-computing/quay*). Zusätzlich zu den grundlegenden Docker-Registry-Funktionen haben diese Produkte noch solide grafische Oberflächen mit vielen weiteren Features wie etwa der Image-Verifikation.

Authentifizierung

Die Kommunikation mit einer Registry, die Container-Images speichert, gehört zum Docker-Alltag. Bei vielen Registries müssen Sie sich authentifizieren, um Zugang zu den Images zu erhalten. Docker versucht aber auch, die Automatisierung von Workflows zu erleichtern, daher kann es Ihre Zugangsdaten speichern und sie in Ihrem Namen verwenden, wenn beispielsweise ein privates Image heruntergeladen werden soll. Docker geht standardmäßig davon aus, dass Docker Hub als Registry verwendet wird, das von Docker, Inc. gehostete öffentliche Repository.

Es ist zwar ein etwas komplexeres Thema, aber es sei trotzdem darauf hingewiesen, dass Sie den Docker-Daemon auch so konfigurieren können, dass er einen eigenen Registry-Mirror (*https://oreil.ly/16Kns*) oder einen Pull-Through Image Cache (*https://oreil.ly/2Am1f*) nutzt.

Anlegen eines Docker-Hub-Benutzerkontos

Für die folgenden Beispiele legen wir zunächst einmal ein Benutzerkonto auf Docker Hub an. Für die Nutzung öffentlich zugänglicher Images ist das zwar nicht erforderlich, Sie müssen aber angemeldet sein, um ein Rate Limiting zu vermeiden und um selbst gebaute Container hochladen zu können.

Öffnen Sie in Ihrem Webbrowser die Seite *https://hub.docker.com*, um ein Benutzerkonto anzulegen.

Hier können Sie sich entweder mit gegebenenfalls vorhandenen Zugangsdaten anmelden oder mithilfe Ihrer E-Mail-Adresse ein neues Benutzerkonto anlegen.

Während des Vorgangs zur Einrichtung Ihres Benutzerkontos versendet Docker Hub eine Nachricht an die bei der Anmeldung angegebene E-Mail-Adresse. Sie sollten dann umgehend in Ihrem Postfach nachsehen und den in der E-Mail angegebenen Bestätigungslink aufrufen, um den Anmeldevorgang abzuschließen.

Danach steht Ihnen eine öffentliche Registry zur Verfügung, in die Sie neue Images hochladen können. In den *Account Settings* (*https://hub.docker.com/settings/default-privacy*) unter Ihrem Profilbild finden Sie einen *Default Privacy*, in dem Sie die Standardsichtbarkeit Ihrer Registry auf *private* setzen können, wenn das bei Ihnen erforderlich ist.

Für eine bessere Sicherheit sollten Sie sich an Docker Hub für eingeschränkte private Access-Tokens registrieren und darüber anmelden (*https://docs.docker.com/go/access-tokens*).

Anmeldung bei der Registry

Melden Sie sich nun mit Ihren Zugangsdaten bei Docker Hub an:

```
$ docker login
Login with your Docker ID to push and pull images from Docker Hub. If you
don't have a Docker ID, head over to https://hub.docker.com to create one.
Username: <hub_username>
Password: <hub_password/token>
Login Succeeded
```

Der Befehl `docker login` ist der gleiche wie `docker login docker.io`.

Sobald die Meldung `Login Succeeded` ausgegeben wurde, können Images aus der Registry heruntergeladen werden. Was aber geschieht hinter den Kulissen? Docker legt im Home-Verzeichnis des Benutzers eine unsichtbare Datei an, um die Zugangsdaten zu speichern. Die Berechtigungen dieser Datei werden aus Sicherheitsgründen auf 0600 gesetzt, damit andere User nicht darauf zugreifen können. Sie können die Datei wie folgt einsehen:

```
$ ls -la ${HOME}/.docker/config.json
-rw-------@ 1 … 158 Dec 24 10:37 /Users/someuser/.docker/config.json

$ cat ${HOME}/.docker/config.json{
```

Unter Linux werden Sie so etwas wie das Folgende erhalten:

```
{
    "auths": {
    "https://index.docker.io/v1/": {
      "auth":"cmVsaEXamPL3hElRmFCOUE=",
      "email":"someuser@example.com"
    }
  }
}
```

Docker entwickelt sich kontinuierlich weiter und unterstützt immer mehr Secret-Management-Systeme von verschiedenen Betriebssystemen, etwa die macOS-Keychain oder den Windows Credential Manager. Ihre *config.json*-Datei kann daher signifikant anders aussehen als die in diesem Beispiel. Es gibt auch eine Reihe von Credential-Managern für verschiedene Plattformen, die Ihnen an dieser Stelle das Leben erleichtern können (*https://github.com/docker/docker-credential-helpers*).

Der `auth`-Wert in der Konfigurationsdatei des Docker-Clients ist nur Base64-codiert. Er ist nicht verschlüsselt! Das ist normalerweise nur auf Multi-User-Linux-Systemen ein Problem, weil es keinen systemweiten Credential-Manager gibt, der einfach so aus der Box heraus funktioniert, und andere Benutzer mit entsprechenden Berechtigungen im System die Konfigurationsdatei Ihres Docker-Clients vermutlich lesen und auf diese Secrets zugreifen können. Es ist möglich, `gpg` oder `pass` so zu konfigurieren, dass es diese Dateien unter Linux verschlüsseln kann.

Hier wird deutlich, dass die Datei *${HOME}/.docker/config.json* in JSON *docker.io*-Credentials für den Benutzer `someuser@example.com` enthält. Beachten Sie dabei, dass sie Zugangsdaten für mehrere Registries enthalten kann. In diesem Beispiel existiert nur der Eintrag für Docker Hub, grundsätzlich könnte es bei Bedarf aber durchaus weitere Einträge geben. Ab jetzt überprüft Docker, ob die Datei *${HOME}/.docker/config.json* Zugangsdaten für den Hostnamen enthält, und verwendet diese gegebenenfalls, wenn die Registry eine Authentifizierung anfordert. Bemerkenswert ist in diesem Zusammenhang, dass die Datei keinen Zeitstempel aufweist, d. h., die Zugangsdaten bleiben unbegrenzt bzw. so lange im Cache gespeichert, bis Sie Docker anweisen, sie zu löschen.

Und das geschieht in der Regel dann, wenn Sie sich bei der Registry abmelden:

```
$ docker logout
Removing login credentials for https://index.docker.io/v1/
$ cat ${HOME}/.docker/config.json{

{
  "auths": {
  }
}
```

Hier wurden die gecachten Credentials entfernt, sodass sie nicht länger von Docker gespeichert werden. Einige Versionen von Docker entfernen die Datei vollständig, wenn sie leer ist. Möchten Sie sich nicht bei Docker Hub, sondern bei einer anderen Registry anmelden, können Sie auf der Kommandozeile einfach den Hostnamen übergeben:

```
$ docker login someregistry.example.com
```

Im Fall dieser Eingabe würde Docker einen weiteren Eintrag in der Datei *${HOME}/.docker/config.json* vornehmen.

Images in ein Repository hochladen

Zunächst einmal sollten Sie sich vergewissern, dass Sie auch tatsächlich bei dem gewünschten Repository angemeldet sind. In dem vorliegenden Beispiel soll Docker Hub verwendet werden. Überprüfen Sie also, ob Sie mit Ihren bevorzugten Zugangsdaten bei Docker Hub angemeldet sind.

```
$ docker login
Login with your Docker ID to push and pull images from Docker Hub. If you
don't have a Docker ID, head over to https://hub.docker.com to create one.
Username: <hub_username>
Password: <hub_password/token>
Login Succeeded

Logging in with your password grants your terminal complete access to
your account.
```

Sobald Sie sich eingeloggt haben, können Sie ein Image hochladen. Vorhin haben Sie den Befehl `$ docker image build -t example/docker-node-hello:latest .` benutzt, um das Image für `docker-node-hello` zu erstellen.

In Wirklichkeit interpretieren der Docker-Client und aus Kompatibilitätsgründen auch viele andere Containertools `example/docker-node-hello:latest` als `docker.io/example/docker-node-hello:latest`. Hier steht `docker.io` für den Hostnamen der Image-Registry und `example/docker-node-hello` für das Repository innerhalb der Registry, das das fragliche Image enthält.

Bauen Sie ein Image lokal, können die Registry- und Repository-Namen beliebig gewählt werden. Aber wenn Sie Ihr Image in eine echte Registry hochladen, müssen diese Namen zum Log-in passen.

Die für das Image bereits erstellten Tags können mit dem folgenden Befehl leicht modifiziert werden (wobei Sie {<myuser>} durch Ihren Benutzernamen auf Docker Hub ersetzen müssen):

```
$ docker image tag example/docker-node-hello:latest \
    docker.io/${<myuser>}/docker-node-hello:latest
```

Wenn Sie das Image unter Anwendung der neuen Namenskonvention neu erstellen müssen oder es einfach nur ausprobieren möchten, führen Sie im *docker-node-hello*-Arbeitsverzeichnis, das beim Git-Check-out erzeugt wurde, den folgenden Befehl aus:

```
$ docker build -t ${myuser}/docker-node-hello:latest .
...
```

Vergessen Sie nicht, ${<myuser>} in allen Beispielen durch den Benutzernamen zu ersetzen, den Sie für Ihr Benutzerkonto bei Docker Hub verwendet haben. Nutzen Sie eine andere Registry, müssen Sie zudem docker.io durch den Hostnamen der von Ihnen genutzten Registry ersetzen.

Beim ersten Build wird dies etwas Zeit in Anspruch nehmen. Wenn Sie einen Rebuild des Image anstoßen, werden Sie es als sehr schnell empfinden. Das liegt daran, dass die meisten Layer, wenn nicht sogar alle, bereits vom vorherigen Build auf Ihrem Docker-Server vorhanden sind. Sie können schnell verifizieren, ob das Image tatsächlich auf dem Server liegt, indem Sie den nächsten Befehl ausführen:

```
$ docker image ls ${<myuser>}/docker-node-hello
REPOSITORY                TAG     IMAGE ID      CREATED            SIZE
myuser/docker-node-hello  latest  f683df27f02d  About an hour ago  649MB
```

Seit der Docker-Version 1.10 ist es möglich, die Ausgabe des Befehls docker images zwecks Verkürzung mit dem Argument --format zu formatieren, etwa so:

```
docker images --format="table {{.ID}}\t{{.Repository}}".
```

Nun kann das Image mithilfe des Befehls docker image push ins Docker-Repository hochgeladen werden:

```
$ docker image push ${<myuser>}/docker-node-hello:latest
Using default tag: latest
The push refers to repository [docker.io/myuser/docker-node-hello]
5f3ee7afc69c: Pushed
...
5bb0785f2eee: Mounted from library/node
latest: digest: sha256:f5ceb032aec36fcacab71e468eaf0ba8a832cfc8244fbc784d0...
```

Wurde der Upload dieses Image in ein öffentliches Repository vorgenommen, kann es jetzt mit dem Befehl docker image pull weltweit heruntergeladen werden.

Wenn Sie dieses Image zu einem privaten Repository hochgeladen haben, müssen sich die User mittels des Kommandos `docker login` und passenden Credentials an dem privaten Repository einloggen, bevor sie die Möglichkeit haben, das Image auf ihr lokales System herunterzuladen.

```
$ docker image pull ${<myuser>}/docker-node-hello:latest
Using default tag: latest
latest: Pulling from myuser/docker-node-hello
Digest: sha256:f5ceb032aec36fcacab71e468eaf0ba8a832cfc8244fbc784d040872be041cd5
Status: Image is up to date for myuser/docker-node-hello:latest
docker.io/myuser/docker-node-hello:latest
```

Nach Images in Docker Hub stöbern

Neben dem Einsatz der Website von Docker Hub (*https://hub.docker.com*), um herauszufinden, was für Images zur Verfügung stehen, können Sie auch den Befehl `docker search` nutzen, um Images zu finden, die eventuell nützlich sind.

Mit `docker search node` erhalten Sie eine Liste mit Images, die das Wort »node« entweder im Image-Namen oder in der Beschreibung enthalten:

```
$ docker search node
NAME                      DESCRIPTION                     STARS OFFICIAL AUTOMATED
node                      Node.js is a JavaScript-ba… 12267 [OK]
mongo-express             Web-based MongoDB admin in… 1274  [OK]
nodered/node-red          Low-code programming for e… 544
nodered/node-red-docker   Deprecated - older Node-RE… 356            [OK]
circleci/node             Node.js is a JavaScript-ba… 130
kindest/node              sigs.k8s.io/kind node imag… 78
bitnami/node              Bitnami Node.js Docker Ima… 69             [OK]
cimg/node                 The CircleCI Node.js Docke… 14
opendronemap/nodeodm      Automated build for NodeOD… 10             [OK]
bitnami/node-exporter     Bitnami Node Exporter Dock… 9              [OK]
appdynamics/nodejs-agent  Agent for monitoring Node.… 5
wallarm/node              Wallarm: end-to-end API se… 5              [OK]
…
```

In der Spalte `OFFICIAL` erfahren Sie, ob das Image eines der offiziell kuratierten Images (*https://docs.docker.com/docker-hub/official_images*) auf Docker Hub ist. Das heißt normalerweise, dass das Image von der Firma oder der offiziellen Entwicklungscommunity betreut wird, die für die Anwendung zuständig ist. `AUTOMATED` zeigt, ob das Image von einem CI/CD-Prozess automatisch gebaut und hochgeladen wird, der durch Commits in das zugrunde liegende Quellcode-Repository ausgelöst wird. Offizielle Images sind immer automatisiert.

Eine private Registry betreiben

Um den Spirit der Open-Source-Community am Leben zu halten, ermuntert Docker die Community, ihre Docker-Images standardmäßig über Docker Hub zu teilen. Es gibt allerdings einige Fälle, in denen dies keine praktikable Lösung ist, etwa aus kommerziellen, rechtlichen, Geheimhaltungs- oder Zuverlässigkeitsgründen.

In diesen Fällen ergibt es Sinn, eine interne private Registry zu hosten. Das Aufsetzen einer einfachen Registry ist nicht kompliziert – für den produktiven Einsatz sollten Sie sich allerdings Zeit nehmen, um sich mit den Konfigurationsoptionen der Open-Source-Docker-Registry (Distribution) vertraut zu machen (*https://docs.docker.com/registry*).

Für dieses Beispiel werden wir eine sehr einfache Registry mit SSL und HTTP Basic Auth aufsetzen.

Zunächst müssen ein paar Verzeichnisse und Dateien auf dem Docker-Server angelegt werden. Wenn Sie eine virtuelle Maschine oder eine Cloud-Instanz nutzen, um Docker darauf laufen zu lassen, müssen Sie sich mittels SSH auf diesen Server verbinden. Sollten Sie Docker Desktop oder die Community Edition verwenden, können Sie die nachfolgenden Befehle auf Ihrem lokalen System ausführen.

Für Windows-User: Sie müssen gegebenenfalls zusätzliche Tools herunterladen, wie `htpasswd`, oder die angegebenen Befehle für Ihr lokales System anpassen, um zu den gleichen Ergebnissen zu gelangen.

Als Erstes muss das Git-Repository geklont werden, das die grundlegenden Dateien enthält, die für die Installation einer einfachen Docker-Registry mit Authentifizierung erforderlich sind:

```
$ git clone https://github.com/spkane/basic-registry \
  --config core.autocrlf=input
Cloning into 'basic-registry'...
remote: Counting objects: 10, done.
remote: Compressing objects: 100% (8/8), done.
remote: Total 10 (delta 0), reused 10 (delta 0), pack-reused 0
Unpacking objects: 100% (10/10), done.
```

Sobald Sie die Dateien lokal heruntergeladen haben, können Sie in das Verzeichnis wechseln und die Dateien anschauen.

```
$ cd basic-registry
$ ls
Dockerfile          config.yaml.sample  registry.crt.sample
README.md           htpasswd.sample     registry.key.sample
```

Das Dockerfile nutzt das Upstream-Registry-Image von Docker Hub und kopiert einige lokale Konfigurationsdateien in das neue Image.

Zum Testen können Sie einige der Beispieldateien verwenden, allerdings auf keinen Fall in der Produktion!

Wenn Ihr Docker-Server über `localhost` (`127.0.0.1`) erreichbar ist, können Sie diese Dateien unverändert übernehmen, indem Sie sie einfach wie folgt kopieren:

```
$ cp config.yaml.sample config.yaml
$ cp registry.key.sample registry.key
$ cp registry.crt.sample registry.crt
$ cp htpasswd.sample htpasswd
```

Läuft Ihr Docker-Server allerdings auf einem anderen Rechner, müssen Sie ein wenig mehr Arbeit investieren.

Zunächst kopieren Sie `config.yml.sample` zu `config.yml`:

```
$ cp config.yaml.sample config.yaml
```

Passen Sie anschließend besagte Datei an und ersetzen Sie `127.0.0.1` mit der IP-Adresse Ihres Docker-Servers, sodass

```
http:
    host: https://127.0.0.1:500/
```

wie folgt aussieht:

```
http:
    host: https://172.17.42.10:5000/
```

Es ist einfach, eine Registry mit einem *Fully Qualified Domain Name* (FQDN) wie etwa *my-registry.example.com* zu nutzen. Für dieses Beispiel ist es allerdings noch einfacher, mit der IP-Adresse zu arbeiten, da diese kein DNS benötigt.

Als Nächstes müssen Sie ein SSL-Schlüsselpaar für die IP-Adresse der Registry anlegen.

Eine Möglichkeit, das zu erledigen, ist die Verwendung des folgenden OpenSSL-Kommandos. Beachten Sie, dass Sie die IP-Adresse in diesem Teil anpassen müssen, damit der Teil des Befehls `/CN=172.17.42.10` Ihrer IP-Adresse entspricht.

```
$ openssl req -x509 -nodes -sha256 -newkey rsa:4096 \
  -keyout registry.key -out registry.crt \
  -days 14 -subj ‚{/CN=172.17.42.10}'
```

Zum Schluss können Sie entweder die *htpasswd*-Datei kopieren:

```
$ cp htpasswd.sample htpasswd
```

oder Sie erstellen Ihre eigene Kombination aus Benutzername und Passwort zur Authentifizierung, indem Sie einen Befehl wie den folgenden verwenden und `${<user name>}` sowie `${<password>}` durch Ihre bevorzugten Werte ersetzen:

```
$ docker container run --rm --entrypoint htpasswd g \
  -Bbn ${<username>} ${<password>} > htpasswd
```

Wenn Sie sich das Verzeichnis noch mal anschauen, sollte es nun folgendermaßen aussehen:

```
$ ls
Dockerfile          config.yaml.sample  registry.crt         registry.key.sample
README.md           htpasswd            registry.crt.sample
config.yaml         htpasswd.sample     registry.key
```

Sollte eine der hier gelisteten Dateien bei Ihnen fehlen, müssen Sie überprüfen, ob alle vorherigen Schritte korrekt ausgeführt wurden, bevor Sie weitermachen.

Sieht jedoch alles einwandfrei aus, sollten Sie so weit sein, die Registry zu bauen und laufen zu lassen:

```
$ docker image build -t my-registry .
$ docker container run --rm -d -p 5000:5000 --name registry my-registry
$ docker container logs registry
```

Wenn ein Fehler wie `docker: Error response from daemon: Conflict. The container name "/registry" is already in use` angezeigt wird, müssen Sie entweder den Namen des Containers verändern oder den bereits vorhandenen Container mit diesem Namen entfernen. Letzteres erledigen Sie mit dem Befehl `docker container rm registry`.

Testen der privaten Registry

Jetzt, da die Registry läuft, können Sie sie testen. Das Allererste, was Sie tun können, ist die Authentifizierung gegen die Registry. Sie müssen sicherstellen, dass die IP-Adresse im Kommando `docker login` mit der IP-Adresse Ihres Docker-Servers übereinstimmt, auf dem die Registry läuft.

`myuser` ist der Standardbenutzername und `myuser-pw!` das Standardpasswort. Wenn Sie Ihre eigene *htpasswd* generiert haben, sollten Sie die dort angegebenen Daten verwenden.

```
$ docker login 127.0.0.1:5000
Username: <registry_username>
Password: <registry_password>
Login Succeeded
```

Dieser Registry-Container enthält einen SSL-Schlüssel und verwendet keinen externen Storage, was dazu führt, dass alle hochgeladenen Images gelöscht werden, wenn Sie den laufenden Registry-Container löschen. So ist das System designt.

In Produktivumgebungen werden Sie Ihre Container die Secrets aus einem Secrets-Management-System holen lassen und eine Art redundanten externen Storage nutzen, etwa einen Object Store. Wenn Sie die Entwicklungs-Registry-Images zwischen den Containern behalten wollen, können Sie etwas wie `--mount type=bind,source=/tmp/registry data,target=/var/lib/registry` an Ihren `docker container run`-Befehl anhängen, um die Registry-Daten auf dem Docker-Server zu speichern.

Sehen wir uns nun an, ob Sie das Image in die private Registry hochladen können.

Stellen Sie bei all diesen Befehlen sicher, dass Sie die richtige IP-Adresse der Registry verwenden.

```
$ docker image tag my-registry 127.0.0.1:5000/my-registry
$ docker image push 127.0.0.1:5000/my-registry
Using default tag: latest
The push refers to repository [127.0.0.1:5000/my-registry]
f09a0346302c: Pushed
...
4fc242d58285: Pushed
latest: digest: sha256:c374b0a721a12c41d5b298930d11e658fbd37f22dc2a0fac7d6a2...
```

Sie können dann versuchen, dasselbe Image vom Repository herunterzuladen:

```
$ docker image pull 127.0.0.1:5000/my-registry
Using default tag: latest
latest: Pulling from my-registry
Digest: sha256:c374b0a721a12c41d5b298930d11e658fbd37f22dc2a0fac7d6a2ecdc0ba5490
Status: Image is up to date for 127.0.0.1:5000/my-registry:latest
127.0.0.1:5000/my-registry:latest
```

Es ist wichtig, zu beachten, dass sowohl Docker Hub als auch die Docker-Distribution einen API-Endpunkt bereitstellen, den Sie ansprechen können, um an nützliche Informationen zu gelangen. Sie finden mehr Informationen über die API in der offiziellen Dokumentation (*https://github.com/distribution/distribution/blob/main/docs/spec/api.md*).

Sofern keine Fehler aufgetreten sind, haben Sie nun eine funktionsfähige Registry für Entwicklungszwecke zur Verfügung, die Sie als Grundlage für eine produktive Registry verwenden können. Zu diesem Zeitpunkt möchten Sie die Registry vielleicht stoppen. Das können Sie mit folgendem Befehl bewerkstelligen:

```
$ docker container stop registry
```

Wenn Sie schon etwas vertrauter mit der Docker-Distribution sind, sollten Sie sich auch das Open-Source-Projekt Harbor (*https://goharbor.io/*) der *Cloud Native Computing Foundation* (CNCF) anschauen, das die Docker-Distribution um eine Vielzahl von auf Security und Zuverlässigkeit fokussierten Funktionen erweitert.

Images optimieren

Nachdem Sie eine Weile mit Docker gearbeitet haben, werden Sie schnell feststellen, dass es sehr vorteilhaft sein kann, kleine Images und schnelle Build-Zeiten anzustreben, um die Zeit für das Bauen und Deployen von Containern neuer Versionen der Software in die Produktivumgebung zu verkürzen. In diesem Abschnitt werden wir ein wenig über die Dinge erzählen, die Sie beachten sollten, wenn Sie Ihre Images designen, sowie über ein paar Techniken, die Sie beim Erreichen dieser Ziele unterstützen.

Images klein halten

In den meisten modernen Umgebungen ist das Herunterladen einer 1 GB großen Datei aus dem Internet keine große Sache. Es ist so einfach, Software im Internet zu finden, dass die meisten Menschen sie einfach erneut herunterladen, wenn sie sie benötigen, anstatt eine lokale Kopie für die Zukunft zu behalten. Dies mag akzeptabel sein, wenn Sie wirklich nur eine einzelne Kopie der Software auf einem einzelnen Server benötigen. Es kann jedoch schnell ein Skalierungsproblem auftreten, wenn Sie dieselbe Software auf über 100 Nodes verteilen müssen – und das mehrere Male pro Tag. Das Herunterladen von großen Dateien kann schnell zu einer Überlastung im Netzwerk führen, was wiederum langsame Entwicklungszyklen zur Folge hat und sich auch auf die Produktivumgebung auswirkt.

Aus Gründen der Benutzerfreundlichkeit basiert eine große Anzahl von Linux-Containern auf einem Base-Image, das eine minimale Linux-Distribution ist. Auch wenn es ein einfacher Start ist, ist das nicht zwangsläufig notwendig. Container müssen nur die Dateien enthalten, die für die Anwendung auf dem Host-Kernel erforderlich sind, und sonst nichts. Am besten ist das anhand eines sehr minimalen Containers zu erklären.

Go ist eine kompilierte Programmiersprache, die standardmäßig statisch kompilierte Binärdateien generiert. Für dieses Beispiel nutzen wir eine sehr kleine Webanwendung, die in Go geschrieben und auf GitHub zu finden ist (*https://github.com/spkane/scratch-helloworld*).

Probieren wir die Anwendung aus, damit Sie sehen können, was sie bewirkt. Führen Sie den folgenden Befehl aus, öffnen Sie dann einen Browser und rufen Sie Ihren Docker-Host auf Port 8080 auf (beispielsweise *http://127.0.0.1:8080/* für Docker Desktop oder die Community Edition):

```
$ docker container run --rm -d -p 8080:8080 spkane/scratch-helloworld
```

Geht alles gut, sollten Sie folgende Nachricht in Ihrem Browser sehen: »Hello World from Go in minimal Linux container.« Jetzt lohnt es sich zu schauen, was in dem Container enthalten ist. Es ist anzunehmen, dass mindestens eine funktionsfähige Linux-Umgebung sowie alle für das Kompilieren von Go-Programmen benötigten Dateien enthalten sind. Das ist allerdings nicht der Fall, wie Sie gleich sehen werden.

Da der Container weiterläuft, müssen Sie folgenden Befehl ausführen, um die Container-ID zu ermitteln. Der Befehl gibt die Informationen für den letzten Container zurück, der erzeugt wurde:

```
$ docker container ls -l
CONTAINER ID IMAGE                     COMMAND       CREATED          ...
ddc3f61f311b spkane/scratch-helloworld "/helloworld" 4 minutes ago    ...
```

Sie können nun die Container-ID verwenden, um mit einem weiteren Befehl die Dateien aus dem Container in einen Tarball zu packen, der anschließend einfach untersucht werden kann.

```
$ docker container export ddc3f61f311b -o web-app.tar
```

Mittels des tar-Befehls können Sie danach den Inhalt des Containers zum Zeitpunkt des Exports betrachten.

```
$ tar -tvf web-app.tar
-rwxr-xr-x 0 0    0       0 Jan  7 15:54 .dockerenv
drwxr-xr-x 0 0    0       0 Jan  7 15:54 dev/
-rwxr-xr-x 0 0    0       0 Jan  7 15:54 dev/console
drwxr-xr-x 0 0    0       0 Jan  7 15:54 dev/pts/
drwxr-xr-x 0 0    0       0 Jan  7 15:54 dev/shm/
drwxr-xr-x 0 0    0       0 Jan  7 15:54 etc/
-rwxr-xr-x 0 0    0       0 Jan  7 15:54 etc/hostname
-rwxr-xr-x 0 0    0       0 Jan  7 15:54 etc/hosts
lrwxrwxrwx 0 0    0       0 Jan  7 15:54 etc/mtab -> /proc/mounts
-rwxr-xr-x 0 0    0       0 Jan  7 15:54 etc/resolv.conf
-rwxr-xr-x 0 0    0 3604416 Jul  2  2014 helloworld
```

```
drwxr-xr-x 0 0      0           0 Jan  7 15:54 proc/
drwxr-xr-x 0 0      0           0 Jan  7 15:54 sys/
```

Das Erste, was Sie möglicherweise bemerken, ist, dass es fast keine Dateien in diesem Container gibt und fast alle davon 0 Byte lang sind. Alle Dateien, die eine Länge von 0 besitzen, werden benötigt und existieren in jedem Linux-Container. Sie werden automatisch als Bind Mount (*https://unix.stackexchange.com/questions/198590/what-is-a-bind-mount*) vom Host in den Container eingebunden, wenn der Container erstellt wird. Bis auf *.dockerenv* sind alle Dateien kritische Dateien, die der Kernel benötigt, um zu arbeiten. Die einzige Datei in dem Container, die tatsächlich eine Größe hat und mit der Anwendung zusammenhängt, ist die statisch kompilierte Binärdatei *helloworld*.

Diese Übung zeigt, dass Ihre Container ausschließlich das beinhalten, was sie benötigen, um auf dem darunterliegenden Kernel zu laufen. Alles andere ist unnötig. Häufig ist es nützlich, eine Shell im Container zu haben, um bei Problemen die Shell innerhalb des Containers starten zu können. Daher setzen User oft auf eine leichtgewichtige Linux-Distribution wie Alpine Linux.

Stellen Sie fest, dass Sie sich recht häufig Imagedateien anschauen, sollten Sie einen Blick auf `dive` werfen (*https://github.com/wagoodman/dive*), das eine nette CLI-Schnittstelle für die Inhalte eines Image besitzt.

Um uns das noch ein wenig näher zu betrachten, lohnt sich ein erneuter Blick in denselben Container, sodass wir in das darunterliegende Dateisystem schauen und die Unterschiede zu dem populären `alpine`-Base-Image sehen können.

Obwohl wir durch das Ausführen von `docker container run -ti alpine:latest /bin/sh` einfach im `alpine`-Image herumstochern könnten, können wir dies nicht mit dem Image `spkane/scratch-helloworld` machen, weil es weder eine Shell noch SSH enthält. Das heißt, es ist nicht möglich, `ssh`, `nsenter` oder `docker container exec` zu verwenden, um es zu untersuchen (es gibt allerdings einen fortgeschrittenen Trick, der in »Container ohne Shell debuggen« auf Seite 346 vorgestellt wird). Zuvor haben wir den Befehl `docker container export` eingesetzt, um ein *.tar*-Archiv anzulegen, das alle Dateien aus dem Container enthält. An dieser Stelle werden wir allerdings das Dateisystem des Containers direkt über eine Verbindung zum Docker-Server begutachten. Um das zu bewerkstelligen, müssen wir zunächst feststellen, wo die Dateien des Image auf dem Server liegen.

Um herauszufinden, wo die Dateien gespeichert sind, müssen Sie `docker image inspect` für das `alpine:latest`-Image ausführen:

```
$ docker image inspect alpine:latest
[
    {
        "Id": "sha256:3fd…353",
        "RepoTags": [
            "alpine:latest"
        ],
        "RepoDigests": [
```

```
            "alpine@sha256:7b8...f8b"
        ],
...
        "GraphDriver": {
            "Data": {
                "MergedDir":
                "/var/lib/docker/overlay2/ea8...13a/merged",
                "UpperDir":
                "/var/lib/docker/overlay2/ea8...13a/diff",
                "WorkDir":
                "/var/lib/docker/overlay2/ea8...13a/work"
            },
            "Name": "overlay2"
...
        }
    }
...
]
```

Anschließend führen Sie den gleichen Befehl für `spkane/scratch-helloworld:latest` aus:

```
$ docker image inspect spkane/scratch-helloworld:latest
[
    {
        "Id": "sha256:4fa...06d",
        "RepoTags": [
            "spkane/scratch-helloworld:latest"
        ],
        "RepoDigests": [
            "spkane/scratch-helloworld@sha256:46d...a1d"
        ],
...
        "GraphDriver": {
            "Data": {
                "LowerDir":
                "/var/lib/docker/overlay2/37a...84d/diff:
                /var/lib/docker/overlay2/28d...ef4/diff",
                "MergedDir":
                "/var/lib/docker/overlay2/fc9...c91/merged",
                "UpperDir":
                "/var/lib/docker/overlay2/fc9...c91/diff",
                "WorkDir":
                "/var/lib/docker/overlay2/fc9...c91/work"
            },
            "Name": "overlay2"
...
        }
    }
...
]
```

In diesem konkreten Beispiel werden wir Docker Desktop verwenden, das auf macOS läuft, aber dieser allgemeine Ansatz wird auf den meisten Docker-Servern funktionieren. Sie können aber eine Verbindung zum Docker-Server aufbauen.

Da wir Docker Desktop nutzen, müssen wir unseren `nsenter`-Trick einsetzen, um die SSH-lose VM erreichen und im Dateisystem stöbern zu können:

```
$ docker container run --rm -it --privileged --pid=host debian \
  nsenter -t 1 -m -u -n -i sh

/ #
```

Innerhalb der VM sollten wir nun die Möglichkeit haben, die verschiedenen Verzeichnisse zu begutachten, die im `GraphDriver` vom `docker image inspect`-Kommando aufgeführt sind.

Wenn wir uns in diesem Beispiel den ersten Eintrag aus dem `alpine`-Image anschauen, stellen wir fest, dass es mit dem Label `MergedDir` bezeichnet ist und den Inhalt des Ordners */var/lib/docker/overlay2/ea86408b2b15d33ee27d78ff44f82104705286221f055ba1331b58673f4b313a/merged* auflistet. Wollen wir uns den Inhalt des Verzeichnisses anschauen, werden wir eine Fehlermeldung erhalten. Wenn wir uns aber das Oberverzeichnis ansehen, erkennen wir schnell, dass wir uns eigentlich das *diff*-Verzeichnis anschauen sollten:

```
/ # ls -lFa /var/lib/docker/overlay2/ea…3a/merged

ls: /var/lib/docker/overlay2/ea…3a/merged: No such file or directory

/ # ls -lF /var/lib/docker/overlay2/ea…3a/

total 8
drwxr-xr-x    18 root     root     4096    Mar 15 19:27 diff/
-rw-r—r--      1 root     root       26    Mar 15 19:27 link

/ # ls -lF /var/lib/docker/overlay2/ea…3a/diff

total 64
drwxr-xr-x    2 root        root    4096    Jan 9 19:37 bin/
drwxr-xr-x    2 root        root    4096    Jan 9 19:37 dev/
drwxr-xr-x   15 root        root    4096    Jan 9 19:37 etc/
drwxr-xr-x    2 root        root    4096    Jan 9 19:37 home/
drwxr-xr-x    5 root        root    4096    Jan 9 19:37 lib/
drwxr-xr-x    5 root        root    4096    Jan 9 19:37 media/
drwxr-xr-x    2 root        root    4096    Jan 9 19:37 mnt/
drwxr-xr-x    2 root        root    4096    Jan 9 19:37 proc/
drwx------    2 root        root    4096    Jan 9 19:37 root/
drwxr-xr-x    2 root        root    4096    Jan 9 19:37 run/
drwxr-xr-x    2 root        root    4096    Jan 9 19:37 sbin/
drwxr-xr-x    2 root        root    4096    Jan 9 19:37 srv/
drwxr-xr-x    2 root        root    4096    Jan 9 19:37 sys/
drwxrwxrwt    2 root        root    4096    Jan 9 19:37 tmp/
drwxr-xr-x    7 root        root    4096    Jan 9 19:37 usr/
drwxr-xr-x   11 root        root    4096    Jan 9 19:37 var/

/ # du -sh /var/lib/docker/overlay2/ea…3a/diff
4.5M /var/lib/docker/overlay2/ea…3a/diff
```

Das `alpine`-Image ist ein sehr kleines Base-Image mit einer Größe von lediglich 4,5 MB (Megabyte) und ist somit ideal als Basis, um darauf Container zu bauen. Allerdings ist auch dort zu sehen, dass in diesem Container immer noch sehr viel Zeug enthalten ist, bevor wir mit dem Bauen eines Anwendungscontainers darauf begonnen haben.

Jetzt lohnt sich ein Blick auf das `spkane/scratch-helloworld`-Image. In diesem Fall wollen wir uns das erste Verzeichnis des `LowerDir`-Eintrags aus der Ausgabe von `docker image inspect` anschauen. Darin sieht man, dass es ebenfalls mit einem Verzeichnis mit dem Namen *diff* endet.

```
/ # ls -lFh /var/lib/docker/overlay2/37…4d/diff

total 3520
-rwxr-xr-x    1 root     root      3.4M Jul 2 2014 helloworld*
/ # exit
```

Sie sehen, dass in diesem Verzeichnis lediglich eine einzige Datei mit einer Größe von 3,4 MB enthalten ist. Diese *helloworld*-Binärdatei ist die einzige Datei, die in diesem Container enthalten ist, und sie ist kleiner als das `alpine`-Basis-Image in seiner Anfangsgröße, bevor dort irgendwelche Anwendungsdateien hinzugefügt worden sind.

Es ist möglich, die `helloworld`-Anwendung direkt aus diesem Verzeichnis auf dem Docker-Server auszuführen, weil sie keine weiteren Dateien benötigt. Sie sollten das zwar nirgendwo anders als auf Entwicklungsmaschinen tun, aber es kann Ihnen helfen zu verstehen, wie nützlich statisch gelinkte Anwendungen sein können.

Multi-Stage-Builds

Es gibt eine Methode, Container in vielen Fällen auf eine noch kleinere Größe zu beschränken: Multi-Stage-Builds. Dies ist die empfehlenswerteste Methode, Container in Produktivumgebungen zu bauen. Sie müssen sich nicht so sehr darum kümmern, zusätzliche Ressourcen einzubringen, um Ihre Anwendung zu bauen, können sich aber trotzdem auf einen stabilen Container verlassen. Multi-Stage-Container erleichtern es auch, die Builds innerhalb von Docker zu bauen, was eine gute Methode ist, um die Reproduzierbarkeit im Build-System zu gewährleisten.

Wie der ursprüngliche Autor der `scratch-helloworld`-Anwendung in seinem Blogpost (*https://medium.com/@adriaandejonge/simplify-the-smallest-possible-docker-image-62c0e0d342ef*) geschrieben hat, ist durch die Unterstützung von Multi-Stage-Builds in Docker der Prozess für das Erstellen von kleinen Containern sehr viel einfacher geworden. Um früher das zu machen, was Multi-Stage nahezu frei Haus liefert, war es nötig, ein Image zu bauen, das den Code kompiliert, die Binärdatei extrahiert und dann ein weiteres Image baut, in dem nur die Binärdatei enthalten ist und nicht die Build-Abhängigkeiten. Dies war häufig schwierig aufzusetzen und funktionierte oft auch nicht mit Standard-Deployment-Pipelines.

Heute können Sie mit einem einfachen Dockerfile wie diesem hier ähnliche Ergebnisse erzielen:

```
# Build container
FROM docker.io/golang:alpine as builder
RUN apk update && \
    apk add git && \
    CGO_ENABLED=0 go install -a -ldflags '-s' \
    github.com/spkane/scratch-helloworld@latest

# Production container
FROM scratch
COPY --from=builder /go/bin/scratch-helloworld /helloworld
EXPOSE 8080
CMD ["/helloworld"]#
```

Das Erste, was Sie bemerken werden, ist, dass dieses Dockerfile aussieht wie zwei Dockerfiles, die zu einer einzelnen Datei zusammengefügt wurden. Das ist in der Tat der Fall, aber es steckt noch mehr dahinter. Das `FROM`-Kommando wurde erweitert, sodass dem Image im Build-Prozess ein Name gegeben werden kann. Die erste Zeile dieses Beispiels (`FROM docker.io/golang as builder`) bedeutet, dass Sie Ihren Build auf dem `golang`-Image basieren lassen und den Build als `builder` referenzieren sollen.

In der vierten Zeile sehen Sie eine weitere `FROM`-Zeile, die vor der Einführung von Multi-Stage-Builds nicht erlaubt war. Diese `FROM`-Zeile nutzt den speziellen Image-Namen `scratch`. Das teilt Docker mit, dass Sie mit einem leeren Image starten, das keine weiteren Dateien enthält. Die nächste Zeile, `COPY --from=builder /go/bin/scratch-helloworld/helloworld`, ermöglicht es, die Binärdatei aus dem `builder`-Image direkt in das aktuelle Image zu kopieren. Das führt zum kleinstmöglichen Image.

Die Zeile `EXPOSE 8080` ist Dokumentation, die die User darüber informieren will, an welchen Ports und für welche Protokolle (TCP ist das Standardprotokoll) der Service lauschen wird.

Jetzt ist es an der Zeit, das Image zu bauen und zu schauen, was passiert. Legen Sie zunächst ein Verzeichnis an, in dem Sie arbeiten können, und nutzen Sie Ihren bevorzugten Editor, um den Code aus dem vorherigen Beispiel in eine Datei mit dem Namen *Dockerfile* einzufügen.

```
$ mkdir /tmp/multi-build
$ cd /tmp/multi-build
$ vi Dockerfile
```

Sie können dieses Dockerfile von GitHub über *https://oreil.ly/C1TSz* herunterladen.

Der Multi-Stage-Build kann nun gestartet werden.

```
$ docker image build .
[+] Building 9.7s (7/7) FINISHED
 => [internal] load build definition from Dockerfile
 => => transferring dockerfile: 37B
 => [internal] load .dockerignore
```

```
=> => transferring context: 2B
=> [internal] load metadata for docker.io/library/golang:alpine
=> CACHED [builder 1/2] FROM docker.io/library/golang:alpine@sha256:7cc6257...
=> [builder 2/2] RUN apk update && apk add git && CGO_ENABLED=0 go install ...
=> [stage-1 1/1] COPY --from=builder /go/bin/scratch-helloworld /helloworld
=> exporting to image
=> => exporting layers
=> => writing image sha256:bb853f23418161927498b9631f54692cf11d84d6bde3af2d...
```

Sie werden feststellen, dass die Ausgabe wie die Ausgabe anderer Builds aussieht und immer noch mit der erfolgreichen Erstellung eines finalen, sehr kleinen Image endet.

Kompilieren Sie Binaries auf Ihrem lokalen System, die Shared Libraries verwenden, müssen Sie sorgfältig darauf achten, dass die korrekten Versionen dieser Bibliotheken auch dem Prozess innerhalb des Containers zur Verfügung stehen.

Sie sind nicht auf zwei Stages limitiert. Genauer gesagt, müssen die Stages gar nicht miteinander verwandt sein. Sie werden schlicht nacheinander ausgeführt. Sie könnten zum Beispiel eine Stage haben, die auf dem öffentlichen Go-Image basiert, das Ihre Go-Anwendung baut und eine API bereitstellt. Eine andere Stage, die auf dem Angular-Image basiert, könnte als Frontend-Weboberfläche dienen. Die finale Stage könnte dann die Ausgaben von beiden kombinieren.

Wenn Sie komplexere Images bauen, stellen Sie vielleicht fest, dass es herausfordernd sein kann, auf einen einzelnen Build-Kontext beschränkt zu sein. Das Plug-in `docker-buildx`, das wir gegen Ende dieses Kapitels behandeln, kann mehrere Build-Kontexte unterstützen (*https://www.docker.com/blog/dockerfiles-now-support-multiple-build-contexts*), was sich für sehr ausgefeilte Workflows nutzen lässt.

Layer sind additiv

Etwas, das erst auffällt, wenn man tiefer in die Erstellung von Images einsteigt, ist, dass Dateisystem-Layer, die zum Bauen von Images genutzt werden, strikt additiv sind. Sie können zwar Dateien aus vorherigen Layern verbergen, Sie können sie aber nicht löschen. In der Praxis heißt das, dass Sie Images nicht kleiner machen können, indem Sie einfach Dateien löschen, die in vorherigen Schritten generiert worden sind.

Aktivieren Sie experimentelle Features für Ihren Docker-Server, ist es möglich, mit `docker image build --squash` einen Haufen Layer in einem einzelnen Layer zusammenzuführen. Das hat zur Folge, dass alle Dateien, die in den Zwischenlayern gelöscht wurden, tatsächlich aus dem abschließenden Image verschwinden und daher viel Platz frei machen können, aber es bedeutet auch, dass der gesamte Layer von jedem System heruntergeladen werden muss, das ihn braucht, auch wenn nur eine einzige Codezeile geändert wurde – der Ansatz hat also Vor- und Nachteile.

Am einfachsten lässt sich die additive Mechanik von Image-Layern anhand einiger praktischer Beispiele erklären. Erzeugen Sie in einem neuen Verzeichnis die folgende Datei, die ein Image baut, das den Apache-Webserver auf Fedora Linux startet (oder laden Sie sie von *https://github.com/bluewhalebook/docker-up-and-running-3rd-edition/blob/main/chapter_04/additive* herunter):

```
FROM docker.io/fedora
RUN dnf install -y httpd
CMD ["/usr/bin/httpd", "-DFOREGROUND"]
```

Und dann bauen Sie das Image:

```
$ docker image build .
[+] Building 63.5s (6/6) FINISHED
 => [internal] load build definition from Dockerfile
 => => transferring dockerfile: 130B
 => [internal] load .dockerignore
 => => transferring context: 2B
 => [internal] load metadata for docker.io/library/fedora:latest
 => [1/2] FROM docker.io/library/fedora
 => [2/2] RUN dnf install -y httpd
 => exporting to image
 => => exporting layers
 => => writing image sha256:543d61c956778b8ea3b32f1e09a9354a864467772e6…
```

Anschließend sollte das Image getaggt werden, damit in den folgenden Schritten einfacher darauf referenziert werden kann:

```
$ docker image tag sha256:543d61c956778b8ea3b32f1e09a9354a864467772e6… size1
```

Schauen wir uns nun mit dem Kommando `docker history` das Image einmal an. Dieses Kommando gibt eine Einsicht in die Dateisystem-Layer und die Build-Schritte, die das Image nutzt:

```
$ docker image history size1
IMAGE         CREATED            CREATED BY                               SIZE  …
543d61c95677 About a minute ago CMD ["/usr/sbin/httpd" "-DFOREGROU…"] 0B
<missing>     About a minute ago RUN /bin/sh -c dnf install -y httpd … 273MB
<missing>     6 weeks ago        /bin/sh -c #(nop)  CMD ["/bin/bash"]… 0B
<missing>     6 weeks ago        /bin/sh -c #(nop) ADD file:58865512c… 163MB
<missing>     3 months ago       /bin/sh -c #(nop)  ENV DISTTAG=f36co… 0B
<missing>     15 months ago      /bin/sh -c #(nop)  LABEL maintainer=… 0B
```

Sie werden feststellen, dass drei Layer die Größe des finalen Image nicht vergrößert haben, zwei hingegen aber einen Großteil ausmachten. Der Layer mit 163 MB ergibt Sinn, da dies das Fedora-Base-Image ist, das eine minimale Linux-Distribution enthält. Allerdings überrascht der 273 MB große Layer. Der Apache-Webserver sollte nicht annähernd so groß sein, oder was genau ist hier los?

Wenn Sie Erfahrungen mit Paketmanagern wie `apk`, `apt`, `dnf` oder `yum` haben, wissen Sie, dass diese stark von einem großen Cache abhängig sind, in dem Daten wie etwa Details zu allen Paketen, die zur Installation auf der Plattform bereitstehen, enthalten sind. Dieser Cache belegt viel Speicherplatz und ist völlig nutzlos, sobald Sie das

Paket installiert haben. Der nächste logische Schritt ist das Löschen des Caches. Auf Fedora-Systemen sollten Sie das Dockerfile so editieren, dass es wie folgt aussieht:

```
FROM docker.io/fedora
RUN dnf install -y httpd
RUN dnf clean all
CMD ["/usr/sbin/httpd", "-DFOREGROUND"]
```

Dann bauen, taggen und begutachten Sie das resultierende Image:

```
$ docker image build .
[+] Building 0.5s (7/7) FINISHED
...
 => => writing image sha256:b6bf99c6e7a69a1229ef63fc086836ada20265a793cb8f2d...

$ docker image tag sha256:b6bf99c6e7a69a1229ef63fc086836ada20265a793cb8f2d17...
IMAGE        CREATED            CREATED BY                                  SIZE  ...
b6bf99c6e7a6 About a minute ago CMD ["/usr/sbin/httpd" "-DFOREGROU..."] 0B
<missing>    About a minute ago RUN /bin/sh -c dnf clean all # build... 71.8kB
<missing>    10 minutes ago     RUN /bin/sh -c dnf install -y httpd ... 273MB
<missing>    6 weeks ago        /bin/sh -c #(nop)  CMD ["/bin/bash"]... 0B
<missing>    6 weeks ago        /bin/sh -c #(nop) ADD file:58865512c... 163MB
<missing>    3 months ago       /bin/sh -c #(nop)  ENV DISTTAG=f36co... 0B
<missing>    15 months ago      /bin/sh -c #(nop)  LABEL maintainer=... 0B
```

Wenn Sie nun die Ausgabe des `docker image history`-Kommandos aufmerksam anschauen, werden Sie sehen, dass der neue Layer dem Image `71.8kB` hinzufügt. Allerdings haben Sie nicht die Größe des problematischen Layers verringert. Was passiert also genau?

Das Wichtigste, das es zu verstehen gilt, ist, dass Image-Layer immer additiv sind. Sobald ein Layer erzeugt wurde, kann nichts mehr von ihm entfernt werden. Das heißt, dass Sie keine Dateien aus vorherigen Layern löschen oder anpassen können. Wenn Sie in späteren Layern Dateien löschen oder editieren, verbergen Sie lediglich die ältere Version mit der modifizierten oder gelöschten Version im neuen Layer. Das heißt, der einzige Weg, wie Sie das Image kleiner machen können, ist, die Dateien zu löschen, bevor der Layer gespeichert wird.

Die verbreitetste Methode, um das umzusetzen, ist die Konkatenation von Kommandos in einer einzelnen *Dockerfile*-Zeile. Dafür verwenden Sie einfach den `&&`-Operator. Dieser Operator verhält sich wie ein boolesches `AND`-Statement und bedeutet ins Deutsche übersetzt etwas wie »und wenn das vorherige Kommando erfolgreich ausgeführt wurde, dann führe dieses Kommando aus«. Zusätzlich können Sie ebenfalls die Vorzüge des \-Operators nutzen, der eingesetzt wird, um mitzuteilen, dass der Befehl in der nächsten Zeile weitergeht. Das kann der Lesbarkeit von langen Kommandos dienen.

Mit diesen Kenntnissen schreiben Sie das Dockerfile wie folgt neu:

```
FROM docker.io/fedora
RUN dnf install -y httpd && \
    dnf clean all
CMD ["/usr/sbin/http", "-DFOREGROUND"]
```

Jetzt können Sie das Image neu bauen und sehen, wie sich diese Änderung auf die Größe des Layers ausgewirkt hat, der den http-Daemon enthält:

```
$ docker image build .
[+] Building 0.5s (7/7) FINISHED
...
 => => writing image sha256:14fe7924bb0b641ddf11e08d3dd56f40aff4271cad7a421fe...

$ docker image tag sha256:14fe7924bb0b641ddf11e08d3dd56f40aff4271cad7a421fe9b...
IMAGE        CREATED              CREATED BY                                      SIZE  ...
14fe7924bb0b About a minute ago CMD ["/usr/sbin/httpd" "-DFOREGROUN"]... 0B
<missing>    About a minute ago RUN /bin/sh -c dnf install -y httpd &... 44.8MB
<missing>    6 weeks ago          /bin/sh -c #(nop)  CMD ["/bin/bash"] ... 0B
<missing>    6 weeks ago          /bin/sh -c #(nop) ADD file:58865512ca... 163MB
<missing>    3 months ago         /bin/sh -c #(nop)  ENV DISTTAG=f36con... 0B
<missing>    15 months ago        /bin/sh -c #(nop)  LABEL maintainer=C... 0B
```

In den ersten beiden Beispielen war der angesprochene Layer 273 MB groß, aber da Sie nun viele nicht benötigte Dateien entfernt haben, die sonst zum Layer hinzugefügt wurden, war es möglich, die Größe des Layers auf 44,8 MB zu reduzieren. Das ist eine große Speicherplatzersparnis, insbesondere wenn man bedenkt, wie viele Server das Image bei einem Deployment herunterladen.

Den Layer-Cache nutzen

Die Build-Technik, die wir hier erläutern, hat eine möglichst kurze Build-Dauer zum Ziel. Eins der wichtigsten Ziele der DevOps-Bewegung ist es, die Feedback-Schleifen so kurz wie möglich zu halten. Das heißt, es ist wichtig, dass mögliche Probleme so früh wie möglich erkannt werden, sodass die Personen, die mit dem betreffenden Code zu tun haben, direkt daran weiterarbeiten können und noch nicht zu verwandten Aufgaben übergegangen sind.

Während eines Standard-Build-Prozesses nutzt Docker einen Layer-Cache, um bereits gebaute Layer erneut zu bauen, sofern sie keine erkennbaren Veränderungen aufweisen. Durch diesen Cache kann die Reihenfolge der Aktionen innerhalb des Dockerfiles einen dramatische Einfluss auf die durchschnittliche Build-Zeit haben.

Als Erstes nehmen wir das Dockerfile aus dem vorherigen Beispiel und passen es ein wenig an, sodass es wie folgt aussieht.

Zusammen mit den anderen Beispielen finden Sie diese Dateien auch auf GitHub unter *https://github.com/bluewhalebook/docker-up-and-running-3rd-edition/blob/main/chapter_04/cache*.

```
FROM docker.io/fedora
RUN dnf install -y httpd && \
    dnf clean all
RUN mkdir -p /var/www && \
    mkdir -p /var/www/html
ADD index.html /var/www/html
CMD ["/usr/sbin/httpd", "-DFOREGROUND"]
```

Jetzt muss im selben Verzeichnis noch eine neue Datei *index.html* angelegt werden, die so aussieht:

```
<html>
  <head>
    <title>My custom Web Site</title>
  </head>
  <body>
    <p>Welcome to my custom Web Site</p>
  </body>
</html>
```

Für den ersten Test bauen wir das Image, ohne den Docker-Cache zu verwenden, und zwar mit folgendem Befehl:

```
$ time docker image build --no-cache .
time docker image build --no-cache .
[+] Building 48.3s (9/9) FINISHED
 => [internal] load build definition from Dockerfile
 => => transferring dockerfile: 238B
 => [internal] load .dockerignore
 => => transferring context: 2B
 => [internal] load metadata for docker.io/library/fedora:latest
 => CACHED [1/4] FROM docker.io/library/fedora
 => [internal] load build context
 => => transferring context: 32B
 => [2/4] RUN dnf install -y httpd &&     dnf clean all
 => [3/4] RUN mkdir -p /var/www &&     mkdir -p /var/www/html
 => [4/4] ADD index.html /var/www/html
 => exporting to image
 => => exporting layers
 => => writing image sha256:7f94d0d6492f2d2c0b8576f0f492e03334e6a535cac85576c...

real  1m21.645s
user  0m0.428s
sys   0m0.323s
```

Windows-User können die PowerShell-Funktion `Measure-Command` anstelle des Unix-time-Kommandos in diesen Beispielen verwenden (*https://oreil.ly/MQQY_*) oder den Befehl in einer WSL2-Session ausführen.

Die Ausgabe des `time`-Kommandos zeigt an, wie lang der Build ohne die Nutzung des Caches gedauert hat: eine Minute und 21 Sekunden – dabei wurde nur das Base-Image aus dem Layer-Cache geholt. Wenn Sie nun das Image erneut bauen und Docker erlauben, den Cache zu verwenden, wird der Build sehr schnell vonstattengehen.

```
$ time docker image build .
[+] Building 0.1s (9/9) FINISHED
 => [internal] load build definition from Dockerfile
 => => transferring dockerfile: 37B
 => [internal] load .dockerignore
```

```
 => => transferring context: 2B
 => [internal] load metadata for docker.io/library/fedora:latest
 => [1/4] FROM docker.io/library/fedora
 => [internal] load build context
 => => transferring context: 32B
 => CACHED [2/4] RUN dnf install -y httpd &&     dnf clean all
 => CACHED [3/4] RUN mkdir -p /var/www &&     mkdir -p /var/www/html
 => CACHED [4/4] ADD index.html /var/www/html
 => exporting to image
 => => exporting layers
 => => writing image sha256:0d3aeeeeebd09606d99719e0c5197c1f3e59a843c4d7a21af...

real	0m0.416s
user	0m0.120s
sys	0m0.087s
```

Da sich keine Layer verändert haben, kann der Cache für alle vier Build-Schritte verwendet werden. Der Build hat nur den Bruchteil einer Sekunde gedauert. Fügen Sie jetzt eine kleine Verbesserung in der Datei *index.html* ein, sodass die Datei so aussieht:

```
<html>
  <head>
    <title>My custom Web Site</title>
  </head>
  <body>
    <div align="center">
      <p>Welcome to my custom Web Site!!!</p>
    </div>
  </body>
</html>
```

Dann stoßen Sie noch einmal einen Rebuild an:

```
$ time docker image build .
[+] Building 0.1s (9/9) FINISHED
 => [internal] load build definition from Dockerfile
 => => transferring dockerfile: 37B
 => [internal] load .dockerignore
 => => transferring context: 2B
 => [internal] load metadata for docker.io/library/fedora:latest
 => [internal] load build context
 => => transferring context: 214B
 => [1/4] FROM docker.io/library/fedora
 => CACHED [2/4] RUN dnf install -y httpd &&     dnf clean all
 => CACHED [3/4] RUN mkdir -p /var/www &&     mkdir -p /var/www/html
 => [4/4] ADD index.html /var/www/html
 =>  ADD index.html /var/www/html
 => exporting to image
 => => exporting layers
 => => writing image sha256:daf792da1b6a0ae7cfb2673b29f98ef2123d666b8d14e0b74...

real	0m0.456s
user	0m0.120s
sys	0m0.068s
```

Wenn Sie sich die Ausgabe genau anschauen, werden Sie feststellen, dass der Cache für den Großteil des Builds verwendet wurde. Erst als beim vierten Schritt die Datei *index.html* kopiert werden musste, wurde der Cache invalidiert, und die Layer wurden neu erzeugt. Da der Cache für einen Großteil des Builds verwendet werden konnte, dauerte es auch hier nicht länger als eine Sekunde.

Aber wie sieht es aus, wenn Sie die Reihenfolge der Kommandos im Dockerfile anpassen, sodass es wie folgt ausschaut:

```
FROM docker.io/fedora
RUN mkdir -p /var/www && \
    mkdir -p /var/www/html
ADD index.html /var/www/html
RUN dnf install -y httpd && \
    dnf clean all
CMD ["/usr/sbin/httpd", "-DFOREGROUND"]
```

Lassen Sie uns kurz einen weiteren Test-Build ohne den Cache starten, um die Basiszeit zu ermitteln:

```
$ time docker image build --no-cache .
[+] Building 51.5s (9/9) FINISHED
...
 => => writing image sha256:1cc5f2c5e4a4d1cf384f6fb3a34fd4d00e7f5e7a7308d5f1f...

real   0m51.859s
user   0m0.237s
sys    0m0.159s
```

In diesem Beispiel dauerte der Build 51 Sekunden: Da wir das Argument `--no-cache` genutzt haben, wissen wir, dass abgesehen vom Basis-Image nichts aus dem Layer-Cache geholt wurde. Der Zeitunterschied zum ersten Build ist ausschließlich auf schwankende Netzwerkgeschwindigkeiten zurückzuführen und hat nichts mit den Änderungen zu tun, die wir im Dockerfile vorgenommen haben.

Nun folgt eine weitere Anpassung in der *index.html*-Datei:

```
<html>
  <head>
    <title>My custom Web Site</title>
  </head>
  <body>
    <div align="center" style="font-size:180%">
      <p>Welcome to my custom Web Site</p>
    </div>
  </body>
</html>
```

Und jetzt ist es an der Zeit, das Image erneut zu bauen, allerdings mit dem Cache:

```
$ time docker image build .
[+] Building 43.4s (9/9) FINISHED
 => [internal] load build definition from Dockerfile
 => => transferring dockerfile: 37B
 => [internal] load .dockerignore
 => => transferring context: 2B
```

```
=> [internal] load metadata for docker.io/library/fedora:latest
=> [1/4] FROM docker.io/library/fedora
=> [internal] load build context
=> => transferring context: 233B
=> CACHED [2/4] RUN mkdir -p /var/www &&     mkdir -p /var/www/html
=> [3/4] ADD index.html /var/www/html
=> [4/4] RUN dnf install -y httpd &&     dnf clean all
=> exporting to image
=> => exporting layers
=> => writing image sha256:9a05b2d01b5870649e0ad1d7ad68858e0667f402c8087f0b4...

real  0m43.695s
user  0m0.211s
sys   0m0.133s
```

Das erste Mal, als das Image nach der Anpassung der Datei *index.html* gebaut wurde, dauert es lediglich 0,456 Sekunden. Diesmal dauerte es aber 43,695 Sekunden, also fast genauso lang, wie es brauchte, um das komplette Image ohne Verwendung des Caches neu zu bauen.

Das hängt damit zusammen, dass das Dockerfile so angepasst wurde, dass die *index.html*-Datei sehr früh im Build-Prozess hinzugefügt wurde. Das Problem dabei ist, dass diese Datei oft angepasst wird, was zur Invalidierung des Caches führt. Ein weiteres Problem ist, dass es unnötig früh vor einen zeitraubenden Schritt im Dockerfile platziert wurde: der Installation des Apache-Webservers.

Die wichtigste Lektion, die Sie mitnehmen sollten, ist, dass die Reihenfolge wichtig ist. Generell sollten Sie immer versuchen, die Reihenfolge im Dockerfile so aufzubauen, dass die stabilsten und zeitaufwendigsten Schritte möglichst früh im Build-Prozess stattfinden. Der eigene Code sollte dann so spät wie möglich im Build-Prozess berücksichtigt werden.

Für Projekte, bei denen Sie Abhängigkeiten auf Basis von Tools wie `npm` oder `bundle` installieren müssen, ist es eine gute Idee, vorher zu recherchieren, wie man den Docker-Build optimieren kann. Dies beinhaltet häufig auch das Festlegen von fixen Versionen der genutzten Abhängigkeiten, die zusammen mit dem restlichen Code in der Versionsverwaltung abgespeichert werden. Es muss daher nicht bei jedem Build alles erneut heruntergeladen werden.

Directory Caching

Eines der vielen Features, die das BuildKit eingeführt hat, ist das Directory Caching. Dabei handelt es sich um ein außerordentlich nützliches Werkzeug zum Verkürzen der Build-Zeiten, ohne viele Dateien speichern zu müssen, die zur Laufzeit in Ihrem Image überflüssig sind. Kurz gesagt, können Sie damit den Inhalt eines Verzeichnisses in Ihrem Image in einem speziellen Layer speichern, der sich beim Bauen bind-mounten lässt und dann unmounted wird, bevor der Image-Snapshot erstellt wird. Das wird häufig für Verzeichnisse verwendet, in die Tools wie Linux-Softwareinstaller (`apt`, `apk`, `dnf` und so weiter) und Dependency-Manager von Programmiersprachen (`npm`, `bundler`, `pip` und so weiter) ihre Datenbank- und Archivdateien herunterladen.

Sind Sie mit Bind Mounts nicht vertraut, finden Sie einen Überblick darüber in der Docker-Dokumentation unter *https://docs.docker.com/storage/bind-mounts*.

Um das Directory Caching nutzen zu können, muss das BuildKit aktiviert sein. Das sollte meist schon der Fall sein, aber Sie können es vonseiten des Clients erzwingen, indem Sie die Umgebungsvariable `DOCKER_BUILDKIT` auf `1` setzen:

```
$ export DOCKER_BUILDKIT=1
```

Schauen wir uns das Directory Caching genauer an, indem wir das folgende Git-Repository auschecken und sehen, wie das Directory Caching aufeinanderfolgende Builds deutlich verbessern kann, während die sich ergebende Image-Größe trotzdem kleiner wird:

```
$ git clone https://github.com/spkane/open-mastermind.git \
  --config core.autocrlf=input

$ cd open-mastermind
$ cat Dockerfile

FROM python:3.9.15-slim-bullseye
RUN mkdir /app
WORKDIR /app
COPY . /app
RUN pip install -r requirements.txt
WORKDIR /app/mastermind
CMD ["python", "mastermind.py"]
```

Diese Codebasis enthält ein sehr generisches Dockerfile im Repository. Schauen wir, wie lange es dauert, dieses Image zu bauen – mit und ohne Layer-Cache – und wie groß das Image dann ist:

```
$ time docker build --no-cache -t docker.io/spkane/open-mastermind:latest .

[+] Building 67.5s (12/12) FINISHED
…
 => => naming to docker.io/spkane/open-mastermind:latest              0.0s

real    0m28.934s
user    0m0.222s
sys     0m0.248s

$ docker image ls --format "{{ .Size }}" spkane/open-mastermind:latest
293MB

$ time docker build -t docker.io/spkane/open-mastermind:latest .

[+] Building 1.5s (12/12) FINISHED
…
 => => naming to docker.io/spkane/open-mastermind:latest              0.0s

real    0m1.083s
```

```
user    0m0.098s
sys     0m0.095s
```

Sie sehen hier, dass dieses Image knapp unter 29 Sekunden ohne Layer-Cache dauert und knapp unter 2 Sekunden, wenn der Layer-Cache genutzt werden kann. Danach ist das Image insgesamt 293 MB groß.

Mit BuildKit können Sie nun endlich die bei der Ausgabe genutzten Farben anpassen oder auch deaktivieren (*https://github.com/moby/buildkit#color-output-controls*). Das ist insbesondere für diejenigen nützlich, die in ihrem Terminal einen dunklen Hintergrund verwenden. Sie können diese Farben konfigurieren, indem Sie zum Beispiel `export BUILDKIT_COLORS=run=green:warning=yellow:error=red:cancel=cyan` nutzen, oder Sie deaktivieren sie mit `export NO_COLOR=true`.

Beachten Sie, dass die in den diversen Docker-Komponenten und Tools von Fremdherstellern genutzte BuildKit-Version nicht überall aktuell ist, daher wird das noch nicht immer funktionieren.

Wollen Sie den Build testen, führen Sie ihn aus:

```
$ docker container run -ti --rm docker.io/spkane/open-mastermind:latest
```

Damit wird eine im Terminal spielbare Open-Source-Version von Mastermind gestartet (*https://github.com/philshem/open-mastermind*). Es wird erklärt, wie das Spiel zu bedienen ist, und im Notfall können Sie mit Strg-C die Anwendung immer beenden.

Da es sich hier um eine Python-Anwendung handelt, kommt die Datei *requirements.txt* zum Einsatz, um all die Bibliotheken aufzuführen, die die Anwendung benötigt. Im Dockerfile wird dann `pip` genutzt, um alle diese Abhängigkeiten zu installieren.

Wir installieren ein paar unnötige Abhängigkeiten, nur um die Vorteile des Directory Caching noch offensichtlicher zu machen.

Öffnen Sie jetzt die Datei *requirements.txt* und fügen Sie eine Zeile mit dem Inhalt `log-symbols` hinzu:

```
colorama
# These are not required - but are used for demonstration purposes
pandas
flask
log-symbols
```

Lassen wir den Build erneut laufen:

```
$ time docker build -t docker.io/spkane/open-mastermind:latest \
  --progress=plain .

#1 [internal] load build definition from Dockerfile
...
#9 [5/6] RUN pip install -r requirements.txt
#9 sha256:82dbc10f1bb9fa476d93cc0d8104b76f46af8ece7991eb55393d6d72a230919e
```

```
#9 1.954 Collecting colorama
#9 2.058   Downloading colorama-0.4.5-py2.py3-none-any.whl (16 kB)
…
real    0m16.379s
user    0m0.112s
sys     0m0.082s
```

Schauen Sie sich die vollständige Ausgabe für Schritt 5/6 an, werden Sie feststellen, dass alle Abhängigkeiten erneut heruntergeladen werden, obwohl pip normalerweise die meisten davon in */root/.cache* zwischenspeichern würde. Diese Ineffizienz entsteht daraus, dass der Builder erkennt, dass wir eine Änderung vorgenommen haben, die diesen Layer beeinflusst, weshalb er komplett neu erstellt werden muss und wir diesen Cache verlieren – auch wenn wir ihn im Image-Layer gespeichert hätten.

Verbessern wir die Situation nun. Dazu müssen wir den Directory Cache von BuildKit nutzen (*https://github.com/moby/buildkit/blob/master/frontend/dockerfile/docs/reference.md#run---mounttypecache*) und dafür wiederum ein paar Änderungen am Dockerfile vornehmen, sodass es wie folgt aussieht:

```
# syntax=docker/dockerfile:1
FROM python:3.9.15-slim-bullseye
RUN mkdir /app
WORKDIR /app
COPY . /app
RUN --mount=type=cache,target=/root/.cache pip install -r requirements.txt
WORKDIR /app/mastermind
CMD ["python", "mastermind.py"]
```

Es gibt hier zwei wichtige Änderungen. Erstens haben wir die folgende Zeile hinzugefügt:

```
# syntax=docker/dockerfile:1
```

Damit wird Docker angewiesen, eine neuere Version des Dockerfile-Frontends zu verwenden (*https://hub.docker.com/r/docker/dockerfile*), das uns Zugriff auf die neuen Features von BuildKit ermöglicht.

Und zweitens haben wir die RUN-Zeile wie folgt abgeändert:

```
RUN --mount=type=cache,target=/root/.cache pip install -r requirements.txt
```

So weiß BuildKit, dass es einen Caching-Layer unter */root/.cache* für die Dauer dieses Build-Schritts in den Container mounten soll. Damit werden zwei Ziele erreicht: Der Inhalt dieses Verzeichnisses wird aus dem sich ergebenden Image entfernt, und das Verzeichnis wird in folgenden Builds erneut gemountet und steht pip wieder zur Verfügung.

Führen wir also einen vollständigen Rebuild des Image mit diesen Änderungen durch, um den initialen Inhalt dieses Cache-Verzeichnisses zu erzeugen. Schauen Sie sich die Ausgabe an, werden Sie sehen, dass pip wie zuvor alle Abhängigkeiten herunterlädt:

```
$ time docker build --no-cache -t docker.io/spkane/open-mastermind:latest .
```

```
[+] Building 15.2s (15/15) FINISHED
...
 => => naming to docker.io/spkane/open-mastermind:latest                   0.0s
...
real    0m15.493s
user    0m0.137s
sys     0m0.096s
```

Öffnen wir nun die Datei *requirements.txt* erneut und fügen wir eine Zeile mit dem Inhalt `py-events` hinzu:

```
colorama
# These are not required - but are used for demonstration purposes
pandas
flask
log-symbols
py-events
```

Jetzt zahlen sich unsere Änderungen aus. Bauen wir das Image erneut, sehen wir, dass nur `py-events` und seine Abhängigkeiten heruntergeladen werden – alles andere nutzt den bestehenden Cache aus unserem vorherigen Build, der für diesen Build-Schritt in das Image gemountet wurde:

```
$ time docker build -t docker.io/spkane/open-mastermind:latest \
  --progress=plain .

#1 [internal] load build definition from Dockerfile
...
#14 [stage-0 5/6] RUN --mount=type=cache,target=/root/.cache pip install ...
#14 sha256:9bc72441fdf2ec5f5803d4d5df43dbe7bc6eeef88ebee98ed18d8dbb478270ba
#14 1.711 Collecting colorama
#14 1.714   Using cached colorama-0.4.5-py2.py3-none-any.whl (16 kB)
...
#14 2.236 Collecting py-events
#14 2.356   Downloading py_events-0.1.2-py3-none-any.whl (5.8 kB)
...
#16 DONE 1.4s

real    0m12.624s
user    0m0.180s
sys     0m0.112s

$ docker image ls --format "{{ .Size }}" spkane/open-mastermind:latest
261MB
```

Die Zeit zum Bauen wurde weniger, da nicht mehr jedes Mal alles heruntergeladen werden muss, und auch die Image-Größe ist um 32 MB geringer, obwohl wir noch neue Abhängigkeiten hinzugefügt haben. Das liegt einfach daran, dass das Cache-Verzeichnis nicht mehr direkt im Image mit der Anwendung gespeichert wird.

BuildKit und die neuen Dockerfile-Frontends bieten viele nützliche Features für das Bauen von Images, die Sie kennen sollten. Wir empfehlen Ihnen, sich die Zeit zu nehmen und den Reference Guide durchzulesen (*https://github.com/moby/buildkit/blob/master/frontend/dockerfile/docs/reference.md*), um sich mit den Möglichkeiten vertraut zu machen.

Fehlerbehebung bei fehlgeschlagenen Builds

Normalerweise rechnen wir damit, dass das Bauen von Images immer funktioniert, insbesondere wenn man es selbst geskriptet hat. In der Praxis gehen aber immer mal wieder einige Dinge kaputt. In diesem Abschnitt wird beleuchtet, wie man Fehler beim Bauen von Docker-Images behebt. Dabei gehen wir auf zwei Varianten ein – eine für den Ansatz, bevor es das BuildKit gab, und eine, die mit BuildKit funktioniert.

Dazu werden wir das docker-hello-node-Repo aus diesem Kapitel nutzen. Sie können es bei Bedarf erneut klonen, zum Beispiel so:

```
$ git clone https://github.com/spkane/docker-node-hello.git \
    --config core.autocrlf=input
Cloning into 'docker-node-hello'...
remote: Counting objects: 41, done.
remote: Total 41 (delta 0), reused 0 (delta 0), pack-reused 41
Unpacking objects: 100% (41/41), done.

$ cd docker-node-hello
```

Pre-BuildKit-Images debuggen

Wir brauchen einen Patienten für die nächsten Übungen, daher erzeugen wir nun einen Build, der fehlschlägt. Um das zu bewerkstelligen, muss das Dockerfile so angepasst werden, dass die Zeile:

```
RUN apt-get -y update
```

anschließend wie folgt aussieht:

```
RUN apt-get -y update-all
```

Nutzen Sie PowerShell unter Windows, werden Sie vermutlich die Umgebungsvariable setzen müssen, die BuildKit deaktiviert, bevor Sie den folgenden Befehl docker image build ausführen – und vergessen Sie nicht, sie danach wieder zurückzusetzen:

```
PS C:\> $env:DOCKER_BUILDKIT = 0
PS C:\> docker image build `
        -t example/docker-node-hello:latest `
        --no-cache .
PS C:\> $env:DOCKER_BUILDKIT = 1
```

Wenn Sie nun versuchen, das Image zu bauen, bekommen Sie folgende Fehlermeldung:

```
$ DOCKER_BUILDKIT=0 docker image build -t example/docker-node-hello:latest \
  --no-cache .

Sending build context to Docker daemon  9.216kB
Step 1/14 : FROM docker.io/node:18.13.0
 ---> 9ff38e3a6d9d
...
Step 6/14 : ENV SCPATH /etc/supervisor/conf.d
 ---> Running in e903367eaeb8
```

```
Removing intermediate container e903367eaeb8
 ---> 2a236efc3f06
Step 7/14 : RUN apt-get -y update-all
 ---> Running in c7cd72f7d9bf
E: Invalid operation update-all
The command '/bin/sh -c apt-get -y update-all' returned a non-zero code: 100
```

Wie können wir nun das Problem beheben, vor allem dann, wenn wir nicht auf einem Linux-System entwickeln? Der echte Trick hierbei besteht darin, sich daran zu erinnern, dass nahezu alle Docker-Images auf anderen Docker-Images basieren und dass Sie einen Container von einem Image starten können. Auch wenn die Bedeutung nicht offensichtlich ist, sehen Sie, wenn Sie sich die Ausgabe von `Step 6` ansehen, Folgendes:

```
Step 6/14 : ENV SCPATH /etc/supervisor/conf.d
 ---> Running in e903367eaeb8
Removing intermediate container e903367eaeb8
 ---> 2a236efc3f06
```

Die erste Zeile, `Running in e903367eaeb8` sagt Ihnen, dass der Build-Prozess für den neuen Container gestartet ist, basierend auf dem Image, das in Schritt 5 erzeugt wurde. Die darauffolgende Zeile `Removing intermediate container` … besagt, dass Docker jetzt den Container entfernt, nachdem es ihn nach den Anweisungen in Schritt 6 erstellt hat. In diesem Fall erstellt es lediglich eine Umgebungsvariable über `ENV SCPATH /etc/super visor/conf.d`. Betrachten Sie nun die letzte Zeile ---> 2a236efc3f06. Sie enthält die Image-ID, die das Image trägt, das in Schritt 6 erstellt wurde. Sie benötigen diese ID für die Fehlerbehebung des Builds, weil das das Image des letzten erfolgreichen Schritts des Builds ist.

Mit dieser Information ist es möglich, einen interaktiven Container zu starten, sodass Sie darin ermitteln können, warum der Build nicht erfolgreich durchläuft. Vergessen Sie nicht, dass jedes Container-Image auf den Image-Layern darunter basiert. Einer der größten Vorteile ist, dass Sie die darunterliegenden Layer als Container starten und mit der Shell begutachten können!

```
$ docker container run --rm -ti 2a236efc3f06 /bin/bash
root@b83048106b0f:/#
```

Innerhalb des Containers können Sie nun alle Kommandos ausführen, die Sie benötigen, um festzustellen, was Ihren Build zum Scheitern bringt und was Sie tun müssen, um das Dockerfile zu reparieren.

```
root@b83048106b0f:/# apt-get -y update-all
E: Invalid operation update-all

root@b83048106b0f:/# apt-get --help
apt 1.4.9 (amd64)
...

Most used commands:
  update - Retrieve new lists of packages
...
```

```
root@b83048106b0f:/# apt-get -y update
Get:1 http://security.debian.org/debian-security stretch/updates … [53.0 kB]
…
Reading package lists… Done

root@b83048106b0f:/# exit
exit
```

Sobald Sie den Fehler gefunden haben, können Sie das Dockerfile so korrigieren, dass statt `RUN apt-get -y update-all` nun richtigerweise `RUN apt-get -y update` darin notiert ist. Nach einem erneuten Starten des Builds läuft dieser dann erfolgreich durch:

```
$ DOCKER_BUILDKIT=0 docker image build -t example/docker-node-hello:latest .
Sending build context to Docker daemon  15.87kB
…
Successfully built 69f5e83bb86e
Successfully tagged example/docker-node-hello:latest
```

BuildKit-Images debuggen

Beim Einsatz von BuildKit müssen wir einen etwas anderen Ansatz verfolgen, um an den Punkt zu gelangen, an dem der Build fehlschlägt, weil keiner der zwischenzeitlich genutzten Build-Layer aus dem Build-Container zum Docker-Daemon exportiert wird.

Die Optionen zum Debuggen von BuildKit werden sich sehr wahrscheinlich noch weiterentwickeln, trotzdem wollen wir uns ein mögliches Vorgehen anschauen, das jetzt schon funktioniert.

Unter der Annahme, dass das Dockerfile in seinen ursprünglichen Zustand zurückversetzt wurde, ändern wir die Zeile, die lautet:

```
RUN npm install
```

Sie soll jetzt so aussehen:

```
RUN npm installer
```

Nun versuchen wir, das Image zu bauen.

Achten Sie darauf, dass BuildKit wieder aktiviert ist!

```
$ docker image build -t example/docker-node-hello:debug --no-cache .

[+] Building 51.7s (13/13) FINISHED
 => [internal] load build definition from Dockerfile                    0.0s
…
 => [7/8] WORKDIR /data/app                                             0.0s
 => ERROR [8/8] RUN npm installer                                       0.4s
______
 > [8/8] RUN npm installer:
#13 0.399
```

```
#13 0.399 Usage: npm <command>
...
#13 0.402 Did you mean one of these?
#13 0.402     install
#13 0.402     install-test
#13 0.402     uninstall
------
executor failed running [/bin/sh -c npm installer]: exit code: 1
```

Sie sehen wie erwartet einen Fehler, aber wie erhalten Sie Zugriff auf den Layer, sodass wir das genauer untersuchen können?

Ein Ansatz ist der Einsatz von Multi-Stage-Builds und des Arguments `--target` von `docker image build`.

Verändern wir das Dockerfile erst einmal an zwei Stellen. Erweitern Sie die Zeile

```
FROM docker.io/node:18.13.0
```

sodass sie nun wie folgt aussieht:

```
FROM docker.io/node:18.13.0 as deploy
```

Fügen Sie dann direkt vor der Zeile, die den Fehler verursacht, eine neue `FROM`-Zeile ein:

```
FROM deploy
RUN npm installer
```

Dadurch sorgen wir für einen Multi-Stage-Build, bei dem der erste Stage alle Schritte enthält, von denen wir wissen, dass sie funktionieren, und der zweite Stage mit unserem problematischen Schritt beginnt.

Versuchen wir, das Ganze neu zu bauen, werden wir weiterhin einen Fehler erhalten:

```
$ docker image build -t example/docker-node-hello:debug .

[+] Building 51.7s (13/13) FINISHED
...
executor failed running [/bin/sh -c npm installer]: exit code: 1
```

Weisen wir stattdessen Docker an, dass wir nur das erste Image aus unserem Multi-Stage-Dockerfile bauen wollen:

```
$ docker image build -t example/docker-node-hello:debug --target deploy .

[+] Building 0.8s (12/12) FINISHED
 => [internal] load build definition from Dockerfile                0.0s
 => => transferring dockerfile: 37B                                 0.0s
...
 => exporting to image                                              0.1s
 => => exporting layers                                             0.1s
 => => writing image sha256:a42dfbcfc7b18ee3d30ace944ad4134ea2239a2c0 0.0s
 => => naming to docker.io/example/docker-node-hello:debug          0.0s
```

Jetzt können Sie aus diesem Image einen Container erzeugen und ganz nach Belieben Tests durchführen:

```
$ docker container run --rm -ti docker.io/example/docker-node-hello:debug \
  /bin/bash
```

```
root@17807997176e:/data/app# ls
index.js  package.json

root@17807997176e:/data/app# npm install
...
added 18 packages from 16 contributors and audited 18 packages in 1.248s
...

root@17807997176e:/data/app# exit
exit
```

Haben wir dann begriffen, was im Dockerfile falsch ist, können wir unsere Debugging-Änderungen rückgängig machen und die `npm`-Zeile korrigieren, sodass der ganze Build wieder wie erwartet durchläuft.

Multi-Architektur-Builds

Seit der Veröffentlichung von Docker war die *AMD64/X86_64-Architektur* die primäre Plattform, für die die meisten Container gebaut wurden. Aber das ändert sich mittlerweile. Immer häufiger kommen Systeme zum Einsatz, die auf *ARM64/AArch64* basieren, und Cloud-Firmen beginnen damit, ARM-basierte VMs über ihre Plattformen anzubieten, da die ARM-Plattform geringere Computing-Kosten aufweisen.

Das kann zu interessanten Herausforderungen führen, wenn man Images bauen und betreuen muss, die für mehrere Architekturen gedacht sind. Wie können Sie eine einzelne, einfache Codebasis und Pipeline nutzen und gleichzeitig alle diese verschiedenen Ziele unterstützen?

Glücklicherweise hat Docker ein Plug-in für die `docker`-CLI namens `buildx` veröffentlicht, das dabei helfen kann, diesen Prozess ziemlich einfach zu gestalten. Häufig ist `docker-buildx` schon auf Ihrem System installiert – Sie können es wie folgt überprüfen:

```
$ docker buildx version
github.com/docker/buildx v0.9.1 ed00243a0ce2a0aee75311b06e32d33b44729689
```

Müssen Sie das Plug-in installieren, können Sie sich an der Anleitung im GitHub-Repo orientieren (*https://github.com/docker/buildx#installing*).

Standardmäßig nutzt `docker-buildx` eine QEMU-basierte Virtualisierung (*https://www.qemu.org*) und `binfmt_misc` (*https://docs.kernel.org/admin-guide/binfmt-misc.html*), um Architekturen zu unterstützen, die sich vom zugrunde liegenden System unterscheiden. Das mag auf Ihrem Linux-System schon eingerichtet sein, aber es ist auf jeden Fall nicht verkehrt, den folgenden Befehl auszuführen, wenn Sie einen neuen Docker-Server erstmalig einrichten – um sicherzugehen, dass die QEMU-Dateien korrekt registriert und aktuell sind:

```
$ docker container run --rm --privileged multiarch/qemu-user-static \
    --reset -p yes
```

```
Setting /usr/bin/qemu-alpha-static as binfmt interpreter for alpha
Setting /usr/bin/qemu-arm-static as binfmt interpreter for arm
Setting /usr/bin/qemu-armeb-static as binfmt interpreter for armeb
...
Setting /usr/bin/qemu-aarch64-static as binfmt interpreter for aarch64
Setting /usr/bin/qemu-aarch64_be-static as binfmt interpreter for aarch64_be
...
```

Anders als die ursprüngliche, eingebaute Build-Funktionalität von Docker, die direkt auf dem Server lief, kann BuildKit beim Bauen von Images einen Build-Container nutzen, was für sehr viel Flexibilität sorgt. Im nächsten Schritt werden wir einen Standard-`buildx`-Container namens `builder` bauen.

Haben Sie einen bestehenden `buildx`-Container mit diesem Namen, können Sie ihn entweder entfernen, indem Sie `docker buildx rm builder` ausführen, oder Sie ändern den Namen im folgenden Befehl `docker buildx create`.

Mit den nächsten beiden Befehlen werden wir den Build-Container erstellen, ihn als Standard festlegen und dann hochfahren:

```
$ docker buildx create --name builder --driver docker-container --use builder

$ docker buildx inspect --bootstrap
[+] Building 9.6s (1/1) FINISHED
 => [internal] booting buildkit                                          9.6s
 => => pulling image moby/buildkit:buildx-stable-1                       8.6s
 => => creating container buildx_buildkit_builder0                       0.9s
Name:   builder
Driver: docker-container

Nodes:
Name:      builder0
Endpoint:  unix:///var/run/docker.sock
Status:    running
Buildkit:  v0.10.5
Platforms: linux/amd64, linux/amd64/v2, linux/arm64, linux/riscv64,
           linux/ppc64le, linux/s390x, linux/386, linux/mips64le,
           linux/mips64, linux/arm/v7, linux/arm/v6
```

Für dieses Beispiel laden wir das Git-Repository `wordchain` herunter, das ein nützliches Tool zum Erzeugen von zufälligen und deterministischen Wortfolgen ist, um beim dynamischen Vergeben von Namen Unterstützung zu erhalten:

```
$ git clone https://github.com/spkane/wordchain.git \
  --config core.autocrlf=input
$ cd wordchain
```

Schauen wir uns das zugehörige Dockerfile an. Sie werden sehen, dass es sich um ein ziemlich normales Multi-Stage-Dockerfile handelt, das keine Besonderheiten bezüglich der Plattformarchitektur besitzt:

```
FROM golang:1.18-alpine3.15 AS build

RUN apk --no-cache add \
```

```
    bash \
    gcc \
    musl-dev \
    openssl

ENV CGO_ENABLED=0

COPY . /build
WORKDIR /build

RUN go install github.com/markbates/pkger/cmd/pkger@latest && \
    pkger -include /data/words.json && \
    go build .

FROM alpine:3.15 AS deploy

WORKDIR /
COPY --from=build /build/wordchain /

USER 500
EXPOSE 8080

ENTRYPOINT ["/wordchain"]
CMD ["listen"]
```

Im ersten Schritt werden wir unser statisch kompiliertes Go-Binary bauen, das wir dann im zweiten in ein kleines Deployment-Image umpacken.

Die `ENTRYPOINT`-Anweisung im Dockerfile ist eine fortgeschrittenere Anweisung, die es Ihnen erlaubt, den Standardprozess, der durch den Container ausgeführt wird (`ENTRYPOINT`), von den Befehlszeilenargumenten zu trennen, die an den Prozess übergeben werden (`CMD`). Fehlt `ENTRYPOINT` im Dockerfile, wird erwartet, dass die `CMD`-Anweisung sowohl den Prozess wie auch alle erforderlichen Befehlszeilenargumente enthält.

Wir werden dieses Image bauen und per Sideloading in unseren lokalen Docker-Server bringen, indem wir folgenden Befehl ausführen:

```
$ docker buildx build --tag wordchain:test --load .

[+] Building 2.4s (16/16) FINISHED
 => [internal] load .dockerignore                                         0.0s
 => => transferring context: 93B                                          0.0s
 => [internal] load build definition from Dockerfile                      0.0s
 => => transferring dockerfile: 461B                                      0.0s
...
 => exporting to oci image format                                         0.3s
 => => exporting layers                                                   0.0s
 => => exporting manifest sha256:4bd1971f2ed820b4f64ffda97707c27aac3e8eb7 0.0s
 => => exporting config sha256:ce8f8564bf53b283d486bddeb8cbb074ff9a9d4ce9 0.0s
 => => sending tarball                                                    0.2s
 => importing to docker                                                   0.0s
```

Das Image können wir mit folgenden Befehlen schnell ausprobieren:

```
$ docker container run wordchain:test random

witty-stack

$ docker container run wordchain:test random -l 3 -d .

odd.goo

$ docker container run wordchain:test --help

wordchain is an application that can generate a readable chain
  of customizable words for naming things like
  containers, clusters, and other objects.
...
```

Wenn Sie mit den ersten beiden Befehlen zufällige Wortpaare erhalten, funktioniert alles wie erwartet.

Um nun dieses Image für mehrere Architekturen zu bauen, müssen wir nur das zusätzliche Argument `--platform` ergänzen.

Eigentlich würden wir außerdem `--load` durch `--push` ersetzen, um das sich so ergebende Image in das getaggte Repository zu bringen, aber in diesem Fall müssen wir einfach nur `--load` entfernen, weil der Docker-Server aktuell keine Images für mehrere Plattformen laden kann und wir kein Repository eingerichtet haben, in das wir diese Images befördern könnten. Hätten wir ein Repository und wären die Images korrekt getaggt, könnten wir alle sich so ergebenden Images sehr einfach in einem Schritt bauen und übertragen, zum Beispiel mit folgendem Befehl:

```
docker buildx build --platform linux/amd64,linux/arm64
--tag docker.io/spkane/wordchain:latest --push .
```

Sie können dieses Image für die `linux/amd64`- und `linux/arm64`-Plattformen wie folgt bauen:

```
$ docker buildx build --platform linux/amd64,linux/arm64 \
    --tag wordchain:test .

[+] Building 114.9s (23/23) FINISHED
...
 => [linux/arm64 internal] load metadata for docker.io/library/alpine:3.1 2.7s
 => [linux/amd64 internal] load metadata for docker.io/library/alpine:3.1 2.7s
 => [linux/arm64 internal] load metadata for docker.io/library/golang:1.1 3.0s
 => [linux/amd64 internal] load metadata for docker.io/library/golang:1.1 2.8s
...
 => CACHED [linux/amd64 build 5/5] RUN go install github.com/markbates/pk 0.0s
 => CACHED [linux/amd64 deploy 2/3] COPY --from=build /build/wordchain /  0.0s
 => [linux/arm64 build 5/5] RUN go install github.com/markbates/pkger/c 111.7s
 => [linux/arm64 deploy 2/3] COPY --from=build /build/wordchain /         0.0s
WARNING: No output specified with docker-container driver. Build result will
         only remain in the build cache. To push result image into registry
         use --push or to load image into docker use --load
```

Aufgrund der Emulation, die beim Bauen von Images für nicht native Architekturen erforderlich ist, stellen Sie eventuell fest, dass manche Schritte viel länger brauchen als normalerweise. Das ist zu erwarten und liegt am zusätzlichen Rechenaufwand der Emulation.

Es ist möglich, Docker so einzurichten, dass es jedes Image auf einem Worker mit einer passenden Architektur baut, was in vielen Fällen für eine deutlich höhere Geschwindigkeit sorgen sollte. Informationen dazu finden Sie in einem Docker-Blogartikel unter *https://www.docker.com/blog/speed-up-building-with-docker-buildx-and-graviton2-ec2*.

In der Ausgabe des Builds finden sich Zeilen, die mit so etwas wie `=> [linux/amd64 *]` oder `=> [linux/arm64 *]` beginnen. Jede dieser Zeilen steht für den Builder, der an diesem Build-Schritt für die angegebene Plattform arbeitet. Viele dieser Schritte werden parallel laufen, und aufgrund des Cachings und anderer Aspekte können die Builds auch unterschiedlich schnell sein.

Da wir unseren Build nicht mit einem `--push` versehen haben, erhalten wir eine Warnung am Ende des Builds. Der Grund dafür liegt im `docker-container`-Treiber, den der Builder nutzt und der alles im Build-Cache hinterlässt, sodass wir die sich ergebenden Images nicht ausführen können – aktuell können wir nur sicher sein, dass der Build funktioniert.

Es gibt ein paar `build`-Argumente (*https://docs.docker.com/engine/reference/builder/#automatic-platform-args-in-the-global-scope*), die automatisch von Docker gesetzt werden und die in Ihrem Dockerfile besonders hilfreich sein können, wenn Sie Multi-Architektur-Builds erstellen. So wird beispielsweise `TARGETARCH` häufig genutzt, um sicherzustellen, dass ein gegebener Build-Schritt das korrekte vorgebaute Binary für die aktuelle Image-Plattform herunterlädt.

Woher weiß Docker nun, welches Image für die lokale Plattform zu nutzen ist, wenn wir es jetzt in ein Repository hochladen? Diese Information erhält der Docker-Server über ein *Image-Manifest*. Wir können uns das Manifest für *docker.io/spkane/workdchain* anschauen, indem wir folgenden Befehl eingeben:

```
$ docker manifest inspect docker.io/spkane/wordchain:latest

{
   "schemaVersion": 2,
   "mediaType": "application/vnd.docker.distribution.manifest.list.v2+json",
   "manifests": [
      {
         "mediaType": "application/vnd.docker.distribution.manifest.v2+json",
         "size": 739,
         "digest": "sha256:4bd1…bfc0",
         "platform": {
            "architecture": "amd64",
            "os": "linux"
         }
      },
      {
…
```

```
            "platform": {
                "architecture": "arm64",
                "os": "linux"
            }
        },
    ...
    ]
}
```

Schauen Sie sich die Ausgabe an, werden Sie einen Block finden, der für jede unterstützte Plattform das Image bestimmt, das dazu passt. Erreicht wird dies durch die einzelnen `digest`-Einträge (*https://github.com/opencontainers/image-spec/blob/main/descriptor.md#digests*), die mit einem `platform`-Block kombiniert werden. Diese Manifest-Datei wird vom Server heruntergeladen, wenn er ein Image anfordert, und danach weiß er, welches das korrekte Image für die lokale Plattform ist. Darum funktioniert unser Dockerfile überhaupt. Jede `FROM`-Zeile gibt ein Base-Image an, das wir verwenden wollen, aber der Docker-Server nutzt diese Manifest-Datei, um genau zu ermitteln, welches Image für jede Plattform herunterzuladen ist, die der Build anstrebt.

So geht es weiter

An diesem Punkt sollten Sie mit dem Erzeugen von Docker-Images vertraut genug sein und ein solides Grundverständnis zu vielen der zentralen Tools und Funktionalitäten zum Optimieren Ihrer Build-Pipeline besitzen. Im nächsten Kapitel werden wir näher betrachten, wie Sie die Images nutzen können, um containerisierte Prozesse Ihrer Projekte zu erstellen.

KAPITEL 5

Docker-Container verwenden

Im vorherigen Kapitel haben Sie den Vorgang zur Erstellung von Images sowie die grundlegenden Schritte für deren Ausführung in einem Container kennengelernt. In diesem Kapitel sehen wir uns zuerst die Historie der Containertechnologie an. Dann steigen wir tiefer ein, schauen, wie man Container zum Laufen bringt, und erkunden anschließend die Docker-Befehle zur Konfiguration und Verwaltung der Ressourcen und Berechtigungen.

Was sind Container?

Vielleicht sind Sie mit Virtualisierungssystemen wie VMware oder Xen vertraut, die es ermöglichen, einen vollständigen Linux-Kernel auf einem virtuellen Layer auszuführen, der als *Hypervisor* bezeichnet wird. Bei diesem Ansatz sind die virtuellen Maschinen streng voneinander isoliert, da jede virtuelle Maschine einen eigenen Kernel mitbringt, der in einem eigenen Speicherbereich auf einem Hardware-Virtualisierungslayer läuft.

Container verfolgen im Vergleich dazu einen grundlegend anderen Ansatz, bei dem sich alle Container einen einzigen Kernel teilen und die Isolierung vollständig innerhalb dieses einen Kernels implementiert ist. Man spricht hier von einer *Betriebssystemvirtualisierung*.

Im `libcontainer`-Projekt (*https://github.com/opencontainers/runc/blob/main/libcontainer/README.md*) findet sich eine treffende und kompakte Definition für Container:

> Ein Container ist eine eigenständige Ausführungsumgebung, die sich den Kernel mit dem Wirtssystem teilt und (optional) von anderen Containern isoliert ist.

Dieser Ansatz bietet große Vorteile hinsichtlich der Effizienz der Ressourcennutzung, weil nicht für jede einzelne isolierte Funktion ein eigenes Betriebssystem benötigt wird. Da es nur einen Kernel gibt, muss zwischen den isolierten Aufgaben und der echten Hardware ein Layer weniger überbrückt werden. Wenn ein Prozess in einem Container läuft, gibt es nur einen sehr schmalen Isolierungslayer, der Teil des Kernels ist, und es ist nicht erforderlich, Requests an einen zweiten Kernel durchzureichen, wodurch der Prozessor ständig in den privilegierten Modus wechseln müsste.

`libcontainer` (*https://github.com/opencontainers/runc/tree/main/libcontainer*) ist eine Go-Bibliothek, die als Standardschnittstelle für das Managen von Linux-Containern in Anwendungen gedacht ist.

Bei der Verwendung von Containern können allerdings nur Prozesse ausgeführt werden, die mit dem zugrunde liegenden Kernel kompatibel sind. Im Gegensatz zur Hardwarevirtualisierung, wie sie beispielsweise VMware bietet, ist es nicht möglich, Windows-Programme nativ in einem Linux-Container auszuführen. Windows-Anwendungen können allerdings innerhalb von Windows-Containern auf einem Windows-Host laufen. Container sollten also am besten als betriebssystemspezifische Technologie angesehen werden, mit der Sie Ihre bevorzugten Anwendungen oder Daemons ausführen können, sofern sie mit dem Kernel des Containerservers kompatibel sind. Am besten vergessen Sie alles, was Sie über virtuelle Maschinen wissen, und stellen sich einen Container eher als »Verpackung« eines auf dem Server laufenden normalen Prozesses vor.

Es ist nicht nur möglich, Container innerhalb von virtuellen Maschinen laufen zu lassen, sondern auch, eine virtuelle Maschine innerhalb eines Containers laufen zu lassen. Dadurch können Sie eine Windows-Anwendung innerhalb einer Windows-VM laufen lassen, die wiederum innerhalb eines Linux-Containers läuft.

Die Entstehungsgeschichte der Container

Nicht selten handelt es sich bei revolutionären Technologien im Grunde genommen um bereits seit Längerem existierende Technologien, die irgendwann ins Rampenlicht rücken. Technologischer Wandel vollzieht sich im Allgemeinen wellenförmig, und so haben einige der Konzepte aus den 1960er-Jahren heutzutage wieder Konjunktur. Auch Docker verkörpert eine revolutionäre Technologie, die dank ihrer einfachen Anwendbarkeit schnell große Popularität erlangte, aber keinesfalls einfach aus dem Nichts kam. Vielmehr basiert es auf der Arbeit, die in den letzten 30 Jahren in verschiedenen Fachbereichen geleistet wurde. Die konzeptuelle Entwicklung lässt sich leicht von einem einfachen System Call, um den der Unix-Kernel Ende der 1970er erweitert wurde, bis hin zum Container-Tooling verfolgen, das bei vielen großen Internetfirmen wie Google, Twitter und Meta eingesetzt wird. Insofern ist es lohnenswert, sich die Zeit zu nehmen, an dieser Stelle einen kurzen Blick auf den Werdegang von Docker zu werfen, weil es sich dadurch besser mit den Ihnen bereits vertrauten Konzepten in einen Kontext setzen lässt.

Container bieten die Möglichkeit, Teile eines laufenden Systems zu isolieren und zu kapseln – aber sie sind keine ganz und gar neue Erfindung. Die älteste Technologie in diesem Bereich bilden die ersten Stapelverarbeitungssysteme. Sie ließen jeweils ein Programm eine Weile laufen und wechselten erst dann zum nächsten, wenn das vorherige Programm entweder durchgelaufen oder die vorgesehene Zeit abgelaufen war. Dabei ging es vorrangig um das Isolieren, denn so wurde gewährleistet, dass ein Programm dem anderen nicht in die Quere kam, da es nicht möglich war, mehr als eine Anwendung gleichzeitig laufen zu lassen. Moderne Rechner wechseln immer noch ständig die laufenden Programme, dieser Prozess läuft jedoch so schnell ab, dass der Großteil der Nutzer davon nichts mitbekommt.

Die meisten würden behaupten, dass die Grundlage für die heutigen Container 1979 mit der Ergänzung des `chroot`-System-Calls zum Version-7-Unix geschaffen wurden. Dieser Aufruf beschränkt den Zugang eines Prozesses auf bestimmte Teile des Dateisystems. Er wird üblicherweise genutzt, um das Betriebssystem vor Zugriffen durch nicht vertrauenswürdige Prozesse wie FTP, BIND oder Sendmail zu schützen, die von außen zugänglich sind und kompromittiert werden können.

In den 1980er- und 1990er-Jahren entstanden verschiedene Unix-Varianten (z. B. SE-Linux), die eine Zugriffssteuerung aus Sicherheitsgründen obligatorisch machten. Damit gab es strikt voneinander abgegrenzte Domänen, die unter demselben Unix-Kernel liefen. Die Prozesse in den verschiedenen Domänen durften nur auf einen extrem eingeschränkten Bereich des Systems zugreifen, was domänenübergreifende Interaktionen verhinderte. Es gab damals zwar eine verbreitete, auf einem BSDI-Unix beruhende kommerzielle Unix-Version namens Sidewinder, die dieses Konzept umsetzte, in den meisten gängigen Unix-Implementierungen war das jedoch nicht möglich.

Dies änderte sich im Jahr 2000 mit dem Release von FreeBSD 4.0, das einen neuen Befehl namens `jail` enthielt, der es Hosting-Providern ermöglichen sollte, ihre eigenen Prozesse einfach und sicher von denen ihrer Kunden zu trennen. `Jail` erweiterte die `chroot`-Fähigkeiten und gab Einschränkungen in Bezug darauf vor, was ein Prozess mit den Systemressourcen anfangen durfte und wie er mit anderen Prozessen kommunizierte.

2004 veröffentlichte Sun eine erste Version von Solaris 10 mit gleichnamigen Containern, die später zu Solaris-*Zonen* weiterentwickelt wurden. Hierbei handelte es sich um die erste kommerzielle Umsetzung der Containertechnologie, auf der noch heute viele Implementierungen beruhen. 2005 wurde OpenVZ für Linux von der Firma Virtuozzo veröffentlicht, und 2007 zog Hewlett-Packard mit *Secure Resource Partitions* für HP-UX nach, das später in *HP-UX-Containers* umbenannt wurde.

Seit Anfang der 2000er-Jahre wird die Containertechnologie insbesondere von jenen Unternehmen vorangetrieben, die mit der internetweiten Skalierung von Anwendungen und/oder dem Hosten von nicht vertrauenswürdigem Usercode befasst sind (Google ist hier ein schönes Beispiel), um die zuverlässige und sichere Verbreitung ihrer Software in den mit zahllosen Computern bestückten Rechenzentren zu fördern. Manche Unternehmen entwickelten eigene, gepatchte Linux-Kernel mit Containersupport für den hausinternen Gebrauch. Da sich in der Linux-Community jedoch allmählich ein wachsender Bedarf an derartigen Features abzeichnete, brachte Google Teile seiner eigenen Arbeiten zum Support von Containern in den Mainline-Kernel ein. 2008 kamen schließlich mit Version 2.6.24 des Linux-Kernels auch Linux-Container (LXC) auf den Markt. Die in phänomenalem Ausmaß wachsende Verbreitung eben dieser Linux-Container in der Community setzte allerdings erst 2013 nach dem Release der Linux-Kernel-Version 3.8 (die Namensräume unterstützt) und bald darauf auch von Docker ein.

Heutzutage kommen Container nahezu überall zum Einsatz. Docker- und OCI-Images sind das Paketformat für immer mehr Software, die in Produktivumgebungen ausgeliefert wird, und sie dienen als Basis für viele Produktivsysteme, unter anderem Kubernetes und die meisten *Serverless-Cloud-Technologien*.

Sogenannte Serverless-Technologien sind nicht wirklich ohne Server – sie nutzen einfach die Server anderer, um Aufgaben zu erledigen, sodass sich der Anwendungsbesitzer nicht um das Managen der Hardware und des Betriebssystems kümmern muss.

Container erstellen

Bislang haben wir Container mit dem praktischen Befehl `docker container run` gestartet. Tatsächlich ist dies aber nur eine bequeme Abkürzung, die zwei verschiedene Schritte zu einem zusammenfasst. Als Erstes erzeugt der Befehl anhand des zugrunde liegenden Image einen Container. Dasselbe können Sie auch mit dem Befehl `docker container create` erreichen. Und die zweite Aufgabe, die `docker container run` erledigt, ist das Starten des Containers – was wiederum ebenso mit dem Befehl `docker container start` möglich ist.

Die Befehle `docker container create` und `docker container run` enthalten jeweils alle Optionen, die festlegen, wie der Container eingerichtet wird. In Kapitel 4 haben wir vorgeführt, wie Sie mit dem Befehl `docker container run` und dem Argument `-p/--publish` Netzwerkports des Containers an den Host binden und mit dem Argument `-e/--env` Umgebungsvariablen an den Container übergeben können.

Damit haben wir allerdings nur an der Oberfläche dessen gekratzt, was bei der Erstellung eines Containers alles konfiguriert werden kann. Sehen wir uns also einige der weiteren Optionen an, die Docker unterstützt.

Grundlegende Konfiguration

Im Folgenden betrachten wir verschiedene Methoden, um Docker anzuweisen, wie ein Container bei seiner Erstellung konfiguriert werden soll.

Bezeichnung des Containers

Die Erzeugung eines Containers erfolgt anhand des zugrunde liegenden Image – die endgültigen Einstellungen können Sie allerdings mithilfe verschiedener Kommandozeilenargumente selbst vornehmen. Grundsätzlich werden die im *Dockerfile* hinterlegten Einstellungen als Standardwerte benutzt, viele davon lassen sich jedoch beim Erzeugen des Containers überschreiben.

Standardmäßig verwendet Docker eine zufällige Kombination aus einem Adjektiv und dem Namen einer bekannten Persönlichkeit zur Benennung Ihrer Container (*https://github.com/moby/moby/blob/master/pkg/namesgenerator/names-generator.go*).

Das führt dann zu Bezeichnungen wie *ecstatic-babbage* (»begeisterter Babbage«) oder *serene-albattani* (»gelassener Albattani«). Wenn Sie lieber selbst einen Namen vergeben möchten, steht Ihnen dazu das Argument `--name` zur Verfügung:

```
$ docker container create --name="awesome-service" ubuntu:latest sleep 120
```

Sobald der Container erzeugt ist, können Sie ihn mittels des Befehls `docker container start awesome-service` starten. Der Container wird sich nach 120 Sekunden automatisch beenden, allerdings können Sie ihn vorher stoppen, indem Sie `docker container stop awesome-service` ausführen. Wir werden an späterer Stelle in diesem Kapitel ein wenig näher auf jedes dieser Kommandos eingehen.

Jeder Containername darf auf einem Docker-Host nur ein einziges Mal vorkommen. Wenn Sie den obigen Befehl zwei Mal nacheinander ausführen, erhalten Sie eine Fehlermeldung. Sie müssen also entweder den vorhandenen Container mit dem Befehl `docker container rm` löschen oder den Namen des neuen Containers ändern.

Tagging mit Label

Wie in Kapitel 4 bereits kurz erwähnt, sind Labels Key-Value-Paare, die als Metadaten auf Docker-Container und -Images angewendet werden können. Beim Erstellen neuer Linux-Container erben diese automatisch alle per Label zugewiesenen Tags ihres jeweiligen Eltern-Image.

Darüber hinaus können Sie Container aber auch mit neuen Labels versehen, um beispielsweise Metadaten zu speichern, die nur einen bestimmten Container betreffen:

```
$ docker container run --rm -d --name has-some-labels \
  -l deployer=Ahmed -l tester=Asako \
  ubuntu:latest sleep 1000
```

Anschließend können Sie mit Befehlen wie `docker container ls` nach diesen Metadaten suchen und sie entsprechend filtern:

```
$ docker container ls -a -f label=deployer=Ahmed
CONTAINER ID  IMAGE          COMMAND        … NAMES
845731631ba4  ubuntu:latest "sleep 1000"    … has-some-labels
```

Um sich alle Labels eines Containers anzeigen zu lassen, steht Ihnen der Befehl `docker container inspect` zur Verfügung:

```
$ docker container inspect has-some-labels
…
    "Labels": {
        "deployer": "Ahmed",
        "tester": "Asako"
    },
…
```

Der Container führt das Kommando `sleep 1000` aus, er wird also nach 1.000 Sekunden gestoppt.

Hostname

Wenn Sie einen Container starten, kopiert Docker standardmäßig bestimmte Systemdateien, unter anderem */etc/hostname*, in das Konfigurationsverzeichnis des Containers auf dem Host (das sich typischerweise im Verzeichnis */var/lib/docker/containers* befindet) und nutzt einen Bind Mount, um die Datei in den Container zu linken. Ein Standardcontainer ohne weitere Konfiguration kann wie folgt gestartet werden:

```
$ docker container run --rm -ti ubuntu:latest /bin/bash
```

Hier wird der Befehl `docker container run` verwendet, der im Hintergrund `docker container create` und `docker container start` ausführt. Da wir zu Demonstrationszwecken mit dem erstellten Container interagieren möchten, übergeben wir dem Befehl noch einige zusätzliche Argumente: Mit `--rm` wird Docker angewiesen, den Container nach dem Beenden zu löschen. Das Argument `-t` sorgt dafür, dass Docker ein Pseudo-TTY benutzt. Das Argument `-i` besagt, dass es sich um eine interaktive Sitzung handelt und dass `STDIN` daher geöffnet bleiben soll. Ist im Image kein `ENTRYPOINT` definiert, ist das letzte Argument des Befehls schließlich das Programm (mit seinen Befehlszeilenargumenten), das innerhalb des Containers ausgeführt werden soll, in diesem Fall die Bash (`/bin/bash`). Ist im Image ein `ENTRYPOINT` definiert, wird das letzte Argument an den `ENTRYPOINT`-Prozess als Liste mit Befehlszeilenargumenten übergeben.

Vielleicht ist Ihnen aufgefallen, dass es im vorherigen Absatz um `-i` und `-t` geht, während der Befehl `-ti` nutzt. Das ist eine lange (Unix-) Geschichte, aber eine kurze Zusammenfassung finden Sie online unter *https://nullprogram.com/blog/2020/08/01*, wenn Sie neugierig sind.

Führt man nun innerhalb des laufenden Containers den Befehl `mount` aus, erhält man eine Ausgabe wie diese:

```
root@ebc8cf2d8523:/# mount
overlay on / type overlay (rw,relatime,lowerdir=...,upperdir=...,workdir...)
proc on /proc type proc (rw,nosuid,nodev,noexec,relatime)
tmpfs on /dev type tmpfs (rw,nosuid,mode=755)
shm on /dev/shm type tmpfs (rw,nosuid,nodev,noexec,relatime,size=65536k)
mqueue on /dev/mqueue type mqueue (rw,nosuid,nodev,noexec,relatime)
devpts on /dev/pts type devpts (rw,nosuid,noexec,relatime,...,ptmxmode=666)
sysfs on /sys type sysfs (ro,nosuid,nodev,noexec,relatime)
/dev/sda9 on /etc/resolv.conf type ext4 (rw,relatime,data=ordered)
/dev/sda9 on /etc/hostname type ext4 (rw,relatime,data=ordered)
/dev/sda9 on /etc/hosts type ext4 (rw,relatime,data=ordered)
devpts on /dev/console type devpts (rw,nosuid,noexec,relatime,...,ptmxmode=000)
proc on /proc/sys type proc (ro,nosuid,nodev,noexec,relatime)
proc on /proc/sysrq-trigger type proc (ro,nosuid,nodev,noexec,relatime)
proc on /proc/irq type proc (ro,nosuid,nodev,noexec,relatime)
proc on /proc/bus type proc (ro,nosuid,nodev,noexec,relatime)
tmpfs on /proc/kcore type tmpfs (rw,nosuid,mode=755)
root@ebc8cf2d8523:/#
```

Wenn die Beispiele Eingabeaufforderungen der Form `root@hashID` enthalten, wird dadurch angezeigt, dass ein Befehl nicht auf dem lokalen Host, sondern innerhalb des Containers ausgeführt wird.

Beachten Sie, dass es Fälle gibt, in denen ein Container stattdessen mit einem anderen Hostnamen konfiguriert wurde, etwa wenn man `--name` auf der CLI nutzt. Im Standard ist es allerdings ein Hash der Container-ID.

Es ist auch möglich, mit `--user` den Benutzer zu ändern, der innerhalb des Containers genutzt wird, aber standardmäßig ist es `root`.

Ein Container besitzt zumeist eine ganze Reihe von Bind Mounts, hier ist allerdings insbesondere dieser von Interesse:

```
/dev/sda9 on /etc/hostname type ext4 (rw,relatime,data=ordered)
```

Die Device-Nummer unterscheidet sich zwar von Container zu Container, wir sind aber vielmehr an dem Mountpoint */etc/hostname* interessiert. Er verknüpft */etc/hostname* des Containers mit der Hostname-Datei, die Docker für den Container vorbereitet hat. Sie enthält standardmäßig nur die Container-ID und keine volle Domain.

Wir können das innerhalb des Containers mit folgendem Befehl überprüfen:

```
root@ebc8cf2d8523:/# hostname -f
ebc8cf2d8523
root@ebc8cf2d8523:/# exit
```

Denken Sie daran, die Container-Shell mit `exit` zu verlassen, wenn Sie fertig sind, um wieder zum lokalen Host zurückzukehren.

Mit dem Argument `--hostname` kann ein aussagekräftigerer Name übergeben werden:

```
$ docker container run --rm -ti --hostname="mycontainer.example.com" \
   ubuntu:latest /bin/bash
```

Innerhalb des Containers wird nun die volle Domain angezeigt:

```
root@mycontainer:/# hostname -f
mycontainer.example.com
root@mycontainer:/# exit
```

Domain Name Service (DNS)

Ebenso wie */etc/hostname* ist auch die *resolv.conf*-Datei des Containers über einen Bind Mount mit derjenigen des Hosts verknüpft:

```
/dev/sda9 on /etc/resolv.conf type ext4 (rw,relatime,data=ordered)
```

Details zur Datei *resolve.conf* finden Sie online unter *https://sslhow.com/understanding-etc-resolv-conf-file-in-linux*.

Standardmäßig handelt es sich hierbei um eine exakte Kopie der *resolv.conf*-Datei des Hosts. Ist das nicht erwünscht, kann man eine Kombination der Argumente `--dns` und `--dns-search` verwenden, um dieses Verhalten innerhalb des Containers zu ändern:

```
$ docker container run --rm -ti --dns=8.8.8.8 --dns=8.8.4.4 \
    --dns-search=example1.com --dns-search=example2.com \
    ubuntu:latest /bin/bash
```

Wenn Sie der Suchdomäne keinen Wert zuweisen möchten, können Sie dazu `--dns-search=` verwenden (Zuweisung einer leeren Zeichenkette).

Innerhalb des Containers wird nach wie vor ein Bind Mount angezeigt, aber der Dateiinhalt entspricht nicht mehr dem der *resolv.conf*-Datei des Hosts, sondern sieht stattdessen folgendermaßen aus:

```
root@0f887071000a:/# more /etc/resolv.conf
nameserver 8.8.8.8
nameserver 8.8.4.4
search example1.com example2.com
root@0f887071000a:/# exit
```

MAC-Adresse

Zu den weiteren wichtigen konfigurierbaren Daten zählt auch die *MAC-Adresse* (Media-Access-Control-Adresse) des Containers.

Wenn Sie keine spezifische Konfiguration vornehmen, wird dem Container eine berechnete MAC-Adresse zugewiesen, die mit `02:42:ac:11` beginnt.

Möchten Sie hingegen eine bestimmte MAC-Adresse zuweisen, können Sie dazu den folgenden Befehl verwenden:

```
$ docker container run --rm -ti --mac-address="a2:11:aa:22:bb:33" \
  ubuntu:latest /bin/bash
```

Normalerweise ist das nicht erforderlich. Es kann aber Situationen geben, in denen es sinnvoll ist, einen bestimmten Adressbereich für die eigenen Container zu reservieren, um zu verhindern, dass es zu Konflikten mit anderen Virtualisierungslayern kommt, die denselben privaten Adressbereich wie Docker benutzen.

Verwenden Sie benutzerdefinierte MAC-Adressen mit Bedacht. Wenn zwei Systeme dieselbe MAC-Adresse annoncieren, kann es zu Konflikten kommen, die das Netzwerk lahmlegen (»ARP-Contention«). Sollten Sie nicht darauf verzichten können, empfiehlt es sich, für die lokal verwalteten MAC-Adressen nach Möglichkeit ausschließlich solche aus den offiziell verfügbaren Adressbereichen zu nutzen, etwa `x2-xx-xx-xx-xx-xx`, `x6-xx-xx-xx-xx- xx`, `xA-xx-xx-xx-xx-xx` und `xE-xx-xx-xx-xx-xx`. (Jedes x repräsentiert eine Hexadezimalzahl.)

Speicher-Volumes

Es kommt vor, dass der einem Container zugewiesene Speicherplatz aufgrund seiner kurzlebigen Natur für eine anstehende Aufgabe nicht geeignet ist. Dann müssen Sie einen Speicherort verwenden, der zwischen den verschiedenen Container-Deployments erhalten bleibt.

Im Allgemeinen ist davon abzuraten, Speicher-Volumes des Docker-Hosts in einem Container zu mounten, weil der persistente Zustand Ihres Containers dadurch an diesen speziellen Host gebunden ist. Andererseits kann es durchaus sinnvoll sein, solche Speicher-Volumes für kurzlebige Daten oder temporäre Cachedateien zu verwenden.

Sofern erforderlich, können Sie Verzeichnisse und einzelne Dateien des Hosts mit dem Kommandozeilenargument `-v`/`--mount` im Container mounten. Nutzen Sie für dieses Argument auf jeden Fall vollständig qualifizierte Pfade. Im folgenden Beispiel wird das Verzeichnis */mnt/session_data* im Verzeichnis */data* des Containers gemountet:

```
$ docker container run --rm -ti \
  --mount type=bind,target=/mnt/session_data,source=/data \
  ubuntu:latest /bin/bash

root@0f887071000a:/# mount | grep data
/dev/sda9 on /data type ext4 (rw,relatime,data=ordered)
root@0f887071000a:/# exit
```

Für Bind Mounts können Sie das Argument `-v` nutzen, um den Befehl kürzer zu halten. In dieser Variante werden Quell- und Zieldateien/-verzeichnisse durch einen Doppelpunkt (`:`) getrennt.

Standardmäßig werden Volumes mit Schreib- und Leserechten eingebunden. Sie können den Befehl allerdings ganz einfach modifizieren, sodass das Verzeichnis lediglich lesend eingebunden wird, indem Sie am Ende des `--mount`-Arguments `,readonly` oder am Ende des `-v`-Arguments `:ro` hinzufügen:

```
$ docker container run --rm -ti \
  -v /mnt/session_data:/data:ro \
  ubuntu:latest /bin/bash
```

Weder der Host Mountpoint noch der Mountpoint im Container muss vor dem Ausführen des Kommandos bestehen, damit der Befehl funktioniert. Wenn der Host-Mountpoint nicht existiert, wird dieser als Verzeichnis angelegt. Das kann zu Problemen führen, wenn Sie versuchen, auf eine Datei statt auf ein Verzeichnis zu verweisen.

Wie die `mount`-Ausgabe zeigt, sind auf dem Dateisystem erwartungsgemäß sowohl Lese- als auch Schreibzugriffe (`rw`) erlaubt.

SELinux und Volume Mounts

Falls Sie auf Ihrem Docker-Host SELinux verwenden, erhalten Sie womöglich die Fehlermeldung »Zugriff verweigert«, wenn Sie versuchen, ein Volume im Container zu mounten. Sie können das anpassen, indem Sie die z-Option des Docker-Kommandos beim Mounten von Volumes verwenden:

- Die kleingeschriebene `z`-Option gibt an, dass der Bind Mount von mehreren Containern aus möglich ist.
- Die großgeschriebene `Z`-Option gibt an, dass der Bind Mount privat und nicht »geshared« ist.

Wenn Sie ein Volume in mehreren Containern verwenden wollen, können Sie die `z`-Option verwenden:

```
$ docker container run --rm -v /etc/dhcpd:/etc/dhcpd:z dhcpd
```

Am besten ist es allerdings, den Mount-Befehl mit der Option `Z` (großgeschrieben!) aufzurufen, die dem Verzeichnis dasselbe MCS-Label (*Multi Categories Security*, z. B. `chcon … -l s0:c1,c2`) zuweist, das auch der Container benutzt. Dies ist am sichersten und gestattet nur einem einzigen Container, das Volume zu mounten:

```
$ docker container run --rm -v /etc/dhcpd:/etc/dhcpd:Z dhcpd
```

Sie sollten mit großer Vorsicht vorgehen, wenn Sie die z-Optionen verwenden. Das Bind-Mounten von Systemverzeichnissen wie */etc* oder */var* mit der `Z`-Option wird höchstwahrscheinlich Ihr System inoperabel machen, und Sie müssen die Änderungen dann mit den SELinux-Tools händisch zurücknehmen (*https://www.thegeekdiary.com/understanding-selinux-file-labelling-and-selinux-context*).

Wenn der Container so designt wurde, dass er die Daten nach */data* schreibt, sind diese Daten auf dem Hostdateisystem unter */mnt/session_data* sichtbar und bleiben auch dann verfügbar, wenn der Container gestoppt und ein neuer Container mit demselben Volume gestartet wird.

Es ist möglich, Docker so zu konfigurieren, dass das Root-Volume eines Containers nur mit Lesezugriff (`read-only`) gemountet wird, damit Prozesse innerhalb des Containers nichts in das Root-Dateisystem schreiben dürfen. Dies verhindert etwa, dass Logfiles, die dem Entwickler unbekannt sind, den allozierten Speicherplatz der Produktivumgebung vollschreiben. Wenn `read-only` im Zusammenhang mit einem gemounteten Volume genutzt wird, können Sie sicher sein, dass die Daten nur in die dafür vorgesehenen Bereiche geschrieben werden.

Im vorangehenden Beispiel hätte man das erreichen können, indem man dem Aufruf einfach `--read-only=true` anfügt:

```
$ docker container run --rm -ti --read-only=true -v /mnt/session_data:/data
    ubuntu:latest /bin/bash

root@df542767bc17:/# mount | grep " / "
overlay on / type overlay
```

```
(ro,relatime,lowerdir=...,upperdir=...,workdir=...)root@df542767bc17:/#
    mount | grep session
/dev/sda9 on /session_data type ext4
(rw,relatime,data=ordered)root@df542767bc17:/# exit
```

Wenn man sich die mount-Ausgabe für das Root-Verzeichnis genau ansieht, fällt auf, dass es mit der Option ro gemountet wird, wodurch es schreibgeschützt ist. Das Verzeichnis */mnt/session_data* wird jedoch nach wie vor mit der Option rw gemountet, sodass die Anwendung problemlos auf das dafür vorgesehene Volume schreiben kann.

Manchmal kann es nötig sein, Verzeichnisse wie */tmp* beschreibbar zu machen, sogar wenn der übrige Container schreibgeschützt ist. Docker ermöglicht Ihnen über den Befehl docker container run und das Attribut --mount type=tmpfs, ein *tmpfs*-Dateisystem (kurz für *temporary file system*) im Container zu mounten. *tmpfs*-Dateisysteme werden vollständig im Speicher gehalten. Sie sind sehr schnell, aber auch kurzlebig, und sie belegen zusätzlichen Systemspeicher. Die Daten in diesen *tmpfs*-Verzeichnissen gehen verloren, sobald der Container gestoppt wird. Das folgende Beispiel zeigt den Startvorgang eines Containers, der ein *tmpfs*-Dateisystem mit 256 MB als Verzeichnis */tmp* mountet:

```
$ docker container run --rm -ti --read-only=true \
  --mount type=tmpfs,destination=/tmp,tmpfs-size=256M \
  ubuntu:latest /bin/bash

root@25b4f3632bbc:/# df -h /tmp
Filesystem      Size  Used Avail Use% Mounted on
tmpfs           256M     0  256M   0% /tmp
root@25b4f3632bbc:/# grep /tmp /etc/mtab
tmpfs /tmp tmpfs rw,nosuid,nodev,noexec,relatime,size=262144k 0 0
root@25b4f3632bbc:/# exit
```

Container sollten wenn irgend möglich zustandslos sein. Die Handhabung der Speicher-Volumes führt zu unerwünschten Abhängigkeiten und kann das Deployment beträchtlich verkomplizieren.

Ressourcen-Quotas

Wenn die verschiedenen Probleme erörtert werden, die in der Cloud regelmäßig Schwierigkeiten verursachen, steht das Thema »lärmende Nachbarn« (*Noisy Neighbors*) immer ganz weit oben auf der Liste. Mit diesem Begriff ist gemeint, dass andere Anwendungen, die auf demselben physischen Wirtssystem wie Ihre eigenen laufen, spürbare Auswirkungen auf die Performance und die Verfügbarkeit von Ressourcen haben können.

Herkömmliche virtuelle Maschinen besitzen den Vorteil, dass man problemlos und sehr strikt festlegen kann, wie viel Arbeitsspeicher und Rechenzeit sowie andere Ressourcen einer virtuellen Maschine zugestanden werden. Beim Einsatz von Docker müssen Sie sich stattdessen die cgroup-Funktionalität des Linux-Kernels zunutze machen, um die einem Linux-Container zur Verfügung stehenden Ressourcen festzulegen. Die Befehle `docker container create` und `docker container run` ermöglichen es, Begrenzungen der CPU-Performance und der Arbeitsspeichernutzung beim Erstellen eines Containers direkt zu konfigurieren.

Die Beschränkungen werden beim Erstellen des Containers festgelegt. Müssen Sie sie ändern, können Sie den Befehl `docker container update` nutzen oder einen neuen Container mit den entsprechenden Anpassungen deployen.

An dieser Stelle gibt es einen wichtigen Vorbehalt: Docker unterstützt zwar die Beschränkung von CPU-Performance, Arbeitsspeicher und Größe der Swap-Datei, allerdings müssen diese Features auch im Kernel aktiviert sein, damit Docker sie nutzen kann. Möglicherweise müssen Sie die entsprechenden Kommandozeilenparameter beim Starten des Kernels hinzufügen. Geben Sie den Befehl `docker system info` ein, um zu überprüfen, ob Ihr Kernel die Beschränkungen unterstützt. Fehlt der Support für eine der Einstellungen, wird am Ende eine Warnmeldung wie diese ausgegeben:

```
WARNING: No swap limit support
```

Wie genau der Kernel konfiguriert werden muss, um `cgroups` zu unterstützen, hängt von der verwendeten Linux-Distribution ab. Lesen Sie in der Docker-Dokumentation nach (*https://oreil.ly/Z70ZO*), wenn Sie Hilfe bei der Konfiguration benötigen.

CPU-Anteile

Docker bietet verschiedene Möglichkeiten, um die CPU-Nutzung von Anwendungen in Containern zu beschränken. Die ursprüngliche und immer noch weiterhin verbreitete Methode ist das Konzept der »CPU-Anteile«. Im Folgenden werden wir auch andere Möglichkeiten betrachten.

Die gesamte Performance aller Prozessorkerne eines Systems stellt den verfügbaren Pool dar, der 1.024 Anteilen entspricht. Wenn Sie einem Container CPU-Anteile zuweisen, können Sie dadurch festlegen, wie viel CPU-Performance eben diesem Container zugeteilt wird. Möchten Sie es beispielsweise so einrichten, dass er höchstens die Hälfte der Performance des Systems beanspruchen darf, würden Sie ihm 512 CPU-Anteile zuweisen. Beachten Sie, dass es sich hier nicht um eine exklusive Zuweisung handelt, d. h., die CPU-Anteile stehen nicht ausschließlich diesem einen Container zur Verfügung. Wenn Sie also einem Container 1.024 Anteile zuweisen, bedeutet das nicht, dass alle anderen Container nicht ausgeführt werden. Vielmehr wird dem Scheduler auf diese Weise mitgeteilt, wie lange jeder Container jeweils ausgeführt werden soll, wenn er an der Reihe ist. Nehmen wir einmal an, einem Container werden 1.024 CPU-Anteile zugewiesen (der Standardwert) und zwei weiteren Containern jeweils 512. Außerdem sollen jedem Prozess normalerweise 100 Mikrosekunden Rechenzeit zugestanden werden. In diesem Fall werden zwar alle drei Container gleich häufig ausgeführt, diejenigen mit 512 CPU-Anteilen laufen dann allerdings nur jeweils 50 Mikrosekunden, während der Container mit 1.024 Anteilen 100 Mikrosekunden lang ausgeführt wird.

Schauen wir uns etwas genauer an, wie das in der Praxis funktioniert. Im folgenden Beispiel verwenden wir ein Docker-Image, das den Befehl `stress` (*https://linux.die.net/man/1/stress*) enthält, der dazu dient, das System vollständig auszulasten.

Wenn wir den `stress`-Befehl ohne irgendwelche cgroup-Beschränkungen ausführen, wird er die ihm zugewiesenen Ressourcen auslasten. Der nachstehende Befehl erzeugt eine durchschnittliche Auslastung von etwa 5, indem zwei rechenintensive Prozesse, ein Ein-/Ausgabeprozess sowie zwei Speicherzuordnungsprozesse ausgeführt werden.

Beachten Sie, dass sich im folgenden Befehl alles nach dem Namen des Container-Image auf den `stress`-Befehl bezieht, nicht auf den `docker`-Befehl:

```
$ docker container run --rm -ti spkane/train-os \
  stress -v --cpu 2 --io 1 --vm 2 --vm-bytes 128M --timeout 120s
```

Diesen Befehl sollte ein aktuelles System durchaus verkraften können, Sie müssen sich aber darüber im Klaren sein, dass er den Host stark belastet. Führen Sie ihn daher nicht auf einem System aus, das der zusätzlichen Last nicht gewachsen ist oder mangels verfügbarer Ressourcen womöglich sogar ausfallen könnte.

Wenn Sie kurz vor Ablauf der zwei Minuten auf dem Docker-Host den Befehl `top` ausführen, wird erkennbar, wie sich die Auslastung durch den `stress`-Befehl auf das System auswirkt:

```
$ top -bn1 | head -n 15
top - 20:56:36 up 3 min,  2 users,  load average: 5.03, 2.02, 0.75
Tasks:  88 total,   5 running,  83 sleeping,   0 stopped,   0 zombie
%Cpu(s): 29.8 us, 35.2 sy, 0.0 ni, 32.0 id, 0.8 wa, 1.6 hi, 0.6 si, 0.0 st
KiB Mem:   1021856 total,   270148 used,   751708 free,    42716 buffers
KiB Swap:        0 total,        0 used,        0 free.    83764 cached Mem

  PID USER      PR  NI    VIRT    RES    SHR S  %CPU %MEM     TIME+ COMMAND
  810 root      20   0    7316     96      0 R  44.3  0.0   0:49.63 stress
  813 root      20   0    7316     96      0 R  44.3  0.0   0:49.18 stress
  812 root      20   0  138392  46936    996 R  31.7  4.6   0:46.42 stress
  814 root      20   0  138392  22360    996 R  31.7  2.2   0:46.89 stress
  811 root      20   0    7316     96      0 D  25.3  0.0   0:21.34 stress
    1 root      20   0  110024   4916   3632 S   0.0  0.5   0:07.32 systemd
    2 root      20   0       0      0      0 S   0.0  0.0   0:00.04 kthreadd
    3 root      20   0       0      0      0 S   0.0  0.0   0:00.11 ksoftir...
```

Nutzer von Docker Desktop auf Nicht-Linux-Systemen werden bemerken, dass Docker das VM-Dateisystem read-only geschaltet hat und dass es keine nützlichen Tools für das Monitoring der VM enthält. Für diese Demos, bei denen Sie die Ressourcennutzung von verschiedenen Prozessen überwachen wollen, können Sie das mit einem Workaround umgehen:

```
$ docker container run -it --pid=host alpine sh
/ # apk update
/ # apk add htop
```

```
/ # htop -p $(pgrep stress | tr '\n' ',')
/ # exit
```

Beachten Sie, dass der obige htop-Befehl einen Fehler liefern wird, wenn stress bei seinem Start nicht aktiv läuft, da ansonsten keine Prozesse vom pgrep-Befehl zurückgegeben werden.

Jedes Mal, wenn Sie eine neue stress-Instanz ausführen, werden Sie htop beenden und neu ausführen müssen.

Sie können denselben stress-Befehl mit der Hälfte der verfügbaren CPU-Zeit wie folgt erneut ausführen:

```
$ docker container run --rm -ti --cpu-shares 512 spkane/train-os \
  stress -v --cpu 2 --io 1 --vm 2 --vm-bytes 128M --timeout 120s
```

Entscheidend ist hier der Parameter `--cpu-shares 512`, der diesem Container 512 CPU-Anteile zuweist. Beachten Sie, dass die Auswirkung dieser Änderung auf einem kaum ausgelasteten System womöglich kaum spürbar ist. Das liegt daran, dass dem Container, wann immer Arbeit ansteht, stets die gleiche Zeitscheibe zugeteilt wird, sofern das System keinen Beschränkungen hinsichtlich der Ressourcenzuweisung unterliegt. In unserem Beispiel würde die Ausgabe des top-Befehls auf dem Hostsystem wahrscheinlich fast genauso aussehen – es sei denn, Sie starten einige weitere Container, um die CPU anderweitig zu beschäftigen.

Im Gegensatz zur Ressourcenzuweisung bei virtuellen Maschinen kann die cgroup-basierte Beschränkung der CPU-Anteile bei Docker unerwartete Folgen haben. Hierbei handelt sich nicht um feste Werte, sondern um relative Einschränkungen, ähnlich wie beim nice-Befehl. Denken Sie an einen auf einem kaum ausgelasteten System laufenden Container, dessen CPU-Anteile auf die Hälfte der verfügbaren Performance beschränkt sind. Da die CPU sonst nichts zu tun hat, zeigt diese Nutzungsbegrenzung kaum Wirkung. Wenn nun ein zweiter Container gestartet wird, der kräftig CPU-Performance nutzt, wird die Auswirkung der Einschränkung des ersten Containers plötzlich spürbar. Bedenken Sie diesen Umstand bei der Beschränkung von Containern und der Zuweisung von Ressourcen sorgfältig.

CPU-Zuweisung

Sie können einem Container einen oder mehrere CPU-Kern(e) zuweisen. Sämtliche für diesen Container geplanten Arbeiten werden dann nur auf den ihm zugewiesenen Kernen ausgeführt. Das ist nützlich, wenn Sie CPUs zwischen Anwendungen aufteilen wollen oder wenn der Anwendung eine bestimmte CPU zugewiesen werden soll, etwa zur effizienten Nutzung des Caches.

Im folgenden Beispiel weisen wir dem Container eine der beiden CPUs sowie 512 CPU-Anteile zu.

```
$ docker container run --rm -ti \
  --cpu-shares 512 --cpuset-cpus=0 spkane/train-os \
  stress -v --cpu 2 --io 1 --vm 2 --vm-bytes 128M --timeout 120s
```

Die Zählung für den Wert des Arguments von `--cpuset-cpus` beginnt bei null, daher besitzt die erste CPU den Wert 0. Wenn Sie Docker anweisen, eine nicht vorhandene CPU zu nutzen, erhalten Sie die Fehlermeldung »Cannot start container«. Auf einem Host mit zwei CPUs könnten Sie das mit dem Argument `--cpuset-cpus=0-2` ausprobieren.

Wenn Sie nun den `top`-Befehl erneut ausführen, sollte für den Anteil der Performance, die mit aus dem *Userspace* (`us`) stammenden Aufgaben verbracht wurde, ein niedrigerer Prozentwert als vorher angezeigt werden, denn wir haben die Ausführung der Prozesse auf eine der beiden CPUs beschränkt:

```
%Cpu(s): 18.5 us, 22.0 sy, 0.0 ni, 57.6 id, 0.5 wa, 1.0 hi, 0.3 si, 0.0 st
```

Wenn Sie die CPU-Zuweisung verwenden, werden bei weiteren Beschränkungen der CPU-Nutzung nur diejenigen Container berücksichtigt, denen dieselben CPUs zugewiesen wurden.

Wenn Sie den *CPU Completely Fair Scheduler* (CFS) des Linux-Kernels nutzen, können Sie die CPU-Performance-Quota eines Containers ändern, indem Sie bei dessen Start mit `docker container run` einen passenden Wert für das Argument `--cpu-quota` übergeben.

Vereinfachung von CPU-Quotas

Die Nutzung von CPU-Anteilen war in Docker ursprünglich der Mechanismus, um CPU-Limits zu handhaben. Docker hat sich seitdem stark weiterentwickelt. Eine der Veränderungen, die dazu beigetragen haben, den Nutzern die Arbeit wesentlich zu erleichtern, ist, wie die CPU-Quotas gesetzt werden können. Statt selbst zu versuchen, CPU-Anteile und Quotas korrekt zu setzen, können Sie Docker einfach mitteilen, wie viel Rechenleistung dem Container zur Verfügung stehen soll. Docker übernimmt dann die nötigen Berechnungen, um die darunterliegenden `cgroups` korrekt zu setzen.

Der `--cpus`-Parameter kann auf einen Wert zwischen 0,01 und der Anzahl von CPU-Kernen auf dem Docker-Server gesetzt werden.

```
$ docker container run --rm -ti --cpus=".25" spkane/train-os \
  stress -v --cpu 2 --io 1 --vm 2 --vm-bytes 128M --timeout 60s
```

Wenn Sie versuchen, einen zu hohen Wert zu setzen, bekommen Sie eine Fehlermeldung von Docker angezeigt. Diese teilt Ihnen die maximale Anzahl der CPU-Kerne, mit der Sie arbeiten können, mit:

```
$ docker container run --rm -ti --cpus="40.25" spkane/train-os \
  stress -v --cpu 2 --io 1 --vm 2 --vm-bytes 128M --timeout 60s
docker: Error response from daemon: Range of CPUs is from
    0.01 to 4.00, as there are only 4 CPUs available.
See 'docker container run --help'.
```

Der Befehl `docker container update` kann genutzt werden, um die Ressourcen von einem oder mehreren Containern dynamisch zu beschränken. Sie können einfach die CPU-Allokation auf zwei Containern gleichzeitig anpassen. Das geht wie folgt:

```
$ docker container update --cpus="1.5" 092c5dc85044 92b797f12af1
```

Docker behandelt CPUs genau so, wie Linux das tut. Hyper-Threading und Cores werden von Linux interpretiert und über die Datei */proc/cpuinfo* bereitgestellt. Nutzen Sie in Docker `--cpus`, beziehen Sie sich darauf, auf wie viele der Einträge in dieser Datei der Container Zugriff haben soll – egal ob es sich um einen Standard-Core oder einen Hyper-Thread-Core handelt.

Arbeitsspeicher

Auf ähnliche Weise wie bei der Beschränkung der CPU-Nutzung kann auch der Umfang des Arbeitsspeichers festgelegt werden, auf den ein Container zugreifen darf. Es gibt hier allerdings einen grundlegenden Unterschied: Die Beschränkung der CPU-Nutzung beeinflusst lediglich die Priorität, die einer Anwendung bei der Zuteilung von CPU-Performance eingeräumt wird – die Beschränkung des Arbeitsspeichers hingegen ist eine *feststehende* Begrenzung. Selbst auf einem System mit 96 GB freiem Arbeitsspeicher, das keinen Ressourcenkontingenten unterliegt, wird ein Container, dessen Arbeitsspeichernutzung auf 24 GB beschränkt ist, niemals mehr als diese 24 GB nutzen können – die tatsächliche Größe des freien Arbeitsspeichers spielt keine Rolle. Die Funktionsweise des virtuellen Arbeitsspeichers unter Linux ermöglicht es, einem Container mehr Arbeitsspeicher zuzuweisen, als tatsächlich an physischem RAM vorhanden ist. Der Container wird dann, wenn kein echter Arbeitsspeicher verfügbar ist, wie jeder andere Linux-Prozess auf einen Swap zurückgreifen.

Hier starten wir einen Container mit beschränktem Arbeitsspeicher, indem wir dem Befehl `docker container run` die Option `--memory` übergeben:

```
$ docker container run --rm -ti --memory 512m spkane/train-os \
  stress -v --cpu 2 --io 1 --vm 2 --vm-bytes 128M --timeout 10sl
```

Wenn Sie nur die Option `--memory` verwenden, werden damit sowohl die Menge des RAM als auch der Umfang des virtuellen Arbeitsspeichers festgelegt, auf die der Container zugreifen darf. In diesem Fall darf der Container also 512 MB RAM und weitere 512 MB virtuellen Arbeitsspeicher in Form eines Swap verwenden. Docker unterstützt die Kürzel `b`, `k`, `m` und `g`, die für Byte, Kilobyte, Megabyte und Gigabyte stehen. Sollten Sie ein Linux-System mit Docker betreiben, das über mehrere Terabyte Arbeitsspeicher verfügt, müssen Sie die Werte leider in Gigabyte angeben.

Möchten Sie die Größe des Swap getrennt festlegen oder deaktivieren, müssen Sie zusätzlich die Option `--memory-swap` angeben. Sie beschreibt die Summe aus echtem und virtuellem Arbeitsspeicher. Wenn wir den vorherigen Befehl wie folgt ändern, teilen wir dem Kernel dadurch mit, dass der Container auf 512 MB Arbeitsspeicher und weitere 256 MB virtuellen Speicher zugreifen darf:

```
$ docker container run --rm -ti --memory 512m --memory-swap=768m \
    spkane/train-os stress -v --cpu 2 --io 1 --vm 2 --vm-bytes 128M \
    --timeout 10s
```

Setzen Sie `--memory-swap` auf `-1`, kann der Container so viel Swap nutzen, wie im zugrunde liegenden System verfügbar ist; werden `--memory-swap` und `--memory` auf den gleichen positiven Wert gesetzt, hat der Container gar keinen Zugriff auf den Swap.

Anders als bei den CPU-Anteilen handelt es sich beim Arbeitsspeicher um eine *feststehende* Begrenzung! Das hat den Vorteil, dass diese Beschränkung keine spürbaren Auswirkungen hat, wenn weitere Container auf dem System gestartet werden. Es bedeutet aber auch, dass Sie sie genau an den tatsächlichen Arbeitsspeicherbedarf Ihrer Anwendung anpassen müssen, da es hier keinen Spielraum nach oben gibt. Ein Out-of-Memory-Container führt dazu, dass das System keinen freien Arbeitsspeicher mehr hat. Das System wird dann versuchen, einen Prozess zu finden, den es »abschießen« kann, um Platz zu schaffen. Ein häufig vorkommender Fehler besteht darin, dass Container ein zu geringes Arbeitsspeicherlimit besitzen. Das Ende vom Lied ist, dass sich der Container mit einem Exitcode 137 verabschiedet und der Kernel Out-of-Memory-(OOM-)Nachrichten in die `dmesg`-Ausgabe des Docker-Servers schreibt.

Was genau geschieht, wenn ein Container die Obergrenze des Arbeitsspeichers erreicht? Probieren wir es aus und ändern wir einen der vorhergehenden Befehle so ab, dass dem Container beträchtlich weniger Arbeitsspeicher zur Verfügung steht:

```
$ docker container run --rm -ti --memory 100m spkane/train-os \
  stress -v --cpu 2 --io 1 --vm 2 --vm-bytes 128M --timeout 10s
```

Alle bisherigen Ausführungen des `stress`-Containers lieferten stets folgendes Ergebnis:

```
stress: info: [17] successful run completed in 10s
```

Dieser schlägt jedoch fehl, und es erscheint nachstehende Meldung:

```
stress: FAIL: [1] (451) failed run completed in 0s
```

Der Grund dafür ist, dass der Container versucht, mehr Speicherplatz zu reservieren, als ihm gestattet ist. Dadurch wird der Linux-OOM-Killer (*Out-of-Memory-Killer*) aktiviert, der dann anfängt, cgroup-Prozesse »abzuschießen«, um Arbeitsspeicher freizugeben. In diesem Fall enthält unser Container einen Prozess mit einem Elternelement, das mehrere Kindprozesse gestartet hat. Schließt der OOM-Killer einen der Kindprozesse, räumt der Elternprozess alles auf und endet mit einem Fehler.

Docker gibt Ihnen die Möglichkeit, den OOM-Killer feiner abzustimmen oder zu deaktivieren, indem Sie beim Aufruf von `docker container run` die Argumente `--oom-kill-disable` bzw. `--oom-score-adj` setzen, aber das ist nur in den seltensten Fällen empfehlenswert.

Wenn Sie sich zum Docker-Server verbinden, sehen Sie die Kernel-Message zu diesem Event, wenn Sie `dmesg` ausführen. Der Output sieht dann etwa wie folgt aus:

```
[ 4210.403984] stress invoked oom-killer: gfp_mask=0x24000c0 …
[ 4210.404899] stress cpuset=5bfa65084931efabda59d9a70fa8e88 …
[ 4210.405951] CPU: 3 PID: 3429 Comm: stress Not tainted 4.9 …
[ 4210.406624] Hardware name:   BHYVE, BIOS 1.00 03/14/2014
…
[ 4210.408978] Call Trace:
[ 4210.409182]  [<ffffffff94438115>] ? dump_stack+0x5a/0x6f
….
[ 4210.414139]  [<ffffffff947f9cf8>] ? page_fault+0x28/0x30
[ 4210.414619] Task in /docker-ce/docker/5…3
killed as a result of limit of /docker-ce/docker/5…3
[ 4210.416640] memory: usage 102380kB, limit 102400kB, failc …
[ 4210.417236] memory+swap: usage 204800kB, limit 204800kB,  …
[ 4210.417855] kmem: usage 1180kB, limit 9007199254740988kB, …
[ 4210.418485] Memory cgroup stats for /docker-ce/docker/5…3:
cache:0KB rss:101200KB rss_huge:0KB mapped_file:0KB dirty:0KB
writeback:11472KB swap:102420KB inactive_anon:50728KB
active_anon:50472KB inactive_file:0KB active_file:0KB unevictable:0KB
…
[ 4210.426783] Memory cgroup out of memory: Kill process 3429…
[ 4210.427544] Killed process 3429 (stress) total-vm:138388kB,
anon-rss:44028kB, file-rss:900kB, shmem-rss:0kB
[ 4210.442492] oom_reaper: reaped process 3429 (stress), now
anon-rss:0kB, file-rss:0kB, shmem-rss:0kB
```

Dieses Out-of-Memory-Event wird auch durch Docker aufgezeichnet und durch die Ausführung von `docker system events` sichtbar:

```
$ docker system events
2018-01-28T15:56:19.972142371-08:00 container oom \
d0d803ce32c4e86d0aa6453512a9084a156e96860e916ffc2856fc63ad9cf88b \
(image=spkane/train-os, name=loving_franklin)
```

Block-I/O

Viele Container sind einfache zustandslose Anwendungen, die keine I/O-Restriktionen benötigen. Docker unterstützt auch die Beschränkung von Block-I/O auf verschiedenen Wegen mittels des cgroups-Mechanismus.

Die erste Möglichkeit besteht in der Priorisierung des Zugriffs bestimmter Prozesse von Containern auf Blockdevice-I/O. Dieser Vorgang wird durch die Modifizierung der Standardeinstellung für das cgroup-Attribut `blkio.weight` gesteuert, das Werte zwischen 10 und 1.000 annehmen kann und auf 500 voreingestellt ist. Das System unterteilt dann den verfügbaren I/O der Prozesse in cgroup-Zeitscheibchen, wobei die eingestellte Gewichtung bestimmt, wie viele Ein- und Ausgaben den verschiedenen Prozessen zur Verfügung stehen.

Zum Einstellen dieser Gewichtung müssen Sie beim Aufruf von `docker container run` dem Argument `--blkio.weight` einen gültigen Wert übergeben. Sie können auch ein spezifisches Device angeben, indem Sie die Option `--blkio-weight-device` verwenden.

Wie auch bei den CPU-Anteilen ist das Definieren der Gewichtung in der Praxis umständlich. Viel einfacher geht es, wenn man über die cgroup den maximalen Datendurchsatz in Bytes oder die pro Sekunde verfügbaren Operationen in einem Container begrenzt. Die folgende Einstellung ermöglicht uns genau das:

```
--device-read-bps      Limit read rate (bytes per second) from a device
--device-read-iops     Limit read rate (IO per second) from a device
--device-write-bps     Limit write rate (bytes per second) to a device
--device-write-iops    Limit write rate (IO per second) to a device
```

Sie können die Auswirkungen auf die Performance eines Containers testen, indem Sie einige der folgenden Kommandos verwenden, die den Linux-I/O-Tester `bonnie` einsetzen:

```
$ time docker container run --rm -ti spkane/train-os:latest bonnie++ \
    -u 500:500 -d /tmp -r 1024 -s 2048 -x 1
...
real  0m27.715s
user  0m0.027s
sys   0m0.030s

$ time docker container run -ti --rm --device-write-iops /dev/vda:256 \
    spkane/train-os:latest bonnie++ -u 500:500 -d /tmp -r 1024 -s 2048 -x 1
...
real  0m58.765s
user  0m0.028s
sys   0m0.029s

$ time docker container run -ti --rm --device-write-bps /dev/vda:5mb \
    spkane/train-os:latest bonnie++ -u 500:500 -d /tmp -r 1024 -s 2048 -x 1
...
```

PowerShell-Nutzer können den PowerShell-Befehl `Measure-Command` anstelle des Unix-Kommandos `time` in diesen Beispielen verwenden (*https://learn.microsoft.com/en-us/powershell/module/microsoft.powershell.utility/measure-command?view=powershell-7.3*).

Unserer Erfahrung nach ist es der effizienteste Weg, eine Beschränkung mit den Optionen `--device-read-ops` und `--device-write-ops` zu setzen. Dies ist auch das, was wir empfehlen.

ulimit

In der Zeit vor Linux-cgroups gab es einen anderen Weg, um die Beschränkung von Prozessressourcen umzusetzen: `ulimit`. Dieser Mechanismus ist immer noch verfügbar und wird weiterhin für alle Use Cases verwendet, bei denen er auch früher schon zum Einsatz kam (*https://www.linuxhowtos.org/Tips%20and%20Tricks/ulimit.htm*).

Der folgende Code zeigt, welche Ressourcen durch die Konfiguration von »harten« und »weichen« Grenzen mit dem `ulimit`-Befehl kontingentiert werden können:

```
$ ulimit -a
core file size (blocks, -c) 0
data seg size (kbytes, -d) unlimited
scheduling priority (-e) 0
file size (blocks, -f) unlimited
pending signals (-i) 5835
max locked memory (kbytes, -l) 64
max memory size (kbytes, -m) unlimited
open files (-n) 1024
```

```
pipe size (512 bytes, -p) 8
POSIX message queues (bytes, -q) 819200
real-time priority (-r) 0
stack size (kbytes, -s) 10240
cpu time (seconds, -t) unlimited
max user processes (-u) 1024
virtual memory (kbytes, -v) unlimited
file locks (-x) unlimited
```

Mittlerweile ist es möglich, die für Container geltenden Standardkontingente zu konfigurieren. Der folgende Befehl teilt dem Docker-Daemon mit, dass für alle Container eine feststehende Beschränkung von 150 geöffneten Dateien und 20 Prozessen gelten soll:

```
$ sudo dockerd --default-ulimit nofile=50:150
```

Sie können die Begrenzungen für einzelne Container ändern, indem Sie beim Starten des betreffenden Containers dem Argument `--ulimit` entsprechende Werte übergeben:

```
$ docker container run --rm -d --ulimit nproc=150:300 nginx
```

Es gibt noch einige weitere, anspruchsvollere Befehle, die beim Starten eines Containers verwendet werden können, die hier genannten dürften jedoch die gebräuchlicheren Use Cases abdecken. In der kontinuierlich aktualisierten Dokumentation des Docker-Clients (*https://dockr.ly/2ME0ygi*) sind alle verfügbaren Optionen aufgeführt.

Container starten

Bevor wir in die Details von Containern und ihren Beschränkungen eingestiegen sind, haben wir zum Erstellen eines Containers den Befehl `docker container create` verwendet. Der Container ist einfach da und tut zunächst nichts. Es liegt eine Konfiguration vor, aber kein laufender Prozess. Um ihn anschließend zu starten, kommt dann der Befehl `docker container start` zum Einsatz.

Nehmen wir nun einmal an, wir würden als Nächstes *Redis* ausführen wollen, eine verbreitete Key-Value-Datenbank. Wir werden nichts weiter mit diesem Redis-Container anfangen, da es sich hierbei jedoch um einen langlebigen Prozess handelt, soll er an dieser Stelle als Beispiel dafür dienen, was in einer echten Umgebung vonstattengehen könnte. Zunächst einmal erstellen wir den Container mit einem Befehl wie diesem:

```
$ docker container create -p 6379:6379 redis:2.8
Unable to find image 'redis:7.0' locally
7.0: Pulling from library/redis
3f4ca61aafcd: Pull complete
...
20bf15ad3c24: Pull complete
Digest: sha256:8184cfe57f205ab34c62bd0e9552dffeb885d2a7f82ce4295c0df344cb6f0007
Status: Downloaded newer image for redis:7.0
092c5dc850446324e43874 85df7b76258fdf9ed0aedcd53a37299d35fc67a042
```

Am Ende der Ausgabe wird der vollständige für den Container erzeugte Hashwert angegeben. Wäre dieser Wert oder auch dessen Kurzform nicht bekannt, könnte man alternativ alle auf dem System vorhandenen Container (laufende und nicht laufende) wie folgt anzeigen:

```
$ docker container ls -a --filter ancestor=redis:2.8
CONTAINER ID IMAGE      COMMAND                  CREATED         … NAMES
092c5dc85044 redis:7.0 "docker-entrypoint.s…" 46 seconds ago elegant_wright
```

Wir finden unseren Container, indem wir die Ausgabe auf das verwendete Image filtern und uns den Erstellungszeitpunkt anschauen. Nun können wir den Container mit folgendem Befehl starten:

```
$ docker container start 092c5dc85044
```

Die meisten Docker-Befehle funktionieren sowohl mit dem vollständigen als auch mit dem kurzen Hashwert. Im vorangehenden Beispiel lautet der vollständige Hashwert `092c5dc850446324e…a37299d35fc67a042` und die Kurzform, die oft in den Ausgaben von Befehlen auftaucht, `092c5dc85044`. Der kurze Hashwert besteht aus den ersten zwölf Zeichen der vollständigen Fassung. Im vorherigen Beispiel hätte auch `docker container start 6b7` funktioniert.

Der Befehl sollte den Container gestartet haben. Da er allerdings im Hintergrund läuft, können wir nicht sicher sagen, ob nicht doch etwas fehlgeschlagen ist. Hiermit überprüfen wir, ob der Container tatsächlich läuft:

```
$ docker container ls
CONTAINER ID  IMAGE      COMMAND                  … STATUS       …
092c5dc85044  redis:7.0  "docker-entrypoint.s…" … Up 2 minutes …
```

Und da ist er – läuft wie erwartet. Das erkennen Sie am Status, der `Up` ausgibt, und daran, wie lange der Container bereits läuft.

Container automatisch neu starten

Oftmals sollen Container, die zuvor beendet wurden, später wieder neu gestartet werden. Manche Container sind sehr kurzlebig und kommen und gehen in Windeseile. Von Anwendungen in Produktivumgebungen erwartet man allerdings, dass sie laufen, nachdem sie einmal gestartet wurden. Wenn Sie ein komplexeres System laufen haben, kann ein Scheduler diese Aufgabe übernehmen.

Zu diesem Zweck übergeben wir dem Befehl `docker container run` das Argument `--restart`. Hierbei stehen vier Werte zur Auswahl: `no`, `always`, `on-failure` und `unless-stopped`. `no` bedeutet, dass der Container nach dem Beenden nicht neu gestartet wird. `always` bewirkt, dass der Container nach jedem Beenden neu gestartet wird – der Exitcode beim Beenden spielt dabei keine Rolle. Wird `restart` auf `on-failure` gesetzt, versucht Docker, den Container neu zu starten, wenn er sich mit einem Exitcode ungleich null beendet. Wenn Sie `on-failure:3` übergeben, unternimmt Docker zunächst drei Versuche, ihn neu zu starten, und gibt erst dann auf. `unless-stopped` wird den Container immer neu starten, es sei denn, er wurde ganz bewusst gestoppt, etwa durch einen Befehl wie `docker container stop`.

Sie können diesen Vorgang beobachten, indem Sie den vorhin verwendeten stress-Container mit eingeschränktem Arbeitsspeicher nicht mit dem Argument --rm, sondern mit --restart starten:

```
$ docker container run -ti --restart=on-failure:3 --memory 100m \
  spkane/train-os stress -v --cpu 2 --io 1 --vm 2 --vm-bytes 128M \
  --timeout 120s
```

In diesem Beispiel wird zunächst die Ausgabe des ersten Startversuchs auf der Konsole angezeigt, bevor der Prozess »abgeschossen« wird. Wenn Sie unmittelbar nach dem Beenden des Containers docker container ls ausführen, wird deutlich, dass Docker versucht, den Container erneut zu starten.

```
$ docker container ls
… IMAGE           … STATUS             …
… spkane/train-os … Up Less than a second …
```

Allerdings wird das Starten des Containers wiederholt fehlschlagen, da wir ihm nicht genügend Arbeitsspeicher zugewiesen haben, um richtig funktionieren zu können. Deshalb gibt Docker schließlich nach drei Versuchen auf und der Container ist in der Ausgabe von docker container ls nicht mehr vorhanden.

Container stoppen

Container können nach Belieben gestartet oder gestoppt werden. Nun könnten Sie auf den Gedanken kommen, dass sich das Starten und Stoppen analog zum Pausieren und Fortsetzen eines normalen Prozesses verhält. Das ist allerdings nicht ganz dasselbe. Beim Stoppen wird ein Prozess nicht nur pausiert, sondern tatsächlich vollständig beendet. Ein gestoppter Container erscheint nicht mehr in der normalen Ausgabe des Befehls docker container ls. Nach einem Neustart wird Docker versuchen, alle Container, die zum Zeitpunkt des Herunterfahrens noch liefen, neu zu starten. Derselbe Mechanismus ist auch nützlich, um Tests durchzuführen oder einen Container neu zu starten, dessen Start zuvor fehlgeschlagen ist. Mit den Befehlen docker container pause bzw. docker container unpause, die später noch zur Sprache kommen werden, kann ein Linux-Container angehalten und fortgesetzt werden. Hier soll der Redis-Container jedoch vollständig gestoppt werden:

```
$ docker container stop 092c5dc85044
$ docker container ls
CONTAINER ID IMAGE COMMAND CREATED STATUS PORTS NAMES
```

Nach dem Stoppen des Containers ist die Liste leer! Nun könnten wir ihn anhand der Container-ID erneut starten, allerdings wäre es wirklich unpraktisch, sich diese kryptische Zeichenkette merken zu müssen. Deshalb verfügt der Befehl docker ps über eine weitere Option (-a), mit der nicht nur die laufenden, sondern *alle* Container angezeigt werden:

```
$ docker container ls -a
CONTAINER ID  IMAGE     STATUS                 …
092c5dc85044  redis:7.0 Exited (0) 2 minutes ago …
…
```

Die Spalte STATUS zeigt nun an, dass der Container mit dem Rückgabewert 0 (keine Fehler) beendet wurde. Jetzt können wir ihn mit derselben Konfiguration wie zuvor erneut starten:

```
$ docker container start 092c5dc85044
092c5dc85044

$ docker container ls -a
CONTAINER ID  IMAGE     STATUS        ...
092c5dc85044  redis:7.0 Up 14 seconds ...
...
```

Und voilà: Der Container läuft wieder.

Denken Sie daran, dass erstellte Container vorhanden bleiben, auch wenn sie nicht gestartet werden. Das heißt, dass Sie einen Container jederzeit starten können, ohne ihn erneut erstellen zu müssen. Die Inhalte des Arbeitsspeichers gehen zwar verloren – die Inhalte des Dateisystems sowie die Metadaten, inklusive Umgebungsvariablen und Portanbindungen, werden dagegen gespeichert und sind wieder verfügbar, sobald Sie einen Container erneut starten.

Kommen wir nun noch einmal auf die Vorstellung zurück, dass Container im Grunde genommen Prozesse darstellen, die im Wesentlichen wie alle anderen Prozesse auch mit dem System interagieren. Wir können ihnen Unix-Signale senden, auf die sie reagieren können. In dem vorangegangenen Beispiel (docker stop) haben wir dem Container ein SIGTERM-Signal gesendet und dann darauf gewartet, dass er sich ordnungsgemäß beendet. Container verhalten sich unter Linux in Bezug auf die Übertragung von Unix-Signalen an Prozessgruppen wie alle anderen Prozessgruppen auch.

Der Befehl docker container stop sendet ein normales SIGTERM-Signal an den Prozess. Wenn Sie das Beenden eines Containers erzwingen wollen, weil er sich nach Ablauf einer gewissen Zeitspanne immer noch nicht beendet hat, können Sie das Argument -t wie folgt verwenden:

```
$ docker container stop -t 25 092c5dc85044
```

Durch diesen Befehl wird Docker veranlasst, ein weiteres SIGTERM-Signal zu senden. Sollte sich der Container dann nicht innerhalb von 25 Sekunden beenden, wird ein SIGKILL-Signal ausgesandt, um das Beenden zu erzwingen.

Zwar ist stop die beste Methode zum Beenden eines Containers, mitunter kommt es jedoch vor, dass sie nicht funktioniert. In diesem Fall muss das Beenden des Containers erzwungen werden.

Container sofort beenden

Sie haben soeben erfahren, wie man docker container stop einsetzt, um einen Container normal zu beenden. Allerdings kommt es oft genug vor, dass sich ein Prozess nicht korrekt verhält, sodass Sie ihn sofort beenden möchten.

Zu diesem Zweck gibt es den Befehl docker container kill, der große Ähnlichkeit mit docker container stop aufweist:

```
$ docker container start 092c5dc85044
092c5dc85044

$ docker container kill 092c5dc85044
092c5dc85044
```

Der Befehl docker container ls zeigt nun erwartungsgemäß an, dass der Container nicht mehr läuft:

```
$ docker container ls
CONTAINER ID IMAGE COMMAND CREATED STATUS PORTS NAMES
```

Dass Sie den Container nicht mit stop, sondern mit kill beendet haben, bedeutet allerdings nicht, dass Sie ihn nicht neu starten können: Ein Neustart lässt sich hier ebenso wie bei einem ordnungsgemäß beendeten Container mit docker container start durchführen. Gelegentlich kann es dazu erforderlich sein, andere Signale als stop oder kill an einen Container zu senden. Wie bei dem Linux-Befehl kill können mit docker kill beliebige Unix-Signale gesendet werden. Angenommen, wir möchten ein USR1-Signal an den Container senden, um ihn aufzufordern, eine bestimmte Aktion auszuführen, etwa eine unterbrochene Sitzung wieder aufzunehmen. Das funktioniert folgendermaßen:

```
$ docker container start 092c5dc85044
092c5dc85044

$ docker container kill --signal=USR1 092c5dc85044
092c5dc85044
```

Wenn Ihr Container mit dem USR1-Signal etwas anfangen kann, wird er nun darauf reagieren. Mit dieser Methode kann jedes Unix-Standardsignal an einen Container geschickt werden.

Ausführung eines Containers pausieren und fortsetzen

Manchmal wollen wir einen Container wirklich einfach vollständig beenden. Es gibt aber auch Situationen, in denen der Container lediglich eine Weile lang nichts tun soll, beispielsweise weil gerade eine Momentaufnahme des Dateisystems erstellt wird, um ein neues Image zu erzeugen, oder weil die CPU-Rechenleistung gerade an anderer Stelle dringend benötigt wird. Wenn Sie mit der Handhabung normaler Unix-Prozesse vertraut sind, werden Sie sich vielleicht fragen, wie das eigentlich funktioniert, denn containerisierte Prozesse sind letztlich auch nur Prozesse.

Beim Pausieren kommt der cgroups-Freezer zum Einsatz (*https://www.kernel.org/doc/Documentation/cgroup-v1/freezer-subsystem.txt*), der im Wesentlichen schlicht und ergreifend dafür sorgt, dass Ihr Prozess bei der Zuteilung von CPU-Rechenzeit nicht berücksichtigt wird, bis Sie das Pausieren wieder aufheben. Dadurch wird verhindert, dass Ihr Container irgendetwas tut, während er pausiert, und sichergestellt, dass er dabei seinen Gesamtzustand inklusive des Arbeitsspeicherinhalts dennoch beibehält. Anders als beim Beenden eines Containers, bei dem den Prozessen durch das `SIGSTOP`-Signal mitgeteilt wird, dass sie sich beenden sollen, werden dem Container beim Pausieren keinerlei Informationen über seine Zustandsänderung übermittelt. Das ist ein bedeutsamer Unterschied. Auch einige Docker-Befehle verwenden intern das Pausieren und Fortsetzen. Und so wird ein Container pausiert:

```
$ docker container start 092c5dc85044
092c5dc85044

$ docker container pause 092c5dc85044
092c5dc85044
```

Um Container in Windows zu pausieren und diese Pausierung aufzuheben, müssen Sie Hyper-V oder WSL2 als Virtualisierungstechnologie verwenden.

In der Liste der laufenden Container steht beim Redis-Container in der Spalte `STATUS` nun `(Paused)`, also pausiert bzw. angehalten:

```
$ docker container ls
CONTAINER ID  IMAGE     … STATUS                    …
092c5dc85044  redis:7.0 … Up 25 seconds (Paused)  …
```

Der Versuch, den Container in diesem Zustand zu benutzen, würde fehlschlagen: Er ist zwar vorhanden, arbeitet aber nicht. An dieser Stelle können wir die Ausführung nun aber mit dem Befehl `docker container unpause` fortsetzen:

```
$ docker container unpause 092c5dc85044
092c5dc85044

$ docker container ls
CONTAINER ID  IMAGE     … STATUS        …
092c5dc85044  redis:7.0 … Up 55 seconds …
```

Jetzt läuft der Container wieder, und der Befehl `docker container ls` berücksichtigt den neuen Zustand ebenfalls. Beachten Sie, dass sich die Zeitangabe in der Spalte `STATUS` auf den Zeitpunkt bezieht, zu dem die Ausführung fortgesetzt wurde, nicht auf die Gesamtlaufzeit.

Container und Images aufräumen

Nach der Ausführung all dieser Befehle zum Erstellen von Images und Containern und wiederum deren Ausführung hat sich eine Menge an Image-Layern und Containerordnern auf unserem System angesammelt.

Mit dem Befehl `docker container ls -a` können alle auf dem System vorhandenen Container angezeigt werden. Sie müssen alle Container stoppen, die ein bestimmtes Image nutzen, bevor Sie es löschen können. Da wir davon ausgehen, dass Sie das getan haben, kann das Image wie folgt gelöscht werden:

```
$ docker container stop 092c5dc85044
092c5dc85044ls

$ docker container rm 092c5dc85044
092c5dc85044
```

Es ist möglich, einen laufenden Container zu entfernen, wenn Sie bei `docker container rm` das Flag `-f` oder `--force` nutzen.

Nun lassen wir uns alle auf dem System vorhandenen Images anzeigen:

```
$ docker image ls
REPOSITORY        TAG     IMAGE ID      CREATED       SIZE
ubuntu            latest  5ba9dab47459  3 weeks ago   188.3MB
redis             7.0     0256c63af7db  2 weeks ago   117MB
spkane/train-os   latest  78fb082a4d65  4 months ago  254MB
```

Und so wird ein Image inklusive der zugehörigen Dateisysteme gelöscht:

```
$ docker image rm 0256c63af7db
```

Wenn Sie versuchen, ein Image zu löschen, das aktuell von einem Container benutzt wird, erhalten Sie die Fehlermeldung »Conflict, cannot delete«. Sie müssen dann zunächst den oder die fraglichen Container löschen.

Unter bestimmten Umständen, insbesondere nach Abschluss eines Entwicklungszyklus, kann es sinnvoll sein, sämtliche Images und Container von einem System zu entfernen. Einen vorgefertigten Befehl dafür gibt es nicht, aber mit ein wenig Kreativität lässt sich das unschwer erreichen.

Geben Sie den folgenden Befehl ein, um alle Container auf Ihrem Docker-Host zu löschen:

```
$ docker system prune
WARNING! This will remove:
- all stopped containers
- all networks not used by at least one container
- all dangling images
- all build cache
Are you sure you want to continue? [y/N] y
Deleted Containers:
```

```
cbbc42acfe6cc7c2d5e6c3361003e077478c58bb062dd57a230d31bcd01f6190
...
Deleted Images:
deleted: sha256:bec6ec29e16a409af1c556bf9e6b2ec584c7fb5ffbfd7c46ec00b30bf ...
untagged: spkane/squid@sha256:64fbc44666405fd1a02f0ec731e35881465fac395e7 ...
...
Total reclaimed space: 1.385GB
```

Um alle ungenutzten Images zu löschen statt nur die nicht verwaisten Images, können Sie `docker system prune -a` verwenden.

Es ist auch möglich, spezifischere Kommandos auszuführen, um ähnliche Ziele zu erreichen.

```
$ docker container rm $(docker container ls -a -q)
```

`docker container ls` und `docker images` unterstützen beide ein `filter`-Argument, mit dem Sie Ihre Löschanweisungen in bestimmten Situationen fein konfigurieren können.

Um alle Container zu löschen, die beim Beenden einen von null verschiedenen Rückgabewert geliefert haben, können Sie diesen Filter verwenden:

```
$ docker container rm $(docker container ls -a -q --filter 'exited!=0')
```

Geben Sie den folgenden Befehl ein, um alle nicht getaggten Images zu löschen:

```
$ docker image rm $(docker images -q -f "dangling=true")
```

In der offiziellen Docker-Dokumentation können Sie alles über die gegenwärtig angebotenen Filter nachlesen (*https://docs.docker.com/engine/reference/commandline/ps/#filtering*). Aktuell ist lediglich eine überschaubare Anzahl verfügbar, im Laufe der Zeit werden jedoch aller Wahrscheinlichkeit nach weitere hinzukommen. Und wenn Sie ein wirklich großes Interesse an Filtern haben: Vergessen Sie nicht, dass Docker ein Open-Source-Projekt und damit offen für Beiträge ist.

Darüber hinaus ist es auch möglich, ausgeklügelte Filter zu erstellen, indem Sie mehrere Befehle durch Pipe-Symbole (|) miteinander verknüpfen oder vergleichbare Techniken einsetzen.

Auf Produktivsystemen, auf denen sehr häufig deployt wird, können sich schnell alte Container und ungenutzte Images ansammeln, die viel Speicherplatz belegen. Es kann nützlich sein, ein Skript zu schreiben, das `docker system prune` verwendet und regelmäßig über einen `cron`-Job oder einen `systemd`-Timer ausgeführt wird.

Windows-Container

Bis jetzt haben wir uns vollständig auf Docker-Befehle für Linux-Container konzentriert, da es die meistgenutzte Form von Containern ist und auf allen Docker-Plattformen funktioniert. Seit 2016 unterstützt die Microsoft-Windows-Plattform Windows-

Docker-Container, die native Windows-Anwendungen beinhalten und mit dem gewohnten Satz an Docker-Kommandos genutzt werden können.

Auf Windows-Container haben wir in diesem Buch keinen starken Fokus gelegt, da sie nur einen sehr kleinen Teil vom Produktivsystem ausmachen und nicht zu 100 % kompatibel mit dem Rest des Docker-Ökosystems sind. Das hängt damit zusammen, dass diese Windows-spezifischen Container Images benötigen. Trotzdem wächst die Zahl der Nutzer, die Docker für Windows einsetzen. Deshalb betrachten wir uns hier einmal näher, wie Windows-Container funktionieren. Tatsächlich verhalten sie sich, bis auf die enthaltenen Dateien, wie auch die üblichen Linux-Container. In diesem Abschnitt behandeln wir, wie Sie Windows-Container auf Windows 10 mit Hyper-V und Docker zum Laufen bringen.

Sie müssen Docker Desktop auf einer kompatiblen 64-Bit-Version von Windows 10 oder höher verwenden.

Das Erste, was Sie tun müssen, ist, Docker von Linux- auf Windows-Container umzustellen. Dafür müssen Sie zunächst auf das Docker-Icon in Ihrer Taskleiste klicken, dort *Switch to Windows containers...* auswählen und die Umstellung bestätigen (siehe die Abbildungen 5-1 und 5-2).

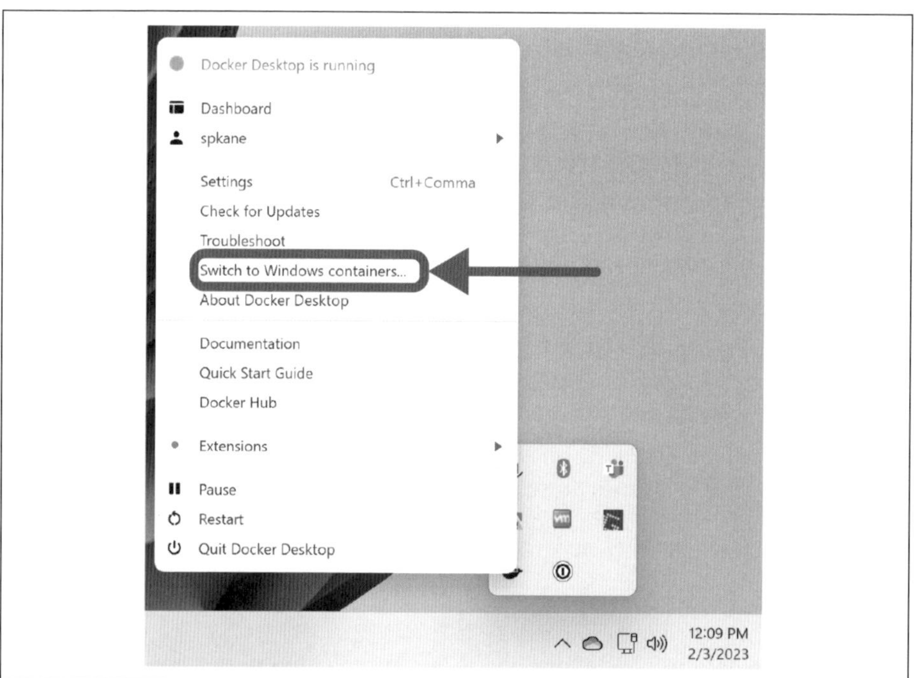

Abbildung 5-1: Zu Windows-Containern wechseln

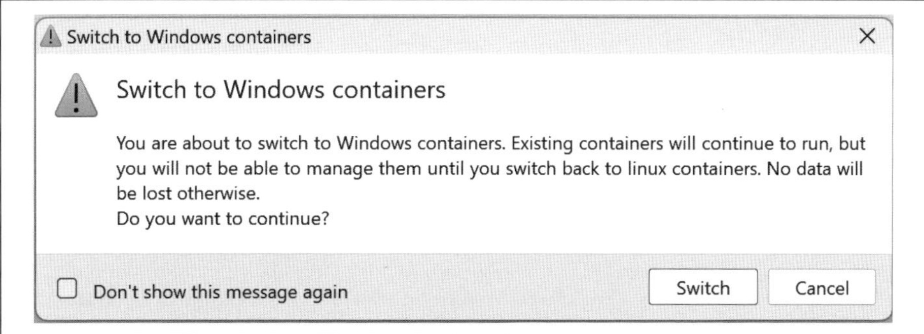

Abbildung 5-2: Wechseln zu Windows-Containern bestätigen

Der Prozess kann eine Weile dauern, meistens passiert es aber unmittelbar. Man wird allerdings leider nicht darüber informiert, ob die Umstellung erfolgreich war, daher müssen Sie erneut mit rechts auf das Docker-Icon klicken, um zu schauen, ob dort der Menüpunkt *Switch to Linux containers…* erscheint.

Wenn Sie beim ersten Klick sehen, dass der Menüpunkt *Switch to Linux containers…* heißt, ist Docker bereits so konfiguriert, dass es Windows-Container verwendet.

Sie können einen einfachen Windows-Container testen, indem Sie die PowerShell öffnen (*https://oreil.ly/SiTXP*) und folgendes Kommando ausführen:

```
PS C:\> docker container run --rm -it mcr.microsoft.com/powershell `
        pwsh -command `
        'Write-Host "Hello World from Windows `($IsWindows`)"'

Hello World from Windows (True)
```

Dadurch wird ein Base-Container für PowerShell heruntergeladen und gestartet (*https://hub.docker.com/_/microsoft-powershell*), um dann per Skripting »Hello World from Windows (True)« am Bildschirm auszugeben.

Lautet die Ausgabe aus dem vorherigen Befehl »Hello World from Windows (False)«, sind Sie nicht in den Windows-Container-Mode gewechselt oder lassen diesen Befehl auf einer Nicht-Windows-Plattform laufen.

Möchten Sie ein Windows-Container-Image erstellen, das ungefähr denselben Befehl ausführt, sieht das Dockerfile wie folgt aus:

```
# escape=`
FROM mcr.microsoft.com/powershell
SHELL ["pwsh", "-command"]

RUN Add-Content C:\helloworld.ps1 `
      'Write-Host "Hello World from Windows"'

CMD ["pwsh", "C:\\helloworld.ps1"]
```

Wenn wir dieses Dockerfile bauen, basiert es auf dem Container `mcr.microsoft.com/powershell`. Es erstellt ein sehr kleines PowerShell-Skript und weist das Image an, das Skript standardmäßig zu starten, wenn das Image genutzt wird, um den Container zu starten.

Sie haben möglicherweise bemerkt, dass wir den Backslash (\) in der `CMD`-Zeile des Dockerfiles mit einem zusätzlichen Backslash maskiert haben. Das ist notwendig, da Docker seine Wurzeln im Unix-Umfeld hat und der Backslash eine spezielle Bedeutung in Unix-Shells besitzt. Obwohl wir das Escape-Zeichen für das Dockerfile so angepasst haben (*https://docs.docker.com/engine/reference/builder/#escape*), dass es dem PowerShell-Standard entspricht (was wir über die SHELL-Direktive festlegen, *https://docs.docker.com/engine/reference/builder/#shell-form-entrypoint-example*), müssen wir manche Backslashs trotzdem maskieren, um sicherzustellen, dass Docker sie nicht fehlinterpretiert.

Wenn Sie nun das Dockerfile erstellen, sehen Sie etwa Folgendes:

```
PS C:\> docker image build -t windows-helloworld:latest .

Sending build context to Docker daemon  2.048kB
Step 1/4 : FROM mcr.microsoft.com/powershell
 ---> 7d8f821c04eb
Step 2/4 : SHELL ["pwsh", "-command"]
 ---> Using cache
 ---> 1987fb489a3d
Step 3/4 : RUN Add-Content C:\helloworld.ps1
                 'Write-Host "Hello World from Windows"'
 ---> Using cache
 ---> 37df47d57bf1
Step 4/4 : CMD ["pwsh", "C:\\helloworld.ps1"]
 ---> Using cache
 ---> 03046ff628e4
Successfully built 03046ff628e4
Successfully tagged windows-helloworld:latest
```

Nach dem Start des resultierenden Image sehen Sie das:

```
PS C:\> docker container run --rm -ti windows-helloworld:latest

Hello World from Windows
```

Microsoft stellt eine gute Dokumentation zu Windows-Containern bereit (*https://oreil.ly/fYMHl*), die auch ein Beispiel dazu enthält, wie man .NET-Anwendungen erstellt (*https://oreil.ly/WG2W2*).

Wenn Sie auf einer Windows-Plattform arbeiten, ist es nützlich, zu wissen, dass man eine verbesserte Isolierung für die Container erzielt, wenn man diese mit Hyper-V innerhalb einer dedizierten und sehr leichtgewichtigen virtuellen Machine laufen lässt. Das lässt sich einfach bewerkstelligen, indem Sie `--isolation=hyperv` mit `docker container create` und `docker container run` übergeben. Dies führt zu einer geringeren Performance und Ressourceneinschränkungen, allerdings wird damit die Isolierung der Container signifikant verbessert. Mehr dazu finden Sie in der Dokumentation (*https://learn.microsoft.com/enus/virtualization/windowscontainers/manage-containers/hyperv-container*).

Selbst wenn Sie planen, für den Großteil Ihrer Arbeit Windows-Container zu verwenden, sollten Sie für den Rest des Buchs zurück zu Linux-Containern wechseln. Damit ist sichergestellt, dass alle Beispiele wie erwartet funktionieren. Sobald Sie mit dem Lesen fertig sind und Ihre ersten eigenen Container bauen wollen, können Sie zurückwechseln.

Zur Erinnerung: Sie können Linux-Container über den Rechtsklick auf das Docker-Icon und die Auswahl von *Switch to Linux containers* wieder aktivieren.

So geht es weiter

Im nächsten Kapitel werden wir weiter erkunden, welche Möglichkeiten Docker eröffnet. Fürs Erste ist es sicherlich lohnenswert, wenn Sie ein wenig herumexperimentieren. Wir empfehlen, die verschiedenen hier vorgestellten Befehle zur Handhabung von Containern auszuprobieren, um sich mit den Optionen und der Syntax der Kommandozeilenbefehle im Allgemeinen vertraut zu machen. Versuchen Sie, gestoppte oder pausierte Container wieder zum Laufen bringen, und probieren Sie aus, wie weit Sie kommen. Und wenn Sie mit sich zufrieden sind, lesen Sie in Kapitel 6 weiter!

KAPITEL 6

Docker erkunden

Jetzt, da Sie erste Erfahrungen hinsichtlich der Nutzung von Docker-Containern und -Images gesammelt haben, können Sie im Folgenden weitere Möglichkeiten erkunden, die Docker Ihnen bietet. Auch in diesem Kapitel werden wir das Kommandozeilentool `docker` einsetzen, um mit dem von Ihnen eingerichteten Docker-Daemon zu kommunizieren, und uns mit einigen der übrigen grundlegenden Befehle befassen.

Docker stellt verschiedene Befehle zur Verfügung, um eine Reihe weiterer Aufgaben schnell und einfach zu erledigen:

- Ausgabe der Docker-Version.
- Anzeige von Informationen über den Server.
- Herunterladen von Image-Updates.
- Inspizieren von Containern.
- In einen laufenden Container gelangen.
- Rückgabe von Ergebnissen.
- Anzeige von Logs.
- Monitoring statistischer Werte.
- Und vieles mehr ...

Sehen wir uns also ein paar dieser Tools an, die zusammen mit Docker ausgeliefert oder von der Docker-Community zur Verfügung gestellt werden.

Ausgabe der Docker-Version

Wenn Sie die vorangehenden Kapitel durchgearbeitet haben, steht Ihnen nun ein funktionierender Docker-Server auf einem Linux-System oder einer virtuellen Maschine zur Verfügung, und Sie haben einen Container gestartet, um sich zu vergewissern, dass alles reibungslos funktioniert. Sollten Sie diese Voraussetzungen noch nicht geschaffen haben, aber dennoch die im weiteren Verlauf des Buchs beschriebenen Arbeitsschritte nachvollziehen wollen, sollten Sie jetzt die in Kapitel 3 beschriebene Installation durchführen, bevor Sie mit der Lektüre dieses Abschnitts fortfahren.

Die Anzeige der Versionsnummern der verschiedenen Komponenten gehört wohl zu den einfachsten Aufgaben, für die Sie Docker einsetzen können. Das hört sich zunächst vielleicht nebensächlich an, erweist sich aber mitunter als durchaus nützlich, denn Docker besteht aus einer Reihe von Komponenten, deren Versionen definieren, welche Funktionen zur Verfügung stehen. Insofern kann die Kenntnis der Versionsnummer bei der Fehlerbehebung bestimmter Verbindungsprobleme zwischen Client und Server eine große Hilfe sein. So könnte Ihnen beispielsweise der Docker-Client eine kryptische Fehlermeldung über nicht zueinanderpassende API-Versionen liefern – und da ist es schon nett, das Ganze in Docker-Versionen übersetzen zu können, um zu wissen, welche Komponenten aktualisiert werden müssen. Beachten Sie hier, dass der Befehl zur Anzeige der Versionsnummer tatsächlich selbst mit dem Docker-Server zu kommunizieren versucht. Wenn die Verbindung aus irgendwelchen Gründen nicht zustande kommt, wird der Docker-Client eine Fehlermeldung anzeigen und nur seine eigene Versionsnummer ausgeben. Falls Sie Schwierigkeiten haben, eine Verbindung herzustellen, empfiehlt es sich, zur Überprüfung die im vorherigen Kapitel beschriebenen Schritte auszuführen.

Für die Fehlersuche (oder wenn Sie den Docker-Client nicht nutzen möchten) können Sie sich jederzeit direkt am Docker-Server anmelden und Docker-Befehle in einer Shell auf dem Server ausführen. Auf den meisten Docker-Servern werden dafür entweder `root`-Rechte oder eine Mitgliedschaft in der `docker`-Gruppe benötigt, damit Sie sich über den Unix Domain Socket verbinden können.

Da wir gerade alle Docker-Komponenten gleichzeitig installiert haben, sollten die Client- und Serverversionen miteinander übereinstimmen, wenn wir sie uns über den Befehl `docker version` anzeigen lassen:

```
$ docker version
Client:
 Cloud integration: v1.0.24
 Version:           20.10.17
 API version:       1.41
 Go version:        go1.17.11
 Git commit:        100c701
 Built:             Mon Jun  6 23:04:45 2022
 OS/Arch:           darwin/amd64
 Context:           default
 Experimental:      true

Server: Docker Desktop 4.10.1 (82475)
 Engine:
  Version:          20.10.17
  API version:      1.41 (minimum version 1.12)
  Go version:       go1.17.11
  Git commit:       a89b842
  Built:            Mon Jun  6 23:01:23 2022
  OS/Arch:          linux/amd64
  Experimental:     false
 containerd:
  Version:          1.6.6
  GitCommit:        10c12954828e7c7c9b6e0ea9b0c02b01407d3ae1
```

```
 runc:
  Version:          1.1.2
  GitCommit:        v1.1.2-0-ga916309
 docker-init:
  Version:          0.19.0
  GitCommit:        de40ad0
```

Beachten Sie, dass für die Client-, Server- und API-Version jeweils eigene Zeilen ausgegeben werden. In diesem Fall entsprechen Client und Server derselben Version, da wir sie zusammen installiert haben. Es ist wichtig zu wissen, dass verschiedene Versionen der Kommandozeilentools dieselbe Version der Docker-API nutzen können, aber das ist nicht immer der Fall. In Ihrer Produktivumgebung läuft hoffentlich auf den meisten Systemen dieselbe Version. Es ist allerdings nicht ungewöhnlich, dass Entwicklungsumgebungen und Build-Systeme unterschiedliche Versionen nutzen.

API-Clients und Bibliotheken funktionieren normalerweise mit einer breiten Anzahl von Docker-Versionen, je nachdem, welche API-Version sie benötigen. In der Serversektion können Sie ablesen, dass die API-Version 1.41 und die minimal unterstützte API 1.12 ist. Dies ist eine nützliche Information, wenn sie mit Clients von Drittherstellern arbeiten. Nun wissen Sie, wie Sie das überprüfen können.

Informationen über den Server

Mit dem Docker-Client können verschiedene Informationen über den Docker-Server angezeigt werden. Was es im Einzelnen damit auf sich hat, werden wir später noch erläutern, grundsätzlich lässt sich jedoch ermitteln, welches Dateisystem der Docker-Server verwendet, auf welcher Kernel-Version und welchem Betriebssystem er läuft und wie viele Container und Images derzeit gespeichert sind. Wenn Sie den Befehl `docker system info` ausführen, werden die Serverdaten in etwa wie folgt angezeigt:

```
$ docker system info
Client:
…
 Plugins:
  buildx: Docker Buildx (Docker Inc., v0.8.2)
  compose: Docker Compose (Docker Inc., v2.6.1)
  extension: Manages Docker extensions (Docker Inc., v0.2.7)
  sbom: View the packaged-based Software Bill Of Materials (SBOM) …
  scan: Docker Scan (Docker Inc., v0.17.0)

Server:
 Containers: 11
…
 Images: 6
 Server Version: 20.10.17
 Storage Driver: overlay2
…
 Plugins:
  Volume: local
  Network: bridge host ipvlan macvlan null overlay
  Log: awslogs fluentd gcplogs gelf journald json-file local logentries …
…
```

```
Runtimes: io.containerd.runc.v2 io.containerd.runtime.v1.linux runc
Default Runtime: runc
...
Kernel Version: 5.10.104-linuxkit
Operating System: Docker Desktop
OSType: linux
Architecture: x86_64
...
```

Diese Ausgabe kann in Ihrem Fall ein wenig anders aussehen, denn sie hängt natürlich von der individuellen Konfiguration Ihres Docker-Daemons ab. In diesem Beispiel ist ersichtlich, dass unser Server ein Docker Desktop ist, der auf dem 5.10.104-Linux-Kernel läuft, und dass der Treiber für das Dateisystem `overlay2` genutzt wird. Außerdem sind ein paar Images und Container auf dem Server vorhanden! Nach einer Neuinstallation würde hier eine Null stehen.

Es ist wichtig, die Information über Plug-ins hervorzuheben. Die Ausgabe teilt uns mit, was die Docker-Installation alles unterstützt. Bei einer Neuinstallation wird es mehr oder weniger wie die Ausgabe hier aussehen, je nachdem, welche neuen Plug-ins mit Docker verteilt werden. Docker selbst besteht aus vielen verschiedenen Plug-ins, die alle zusammenarbeiten. Dies ist eine sehr mächtige Möglichkeit, weil es bedeutet, dass es der Community auch möglich ist, eine Reihe weiterer Plug-ins zu installieren und zu nutzen. Es ist hilfreich, sehen zu können, welche Plug-ins installiert sind, allein schon dafür, dass man nachvollziehen kann, ob Docker die installierten Plug-ins finden kann, die Sie hinzugefügt haben.

Bei den meisten Installationen wird */var/lib/docker* als das Root-Verzeichnis verwendet, in dem Images und Container gespeichert sind. Wenn Sie dies ändern möchten, können Sie das Skript zum Starten des Docker-Daemons modifizieren und mit dem Argument `--data-root` auf einen anderen Speicherort verweisen. Um das manuell auszuprobieren, könnten Sie Folgendes eingeben:

```
$ sudo docker -d \
    -H unix:///var/run/docker.sock \
    --data-root="/data/docker"
```

Standardmäßig findet sich die Konfigurationsdatei für den Docker-Server in */etc/docker/daemon.json* (*https://oreil.ly/jp7iK*). Die meisten der direkt an `dockerd` übergebenen Argumente, die wir behandeln, können auch permanent in dieser Datei gesetzt werden. Nutzen Sie Docker Desktop, sollten Sie diese Datei im Docker-Desktop-UI bearbeiten.

Sie werden später noch mehr über Runtimes erfahren, aber an dieser Stelle können Sie schon mal sehen, dass drei Runtimes installiert sind. Die `runc`-Runtime ist die standardmäßige Docker-Runtime. Wenn Sie an Linux-Container denken, handelt es sich meist um Container vom Typ `runc`. Auf diesem Server haben wir zudem die Runtimes `io.containerd.runc.v2` und `io.containerd.runtime.v1.linux` installiert. Mehr über andere Runtimes erfahren Sie in Kapitel 11.

Image-Updates herunterladen

In den folgenden Beispielen werden wir ein Ubuntu-Base-Image verwenden. Sollten Sie `ubuntu:latest` bereits zu einem früheren Zeitpunkt heruntergeladen haben, können Sie es mit dem Befehl `pull` erneut nutzen – dabei werden dann automatisch auch alle Updates eingespielt, die seit seiner letzten Verwendung releast wurden.

Ausschlaggebend dafür ist das Tag `latest`, das gemäß einer allgemeingültigen Konvention stets auf den aktuellsten Build des Containers verweist. Der Einsatz von `latest` ist allerdings nicht unumstritten, da es nicht dauerhaft mit einem Image verbunden ist und daher in verschiedenen Projekten unterschiedliche Bedeutungen haben kann. Manche Menschen nutzen es, um auf das aktuellste stabile Release zu verweisen, andere für den letzten Build ihres CI/CD-Systems, und wieder andere weigern sich schlicht, irgendeines ihrer Images mit `latest` zu taggen. Trotzdem ist der Einsatz dieses Tags sehr verbreitet, und in Preproduction-Umgebungen kann es auch sehr nützlich sein, weil dort die Bequemlichkeit die fehlende Zusicherung überwiegt, die eine echte Version bietet:

Der Aufruf von `docker image pull` sieht folgendermaßen aus:

```
$ docker image pull ubuntu:latest

latest: Pulling from library/ubuntu
405f018f9d1d: Pull complete
Digest: sha256:b6b83d3c331794420340093eb706a6f152d9c1fa51b262d9bf34594887c2c7ac
Status: Downloaded newer image for ubuntu:latest
docker.io/library/ubuntu:latest
```

Dieser Befehl lädt nur die Layer herunter, die sich seit dem letzten Aufruf des Befehls verändert haben. Sie sehen möglicherweise eine längere oder kürzere Liste – oder gar eine leere Liste –, abhängig davon, wann Sie das Image zuletzt gepullt haben, welche Änderungen seitdem zur Registry gepusht wurden und wie viele Layer das Ziel-Image enthält.

Beachten Sie in diesem Zusammenhang, dass Docker im Gegensatz dazu das lokale Image nicht automatisch aktualisiert – auch dann nicht, wenn Sie es mit dem Tag `latest` heruntergeladen haben. In diesem Fall sind Sie selbst für das Updaten verantwortlich. Wenn Sie hingegen ein Image verwenden, das auf einer neueren `ubuntu:latest`-Version beruht, wird Docker die fehlenden Image-Layer erwartungsgemäß während des Deployments mit herunterladen. Beachten Sie, dass dies das Verhalten des Docker-Clients ist. Andere API-Tools oder Bibliotheken verhalten sich möglicherweise anders. Für produktive Container wird sehr empfohlen, immer ein bestimmtes Versions-Tag zu nutzen statt `latest`. Das garantiert, dass Sie die Version erhalten, die Sie erwarten, und dass es nicht zu unerwarteten Überraschungen kommt.

Sie können auf Inhalte in der Registry mit dem `latest`-Tag oder einer spezifischen Version referenzieren oder aber das SHA-Tag verwenden. Dieses sieht wie folgt aus:

```
sha256:b6b83d3c331794420340093eb706a6f152d9c1fa51b262d9bf34594887c2c7ac
```

Diese ID ist ein sehr präziser Identifikator und wird aus der Hashsumme der Inhalte des Image generiert. Das erweist sich insbesondere dann als nützlich, wenn Sie einen ganz bestimmten Build eines Image benötigen, sich aber nicht auf das normale Tagging verlassen wollen, das sich potenziell ändern kann:

```
$ docker image pull ubuntu@sha256:b6b83d3c331794420340093eb706a6f152d…
```

Beachten Sie, dass Sie im Gegensatz zu den meisten Docker-Befehlen den SHA256-Hash nicht kürzen können, Sie benötigen hier den exakten und vollständigen Hash.

Container inspizieren

Nach der Erstellung eines Containers können Sie sich mithilfe von Docker die zugehörige Konfiguration anzeigen lassen. Dabei spielt es keine Rolle, ob der Container läuft oder nicht. Das ist vor allem beim Debuggen oft nützlich und liefert zudem einige zusätzliche Informationen zur Identifizierung eines Containers.

Für dieses Beispiel starten wir zunächst einmal einen Container:

```
$ docker container run --rm -d -t ubuntu /bin/bash
3c4f916619a5dfc420396d823b42e8bd30a2f94ab5b0f42f052357a68a67309b
```

Mit dem Befehl `docker container ls` können wir eine Liste der laufenden Container anzeigen und uns so vergewissern, dass alles ordnungsgemäß funktioniert. Außerdem kann die Container-ID kopiert werden:

```
$ docker container ls
CONTAINER ID  IMAGE          COMMAND     … STATUS         …  NAMES
3c4f916619a5  ubuntu:latest "/bin/bash" … Up 31 seconds …  angry_mestorf
```

Hier lautet die ID `3c4f916619a5`. Dem Container wurde der dynamische Name `angry_mestorf` zugewiesen, den wir ebenfalls verwenden könnten – die grundlegenden Tools sind allerdings auf die eindeutige Container-ID angewiesen. Insofern ist es besser, sich anzugewöhnen, zunächst einen Blick auf die ID zu werfen. Wie auch in vielen anderen Revision-Control-Systemen repräsentiert diese ID lediglich den Anfang eines sehr viel längeren Hashwerts: Intern benutzt der Kernel einen 64-Byte-Hash zur Identifizierung des Containers. Das wäre für menschliche Benutzer allerdings zu mühsam, deshalb unterstützt Docker den verkürzten Hashwert.

Da die Ausgabe des Befehls `docker container inspect` ziemlich weitschweifig ist, werden wir sie in den nachfolgenden Listings verkürzen und nur die entscheidenden Werte darstellen. Sehen Sie sich am besten die vollständige Ausgabe auf dem Bildschirm an, um herauszufinden, ob sie möglicherweise noch andere für Sie relevante Informationen enthält.

```
$ docker container inspect 3c4f916619a5

[{
    "Id": "3c4f916619a5dfc420396d823b42e8bd30a2f94ab5b0f42f052357a68a67309b",
    "Created": "2022-07-17T17:26:53.611762541Z",
    …
    "Args": [],
```

```
    ...
    "Image": "sha256:27941809078cc9b2802deb2b0bb6feed6c…7f200e24653533701ee",
    ...
    "Config": {
        "Hostname": "3c4f916619a5",
        ...
        "Env": [
          "PATH=/usr/local/sbin:/usr/local/bin:/usr/sbin:/usr/bin:/sbin:/bin"
        ],
        "Cmd": [
            "/bin/bash"
        ],
        ...
        "Image": "ubuntu",
        ...
    },
    ...
}]
```

Beachten Sie den langen "Id"-Wert. Hierbei handelt es sich um die vollständige eindeutige Container-ID. Glücklicherweise können wir den verkürzten Hashwert verwenden, wenngleich das auch nicht besonders bequem ist. Außerdem lässt sich hier viel präziser ablesen, wann der Container erstellt wurde, als dies mit dem Befehl docker container ls möglich ist.

Darüber hinaus werden noch einige weitere interessante Daten angezeigt: der Top-Level-Befehl des Containers, die bei der Erstellung übergebene Umgebung, das Image, auf dem der Container basiert, sowie der Hostname innerhalb des Containers. Alle diese Werte können bei Bedarf beim Starten des Containers konfiguriert werden. Für gewöhnlich werden beispielsweise Umgebungsvariablen verwendet, um Konfigurationsdaten an Container zu übergeben, insofern kann sich die Anzeige dieser Daten durch den Aufruf des Befehls docker container inspect beim Debugging als sehr aufschlussreich erweisen.

Den aktuellen Container können Sie stoppen, indem Sie so etwas wie docker container stop 3c4f916619a5 ausführen.

Die Shell erkunden

Lassen Sie uns einen Container mit einer interaktiven bash starten, sodass wir diesen Container erkunden können, und zwar mit folgendem Befehl:

```
$ docker container run --rm -it ubuntu:22.04 /bin/bash
```

Das wird einen Ubuntu-22.04-LTS-Container mit der Bash als Top-Level-Prozess starten. Durch die Angabe des 22.04-Tags können wir sicherstellen, dass wir eine bestimmte Version des Image erhalten. Wenn wir den Container also gestartet haben: Welche Prozesse laufen dann?

```
root@35fd1ad27228:/# ps -ef
UID        PID  PPID  C STIME TTY          TIME CMD
root         1     0  0 17:45 pts/0    00:00:00 /bin/bash
root         9     1  0 17:47 pts/0    00:00:00 ps -ef
```

Wow, das ist ja nicht gerade viel, oder? Als wir Docker mitteilten, dass die `bash` gestartet werden soll, haben wir nicht mehr als das bekommen. Wir sind innerhalb einer vollständigen Linux-Distribution, aber keine anderen Prozesse laufen automatisch für uns. Wir bekommen nur das, wonach wir gefragt haben. Es ist wichtig, das für die nächsten Schritte im Kopf zu behalten.

Linux-Container starten standardmäßig keine Prozesse im Hintergrund, wie es eine vollständige virtuelle Maschine tun würde. Container sind um ein Vielfaches leichter als virtuelle Maschinen und starten kein `init`-System. Sie können natürlich ein vollständiges `init`-System oder das in Docker eingebaute `tini init`-System (*https://github.com/krallin/tini*) starten, aber Sie müssen explizit darum bitten. In Kapitel 7 erfahren Sie mehr darüber.

Das ist also die Methode, um eine Shell innerhalb eines Containers zu starten. Probieren Sie es doch ein wenig aus und sehen Sie nach, was es alles so Interessantes innerhalb eines Containers zu entdecken gibt. Beachten Sie, dass nur eine limitierte Anzahl an Kommandos verfügbar ist. Sie befinden sich in einer Ubuntu-Distribution, sodass Sie mit `apt-get` mehr Pakete installieren können. Beachten Sie, dass die Änderungen nur bis zum Löschen des Containers vorhanden bleiben. Sie verändern dadurch den obersten Layer des Containers und nicht das Base-Image! Container sind von Natur aus flüchtig, sodass alles, was Sie innerhalb des Containers tun, nicht lange bestehen bleibt.

Wenn Sie im Container fertig sind, achten Sie darauf, per `exit` die Shell zu verlassen, wodurch dann auch der Container gestoppt wird.

Ausgabe von Rückgabewerten

Wie ineffizient wäre es, eine ganze VM hochzufahren, nur um einen Befehl auszuführen und sich die Ergebnisse zurückgeben zu lassen? Normalerweise würden Sie das nicht tun, weil es sehr zeitaufwendig ist und das Booten eines ganzen Betriebssystems erforderlich wäre, um einfach einen Befehl auszuführen. Docker und Linux-Container funktionieren allerdings nicht so wie virtuelle Maschinen: Container sind leichtgewichtig und müssen nicht wie ein Betriebssystem hochgefahren werden. Ein nützlicher Use Case von Linux-Containern ist das Ausführen eines kurzen Jobs im Hintergrund, um auf den Exitcode zu warten. Sie können sich das so vorstellen, dass Sie eine Remote-Verbindung zu einem containerisierten System aufbauen und dort innerhalb des Containers Zugriff auf individuelle Kommandos besitzen mit der Möglichkeit, Daten hineinzuleiten und die Exitcodes zu erhalten.

Dies kann in vielen Szenarien nützlich sein: Angenommen, Sie möchten System-Health-Checks von einem Remote-Server durchführen oder haben eine Reihe von Maschinen mit Prozessen, die Sie über Docker-Container starten und die einen Rückgabewert ausgeben. Die `docker`-Kommandozeilentools stellen die Ergebnisse auf dem lokalen Rechner zur Verfügung. Wenn Sie das Remote-Kommando im Vordergrund ausführen, wird Docker `stdin` zum Remote-Prozess umleiten sowie `stdout` und stderr zu Ihrem Terminal umleiten. Das Einzige, was wir tun müssen, um diese Funktionalität zu erhalten, ist, den Befehl im Vordergrund auszuführen und kein TTY zu allozieren. Das ist eigentlich die Standardkonfiguration! Keine weiteren Kommandozeilenoptionen sind also nötig.

Wenn wir diese Befehle ausführen, startet Docker den Container, führt den Befehl mit dem Namespace und den cgroups des Containers aus, entfernt den Container und beendet sich dann, sodass zwischen den Aufrufen kein Prozess läuft und nichts zurückbleibt. Der folgende Code zeigt, was man dann tun kann:

```
$ docker container run --rm ubuntu:22.04 /bin/false
$ echo $?
1

$ docker container run --rm ubuntu:22.04 /bin/true
$ echo $?
0

$ docker container run --rm ubuntu:22.04 /bin/cat /etc/passwd

root:x:0:0:root:/root:/bin/bash
daemon:x:1:1:daemon:/usr/sbin:/usr/sbin/nologin
...
nobody:x:65534:65534:nobody:/nonexistent:/usr/sbin/nologin
_apt:x:100:65534::/nonexistent:/usr/sbin/nologin

$ docker container run --rm ubuntu:22.04 /bin/cat /etc/passwd | wc -l

19
```

Hier haben wir /bin/false auf dem Remote-Server ausgeführt, das sich immer mit dem Rückgabewert 1 beendet. Beachten Sie, wie docker das Resultat zum lokalen Terminal übermittelt hat. Nur um zu zeigen, dass es auch andere Werte zurückgibt, haben wir ebenfalls /bin/true ausgeführt, das immer eine 0 zurückgibt.

Wir haben dann Docker angewiesen, cat /etc/passwd auf dem Remote-Container auszuführen. Was wir erhalten, ist die Ausgabe der Datei, die innerhalb des Dateisystems des Containers liegt. Weil dies nur eine reguläre Ausgabe an *stdout* ist, können wir die Ausgabe in lokale Kommandos pipen, wie wir es sonst auch tun.

Der vorherige Befehl pipt die Ausgabe in das lokale wc-Kommando und nicht in das wc-Kommando innerhalb des Containers. Die Pipe selbst wird nicht zum Container gereicht. Wenn Sie das vollständige Kommando mit der Pipe zum Server senden möchten, müssen Sie eine vollständige Shell auf der Remote-Seite starten und ein Kommando absetzen. Dies wäre dann etwas wie docker container run ubuntu:22.04 /bin/bash -c "/bin/cat /etc/passwd | wc -l".

In einen laufenden Container gelangen

Wie wir zuvor mit dem Befehl docker image run demonstriert haben, ist es ziemlich einfach, in nahezu jedem neuen Container eine Shell zu starten. Das ist jedoch nicht dasselbe, wie an eine neue Shell innerhalb eines laufenden Containers zu gelangen, der aktiv Ihre Anwendung ausführt. Bei jedem Aufruf von `docker container run` wird ein neuer Container erzeugt. Wenn Sie allerdings eine in einem bereits vorhandenen Container laufende Anwendung vorliegen haben und diese innerhalb des Containers debuggen möchten, brauchen Sie etwas anderes.

Der Einsatz von `docker container exec` ist der Docker-eigene Weg, einen neuen, interaktiven Prozess in einem Container zu erhalten, aber es gibt auch eine Vorgehensweise namens `nsenter`, die eher zu Linux passt. Wir werden uns in diesem `docker container exec` anschauen und später dann in »nsenter« auf Seite 345 auf `nsenter` eingehen.

Sie fragen sich vielleicht, warum Sie das überhaupt tun wollen. Nun, beim Entwickeln kann es sehr nützlich sein, wenn Sie Ihre Anwendung aktiv bauen und testen. Das ist der Mechanismus, den Entwicklungscontainer in IDEs (*https://containers.dev*) wie Visual Studio Code (*https://code.visualstudio.com/docs/devcontainers/containers*) nutzen.

In Produktivumgebungen wird es als gute Praxis angesehen, per SSH in Ihre Server zu gelangen, was in etwa das Gleiche ist. Aber es gibt Situationen, in denen es sehr wichtig ist, zu sehen, was in der tatsächlichen Umgebung geschieht, und dann können die folgenden Erklärungen sehr hilfreich sein.

docker container exec

Sehen wir uns zunächst die einfachste und beste Methode an, um in einen laufenden Container zu gelangen. Der `dockerd`-Server und das `docker`-Kommandozeilentool unterstützen das Ausführen eines neuen Prozesses in einem laufenden Container über den Befehl `docker container exec`. Starten Sie also einen Container im Hintergrundmodus und rufen Sie `docker container exec` auf, um eine Shell zu starten.

Das Kommando, das Sie ausführen, muss keine Shell sein: Es ist möglich, individuelle Kommandos innerhalb des Containers zu starten und das Ergebnis von außerhalb über die Nutzung von `docker container exec` zu erhalten. Wenn Sie aber in den Container gelangen wollen, um darin etwas zu tun, ist die Nutzung der Shell der einfachste Weg.

Um `docker container exec` zu einzusetzen, benötigen wir die Container-ID. Für dieses Beispiel wollen wir einen Container erstellen, der einfach für 600 Sekunden den `sleep`-Befehl ausführt:

```
$ docker container run -d --rm  ubuntu:22.04 sleep 600
9f09ac4bcaa0f201e31895b15b479d2c82c30387cf2c8a46e487908d9c285eff
```

Die Kurz-ID für diesen Container ist `9f09ac4bcaa0`. Damit können wir mit `docker container exec` in den Container gelangen. Es überrascht nicht, dass die Kommandozeile für `docker container exec` derjenigen für `docker container run` sehr ähnlich ist. Wir fragen ein Pseudo-TTY und eine interaktive Sitzung an:

```
$ docker container exec -it 9f09ac4bcaa0 /bin/bash
root@9f09ac4bcaa0:/#
```

Beachten Sie, dass die Eingabeaufforderung die ID des Containers enthält, in dem die Shell ausgeführt wird. Das ist ziemlich praktisch, weil man auf einen Blick sieht, wo man sich gerade befindet. Wir führen nun den Befehl ps aus, um festzustellen, was sonst noch in diesem Container läuft. Hier sollte der vorhin beim Starten des Containers aufgerufene sleep-Prozess zu sehen sein:

```
root@9f09ac4bcaa0:/# ps -ef
UID        PID  PPID  C STIME TTY          TIME CMD
root         1     0  0 20:22 ?        00:00:00 sleep 600
root         7     0  0 20:23 pts/0    00:00:00 /bin/bash
root        15     7  0 20:23 pts/0    00:00:00 ps -ef
```

Geben Sie exit ein, um den Container zu verlassen, wenn Sie fertig sind.

Sie können mit docker container exec weitere Hintergrundprozesse starten. Verwenden Sie dazu wie bei docker container run die Option -d. Sie sollten sich allerdings gründlich überlegen, ob Sie diesen Mechanismus auch für irgendetwas anderes als zum Debuggen einsetzen, weil dabei die Wiederholbarkeit des Image-Deployments verloren geht. Andere Benutzer müssten dann wissen, welche Parameter beim Aufruf von docker container exec zu übergeben sind, um die erwünschte Funktionalität zu erhalten. Wenn Sie diese Möglichkeit reizvoll finden, ist es vermutlich vernünftiger, das Container-Image neu zu erstellen, sodass beide Prozesse auf nachvollziehbare Weise gestartet werden können. Möchten Sie ein Signal an die Software innerhalb des Containers senden, um etwa Aktionen wie die Logrotation oder das Neuladen der Konfiguration anzustoßen, ist es sauberer, es über docker container kill -s <SIGNAL> mit den Standard-Unix-Signalnamen zu tun und dabei die Informationen an den Prozess innerhalb des Containers weiterzuleiten.

docker volume

Docker verfügt über einen Befehl namens volume, der es ermöglicht, eine Liste aller in Ihrem Root-Verzeichnis gespeicherten Volumes auszugeben und weiterführende Informationen darüber anzuzeigen, inklusive des physischen Speicherorts auf dem Server.

Diese Volumes sind keine Bind Mount Volumes, sondern spezielle Datencontainer, die nützlich zum Persistieren von Daten sind.

Wenn wir einen normalen docker-Befehl verwenden, um ein Verzeichnis zu bindmounten, werden wir bemerken, dass dies kein Docker-Volume erzeugt:

```
$ docker volume ls
DRIVER              VOLUME NAME

$ docker container run --rm -d -v /tmp:/tmp ubuntu:latest sleep 120
6fc97c50fb888054e2d01f0a93ab3b3db172b2cd402fc1cd616858b2b5138857

$ docker volume ls
DRIVER              VOLUME NAME
```

Sie können allerdings einfach ein neues Volume wie folgt erzeugen:

```
$ docker volume create my-data
```

Wenn Sie sich dann alle Ihre Volumes auflisten lassen, sieht es etwa wie folgt aus:

```
$ docker volume ls
DRIVER        VOLUME NAME
local         my-data

$ docker volume inspect my-data
[
        {
                "CreatedAt": " 2022-07-31T16:19:42Z",
                "Driver": "local",
                "Labels": {},
                "Mountpoint": "/var/lib/docker/volumes/my-data/_data",
                "Name": "my-data",
                "Options": {},
                "Scope": "local"
        }
]
```

Sie können nun einen Container mit einem eingebundenen Daten-Volume starten, indem Sie folgenden Befehl verwenden:

```
$ docker container run --rm \
    --mount source=my-data,target=/app \
    ubuntu:latest touch /app/my-persistent-data
```

Der Container erzeugt eine Datei in dem Daten-Volume und beendet sich dann sofort.

Wenn Sie anschließend das Daten-Volume in einem anderen Container mounten, sehen Sie, dass die Daten weiterhin da sind.

```
$ docker container run --rm \
    --mount source=my-data,target=/app \
    fedora:latest ls -lFa /app/my-persistent-data

-rw-r--r-- 1 root root 0 Jul 31 16:24 /app/my-persistent-data
```

Zum Schluss können Sie das Daten-Volume löschen:

```
$ docker volume rm my-data

my-data
```

Möchten Sie ein Volume löschen, das bereits von einem Container genutzt wird (unabhängig davon, ob der Container läuft oder nicht), bekommen Sie eine Fehlermeldung:

```
Error response from daemon: unable to remove volume:
remove my-data: volume is in use - [
d0763e6e8d79e55850a1d3ab21e9d…,
4b40d52978ea5e784e66ddca8bc22…]
```

Mithilfe dieser Befehle sollten Sie in der Lage sein, Ihre Container ausführlich zu erkunden. Sobald wir in Kapitel 11 auch die Namespaces eingehender betrachtet haben, werden Sie den Aufbau eines Containers und das genaue Zusammenspiel all seiner Bestandteile noch besser verstehen.

Logging

Das Logging ist ein unverzichtbarer Bestandteil von Anwendungen, die in Produktivumgebungen betrieben werden. Wir sind es von Linux-Systemen gewohnt, dass Logs auf bestimmte Weise zugänglich sind. Wenn Sie auf einem Rechner einen Prozess ausführen, werden Sie vermutlich erwarten, dass die Ausgabe in irgendeine lokale Logdatei geschrieben wird, die Sie sich dann durchlesen können. Vielleicht gehen Sie auch davon aus, dass die Ausgabe im Nachrichtenpuffer des Kernels landet und mit `dmesg` angezeigt werden kann. Auf modernen Linux-Distributionen mit `systemd` erwarten Sie Logs, die über `journalctl` verfügbar sind. Aufgrund der Beschränkungen, denen Container unterliegen, werden diese Mechanismen allerdings nicht ohne einige Verrenkungen funktionieren. Das ist aber nicht weiter schlimm, denn Logdateien lassen sich mit Docker sehr bequem handhaben.

Docker vereinfacht das Logging auf verschiedene Weise. Zunächst zeichnet es alle Textausgaben der Anwendung auf, die im Container erscheinen. Alles, was zu `stdout` oder `stderr` im Container geschrieben wird, wird vom Docker-Daemon erfasst und in ein konfigurierbares Logging-Backend gestreamt. Außerdem ist das System – wie auch andere Teile von Docker – erweiterbar, sodass viele weitere Optionen über Plug-ins vorhanden sind. An dieser Stelle steigen wir aber noch nicht tiefer in das Thema ein.

docker container logs

Wir betrachten im Folgenden zunächst den einfachen Fall, bei dem das Standardverfahren für das Logging zur Anwendung kommt. Dieser Mechanismus stößt zwar schnell an seine Grenzen, ist für die häufigsten Use Cases aber gut geeignet. Wenn Sie Docker zur Entwicklung nutzen, ist das vermutlich Ihre einzige Logging-Strategie. Diese Methode ist von Beginn an da und wird gut unterstützt. Der Mechanismus ist die JSON-File-Methode. Das Kommando `docker container logs` ermöglicht dessen Nutzung.

Wie der Name schon verrät, schreibt Docker die Logs Ihrer Anwendung in ein JSON-File für jeden Container, wenn das JSON-File-Logging-Plug-in standardmäßig aktiviert ist. Auf diese Weise können Sie die Logs für jeden Container zu jeder Zeit ansehen.

Wir können einige Logs anzeigen lassen, indem wir einen `nginx`-Container starten:

```
$ docker container run --rm -d --name nginx-test --rm nginx:latest
```

Und dann:

```
$ docker container logs nginx-test
...
2022/07/31 16:36:05 [notice] 1#1: using the "epoll" event method
2022/07/31 16:36:05 [notice] 1#1: nginx/1.23.1
2022/07/31 16:36:05 [notice] 1#1: built by gcc 10.2.1 20210110 (Debian 10.2.1-6)
2022/07/31 16:36:05 [notice] 1#1: OS: Linux 5.10.104-linuxkit
...
```

Äußerst praktisch: Docker ermöglicht es damit, die Logdaten bei Bedarf direkt auf der Kommandozeile anzuzeigen. Das erweist sich als besonders nützlich, wenn die Logs nicht sehr umfangreich sind.

Mit der Option `--since` können Sie die Ausgabe der Logdaten auf neuere Einträge einschränken. Es werden dann nur Logeinträge angezeigt, die nach einem angegebenen Zeitpunkt erstellt wurden. Dieser muss als Datum gemäß RFC 3339 (z. B. `2002-10-02T10:00:00-05:00`), Unix-Zeitstempel (z. B. `1450071961`), Standard-Zeitstempel (z. B. `20220731`) oder Go-Zeitintervall (z. B. `5m45s`) übergeben werden. Darüber hinaus können Sie auch `-tail x` verwenden, um nur die letzten x Zeilen anzuzeigen.

Die für diesen Mechanismus erforderlichen Dateien werden auf dem Docker-Server gespeichert und befinden sich standardmäßig im Verzeichnis */var/lib/docker/containers/<Container-ID>/*. Dabei ist *<Container-ID>* natürlich durch die tatsächliche ID des Containers zu ersetzen. Wenn Sie sich die Datei *<Container-ID>-json.log* ansehen, werden Sie feststellen, dass darin Definitionen von JSON-Objekten hinterlegt sind, wie beispielsweise diese:

```
{"log":"2022/07/31 16:36:05 [notice] 1#1: using the \"epoll\" event method\n",
  "stream":"stderr","time":"2022-07-31T16:36:05.189234362Z"}
```

Das Feld `"log"` enthält den für diesen Prozess über `stdout` ausgegebenen Logeintrag, das Feld `"stream"` besagt, dass es sich um eine Ausgabe über `stdout` (nicht `stderr`) handelt, und das Feld `"time"` gibt schließlich den genauen Zeitpunkt an, zu dem der Docker-Daemon die betreffende Meldung empfangen hat. Dieses Format ist für Logdateien zwar ungewöhnlich, weil es nicht nur einen reinen Datenstrom darstellt, sondern strukturiert ist, das kann sich aber durchaus als vorteilhaft erweisen, wenn Sie die Logdaten später auswerten möchten.

Mit dem Befehl `docker container logs -f` lassen Sie sich die letzten Logeinträge in Echtzeit anzeigen:

```
$ docker container logs -f nginx-test
...
2022/07/31 16:36:05 [notice] 1#1: start worker process 35
2022/07/31 16:36:05 [notice] 1#1: start worker process 36
2022/07/31 16:36:05 [notice] 1#1: start worker process 37
2022/07/31 16:36:05 [notice] 1#1: start worker process 38
```

Auf den ersten Blick sieht die Ausgabe genauso aus wie bei dem einfachen Befehl `docker container logs`, allerdings wartet der Client nun darauf, dass neue Logeinträge eingehen, und gibt diese dann aus. Hier besteht eine große Ähnlichkeit mit dem Linux-Befehl `tail -f`. Sie können jederzeit Strg-C drücken, um den Logstream zu beenden. Und vergessen Sie nicht, den Container wieder zu stoppen:

```
---
$ docker container stop nginx-test
---
```

Mit einer Option wie beispielsweise `--log-opt tag=" {{.ImageName }}/ {{.ID }}"` können Sie das Standard-Tag der Logeinträge (mit dem jeder Logeintrag beginnt) Ihren eigenen Wünschen entsprechend anpassen. In der Voreinstellung werden die ersten zwölf Zeichen der Container-ID verwendet.

Für das Logging der Vorgänge auf einem einzelnen Host ist dieser Mechanismus schon ziemlich gut geeignet. Die Nachteile betreffen das Entfernen der ältesten Logdateien und den Speicherplatzbedarf bei sehr umfangreichen Logs. Für den Fall, dass die gegebenen Möglichkeiten nicht ausreichen (in Produktivumgebungen passiert das häufig), unterstützt Docker eine Vielzahl weiterer Logmechanismen.

Die Standardeinstellungen sehen kein automatisches Löschen der ältesten Logeinträge vor. Sie sollten sich daher vergewissern, dass Sie in Produktivumgebungen die Optionen `--log-opt max-size` und `--log-opt max-file` verwenden – entweder über die Befehlszeile oder (in der Produktivumgebung) in der Konfigurationsdatei *daemon.json*. Damit können Sie die maximale Größe der Logdateien bzw. die Anzahl der Logdateien angeben, die aufbewahrt werden. Die Einstellung für `max-file` bleibt allerdings wirkungslos, solange Sie nicht auch `max-size` angeben, um Docker anzuweisen, die ältesten Logdateien zu entfernen. Beachten Sie, dass `docker container logs` nur die Einträge der aktuellen Logdatei anzeigt, wenn Sie diese Einstellungen nutzen.

Fortgeschrittenes Logging

Wenn der Standardmechanismus nicht ausreicht, was bei hoher Last wahrscheinlich der Fall ist, unterstützt Docker konfigurierbare Logging-Backends. Die Liste der Plug-ins wächst konstant. Neben den eben erwähnten JSON-Dateien gehören dazu auch `syslog`, `fluentd`, `journald`, `gelf`, `awslogs`, `splunk`, `gcplogs`, `local` und `logentries`, mit denen sich Logdaten an verschiedene externe Logging-Frameworks übermitteln lassen.

Dies ist schon eine ziemlich lange Liste von Plug-ins. Die einfachste (wenn auch nicht die beste, wie wir in Kürze erläutern werden) der derzeit unterstützten Optionen beim umfassenden Einsatz von Docker ist die direkte Übermittlung der Containerlogs an `syslog`. Geben Sie dazu in der `docker`-Kommandozeile die Option `--log-driver=syslog` ein.

Die Datei *daemon.json* ist die Konfigurationsdatei für den Docker-Server. Sie ist in der Regel im Verzeichnis */etc/docker* zu finden. Wenn Sie Docker Desktop verwenden, können Sie sie über *Preferences/Docker Engine* in der grafischen Oberfläche ebenfalls anpassen. Ist das geschehen, müssen Sie Docker Desktop neu starten.

Es gibt eine Reihe von Plug-ins von Drittanbietern. Wir haben gemischte Erfahrungen mit solchen Plug-ins gemacht, meistens weil diese es erschweren, Docker zu installieren und zu verwalten. Dennoch finden Sie womöglich Plug-ins, die perfekt für Ihr System sind und bei denen sich eine Installation lohnt.

Es gibt bei allen Logging-Treibern etwas zu beachten. Beispielsweise unterstützt Docker immer nur einen Treiber gleichzeitig. Das heißt, dass Sie den `syslog`- oder `gelf`-Logging-Treiber verwenden können, jedoch nicht gleichzeitig mit `json-file` oder `journald`. Wenn Sie `json-file` oder `journald` nicht nutzen, verlieren Sie die Möglichkeit, `docker container logs` einzusetzen! Das erwarten Sie möglicherweise nicht, und es ist eine große Einschränkung, die Sie beachten sollten.

Manche Plug-ins sind so designt, dass sie die Logs an einen Remote-Endpunkt schicken und eine lokale JSON-Kopie für `docker container logs` vorhalten, aber Sie werden selbst herausfinden müssen, ob das von Ihnen gewünschte Plug-in das auch tut. Sie werden sehr viele Stolperfallen entdecken, wenn Sie jeden Treiber einzeln betrachten. Sie müssen dabei zwischen der garantierten Lieferung von Logs und dem potenziellen Bruch des Docker-Deployments abwägen. UDP-basierte Lösungen oder andere nicht blockierende Optionen sind zu empfehlen.

Traditionell haben die meisten Linux-Systeme eine Art `syslog`-Empfänger an Bord. Dies ist dann etwa `syslog`, `rsyslog` oder eine der anderen zahlreichen Möglichkeiten. Dieses Log ist bereits seit langer Zeit in verschiedenen Formen verfügbar und wird bei vielen Deployments gut unterstützt. Wenn Sie von einer traditionellen Linux- oder Unix-Umgebung zu Docker migrieren, ist die Migration mit der Nutzung der `syslog`-Infrastruktur häufig am einfachsten, da sie bereits besteht.

Viele moderne Linux-Distributionen basieren mittlerweile auf dem Init-System `systemd` und nutzen daher `journald` für das Logging, das anders arbeitet als `syslog`.

Auch wenn `syslog` die klassische Lösung ist, zeigen sich ein paar Problematiken. Der Docker-`syslog`-Treiber unterstützt TLS-, TCP- und UDP-Verbindungen, was zwar zunächst gut klingt, es können aber einige Probleme beim Streamen von Logs zu einem Remote-Server über TCP oder TLS auftreten. Problematisch dabei ist, dass beide auf verbindungsorientierten TCP-Sessions basieren und Docker versucht, dabei den Remote-Logging-Server beim Starten des Containers zu erreichen. Wenn Sie das als Standard-Logging-Mechanismus verwenden, kann das System zu jeder Zeit des Deployments streiken.

Das ist nicht gerade ein stabiler Zustand für Produktivsysteme, und es ist daher empfehlenswert, die UDP-Option für `syslog` zu nutzen, vorausgesetzt, Sie verwenden den `syslog`-Treiber. Das heißt dann auch, dass Ihre Logs nicht verschlüsselt sind und es nicht garantiert ist, dass diese Logs zugestellt werden. Es gibt verschiedene Philosophien, was das Logging angeht, und Sie müssen abwägen, was Ihnen wichtiger ist. Wir empfinden Zuverlässigkeit als den wichtigeren Punkt, wenn Sie aber in einer sicherheitskritischen Umgebung arbeiten, urteilen Sie vielleicht anders.

Sie können von einem Container direkt zu einem `syslog`-kompatiblen Server loggen, indem Sie die Logoption `syslog-address` analog zu Folgendem setzen:
`--log-opt syslog-address=udp://192.168.42.42:123`

Der letzte erwähnenswerte Stolperstein bei Logging-Plug-ins ist, dass sie standardmäßig blockieren. Das heißt, dass das Logging möglicherweise zu Problemen in Ihrer Anwendung führen kann, wenn die Daten nicht zügig versendet werden können. Sie können dieses Verhalten anpassen, indem Sie `--log-opt mode=non-blocking` setzen und dabei auch den maximalen Buffer für Logs mit `--log-opt max-buffer-size=4m` konfigurieren. Sobald diese Optionen gesetzt sind, wird Ihre Anwendung nicht länger blockieren, wenn der Buffer gefüllt wird. Stattdessen werden die ältesten Logzeilen verworfen. Auch hier gilt: Es muss zwischen der Zuverlässigkeit der Systeme und der Notwendigkeit, alle Logs zu erhalten, abgewogen werden.

Manche Bibliotheken und Programme von Drittanbietern greifen aus den verschiedensten (und gelegentlich unerwarteten) Gründen schreibend auf das Dateisystem zu. Wenn Sie an einem »sauberen« Containerdesign interessiert sind, bei dem kein direkter schreibender Zugriff auf das Dateisystem des Containers stattfindet, sollten Sie in Betracht ziehen, beim Aufruf von `docker container run` die in Kapitel 3 vorgestellten Optionen `--read-only` und `--mount-type=tmpfs` zu verwenden. Das Schreiben von Logs *innerhalb* des Containers ist nicht empfehlenswert.

Docker überwachen

Wenn man eine Produktivumgebung betreibt, muss man auch beurteilen können, was eigentlich vor sich geht. Heutzutage wird alles Mögliche überwacht, und es werden so viele Statistiken erstellt wie nie zuvor. Docker bietet mit `docker container stats` und `docker container events` ansprechende grundlegende Möglichkeiten zur Berichterzeugung, die wir Ihnen im Folgenden vorstellen. Danach sehen wir uns einen Service von Google an, der zusätzlich auch noch schicke Grafiken erzeugen kann, und zusätzlich ein – zurzeit experimentelles – Feature von Docker, das das Exportieren von Containermetriken mittels des Monitoring-Systems Prometheus unterstützt.

Containerstatistiken

Lassen Sie uns zunächst einen Blick auf die Kommandozeilentools werfen, die Docker selbst mitbringt. Das `docker`-Kommandozeilentool kann diese Schnittstelle anzapfen und alle paar Sekunden aktualisierte statistische Informationen über die laufenden Container ausgeben. Der Befehl `docker container stats` übernimmt, ähnlich wie der Linux-Befehl `top`, das aktuelle Terminal und überschreibt dann immer wieder dieselben Zeilen mit aktualisierten Werten. Das lässt sich in einem Buch natürlich kaum darstellen, deshalb zeigen wir hier lediglich ein einfaches Beispiel, das auf dem Bildschirm allerdings alle paar Sekunden neue Werte anzeigt.

Kommandozeilenstatistiken

Starten Sie einen aktiven Container:

```
$ docker container run --rm -d --name stress \
    docker.io/spkane/train-os:latest \
    stress -v --cpu 2 --io 1 --vm 2 --vm-bytes 128M --timeout 60s
```

Dann führen Sie den stats-Befehl aus, um sich den neuen Container anzuschauen:

```
$ docker container stats stress
CONTAINER ID NAME   CPU %   MEM USAGE/LIMIT    MEM % NET I/O   BLOCK I/O PIDS
1a9f52f0855f stress 476.50% 36.09MiB/7.773GiB 0.45% 1.05kB/0B 0B/0B     6
```

Sie können den stats-Stream mit Strg-C jederzeit verlassen.

Nutzen Sie die Option `--no-stream`, um einen einmaligen Blick auf die Statistiken werfen zu können. Diese werden dann nicht fortlaufend aktualisiert, und Sie kommen zurück an die Kommandozeile, wenn der Befehl fertig ist.

Schauen wir uns diese Ausgabe in überschaubaren Teilen an. Wir haben Folgendes:

- Die Container-ID (aber nicht den Namen).
- Die Anzahl der CPUs, die der Container gerade nutzt. 100 % entsprechen einem ganzen CPU-Core.
- Die Größe des genutzten Arbeitsspeichers, gefolgt von der maximal nutzbaren Größe.
- Netzwerk- und Block-I/O-Statistiken.
- Die Anzahl der aktiven Prozesse innerhalb des Containers.

Einige dieser Werte sind für das Debuggen nützlicher als andere, daher lohnt sich ein Blick darauf, welche Erkenntnisse wir daraus ziehen können.

Zu den hilfreichsten Ausgaben gehört hier die prozentuale Auslastung des Arbeitsspeichers des Containers. Ein häufig auftretendes Problem beim Betrieb von produktiven Containern ist, dass aggressive Limits beim Arbeitsspeicher zu Linux-Kernel-OOMs (*Out of Memory*) führen können, die den Container immer wieder neu starten. Das Kommando `stats` kann helfen, diese Probleme zu identifizieren.

Wenn Sie sich die I/O-Nutzung aller Container anschauen, lässt sich ebenfalls schnell erkennen, welcher Container die meisten Ressourcen nutzt, was anschließend näher begutachtet werden kann. Früher war dies viel schwerer herauszufinden!

Die Anzahl der aktiven Prozesse innerhalb der Container ist zum Debuggen ebenfalls nützlich. Falls Sie eine Anwendung haben, die Kindprozesse startet, aber nicht ordnungsgemäß aufräumt, lässt sich das ebenfalls schnell erkennen.

Ein großartiges Feature von `docker container status` ist, dass es nicht nur die Statistiken eines einzelnen Containers anzeigen, sondern auch eine gemeinsame Statistik über alle Container ermitteln kann. Das kann selbst für Maschinen aufschlussreich sein, bei denen Sie dachten, dass Sie wissen, was sie tun.

All das ist einfach zu verwenden und darüber hinaus nützlich, da es menschenlesbare Informationen über die Kommandozeile verfügbar macht. Sie werden jedoch sehen, dass die Docker-API über die Statistikschnittstelle *erheblich* mehr Informationen bereitstellt, als der Client anzeigt. Bislang haben wir in diesem Buch Abstand davon genommen, die API direkt zu verwenden, aber in diesem Fall sind die zur Verfügung gestellten Daten so viel umfangreicher als die vom Client, dass wir `curl` für einen API-Request verwenden, um sie abzurufen und uns anzusehen, was der Container so treibt. In dieser Form sind die Daten zwar nicht annähernd so gut lesbar, Sie bekommen jedoch eine Fülle zusätzlicher Informationen. Außerdem erhalten Sie bei der Gelegenheit eine kleine Einführung dazu, wie Sie die API selbst aufrufen können.

So gut wie alles, was der Docker-Client kann, können wir auch direkt über die Docker-APIs erreichen. Sie können also in Ihrer Anwendung sehr viel sehr ähnlich erreichen, wenn es notwendig ist.

Das Beispiel im folgenden Abschnitt ist eine gute Einführung in das direkte Aufrufen der API.

Stats-API-Endpunkt

Die `/stats/`-Schnittstelle, der wir in der API begegnen werden, liefert kontinuierlich statistische Daten, solange wir die Verbindung aufrechterhalten. Da diese Daten in Reinform für uns Menschen kaum verständlich sind, rufen wir nur eine Zeile ab und nutzen das Tool `jq`, um sie hübsch formatiert auszugeben. Sie müssen also `jq` installiert haben (in Version 2.6 oder neuer), damit der Befehl funktioniert. Falls das nicht der Fall ist, können Sie auf die Ausgabeumlenkung auch verzichten, müssen dann aber mit der unschönen JSON-Ausgabe vorliebnehmen. Wenn Sie einen anderen Pretty Printer für JSON haben, können Sie natürlich auch den nehmen.

Die meisten Docker-Daemons sind so installiert, dass die API nur auf dem Unix-Domain-Socket und nicht über TCP verfügbar ist. Wir nutzen daher `curl` auf dem Host selbst, um mit der API zu kommunizieren. Falls Sie beabsichtigen, den Endpunkt in der Produktivumgebung zu überwachen, müssen Sie die Docker-API auf einem TCP-Port freigeben. Das ist zwar nicht unbedingt empfehlenswert, aber die Docker-Dokumentation (*https://dockr.ly/2Lzuox2*) zeigt trotzdem, wie das geht.

Arbeiten Sie nicht auf dem Docker-Server oder nutzen Sie Docker Desktop lokal, können Sie sich mit dem Befehl `echo $DOCKER_HOST` den Inhalt der Umgebungsvariablen `DOCKER_HOST` anzeigen lassen, um den Hostnamen oder die IP-Adresse Ihres Docker-Hosts zu ermitteln.

Starten Sie zunächst einmal einen Container, der Ihnen statistische Daten liefert:

```
$ docker container run --rm -d --name stress \
    docker.io/spkane/train-os:latest \
    stress -v --cpu 2 --io 1 --vm 2 --vm-bytes 128M --timeout 60s
```

Sobald der Container läuft, können wir mithilfe von curl und unter Angabe des Container-Hashwerts oder seines Namens den kontinuierlichen Datenstrom mit statistischen Daten über den Container im JSON-Format abrufen.

In den folgenden Beispielen verbindet sich curl gegen den Docker-Socket. Sie können den Aufruf aber auch einfach gegen den Docker-Port richten, wenn dieser verfügbar ist.

```
$ curl --no-buffer -XGET --unix-socket /var/run/
docker.sock \
    http://docker/containers/stress/stats
```

Sofern Sie nichts dagegen unternehmen, wird dieser JSON-Datenstrom mit statistischen Informationen kontinuierlich fortgesetzt. Drücken Sie Strg-C, um ihn abzubrechen.

Für den gezielten Abruf bestimmter statistischer Werte können Sie einen Befehl wie diesen verwenden:

```
$ curl -s -XGET --unix-socket /var/run/docker.sock \
    http://docker/containers/stress/stats | head -n 1 | jq
```

Und wenn jq (*https://stedolan.github.io/jq*) oder ein anderes Tool für eine hübsch formatierte Ausgabe der JSON-Daten verfügbar ist, kann diese in für Menschen lesbarer Form erfolgen:

```
$ curl -s -XGET --unix-socket /var/run/docker.sock \
    http://docker/containers/stress/stats | head -n 1 | jq
{
  "read": "2022-07-31T17:41:59.10594836Z",
  "preread": "0001-01-01T00:00:00Z",
  "pids_stats": {
    "current": 6,
    "limit": 18446744073709552000
  },
  "blkio_stats": {
    "io_service_bytes_recursive": [
      {
        "major": 254,
        "minor": 0,
        "op": "read",
        "value": 0
      },
...
    ]
  },
  "num_procs": 0,
  "storage_stats": {},
  "cpu_stats": {
    "cpu_usage": {
      "total_usage": 101883204000,
      "usage_in_kernelmode": 43818021000,
      "usage_in_usermode": 58065183000
...
```

```
      },
    },
    "memory_stats": {
      "usage": 183717888,
      "stats": {
        "active_anon": 0,
        "active_file": 0,
...
      },
      "limit": 8346021888
    },
    "name": "/stress",
    "id": "9be7c9de26864ac97e07fc3d8e3ffb5bb52cc2ba49f569d4ba8d407f8747851f",
    "networks": {
      "eth0": {
        "rx_bytes": 1046,
        "rx_packets": 9,
...
      }
    }
  }
```

Hier sind wirklich jede Menge Informationen vorhanden. Wir wollen uns an dieser Stelle nicht mit den Einzelheiten aufhalten, aber Sie können wirklich ziemlich detaillierte Daten über die Belegung des Arbeitsspeichers, die Lese- und Schreibzugriffe der Datenträger und die Auslastung der CPU abrufen. Wenn Sie in Ihren Containern die CPU-Nutzung oder die Arbeitsspeicherauslastung beschränken, ist diese Statistikschnittstelle sehr nützlich, um herauszufinden, wann die jeweiligen Grenzwerte erreicht werden.

Sollten Sie eigene Monitoring-Aktivitäten durchführen, ist diese Schnittstelle ebenfalls sehr praktisch. Nachteilig ist dabei allerdings, dass es für jeden Container eine eigene Schnittstelle gibt. Es ist also nicht möglich, mit einem einzigen Aufruf Statistiken für alle Container zu erhalten.

Container-Health-Checks

Wie bei jeder anderen Anwendung ist es auch beim Start eines Containers möglich, dass er gestartet und ausgeführt wird, aber nie einen »gesunden« Zustand erreicht, in dem er Traffic erhält. Produktivsysteme fallen auch mal aus, während sie laufen – damit müssen Sie umgehen können.

Viele Produktivumgebungen verfügen über standardisierte Health-Check-Anwendungen. Es gibt allerdings keinen Standard dazu, wie dies organisationsübergreifend umzusetzen ist, sodass es unwahrscheinlich ist, dass viele Firmen dafür den gleichen Weg nehmen. Um dieser Art von Komplexität gerecht zu werden, wurden Monitoring-Systeme gebaut, sodass die Anwendungen in verschiedenen Produktivsystemen laufen können. Hier wäre ein Standard ein großer Gewinn.

Um die Komplexität zu minimieren und ein standardisiertes Interface bereitzustellen, hat Docker einen Health-Check-Mechanismus eingebaut. Unabhängig davon, was in dem Container läuft, sollen Linux-Container nach außen hin immer gleich aussehen. Dockers Health-Check-Mechanismus standardisiert nicht nur den Health-Check von

Containern, sondern verwaltet auch eine Isolierung zwischen dem, was im Container läuft, und dem, wie es von außen aussieht. Das heißt, dass Container vom Docker-Hub oder anderen verteilten Repositories einen standardisierten Health-Check-Mechanismus implementieren, der in jeder Docker-Umgebung laufen kann, die für Produktivumgebungen gedacht ist.

Health-Checks sind Konfigurationen zur Build-Zeit und werden mit einer `HEALTHCHECK`-Definition im Dockerfile erzeugt. Das Direktiv sagt dem Docker-Daemon, welches Kommando es innerhalb des Containers ausführen kann, um den Zustand des Containers zu prüfen. Solange das Kommando mit einem Exitcode von 0 endet, wird Docker den Container als gesund kennzeichnen. Jeder andere Exitcode wird Docker mitteilen, dass er in keinem gesunden Zustand ist. Ist das der Fall, kann der Scheduler oder das Monitoring-System angebrachte Aktionen ausführen.

Wir werden das folgende Projekt nutzen, um Docker Compose in ein paar Kapiteln auszuprobieren. Für diesen Moment enthält es aber ein nützliches Beispiel für Docker-Health-Checks. Kopieren Sie den Code und navigieren Sie in das Verzeichnis *rocketchat-hubot-demo/mongodb/docker*:

```
$ git clone https://github.com/spkane/rocketchat-hubot-demo.git \
    --config core.autocrlf=input
$ cd rocketchat-hubot-demo/mongodb/docker
```

In diesem Verzeichnis sehen Sie ein Dockerfile und ein Skript namens `docker-healthcheck`. Das Dockerfile sieht wie folgt aus:

```
FROM docker.io/bitnami/mongodb:4.4
# Newer Upstream Dockerfile:
# https://github.com/bitnami/containers/blob/
# f9fb3f8a6323fb768fd488c77d4f111b1330bd0e/bitnami/mongodb
# /5.0/debian-11/Dockerfile

COPY docker-healthcheck /usr/local/bin/

# Useful Information:
# https://docs.docker.com/engine/reference/builder/#healthcheck
# https://docs.docker.com/compose/compose-file/#healthcheck
HEALTHCHECK CMD ["docker-healthcheck"]
```

Es ist sehr kurz, da wir es auf dem Upstream-Mongo-Image (*https://oreil.ly/Is1yt*) basieren lassen und unser Image viele Dinge von dem Entry-Point, dem Standardkommando und dem Port erbt.

Bitnami hat seine Container-Repositories Anfang 2023 im größeren Maßstab refaktoriert, daher zeigt dieser Link auf eine etwas neuere Version des Dockerfiles für MongoDB 5.0. Wir nutzen in diesem Beispiel MongoDB 4.4, aber der Link sollte trotzdem die Idee deutlich machen.

```
EXPOSE 27017
ENTRYPOINT [ "/opt/bitnami/scripts/mongodb/entrypoint.sh" ]
CMD [ "/opt/bitnami/scripts/mongodb/run.sh" ]
```

Achten Sie darauf, dass Docker Traffic an die Ports eines Containers weiterleitet, auch wenn der Container und die zugrundeliegenden Prozesse noch gar nicht ganz hochgefahren sind.

Dem Dockerfile fügen wir also nur ein einziges Skript hinzu, das den Health-Check auf dem Container durchführt, und definieren ein Kommando für den Health-Check, der das Skript ausführt.

Sie können den Container wie folgt bauen:

```
$ docker image build -t mongo-with-check:4.4 .
 => [internal] load build definition from Dockerfile                0.0s
 => => transferring dockerfile: 37B                                 0.0s
 => [internal] load .dockerignore                                   0.0s
 => => transferring context: 2B                                     0.0s
 => [internal] load metadata for docker.io/bitnami/mongodb:4.4      0.5s
 => [internal] load build context                                   0.0s
 => => transferring context: 40B                                    0.0s
 => CACHED [1/2] FROM docker.io/bitnami/mongodb:4.4@sha256:9162…ae209   0.0s
 => [2/2] COPY docker-healthcheck /usr/local/bin/                   0.0s
 => exporting to image                                              0.0s
 => => exporting layers                                             0.0s
 => => writing image sha256:a6ef…da808                              0.0s
 => => naming to docker.io/library/mongo-with-check:4.4             0.0s
```

Anschließend starten wir den Container und schauen uns die Ausgabe von `docker container ls` an:

```
$ docker container run -d --rm --name mongo-hc mongo-with-check:4.4
5a807c892428ab0641232c82bd477fc8d1142c9e15c27d5946b8bfe7056e2695

$ docker container ls
… IMAGE                … STATUS                          PORTS       …
… mongo-with-check:4.4 … Up 1 second (health: starting) 27017/tcp …
```

Sie sollten jetzt sehen, dass die Spalte `STATUS` nun eine `health`-Sektion in Klammern enthält. Beim Start des Containers zu Beginn zeigt sie `health: starting` an. Sie können die Zeit anpassen, die Docker auf die Initialisierung des Containers wartet, indem Sie `--health-start-period` als Argument dem `docker container run`-Kommando übergeben. Der Status wird auf `healthy` umspringen, sobald der Container gestartet ist und der Health Check erfolgreich war. Es kann sein, dass dieser Container 40 oder mehr Sekunden benötigt, um diesen Status zu erreichen:

```
$ docker container ls
… IMAGE                … STATUS                 PORTS       …
… mongo-with-check:4.4 … Up 32 seconds (healthy) 27017/tcp …
```

Sie können den Status auch direkt abfragen, indem Sie `docker container inspect` aufrufen.

```
$ docker container inspect --format='{{.State.Health.Status}}' mongo-hc
healthy

$ docker container inspect --format='{{json .State.Health}}' mongo-hc | jq
```

```
{
  "Status": "healthy",
  "FailingStreak": 0,
  "Log": [
    ...
  ]
}
```

Sobald der Health-Check fehlschlägt, ändert sich der Status auf `unhealthy`. Sie entscheiden dann, wie Sie mit solchen Situationen umgehen wollen.

```
$ docker container ls
… IMAGE                … STATUS                    PORTS      …
… mongo-with-check:4.4 … Up 9 minutes (unhealthy) 27017/tcp …
```

Sie können jetzt den Container stoppen, indem Sie einfach `docker container stop mongo-hc` eingeben.

Wie bei den meisten Systemen können Sie viele Details der Health-Checks konfigurieren, darunter auch, wie oft Docker den Health-Check durchführen soll (mit `--health-interval`) und wie viele Fehlschläge auftreten dürfen, bis der Container als unhealthy (`--health-retries`) markiert wird. Sie können bei Bedarf sogar den Health-Check mit `--no-healthcheck` komplett deaktivieren.

Dieses Feature ist sehr nützlich, und Sie sollten es möglichst in all Ihren Containern verwenden. Es hilft Ihnen, die Zuverlässigkeit Ihrer Umgebung sicherzustellen, und auch die Sichtbarkeit möglicher Fehler wird erhöht. Es wird von vielen Schedulern und Monitoring-Systemen in Produktivumgebungen unterstützt, sodass es einfach zu implementieren sein sollte.

Wie immer hängt die Nützlichkeit eines Health-Checks davon ab, wie gut dieser geschrieben wurde und wie genau er den Status des Service erkennt.

docker system events

Der `dockerd`-Daemon erzeugt zu bestimmten Zeitpunkten der Lebensdauer eines Containers interne Eventstreams. Auf diese Weise können die verschiedenen Bestandteile des Systems ermitteln, was in den anderen Teilen vor sich geht. Sie können diesen Eventstream ebenfalls anzapfen, um in Erfahrung zu bringen, in welchem Zustand sich die Container auf Ihrem Docker-Server gerade befinden. Wie Sie wahrscheinlich schon vermutet haben, ist diese Funktion in Form eines weiteren Arguments für das Kommandozeilentool implementiert. Wenn Sie den Befehl ausführen, übernimmt er das Terminal und zeigt kontinuierlich Benachrichtigungen über eingehende Events an. Hinter den Kulissen handelt es sich um einen langlebigen HTTP-Request an die Docker-API, die bei auftretenden Events Benachrichtigungen in Form von JSON-Schnipseln verschickt. Das Kommandozeilentool decodiert die JSON-Daten und gibt einen Teil davon auf dem Terminal aus.

Dieser Eventstream erweist sich beim Monitoring oder beim Auslösen zusätzlicher Aktionen als nützlich. So können Sie sich beispielsweise benachrichtigen lassen, wenn eine Aufgabe abgeschlossen ist. Beim Debuggen ermöglicht er Ihnen, festzustellen, dass ein Container beendet wurde, auch wenn Docker ihn automatisch neu gestartet hat. Und wenn Sie ein wenig Erfahrung gesammelt haben, werden Sie den Eventstream womöglich nutzen wollen, um ein eigenes auf die API zugreifendes Tooling zu entwickeln.

Rufen Sie in einem Terminal den `events`-Befehl auf:

```
$ docker system events
```

Sie werden feststellen, dass nichts passiert.

Starten Sie in einem anderen Terminal den folgenden kurzlebigen Container:

```
$ docker container run --rm --name sleeper debian:latest sleep 5
```

Im ersten Terminal, in dem der `events`-Befehl läuft, sollten Sie jetzt so etwas wie die folgende Ausgabe erhalten:

```
...09:59.606... container create d6... (image=debian:latest, name=sleeper)
...09:59.610... container attach d6... (image=debian:latest, name=sleeper)
...09:59.631... network connect ea... (container=d60b..., name=bridge, type=bridge)
...09:59.827... container start d6... (image=debian:latest, name=sleeper)
...10:04.854... container die d6... (exitCode=0, image=debian:latest, name=sleeper)
...10:04.907... network disconnect ea... (container=d60b..., name=bridge, type=bridge)
...10:04.922... container destroy d6... (image=debian:latest, name=sleeper)
```

Mit Strg-C können Sie den Eventstream jederzeit verlassen.

Genau wie Docker-Statistiken können Sie die Docker-Events auch über curl abrufen: `curl --no-buffer -XGET --unix-socket /var/run/docker.sock http://docker/events`.

In diesem Beispiel haben wir einen kurzlebigen Container laufen lassen, der sich einfach nach fünf Sekunden beendet hat.

Die Events `container create`, `container attach`, `network connect` und `container start` stehen alle für Schritte, die notwendig sind, um den Container zum Laufen zu bringen. Beendet sich der Container, finden sich im Eventstream ein `container die`, ein `network disconnect` und ein `container destroy`. Jedes davon steht für einen Schritt beim Herunterfahren des Containers. Docker teilt uns freundlicherweise auch die ID des Image mit, mit der der Container läuft. Das kann nützlich sein, um Deployments mit Events zu verknüpfen, weil beispielsweise ein Deployment normalerweise ein neues Image beinhaltet.

Wenn sich die Container auf einem Server nicht starten lassen, ist der `docker events`-Stream äußerst hilfreich, um festzustellen, was eigentlich passiert (und wann). Sollten Sie das Geschehen nicht unmittelbar live verfolgt haben, stellt Docker einen Cache bereit – Sie können sich die Events also auch noch eine Weile später anzeigen lassen. Mit den Optionen `--since` bzw. `--until` lassen Sie sich die Events nach bzw. vor einem bestimmten Zeitpunkt anzeigen. Sie können auch beide Optionen gleichzeitig verwenden, um die Anzeige der Events auf ein Zeitfenster einzuschränken, in dem die Probleme aufgetreten sind, die Sie untersuchen. Beiden Optionen müssen Sie wie in den vorhergehenden Beispielen Zeitangaben in ISO-Formaten übergeben (z. B. `2018-02-18T14:03:31-08:00`).

Es gibt ein paar spezifische Eventtypen, die Sie unbedingt überwachen sollten:

- `container oom`
  Wenn einem Container der Speicher ausgeht.
- `container exec_create`, `container exec_start`, `container exec_die`
  Wenn jemand `docker container exec` aufgerufen hat, um in einen Container zu gelangen – das könnte auf ein Sicherheitsproblem hinweisen.

cAdvisor

`docker container stats` und `docker container events` sind praktische Tools, die jedoch keine Grafiken liefern – und die sind doch ziemlich hilfreich, um Trends zu erkennen. Diese Lücke wurde teilweise von der Community und Drittanbietern geschlossen. Wenn Sie damit anfangen, die für das Monitoring verfügbaren Optionen zu erkunden, werden Sie feststellen, dass viele der entsprechenden Tools inzwischen Funktionen bieten, mit denen sich die Leistung und der Zustand Ihrer Container visualisieren lassen.

Neben dem kommerziellen Tooling von Anbietern wie Datadog, GroundWork oder New Relic gibt es auch eine Reihe von Open-Source-Lösungen, wie z. B. Prometheus oder Nagios. Über Prometheus werden wir in »Monitoring mit Prometheus« auf Seite 184 schreiben. Kurz nach der Veröffentlichung von Docker hat Google die eigene intern genutzte Software, die bei der Einrichtung von Containern Hilfestellung leistet, unter dem Namen *cAdvisor* auf GitHub (*https://github.com/google/cadvisor*) veröffentlicht. cAdvisor ist zwar auch ohne Container nutzbar, am einfachsten lässt es sich jedoch als Linux-Container verwenden.

Um cAdvisor auf einem Ubuntu-System zu installieren, brauchen Sie lediglich den nachstehenden Code auszuführen.

Dieser Befehl ist dazu gedacht, direkt auf einem Linux-Docker-Server ausgeführt zu werden. Auf einem Windows- oder macOS-System wird er nicht richtig funktionieren.

```
$ docker container run \
  --volume=/:/rootfs:ro \
  --volume=/var/run:/var/run:ro \
  --volume=/sys:/sys:ro \
  --volume=/var/lib/docker/:/var/lib/docker:ro \
  --volume=/dev/disk/:/dev/disk:ro \
  --publish=8080:8080 \
  --detach=true \
  --name=cadvisor \
  --privileged \
```

```
  --rm \
  --device=/dev/kmsg \
  gcr.io/cadvisor/cadvisor:latest

Unable to find image 'cadvisor/cadvisor:latest' locally
Pulling repository cadvisor/cadvisor
f0643dafd7f5: Download complete
...
ba9b663a8908: Download complete
Status: Downloaded newer image for cadvisor/cadvisor:latest
f54e6bc0469f60fd74ddf30770039f1a7aa36a5eda6ef5100cddd9ad5fda350b
```

Auf den Systemen Red Hat Enterprise Linux (RHEL) und CentOS müssen Sie den obigen Befehl `docker container run` eventuell um folgende Zeile ergänzen:

`--volume=/cgroup:/cgroup \.`

Nachdem das erledigt ist, können Sie über Port 8080 des Docker-Hosts (z. B. *http://172.17.42.10:8080/*) auf die cAdvisor-Webschnittstelle zugreifen und sich die verschiedenen Diagramme für den Host und dessen Container anzeigen lassen (siehe Abbildung 6-1).

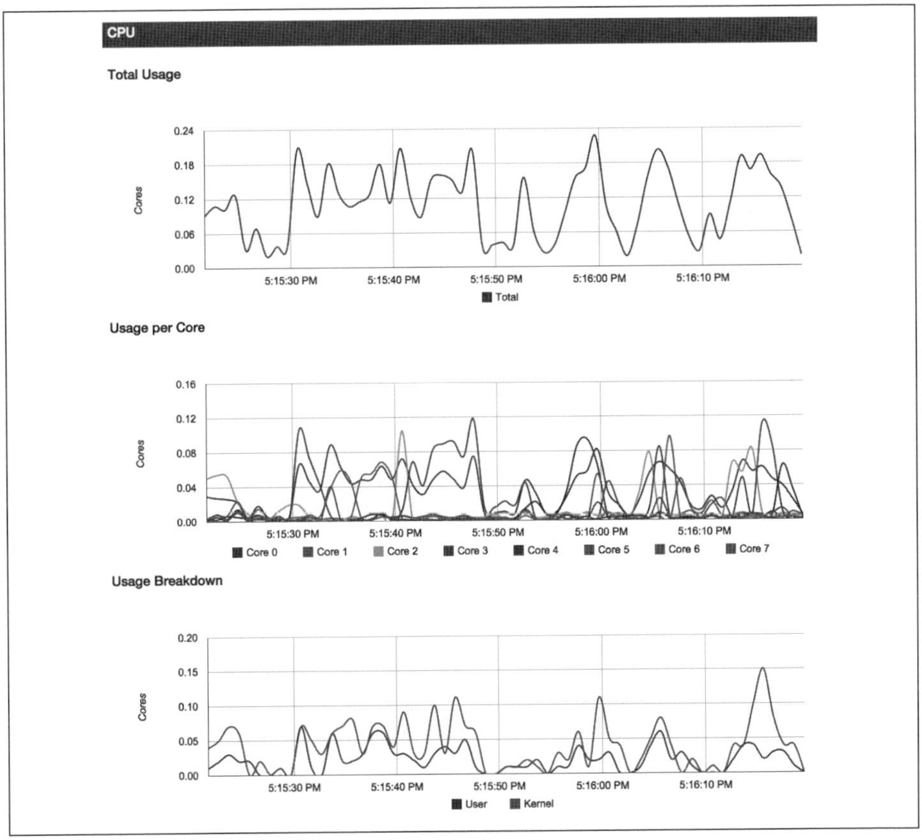

Abbildung 6-1: CPU-Diagramme in cAdvisor (Beispiel)

cAdvisor stellt eine REST-API als Schnittstelle zur Verfügung, über die Sie bequem ausführliche Informationen auf Ihren Monitoring-Systemen abfragen können:

```
$ curl http://172.17.42.10:8080/api/v2.1/machine/
```

Details zur cAdvisor-API finden Sie in der offiziellen Dokumentation unter *https://github.com/google/cadvisor/blob/master/docs/api_v2.md*.

Der Umfang der hier verfügbaren Informationen sollte für die meisten Diagramme und Monitoring-Zwecke ausreichen.

Monitoring mit Prometheus

Das Monitoring-System Prometheus (*https://prometheus.io/*) ist mittlerweile eine beliebte Lösung für das Monitoring von verteilten Systemen. Es funktioniert im Wesentlichen als Pull-Modell, bei dem der Server die Statistiken von den Endpunkten in regelmäßigen Abständen abholt. Docker besitzt einen Endpunkt für Prometheus, was es einfach macht, die Statistiken der Container in Prometheus einzubinden. An dieser Stelle sei noch darauf hingewiesen, dass es um das Monitoring des Docker-Servers selbst geht und nicht um die einzelnen Container.

Um die Metriken für Prometheus zu exportieren, muss der Docker-Server so konfiguriert werden, dass die Metriken auf einem Port bereitgestellt werden. Das ist praktisch, da nicht die komplette Docker-API freigegeben werden muss, um Metriken vom System zu erhalten. Dies ist ein Pluspunkt hinsichtlich der Sicherheit auf Kosten von etwas mehr Konfiguration. Dazu muss entweder der Parameter `--metrics-addr=` übergeben werden, oder die Datei *daemon.json* muss angepasst werden, damit sich der Daemon selbst konfiguriert. Da viele Distributionen `systemd` einsetzen und die Änderung dort je nach Installationsart unterschiedlich ist, nutzen wir hier die Anpassung von *daemon.json*. Wir demonstrieren das auf Ubuntu 22.04 LTS. Bei dieser Distribution ist die Datei normalerweise nicht vorhanden, wenn man beginnt. Also legen wir mit dem favorisierten Editor eine an.

Wie zuvor bereits erwähnt, kann die Datei *daemon.json* bei Docker Desktop über *Preferences/Docker Engine* in der UI angepasst werden. Haben Sie sie angepasst, müssen Sie Docker Desktop neu starten.

Fügen Sie Folgendes in *daemons.json* ein:

```
{
  "experimental": true,
  "metrics-addr": "0.0.0.0:9323"
}
```

Sie sollten jetzt eine Datei haben, die nichts anderes enthält als das, was Sie gerade eingefügt haben.

Jedes Mal, wenn Sie einen Service im Netzwerk bereitstellen, müssen Sie überlegen, welche Sicherheitsrisiken das haben könnte. Wir glauben, dass die Bereitstellung von Metriken ein lohnenswerter Ausgleich ist, aber Sie sollten sich selbst für Ihr spezifisches Szenario ein Bild machen. Beispielsweise ist es in so gut wie allen Fällen wahrscheinlich nicht sinnvoll, die Metriken im öffentlichen Internet bereitzustellen.

Wenn wir Docker neu starten, haben wir nun einen Listener auf alle Adressen auf Port 9323. Dies ist der Port, an dem sich Prometheus verbinden wird, um die Metriken abzuholen. Zuerst müssen wir dafür den Docker-Server neu starten. Docker Desktop kümmert sich automatisch für Sie um den Neustart, aber wenn Sie auf dem Linux-Docker-Server sind, können Sie so etwas wie `sudo systemctl restart docker` ausführen, um den Daemon neu zu starten. Sie sollten dabei keine Fehler gemeldet bekommen. Wenn doch, haben Sie vermutlich in der Datei *daemon.json* etwas falsch gesetzt.

Jetzt können Sie den Metrikendpunkt mit `curl` testen:

```
$ curl -s http://localhost:9323/metrics | head -15

# HELP builder_builds_failed_total Number of failed image builds
# TYPE builder_builds_failed_total counter
builder_builds_failed_total{reason="build_canceled"} 0
builder_builds_failed_total{reason="build_target_not_reachable_error"} 0
builder_builds_failed_total{reason="command_not_supported_error"} 0
builder_builds_failed_total{reason="dockerfile_empty_error"} 0
builder_builds_failed_total{reason="dockerfile_syntax_error"} 0
builder_builds_failed_total{reason="error_processing_commands_error"} 0
builder_builds_failed_total{reason="missing_onbuild_arguments_error"} 0
builder_builds_failed_total{reason="unknown_instruction_error"} 0
# HELP builder_builds_triggered_total Number of triggered image builds
# TYPE builder_builds_triggered_total counter
builder_builds_triggered_total 0
# HELP engine_daemon_container_actions_seconds The number of seconds it
# takes to process each container action
# TYPE engine_daemon_container_actions_seconds histogram
```

Führen Sie das lokal aus, sollten Sie eine sehr ähnliche Ausgabe erhalten. Sie ist nicht unbedingt identisch, was in Ordnung ist, solange Sie keine Fehlermeldungen erhalten.

Jetzt haben Sie also einen Port, über den Prometheus die Statistiken abholen kann. Allerdings muss Prometheus selbst auch noch irgendwo laufen. Das können wir ganz leicht über einen Container erledigen. Dafür brauchen wir zunächst eine einfache Konfiguration, die wir in */tmp/prometheus/prometheus.yaml* ablegen. Sie können einen Editor nutzen, um die folgenden Zeilen in die Datei zu schreiben:

```
# Scrape metrics every 5 seconds and name the monitor 'stats-monitor'
global:
  scrape_interval: 5s
  external_labels:
  monitor: 'stats-monitor'
  scrape_configs:
    - job_name: 'DockerStats'
      static_configs:
    - targets: ['172.17.0.1:9323']
```

Für Docker Desktop können Sie auch `host.docker.internal:9323` oder `gateway.docker.internal:9323` statt `172.17.0.1:9323` verwenden. Beide Hostnamen verweisen auf die IP-Adresse des Containers.

Wie in der Datei angegeben, sollten Sie die IP-Adresse der `docker0`-Bridge oder die IP-Adresse von `ens3` oder `eth0` verwenden, da weder `localhost` noch `127.0.0.1` vom Container aus routbar ist. Die Adresse, die wir hier angegeben haben, ist die Standardadresse für `docker0`, sodass Sie sie wahrscheinlich nicht anpassen müssen.

Da wir nun die Datei geschrieben haben, können wir den Container mit der Konfiguration starten:

```
$ docker container run --rm -d -p 9090:9090 \
    -v /tmp/prometheus/prometheus.yaml:/etc/prometheus.yaml \
    prom/prometheus -config.file=/etc/prometheus.yaml
```

Das wird den Container starten und die Konfigurationsdatei in den Container mounten, sodass es die Einstellungen findet, um den Docker-Endpunkt zu überwachen. Wenn er sauber startet, können Sie Ihren Browser öffnen und auf Port 9090 auf Ihren Host navigieren. Dort sollte dann die Weboberfläche von Prometheus etwa so wie in Abbildung 6-2 erscheinen.

Abbildung 6-2: Prometheus-Event-Graph (Beispiel)

In der Abbildung haben wir eine der Metriken, `engine_daemon_events_total`, ausgewählt und diese über einen kurzen Zeitraum visualisiert. Sie können jede der anderen Metriken ebenfalls ganz leicht über das Drop-down-Menü abfragen. Mit Prometheus lassen sich auch Alerts und Alert Policies definieren, die auf diesen Metriken basieren. Darauf gehen wir hier allerdings nicht weiter ein. Das Monitoring ist so viel einfacher, als wenn Sie nur den Docker-Server überwachen würden. Zudem können Sie von Ihren Anwendungen aus Metriken für Prometheus bereitstellen. Wenn Sie das interessiert, lohnt sich ein Blick auf *dockprom* (*https://github.com/stefanprodan/dockprom*), das Grafana nutzt, um nette Dashboards zu erstellen, mit denen sich auch Containermetriken wie die aus der Docker-API bzw. des `docker stats`-Endpunkts abfragen lassen.

Weitere Erkundung

Damit verfügen Sie nun über sämtliche grundlegenden Kenntnisse, die Sie brauchen, um Container auszuführen. Am besten laden Sie sich ein paar Container aus der Docker-Hub-Registry herunter und experimentieren ein wenig damit herum, um sich mit den bis hierhin vorgestellten Befehlen vertraut zu machen. Darüber hinaus bietet Docker aber noch viele weitere Möglichkeiten, unter anderem:

- Dateien aus einem Container kopieren oder Dateien in einen Container hineinkopieren mit `docker container cp`.
- Speichern eines Image als Tarball mit `docker image save`.
- Laden eines als Tarball gespeicherten Image mit `docker image import`.

Docker verfügt über einen enormen Funktionsumfang, den Sie sich im Laufe der Zeit vermutlich auch zunutze machen werden – und mit jedem neuen Release kommen weitere Features hinzu. Einige davon werden wir in den noch folgenden Kapiteln ausführlicher vorstellen, aber eben nur einige, denn wie gesagt: Docker besitzt eine wirklich immense Funktionsvielfalt.

So geht es weiter

Im nächsten Kapitel werden wir in einige der eher technischen Details darüber einsteigen, wie Docker funktioniert und wie Sie dieses Wissen nutzen können, um containerisierte Anwendungen zu debuggen.

KAPITEL 7

Container debuggen

Nach der Auslieferung eines Containers kommt irgendwann der Zeitpunkt, an dem er nicht so funktioniert wie erwartet. Es ist immer gut, vorher zu wissen, womit man rechnen muss, wenn es so weit ist. Ohne Debugging-Skills wird es schwer, Fehler im Orchestrierungssystem zu finden. Schauen wir uns also an, wie man Container debuggen kann.

Letztendlich ist das Debuggen von containerisierten Anwendungen nicht so sehr anders als das Debuggen eines normalen Prozesses auf einem System. Der wesentliche Unterschied besteht darin, dass die Tools ein wenig anders sind. Docker stellt ein ziemlich hilfreiches Tooling bereit, das Sie unterstützt. Einige entsprechen regulären Systemtools, andere gehen ein wenig tiefer.

Hier ist es wichtig zu verstehen, dass Ihre Anwendung nicht in einem von den anderen Docker-Prozessen getrennten System läuft. Sie verwenden denselben Kernel und nutzen, je nach Konfiguration Ihres Containers, andere Dinge gemeinsam, wie zum Beispiel das Storage-Subsystem oder die Netzwerkschnittstelle. Es sind also diverse Informationen über Ihren Container im System verfügbar.

Wenn Sie Erfahrung mit dem Debuggen von Anwendungen auf virtuellen Maschinen haben, könnten Sie auf den Gedanken kommen, dass man erst in den Container gelangen muss, um die Speicherbelegung und die CPU-Auslastung einer Anwendung oder die System Calls zu inspizieren. Das stimmt aber nicht! Man hat zwar oft den Eindruck, dass man es mit einem Virtualisierungslayer zu tun hat, tatsächlich sind die Prozesse in Containern jedoch einfach nur Prozesse auf dem Docker-Host selbst. Zur Anzeige aller in Linux-Containern laufenden Prozesse eines Hosts können Sie sich am Server anmelden und den Befehl `ps` mit Ihren bevorzugten Kommandozeilenparametern ausführen. Wenn Sie `docker container top` verwenden, sehen Sie die Liste der Prozesse im Container aus Sicht des zugrunde liegenden Linux-Kernels. Sehen wir uns nun ein paar Dinge an, die man beim Debuggen einer containerisierten Anwendung anstellen kann, ohne `docker container exec` oder `nsenter` zu verwenden.

Prozesse anzeigen

Das Erste, was man beim Debuggen eines Containers meist wissen möchte, ist, was darin läuft. Docker besitzt einen integrierten Befehl zur Anzeige der in einem Container laufenden Prozesse: `docker container top <Container-ID>`. Dies ist zwar nicht die einzige Möglichkeit, in Erfahrung zu bringen, was in einem Container vonstattengeht, aber die am einfachsten anwendbare, beispielsweise so:

```
$ docker container run --rm -d --name nginx-debug --rm nginx:latest
796b282bfed33a4ec864a32804ccf5cbbee688b5305f094c6fbaf20009ac2364

$ docker container top nginx-debug

UID   PID  PPID C STIME TTY TIME  CMD
root  2027 2002 0 12:35 ?   00:00 nginx: master process nginx -g daemon off;
uuidd 2085 2027 0 12:35 ?   00:00 nginx: worker process
uuidd 2086 2027 0 12:35 ?   00:00 nginx: worker process
uuidd 2087 2027 0 12:35 ?   00:00 nginx: worker process
uuidd 2088 2027 0 12:35 ?   00:00 nginx: worker process
uuidd 2089 2027 0 12:35 ?   00:00 nginx: worker process
uuidd 2090 2027 0 12:35 ?   00:00 nginx: worker process
uuidd 2091 2027 0 12:35 ?   00:00 nginx: worker process
uuidd 2092 2027 0 12:35 ?   00:00 nginx: worker process

$ docker container stop nginx-debug
```

Um `docker container top` ausführen zu können, müssen wir ihm den Namen oder die ID unseres Containers übergeben. Dann erhalten wir eine Liste der im Container laufenden Prozesse, die wie beim Linux-Befehl `ps` nach der PID sortiert ist.

Es finden sich hier allerdings auch ein paar Merkwürdigkeiten, vor allem die Namensräume für IDs und Dateisysteme.

Es ist wichtig, zu verstehen, dass sich der Benutzername für eine bestimmte User-ID (UID) von Container zu Container und zum Host unterscheiden kann. Es ist sogar möglich, dass eine bestimmte UID im Container oder in der Datei */etc/passwd* des Hosts gar keinen benannten User besitzt. Das liegt daran, dass eine UID unter Unix keinen zugewiesenen benannten Benutzer haben muss und Linux-Namespaces (auf die wir noch genauer in »Namespaces erkunden« auf Seite 313 eingehen) für eine gewisse Form von Isolation zwischen den gültigen Benutzern eines Containers und denen des zugrunde liegenden Hosts sorgen.

Schauen wir uns ein konkretes Beispiel an. Gehen wir einmal von einem Docker-Server aus, auf dem Ubuntu 22.04 läuft und darin wiederum ein Container mit Ubuntu. Wenn Sie folgendes Kommando auf dem Ubuntu-Host ausführen, sehen Sie, dass die UID 7 dem Benutzer `lp` zugeordnet ist:

```
$ id 7

uid=7(lp) gid=7(lp) groups=7(lp)
```

Messen Sie der hier verwendeten UID-Nummer keine allzu große Bedeutung bei. Sie wurde einfach deshalb gewählt, weil sie auf beiden Plattformen standardmäßig verwendet wird, aber verschiedene Benutzer repräsentiert.

Innerhalb des Fedora-Containers auf diesem Docker-Host ist die UID 7 in der Datei */etc/passwd* allerdings dem Benutzer `halt` zugeordnet. Wenn Sie den folgenden Befehl ausführen, stellt sich heraus, dass der Container völlig anderer Ansicht darüber ist, welcher Benutzer zur UID 7 gehört:

```
$ docker container run --rm -it fedora:latest /bin/bash

root@c399cb807eb7:/# id 7
uid=7(halt) gid=0(root) groups=0(root)

root@c399cb807eb7:/# grep x:7: /etc/passwd
halt:x:7:0:halt:/sbin:/sbin/halt

root@409c2a8216b1:/# exit
```

Führten wir dann auf dem Ubuntu-Docker-Server den Befehl `ps aux` aus, während der Container als UID 7 (`-u 7`) ausgeführt wird, würde der Docker-Host anzeigen, dass der Containerprozess nicht vom Benutzer `halt`, sondern vom Benutzer `lp` ausgeführt wird:

```
$ docker container run --rm -d -u 7 fedora:latest sleep 120

55…c6

$ ps aux | grep sleep

lp          2388  0.2  0.0   2204   784 ?      … 0:00 sleep 120
vagrant     2419  0.0  0.0   5892  1980 pts/0  … 0:00 grep --color-auto sleep
```

Das kann insbesondere dann zu Verwirrung führen, wenn auf dem Hostsystem wohlbekannte Benutzer wie `postgres` oder `nagios` eingerichtet sind, nicht aber im Container, der seinen Prozess dennoch mit derselben ID ausführt. Durch diese Namensräume sieht die ps-Ausgabe manchmal wirklich merkwürdig aus. Beispielsweise könnte man auf den ersten Blick den Eindruck haben, der Benutzer `nagios` des Docker-Hosts würde den innerhalb des Containers gestarteten `postgresql`-Daemon ausführen. Man muss schon sehr genau hinschauen.

Eine mögliche Lösung für dieses Problem: Weisen Sie Ihren Containern eine von null verschiedene UID zu. Legen Sie auf Ihrem Docker-Server einen Benutzer `container` mit der UID 5000 an. Legen Sie dann im Base-Image Ihrer Container denselben Benutzer an. Wenn Sie nun alle Container als UID 5000 ausführen (`-u 5000`), erhöhen Sie nicht nur die Sicherheit des Systems (weil Containerprozesse nicht mehr als UID 0 laufen), sondern sorgen auch dafür, dass die ps-Ausgabe leichter zu entziffern ist, denn bei allen laufenden Containerprozessen wird nun der Benutzer `container` angezeigt.

Da der Prozess auch einen anderen Blickwinkel auf das Dateisystem einnimmt, sind die Pfadangaben in der ps-Ausgabe relativ zum Container, nicht zum Host. In diesem Fall ist es von großem Vorteil, zu wissen, dass es sich um einen Container handelt.

Auf diese Weise können Sie also das Docker-Tooling verwenden, um die in einem Container laufenden Prozesse zu untersuchen. Es gibt aber auch noch andere Möglichkeiten – zumal die soeben beschriebene Methode mit Blick auf das Debugging nicht unbedingt am besten geeignet ist. Wenn Sie auf einem Docker-Server den normalen Linux-ps-Befehl erteilen, um anzuzeigen, was der Server ausführt, erhalten Sie eine vollständige Liste aller containerisierten und nicht containerisierten Prozesse – ganz so, als wären sie alle von der gleichen Art. Allerdings lässt sich diese Ausgabe auch differenzierter gestalten. Hilfreich beim Debugging ist es beispielsweise, den ps-Befehl anzuweisen, die Ausgabe in Form einer Baumdarstellung vorzunehmen, damit erkennbar wird, welche Prozesse zu Docker gehören. Das nachstehende Listing demonstriert, wie es aussieht, wenn man die entsprechenden BSD-Kommandozeilenparameter für ein System angibt, auf dem aktuell zwei Container laufen. Die Ausgabe wurde hier verkürzt und zeigt nur den Teil, der an dieser Stelle von Bedeutung ist.

Die VM von Docker Desktop enthält minimale Versionen der meisten Linux-Tools, und manche dieser Befehle liefern nicht unbedingt die gleiche Ausgabe, die Sie erhalten, wenn Sie einen normalen Linux-Server als Docker-Daemon-Host nutzen.

```
$ ps axlfww

… /usr/bin/containerd
…
… /usr/bin/dockerd -H fd:// --containerd=/run/containerd/containerd.sock
… \_ /usr/bin/docker-proxy -proto tcp -host-ip 0.0.0.0 -host-port 8080 \
        -container-ip 172.17.0.2 -container-port 8080
… \_ /usr/bin/docker-proxy -proto tcp -host-ip :: -host-port 8080 \
        -container-ip 172.17.0.2 -container-port 8080
…
… /usr/bin/containerd-shim-runc-v2 -namespace moby -id 97…3d -address /run/…
… \_ sleep 120
…
… /usr/bin/containerd-shim-runc-v2 -namespace moby -id 69…7c -address /run/…
```

Einige der im vorangehenden Beispiel verwendeten Kommandozeilenparameter von ps funktionieren nur in vollwertigen Linux-Distributionen. Ein paar minimalistische Distributionen benutzen Busybox, das lediglich einen abgespeckten ps-Befehl bietet, der nicht die gesamte hier dargestellte Ausgabe anzeigt. Wir empfehlen, eine vollständige Distribution zu verwenden, etwa Ubuntu oder Fedora CoreOS.

Hier wird deutlich, dass eine Instanz von dockerd (der Hauptcontainer-Runtime des Docker-Daemons) läuft. Für diese laufen zwei Subprozesse von docker-proxy, die wir in »Das Netzwerk inspizieren« auf Seite 199 genauer betrachten werden.

Jeder Prozess, der containerd-shim-runc-v2 nutzt, steht für einen einzelnen Container und alle Prozesse, die innerhalb dieses Containers laufen. Sie erscheinen als docker-containerd-shim-runc-v2 gefolgt von zusätzlichen Informationen über den Prozess, wie zum Beispiel der Container-ID. In diesem Beispiel läuft eine Instanz von Googles cadvisor und eine Instanz von sleep in einem anderen Container, der vom S6-Supervisor überwacht wird. Jedem Container, für den Ports gemappt sind, gehört mindestens ein docker-proxy-Prozess, der dazu dient, seine jeweils erforderlichen Netzwerkports an den Docker-Host anzubinden. In diesem Beispiel sind beide docker-proxy-Prozesse mit cadvisor verknüpft. Einer bildet die Ports für die IPv4-Adressen ab, der andere die für die IPv6-Adressen.

Aus der Ausgabe des Prozessbaums von ps ist durch die Baumstruktur klar ersichtlich, welche Prozesse in welchen Containern laufen. Wenn Ihnen die Unix-SysV-Kommandozeilenparameter besser gefallen, können Sie mit dem Befehl ps -ejH eine vergleichbare Ausgabe erhalten, die allerdings nicht ganz so hübsch formatiert ist:

```
$ ps -ejH

... containerd
...
... dockerd
...   docker-proxy
...   docker-proxy
...
... containerd-shim
...   cadvisor
...
... containerd-shim
...   sleep
```

Mit dem Befehl pstree wird eine kompaktere Darstellung des Docker-Prozessbaums generiert. In diesem Fall verwenden wir pidof, um die Ausgabe auf die zu Docker gehörenden Prozesse zu beschränken:

```
$ pstree `pidof dockerd`

dockerd─┬─docker-proxy───7*[{docker-proxy}]
        ├─docker-proxy───6*[{docker-proxy}]
        └─10*[{dockerd}]
```

Hier werden jedoch keine PIDs angezeigt, daher ist diese Ausgabe vor allem nützlich, um eine Vorstellung von den Zusammenhängen in unseren Containern zu bekommen. Wenn auf einem Host sehr viele Container laufen, ist diese Ausgabe ebenfalls praktisch, denn sie ist viel kompakter und liefert einen guten Überblick darüber, wie alles miteinander verknüpft ist. Hier werden dieselben Container wie bei der Ausgabe mit ps angezeigt, allerdings ist der Prozessbaum »zusammengeklappt«, und es werden Multiplikatoren wie 7* ausgegeben, wenn sieben gleichartige Prozesse vorhanden sind.

Zur Anzeige eines vollständigen Baums mit PIDs ruft man pstree folgendermaßen auf:

```
$ pstree -p `pidof dockerd`
```

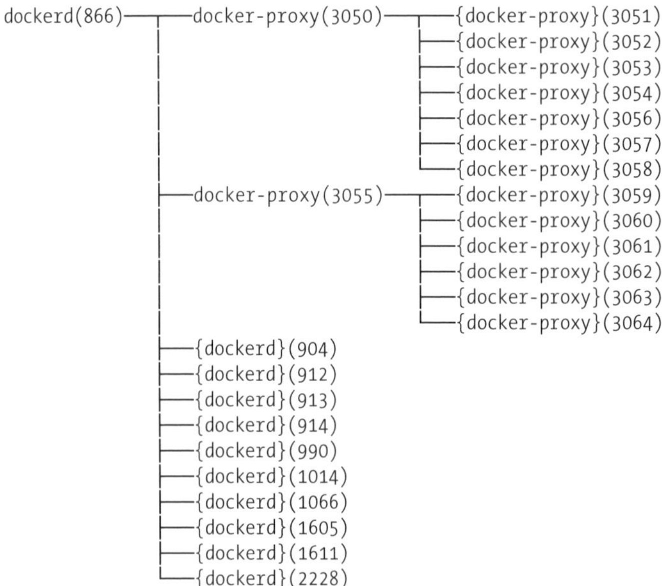

Diese Ausgabe verschafft uns einen sehr guten Überblick darüber, welche Prozesse zu Docker gehören und was sie ausführen.

Wollen Sie einen einzelnen Container und seine Prozesse unter die Lupe nehmen, können Sie auch die Haupt-Prozess-ID des Containers ermitteln und dann `pstree` nutzen, um sich alle zugehörigen Subprozesse anzeigen zu lassen:

```
$ ps aux | grep containerd-shim-runc-v2
root    3072 … /usr/bin/containerd-shim-runc-v2 -namespace moby -id 69…7c …
root    4489 … /usr/bin/containerd-shim-runc-v2 -namespace moby -id f1…46 …
vagrant 4651 … grep --color=auto shim

$ pstree -p 3072
containerd-shim(3072)─┬─cadvisor(3092)─┬─{cadvisor}(3123)
                      │                ├─{cadvisor}(3124)
                      │                ├─{cadvisor}(3125)
                      │                ├─{cadvisor}(3126)
                      │                ├─{cadvisor}(3127)
                      │                ├─{cadvisor}(3128)
                      │                ├─{cadvisor}(3180)
                      │                ├─{cadvisor}(3181)
                      │                └─{cadvisor}(3182)
                      ├─{containerd-shim}(3073)
                      ├─{containerd-shim}(3074)
                      ├─{containerd-shim}(3075)
                      ├─{containerd-shim}(3076)
                      ├─{containerd-shim}(3077)
                      ├─{containerd-shim}(3078)
                      ├─{containerd-shim}(3079)
                      ├─{containerd-shim}(3080)
                      ├─{containerd-shim}(3121)
                      └─{containerd-shim}(3267)
```

Prozesse inspizieren

Wenn Sie am Docker-Server angemeldet sind, können Sie die laufenden Prozesse mit all den üblichen Debugging-Tools untersuchen – die gängigen Tools, wie z. B. strace, funktionieren wie erwartet. Der folgende Code inspiziert einen nginx-Prozess, der innerhalb eines Containers läuft:

```
$ docker container run --rm -d --name nginx-debug --rm nginx:latest

$ docker container top nginx-debug

UID       PID   PPID  … CMD
root      22983 22954 … nginx: master process nginx -g daemon off;
systemd+ 23032 22983 … nginx: worker process
systemd+ 23033 22983 … nginx: worker process

$ sudo strace -p 23032

strace: Process 23032 attached
epoll_pwait(10,
```

Führen Sie strace aus, müssen Sie Strg-C drücken, um den Prozess wieder verlassen zu können.

Wie Sie sehen, erhalten wir die gleiche Ausgabe, die wir von einem nicht containerisierten Prozess auf dem Host bekommen würden. Ebenso funktioniert der Aufruf von lsof, der die geöffneten Dateien und Sockets eines Prozesses ausgibt, wie erwartet:

```
$ sudo lsof -p 22983
COMMAND   PID USER … NAME
nginx   22983 root … /
nginx   22983 root … /
nginx   22983 root … /usr/sbin/nginx
nginx   22983 root … /usr/sbin/nginx (stat: No such file or directory)
nginx   22983 root … /lib/aarch64-linux-gnu/libnss_files-2.31.so (stat: …
nginx   22983 root … /lib/aarch64-linux-gnu/libc-2.31.so (stat: …
nginx   22983 root … /lib/aarch64-linux-gnu/libz.so.1.2.11 (path inode=…)
nginx   22983 root … /usr/lib/aarch64-linux-gnu/libcrypto.so.1.1 (stat: …
nginx   22983 root … /usr/lib/aarch64-linux-gnu/libssl.so.1.1 (stat: …
nginx   22983 root … /usr/lib/aarch64-linux-gnu/libpcre2-8.so.0.10.1 (stat: …
nginx   22983 root … /lib/aarch64-linux-gnu/libcrypt.so.1.1.0 (path …
nginx   22983 root … /lib/aarch64-linux-gnu/libpthread-2.31.so (stat: …
nginx   22983 root … /lib/aarch64-linux-gnu/libdl-2.31.so (stat: …
nginx   22983 root … /lib/aarch64-linux-gnu/ld-2.31.so (stat: …
nginx   22983 root … /dev/zero
nginx   22983 root … /dev/null
nginx   22983 root … pipe
nginx   22983 root … pipe
nginx   22983 root … pipe
nginx   22983 root … protocol: UNIX-STREAM
nginx   22983 root … pipe
nginx   22983 root … pipe
nginx   22983 root … protocol: TCP
```

```
nginx    22983 root … protocol: TCPv6
nginx    22983 root … protocol: UNIX-STREAM
nginx    22983 root … protocol: UNIX-STREAM
nginx    22983 root … protocol: UNIX-STREAM
```

Beachten Sie hier, dass sich die ausgegebenen Pfade stets auf das Dateisystem aus Sicht des Containers beziehen und nicht etwa aus dem Blickwinkel des Hosts. Daher kann es sein, dass Sie auf dem Hostsystem eine bestimmte Datei aus einem Ihrer laufenden Systeme nicht so leicht finden können. In solch einem Fall ist es wohl das Beste, per `docker container exec` in den Container einzusteigen und sich die Dateien dort anzuschauen, um die gleiche Perspektive wie die darin laufenden Prozesse einzunehmen.

Sie können auch einen neuen Debugging-Container starten, der die Prozesse eines bestehenden Containers einsehen und dafür zusätzliche Tools zum Debuggen von Problemen bereitstellen kann. Wir werden darauf in »Namespaces erkunden« auf Seite 313 und »Sicherheitsaspekte« auf Seite 315 noch zu sprechen kommen:

```
$ docker container run -ti --rm --cap-add=SYS_PTRACE \
    --pid=container:nginx-debug spkane/train-os:latest bash

[root@e4b5d2f3a3a7 /]# ps aux
USER PID %CPU %MEM … TIME COMMAND
root   1  0.0  0.2 … 0:00 nginx: master process nginx -g daemon off;
101   30  0.0  0.1 … 0:00 nginx: worker process
101   31  0.0  0.1 … 0:00 nginx: worker process
root 136  0.0  0.1 … 0:00 bash
root 152  0.0  0.2 … 0:00 ps aux

[root@e4b5d2f3a3a7 /]# strace -p 1
strace: Process 1 attached
rt_sigsuspend([], 8

[Control-C]
strace: Process 1 detached
<detached …>

[root@e4b5d2f3a3a7 /]# exit

$ docker container stop nginx-debug
```

Zum Beenden von `strace` müssen Sie Strg-C drücken.

Prozessverwaltung

In einer direkt auf dem Docker-Server laufenden Shell können Sie containerisierte Prozesse genauso wie alle anderen auf dem System laufenden Prozesse handhaben. Wenn Sie das System aus der Ferne bedienen, ist es praktischerweise möglich, mit dem Befehl `docker container kill` Signale zu senden. Sollten Sie aber ohnehin schon auf dem Docker-Server angemeldet sein, um eine Anwendung zu debuggen oder weil der Docker-Daemon nicht reagiert, können Sie den normalen `kill`-Befehl wie gewohnt nutzen.

Beachten Sie jedoch, dass der Container selbst dadurch nicht beendet wird, solange Sie nicht den Top-Level-Prozess des Containers »abschießen«. Das kann beispielsweise erwünscht sein, um einen hängenden Prozess abzubrechen, es könnte den Container aber in einen unerwarteten Zustand versetzen, falls Entwickler auf anderen Remote-Systemen davon ausgehen, dass alle Prozesse arbeiten, weil der Befehl `docker container ls` den Container als laufend anzeigt. Dies kann Scheduler wie Mesos oder Kubernetes oder auch andere Systeme irritieren, die einen Health-Check der Anwendungen durchführen. Bedenken Sie, dass Container von außen betrachtet wie ein einzelnes Bundle aussehen sollen. Wenn Sie etwas innerhalb eines Containers aus anderen Gründen als zu Debugging-Zwecken »abschießen« müssen, ist es sinnvoller, den Container komplett zu ersetzen. Container stellen eine Abstraktion dar, mit der Tools interagieren können. Diese gehen davon aus, dass die Inhalte eines Containers vorhersagbar und konsistent bleiben.

In Containern laufende Prozesse verhalten sich in vielerlei Hinsicht wie ganz normale Prozesse und können alle in der Manpage von `kill` aufgeführten Unix-Signale empfangen. Viele Unix-Programme reagieren auf eine bestimmte Art und Weise, wenn sie ein bestimmtes vorgegebenes Signal empfangen. So legt beispielsweise `nginx` die Logs neu an, sobald es ein `SIGUSR1`-Signal empfängt. Mit dem Linux-Befehl `kill` können Sie einem Containerprozess auf dem Docker-Host beliebige Unix-Signale senden.

Prozessverwaltung in Containern

Wenn Sie keinen Orchestrator wie Kubernetes verwenden, der mehrere Container in einer größeren Abstraktion wie einem Pod handeln kann, erachten wir es als Best Practice, in Containern der Produktivumgebung irgendeine Form der Prozessverwaltung auszuführen, sei es nun `tini` (*https://github.com/krallin/tini*), `upstart` (*https://upstart.ubuntu.com*), `runit` (*http://smarden.org/runit*), `s6` (*https://skarnet.org/software/s6*) oder etwas anderes. Auf diese Weise können Sie Container auch dann atomar handhaben, wenn sie mehr als einen Prozess beinhalten.

Der Befehl `docker container ls` soll das Vorhandensein des Containers widerspiegeln, ohne dass Sie sich darüber Gedanken machen müssen, ob einer der darin laufenden individuellen Prozesse abgebrochen wurde. Wenn Sie davon ausgehen können, dass das Vorhandensein eines Containers und die Abwesenheit von Fehlermeldungen im Log bedeuten, dass alles reibungslos funktioniert, dürfen Sie auch annehmen, dass die Ausgabe des Befehls `docker container ls` richtig ist und den Zustand Ihres Docker-Systems korrekt widerspiegelt. Die Menschen neigen dazu, die Ausgabe des Befehls `docker container ls` für bare Münze zu nehmen, weil Container als einzelne Artefakte ausgeliefert werden. Sie sollten allerdings in einem einzelnen Container auch nur Prozesse ausführen, die von der Logik her zur selben Anwendung gehören.

Außerdem sollten Sie sicherstellen, dass Sie das Verhalten Ihrer bevorzugten Prozessverwaltung vollständig verstehen, insbesondere die Nutzung von Arbeitsspeicher und Festplattenplatz, denn diese Faktoren können die Performance Ihres Containers beeinflussen. In der Regel ist das leichtgewichtigste System das beste.

Da Container genauso arbeiten wie jeder andere Prozess, ist es wichtig zu verstehen, wie sie mit Ihrer Anwendung in einer weniger sinnvollen Weise interagieren können. Es gibt einige spezielle Voraussetzungen innerhalb eines Containers für Prozesse, die Kindprozesse im Hintergrund starten. Das sind Forks, die zum Daemon werden, sodass nicht mehr der Elternprozess die Kindprozesse verwaltet. Jenkins-Build-Container sind ein gängiges Beispiel, in dem dies der Fall ist. Wenn Daemons in den Hintergrund geforkt werden, werden sie Kindprozesse von PID 1 auf dem Unix-System. Prozess 1 ist speziell und meist ein `init`-Prozess.

PID 1 ist für die Verwaltung der Kindprozesse verantwortlich. In Ihrem Container ist der Hauptprozess immer PID 1. Da Sie die Kindprozesse Ihrer Anwendung vermutlich nicht verwalten, können Sie auf Zombie-Prozesse in Ihrem Container stoßen. Es gibt einige Lösungen für dieses Problem. Die erste ist, ein Init-System im Container zu nutzen – eines, das die Verantwortlichkeiten eines PID 1 bewältigen kann. `s6`, `runit` und die anderen, die im Kasten oben beschrieben wurden, können leicht innerhalb des Containers genutzt werden.

Docker selbst bietet allerdings eine viel einfachere Option, die diesen Fall abdeckt, ohne die vollen Fähigkeiten eines Init-Systems mitzubringen. Wenn Sie `docker container run` mit `--init` aufrufen, wird Docker einen sehr kleinen Init-Prozess starten, der auf dem `tini`-Projekt basiert (*https://github.com/krallin/tini*) und als PID 1 beim Start innerhalb des Containers agiert. Alles, was Sie in Ihrem Dockerfile als `CMD` spezifiziert haben, wird an `tini` überreicht. Unabhängig davon funktioniert es genau so, wie Sie es erwarten würden. Es ersetzt allerdings alles, was Sie in Ihrer `ENTRYPOINT`-Sektion im Dockerfile definiert haben.

Wenn Sie einen Linux-Container ohne das `-init`-Flag starten, bekommen Sie in Ihrer Prozessliste Folgendes zu sehen:

```
$ docker container run --rm -it alpine:3.6 sh
/ # ps -ef

PID   USER     TIME   COMMAND
    1 root      00:00 sh
    5 root      00:00 ps -ef

/ # exit
```

In diesem Fall ist das `CMD`, das wir starten, die PID 1. Das heißt, es ist für die Kindprozesse, die gestartet werden, verantwortlich. Wenn Sie einen Container starten, für den das wichtig ist, können Sie `--init` anhängen, um sicherzustellen, dass auch die Kindprozesse beendet werden, sobald sich der Elternprozess beendet:

```
$ docker container run --rm -it --init alpine:3.16 sh
/ # ps -ef

PID   USER     TIME  COMMAND
    1 root      0:00 /sbin/docker-init -- sh
    5 root      0:00 sh
    6 root      0:00 ps -ef

/ # exit
```

Hier sehen Sie, dass PID 1 tatsächlich `/sbin/docker-init` ist. Das wiederum hat die Shell gestartet, die wir in der Kommandozeile definiert haben. Da wir nun ein Init-System innerhalb des Containers haben, fallen die PID-1-Verantwortlichkeiten ihm zu statt dem Kommando, mit dem wir den Container gestartet haben. In vielen Fällen ist das genau das, was Sie möchten. Sie benötigen gegebenenfalls kein Init-System, aber es ist klein genug, um in Betracht zu ziehen, wenigstens `tini` innerhalb Ihrer Container in Produktivsystemen einzusetzen.

Im Allgemeinen brauchen Sie nur einen Init-Prozess innerhalb Ihres Containers, wenn Sie mehrere Elternprozesse ausführen oder Prozesse nutzen, die nicht sauber auf Unix-Signale reagieren.

Das Netzwerk inspizieren

Im Vergleich zur Inspektion von Prozessen kann das Debuggen containerisierter Anwendungen auf Netzwerkebene ziemlich kompliziert sein. Im Gegensatz zu traditionellen Prozessen können sich Linux-Container auf verschiedene Weise mit einem Netzwerk verbinden. Wenn Sie das Standard-Setup fahren, wie es die meisten tun, verbinden sich all Ihre Container über das Standard-Bridge-Netzwerk, das Docker anlegt, mit dem Netzwerk. Das ist ein privates Netzwerk, bei dem der Host das Gateway zum Rest der Welt ist. Diese virtuellen Netzwerke können mit dem Docker-internen Tooling untersucht werden. Sie können die vorhandenen Netzwerke anzeigen lassen, indem Sie `docker network ls` ausführen:

```
$ docker network ls

NETWORK ID     NAME     DRIVER   SCOPE
f9685b50d57c   bridge   bridge   local
8acae1680cbd   host     host     local
fb70d67499d3   none     null     local
```

Hier sehen Sie das Standard-Bridge-Netzwerk: das `host`-Netzwerk und das `none`-Netzwerk. Das `host`-Netzwerk ist für alle laufenden Container, die im `host`-Netzwerkmodus laufen. Das `none`-Netzwerk ist schlicht das abgeschaltete Netzwerk, in dem ein Container überhaupt keinen Zugriff zum Internet hat. Sollten Sie `docker compose` oder andere Orchestrierungstools verwenden, werden möglicherweise noch weitere Netzwerke mit anderen Namen erzeugt.

Wenn Sie lediglich betrachten, welche Netzwerke existieren, sehen Sie immer noch nicht, was in diesen Netzwerken passiert. Mit `docker network inspect` können Sie feststellen, welcher Container mit welchem Netzwerk verbunden ist. Dieses Kommando produziert eine recht große Ausgabe. Darin enthalten sind alle Container, die mit einem Netzwerk verbunden sind, und einige Details über die Netzwerke selbst. Sehen Sie sich das Standard-Bridge-Netzwerk einmal an:

```
$ docker network inspect bridge

[
    {
        "Name": "bridge",
        ...
        "Driver": "bridge",
        "EnableIPv6": false,
        ...
        "Containers": {
            "69e9...c87c": {
                "Name": "cadvisor",
                ...
                "IPv4Address": "172.17.0.2/16",
                "IPv6Address": ""
            },
            "a2a8...e163": {
                "Name": "nginx-debug",
                ...
                "IPv4Address": "172.17.0.3/16",
                "IPv6Address": ""
            }
        },
        "Options": {
            "com.docker.network.bridge.default_bridge": "true",
            ...
            "com.docker.network.bridge.host_binding_ipv4": "0.0.0.0",
            "com.docker.network.bridge.name": "docker0",
            ...
        },
        "Labels": {}
    }
]
```

Aus Gründen der Übersichtlichkeit haben wir die Ausgabe ein wenig verkleinert. Sie können hier sehen, dass zwei Container im Bridge-Netzwerk existieren und die `docker0`-Bridge auf dem Host nutzen. Sie können ebenfalls die IP-Adressen von jedem Container sehen sowie die Hostnetzwerkadresse, der sie zugewiesen sind (`host_binding_ipv4`). Das ist nützlich, wenn Sie versuchen, die interne Struktur des Bridge-Netzwerks zu verstehen. Haben Sie Container in verschiedenen Netzwerken, können diese möglicherweise untereinander nicht sprechen – je nachdem, wie das Netzwerk konfiguriert ist.

Generell empfehlen wir Ihnen, dass Sie Ihre Container im Standard-Bridge-Netzwerk belassen, solange Sie keine guten Gründe haben, es nicht zu tun. Alternativ nutzen Sie `docker compose` oder einen anderen Scheduler, der die Containernetze selbst anlegt. Zusätzlich ist es hilfreich, die Container sinnvoll zu benennen. Das ist zur Identifizierung wirklich wichtig, weil Sie keine Image-Informationen sehen können.

Der Name und die ID sind die einzigen Referenzen in dieser Ausgabe, die Sie mit der Ausgabe von docker container ls abgleichen können. Einige Scheduler vergeben keine einfachen Namen für die Container, was beim Debuggen nicht besonders förderlich ist.

Wie zu sehen war, haben Container in der Regel ihren eigenen Netzwerkstack sowie ihre eigene IP-Adresse, solange sie nicht im Host-Networking-Modus betrieben werden, auf den wir in »Netzwerke« auf Seite 334 zurückkommen. Aber wie sieht es aus, wenn wir sie uns direkt von der Hostmaschine aus ansehen? Da Container ihr eigenes Netzwerk und eigene Adressen mitbringen, tauchen sie nicht in der Ausgabe von netstat auf dem Host auf.

Die Ausführung des Befehls netstat -an auf einem Docker-Server funktioniert dagegen ordnungsgemäß, wie Sie nachstehend sehen können:

```
$ sudo netstat -an

Active Internet connections (servers and established)
Proto Recv-Q Send-Q Local Address           Foreign Address         State
tcp        0      0 0.0.0.0:8080            0.0.0.0:*               LISTEN
tcp        0      0 127.0.0.53:53           0.0.0.0:*               LISTEN
tcp        0      0 0.0.0.0:22              0.0.0.0:*               LISTEN
tcp        0      0 192.168.15.158:22       192.168.15.120:63920    ESTABLISHED
tcp6       0      0 :::8080                 :::*                    LISTEN
tcp6       0      0 :::22                   :::*                    LISTEN
udp        0      0 127.0.0.53:53           0.0.0.0:*
udp        0      0 192.168.15.158:68       0.0.0.0:*
raw6       0      0 :::58                   :::*                    7
...
```

Hier werden alle Schnittstellen angezeigt, auf denen das System horcht. Unser Container ist an Port 8000 der IP-Adresse 0.0.0.0 angebunden. Das wird auch so aufgelistet – doch was wird ausgegeben, wenn wir netstat anweisen, uns den Namen des Prozesses anzuzeigen, der an diesen Port angebunden ist?

```
$ sudo netstat -anp

Active Internet connections (servers and established)
Proto ... Local Address          Foreign Address        ... PID/Program name
tcp   ... 0.0.0.0:8080           0.0.0.0:*              ... 1516/docker-proxy
tcp   ... 127.0.0.53:53          0.0.0.0:*              ... 692/systemd-resolve
tcp   ... 0.0.0.0:22             0.0.0.0:*              ... 780/sshd: /usr/sbin
tcp   ... 192.168.15.158:22      192.168.15.120:63920   ... 1348/sshd: vagrant
tcp6  ... :::8080                :::*                   ... 1522/docker-proxy
tcp6  ... :::22                  :::*                   ... 780/sshd: /usr/sbin
udp   ... 127.0.0.53:53          0.0.0.0:*              ... 692/systemd-resolve
udp   ... 192.168.15.158:68      0.0.0.0:*              ... 690/systemd-network
raw6  ... :::58                  :::*                   ... 690/systemd-network
```

Wir erhalten im Prinzip die gleiche Ausgabe, beachten Sie jedoch, was an den Port angebunden ist: docker-proxy. Das liegt daran, dass Docker einen in Go programmierten Proxy verwendet, der zwischen allen Containern und der Außenwelt platziert ist. In der Ausgabe sehen wir, dass alle unter Docker laufenden Container mit docker-proxy verbunden sind. Wir sehen allerdings nicht, um welche spezifischen Container sich docker-proxy kümmert. Erfreulicherweise gibt der Befehl docker container ls an, welche Container an welche Ports angebunden sind, daher ist das Ganze nicht weiter problematisch. Man würde dies aber nicht unbedingt erwarten, und das sollte Ihnen klar sein, bevor Sie versuchen, einen Fehler in einer Produktivumgebung zu debuggen. Dennoch ist es praktisch, das p-Flag beim Aufruf von netstat zu setzen, um zu sehen, welche Ports an welchen Container angebunden sind.

Wenn Sie Host-Networking innerhalb Ihres Containers nutzen, wird dieser Layer übersprungen. Es gibt keinen docker-proxy, und der Prozess kann sich direkt an den Port binden. Er taucht auch als normaler Prozess in der Ausgabe von netstat -anp auf.

Andere Befehle zum Inspizieren des Netzwerks funktionieren wie erwartet, auch tcpdump, Sie sollten jedoch daran denken, dass sich der docker-proxy dort zwischen der Netzwerkschnittstelle des Hosts und dem Container befindet.

Image-History

Wenn Sie nur einen einzelnen Container erstellen und deployen, ist leicht nachzuverfolgen, woher er stammt und auf welchem Image er basiert. Das wird jedoch schnell nicht mehr beherrschbar, wenn Sie viele Container mit Images ausliefern, die von verschiedenen Teams erstellt und gewartet werden. Wie kann man feststellen, auf welchen Images dasjenige aufbaut, auf dem Ihr Container läuft? Das Image-Tag Ihres Containers macht hoffentlich deutlich, welchen Build Ihrer Anwendung Sie ausführen, aber das Tag sagt gar nichts über die Image-Layer, auf denen Ihre Anwendung aufbaut. Zu diesem Zweck gibt es den Befehl docker image history. Er zeigt die IDs der eingebetteten Image-Layer sowie deren Größe und die beim Build des Image verwendeten Befehle an.

```
$ docker image history redis:latest

IMAGE        … CREATED BY                                     SIZE    COMMENT
e800a8da9469 … /bin/sh -c #(nop)  CMD ["redis-server"]        0B
<missing>    … /bin/sh -c #(nop)  EXPOSE 6379                 0B
<missing>    … /bin/sh -c #(nop)  ENTRYPOINT ["docker-entry…  0B
<missing>    … /bin/sh -c #(nop) COPY file:e873a0e3c13001b5…  661B
<missing>    … /bin/sh -c #(nop) WORKDIR /data                0B
<missing>    … /bin/sh -c #(nop)  VOLUME [/data]              0B
<missing>    … /bin/sh -c mkdir /data && chown redis:redis …  0B
<missing>    … /bin/sh -c set -eux;   savedAptMark="$(apt-m…  32.4MB
<missing>    … /bin/sh -c #(nop)  ENV REDIS_DOWNLOAD_SHA=f0…  0B
<missing>    … /bin/sh -c #(nop)  ENV REDIS_DOWNLOAD_URL=ht…  0B
<missing>    … /bin/sh -c #(nop)  ENV REDIS_VERSION=7.0.4     0B
<missing>    … /bin/sh -c set -eux;  savedAptMark="$(apt-ma…  4.06MB
<missing>    … /bin/sh -c #(nop)  ENV GOSU_VERSION=1.14       0B
<missing>    … /bin/sh -c groupadd -r -g 999 redis && usera…  331kB
<missing>    … /bin/sh -c #(nop)  CMD ["bash"]                0B
<missing>    … /bin/sh -c #(nop) ADD file:6039adfbca55ed34a…  74.3MB
```

Das erweist sich beispielsweise dann als nützlich, wenn man feststellen möchte, ob ein Probleme verursachender Container auch tatsächlich anhand des richtigen Base-Image erstellt wurde. Die Layer werden der Reihe nach aufgelistet, wobei der erste Layer ganz unten in der Liste erscheint und der letzte ganz oben.

Hier sehen Sie, dass die Ausgabe in einigen Fällen gekürzt wurde. Die Nutzung von `--no-trunc` im vorherigen Befehl ermöglicht Ihnen, alle Kommandos zu sehen, mit denen jeder einzelne Layer erzeugt wurde. Beachten Sie allerdings, dass die Ausgabe dadurch in den meisten Fällen viel umfangreicher wird und schlechter zu durchforsten ist.

Inspizieren eines Containers

In Kapitel 4 haben wir vorgeführt, wie man anhand der Ausgabe des Befehls `docker container inspect` feststellen kann, wie ein Container konfiguriert ist. Auf der Festplatte des Hosts befindet sich aber noch ein weiterer Ordner, der dem Container gewidmet ist, für gewöhnlich im Verzeichnis */var/lib/docker/containers*. Wie Sie im Folgenden sehen, enthält dieser Ordner sehr lange Hashwerte:

```
$ sudo ls /var/lib/docker

106ead0d55af55bd803334090664e4bc821c76dadf231e1aab7798d1baa
1912128970c706db0f69716af43527ed926acbd82581e1cef5e4e6ff152
fce1b799723c4f916619a5dfc420396d823b42e8bd30a2f94ab5b0f42f0
52357a68a67309b589f2ad301381b7704c9cade7da6b34046ef69ebe3d6
929b9bc24785d7488287959db1611d632dc27a86efcb66f1c6268d948d6
f22e81e2a22a57610b5070b4da1e15f197ea0996d31f69c332f2b14e18b
727e53735133a230d54657ac6aa5ddbad35aac3f503121abf0e543e697f
cade78f0d30124778915764d85fb10303a7bc8c72c965ebca7db9a2b816
188773a5864aa381b81c3073b9d3e52e977c55badaa75fb108a33793a3f
8fcef7ba65589e124af66bc52c4a070f645fffbbc498ee2ac800b58c4c7
2e240b90068402b7d4734a7dd03402ee2bce3248cc6f44d676e8085ebc1
02b5f51c13cc5c257acb2274e7f8d1645af7baad0cb6fe8eef36e24f8e4
6faa3303d93fc424e289d09b4ffba1fc7782b9878456e0fe11f1f6814e4b
```

Das wirkt ein wenig einschüchternd, es handelt sich hierbei jedoch lediglich um die langen Versionen der Container-IDs. Wenn Sie sich die Konfiguration eines bestimmten Containers ansehen möchten, können Sie mit dem Befehl `docker container ls` die kurze ID herausfinden und dann das zugehörige Verzeichnis suchen:

```
$ docker container ls

CONTAINER ID   IMAGE                                  COMMAND                 …
c58bfeffb9e6   gcr.io/cadvisor/cadvisor:v0.44.1-test  "/usr/bin/cadvisor…"    …
```

Sehen Sie sich die von `docker container ls` ausgegebene kurze ID an und suchen Sie in der Ausgabe des Befehls `ls/var/lib/docker/containers` nach dem Verzeichnis, das mit `c58bfeffb9e6` beginnt. Ein Autovervollständigen der Befehlszeile kann hier hilfreich sein. Sollten Sie die lange ID benötigen, können Sie den Befehl `docker container inspect c58bfeffb9e6` ausführen und die ID dann dessen Ausgabe entnehmen. Dieses Verzeichnis enthält einige interessante Dateien, die mit dem Container zusammenhängen:

```
$ cd /var/lib/docker/containers/\
c58bfeffb9e6e607f3aacb4a06ca473535bf9588450f08be46baa230ab43f1d6

$ ls -la

total 48
drwx--x---  4 root root 4096 Aug 20 10:38 .
drwx--x--- 30 root root 4096 Aug 20 10:25 ..
-rw-r-----  1 root root  635 Aug 20 10:34 c58bf...f1d6-json.log
drwx------  2 root root 4096 Aug 20 10:24 checkpoints
-rw-------  1 root root 4897 Aug 20 10:38 config.v2.json
-rw-r--r--  1 root root 1498 Aug 20 10:38 hostconfig.json
-rw-r--r--  1 root root   13 Aug 20 10:24 hostname
-rw-r--r--  1 root root  174 Aug 20 10:24 hosts
drwx--x---  2 root root 4096 Aug 20 10:24 mounts
-rw-r--r--  1 root root  882 Aug 20 10:24 resolv.conf
-rw-r--r--  1 root root   71 Aug 20 10:24 resolv.conf.hash
```

Wie wir in Kapitel 5 diskutiert haben, enthält dieses Verzeichnis einige Dateien, die per Bind Mount direkt in den Container eingebunden sind, wie z. B. *hosts*, *resolv.conf* und *hostname*. Wenn Sie das Standardverfahren für das Logging nutzen, enthält dieses Verzeichnis auch noch die JSON-Dateien, in denen Docker die Logs abspeichert, die Sie mit `docker container logs` abrufen können, die JSON-Konfiguration, auf der die Ausgabe von `docker container inspect` basiert (*config.v2.json*), sowie die Netzwerkkonfiguration des Containers (*hostconfig.json*). Die *resolv.conf.hash*-Datei wird von Docker verwendet, um festzustellen, ob sich die Datei im Container von der aktuellen Datei auf dem Host unterscheidet, sodass sie aktualisiert werden kann.

Bei ernsthaften Problemen kann dieses Verzeichnis ebenfalls sehr nützlich sein. Selbst wenn wir nicht in den Container gelangen können oder `docker` nicht mehr reagiert, ist die Konfiguration des Containers hiermit einsehbar. Außerdem ist es durchaus nützlich zu verstehen, wie dieser Mechanismus innerhalb des Containers funktioniert. Denken Sie aber daran, dass Sie diese Dateien besser nicht modifizieren sollten: Docker geht davon aus, dass sie korrekte Informationen enthalten – und wenn Sie diese ändern, fordern Sie Unannehmlichkeiten förmlich heraus. Andererseits bieten diese Dateien aber auch eine weitere Möglichkeit, an Informationen über die Vorgänge in Ihrem Container zu gelangen.

Dateisystem inspizieren

Docker verwendet unabhängig von der tatsächlich genutzten Speicherlösung ein mehrschichtiges Dateisystem, das es ermöglicht, die in einem Container stattfindenden Änderungen nachzuverfolgen. Beim Build eines Image wird dieses nach und nach aus solchen Layern aufgebaut. Sie sind ebenfalls nützlich, wenn man herausfinden möchte, ob und, wenn ja, was sich bei einem Linux-Image geändert hat. Ein häufig auftretendes Problem bei containerisierten Anwendungen ist, dass sie eventuell weiterhin Dinge in das Dateisystem des Containers schreiben. Das wollen Sie im Allgemeinen so weit wie möglich vermeiden, und durch Debugging können Sie eventuell herausfinden, ob Ihre Prozesse etwas in den Container geschrieben haben. Wie die meisten grundlegenden Funktionen ist auch solch eine Untersuchungsmöglichkeit Bestandteil des Kommandozeilentools docker und steht außerdem über die API zur Verfügung. Schauen wir uns an, was wir da erhalten. Starten Sie einen einfachen Container und nutzen Sie seinen Namen, um ihn zu inspizieren:

```
$ docker container run --rm -d --name nginx-fs nginx:latest
1272b950202db25ee030703515f482e9ed576f8e64c926e4e535ba11f7536cc4

$ docker container diff nginx-fs
C /run
A /run/nginx.pid
C /var
C /var/cache
C /var/cache/nginx
A /var/cache/nginx/scgi_temp
A /var/cache/nginx/uwsgi_temp
A /var/cache/nginx/client_temp
A /var/cache/nginx/fastcgi_temp
A /var/cache/nginx/proxy_temp
C /etc
C /etc/nginx
C /etc/nginx/conf.d
C /etc/nginx/conf.d/default.conf

$ docker container stop nginx-fs
nginx-fs
```

Jede Zeile der Ausgabe beginnt entweder mit einem A oder einem C, den Abkürzungen für ADDED (hinzugefügt) und CHANGED (geändert). Hier ist zu erkennen, dass der Container nginx ausführt, etwas in dessen Konfigurationsdatei geschrieben wurde und dass temporäre Dateien in einem neuen Verzeichnis namens */var/cache/nginx* erstellt wurden. Ermitteln zu können, wer oder was schreibend auf das Docker-Dateisystem zugreift, macht es einfacher, die Verwendung des Containerdateisystems zu optimieren und stabiler zu gestalten.

Für weitere ausführliche Inspektionen ist es erforderlich, mit docker container export, docker container exec, nsenter oder vergleichbaren Tools ins Innere des Containers vorzudringen, damit überprüft werden kann, was genau das Dateisystem enthält. Der Befehl docker container diff ist aber schon ein guter Ausgangspunkt.

So geht es weiter

Sie sind jetzt in der Lage, in Ihrer Produktivumgebung Container zu deployen und zu debuggen – doch wie funktioniert nun die Skalierung bei umfangreicheren Anwendungen? Im nächsten Kapitel werden wir uns Docker Compose anschauen, das eine praktische Brücke zwischen einzelnen Linux-Containern und einem produktiven Orchestrierungssystem schlägt. Es ist in Entwicklungsumgebungen und in der DevOps-Pipeline von großem Nutzen.

KAPITEL 8

Docker Compose

An diesem Punkt sollten Sie bereits ein gutes Gefühl dafür haben, wie Sie das `docker`-Kommando einsetzen können und wie Sie damit Ihre Anwendungen bauen, überwachen und debuggen. Sobald Sie ein wenig Erfahrung mit einzelnen Containern gesammelt haben, wird es nicht lange dauern, bis Sie ein komplexeres Projekt mit mehreren Containern umsetzen und es mit anderen teilen möchten. Das gilt insbesondere für Entwicklungsumgebungen, da Sie einen ganzen Containerstack ausführen können, der Ihre Produktivumgebung auf Ihrer lokalen Maschine simulieren kann.

Wenn Sie einen ganzen Containerstack laufen lassen, müssen Sie sicherstellen, dass jeder Container mit dem richtigen Setup läuft, damit die enthaltenen Anwendungen korrekt konfiguriert sind und wie erwartet funktionieren. Es ist schwierig, die Einstellungen jedes Mal richtig zu setzen, insbesondere dann, wenn die Anwendung ursprünglich ein anderer geschrieben hat. Viele schreiben Shell-Skripte, die die Container in einer reproduzierbaren Weise bauen und ausführen. Diese Container können dann während der Entwicklung genutzt werden. Auch wenn das funktioniert, kann es für Einsteiger schwer sein, diese Skripte nachzuvollziehen, und die Pflege des Projekts ist ebenfalls schwierig, wenn es sich über die Zeit verändert. Zusätzlich ist es nicht zwangsläufig bei anderen Projekten einsetzbar.

Um dieses Problem zu adressieren, hat Docker, Inc. ein Tool veröffentlicht, das sich hauptsächlich an Entwicklerinnen und Entwickler richtet: *Docker Compose*. Dieses Tool ist Bestandteil von Docker Desktop, kann aber auch separat installiert werden, wie Sie der Onlinedokumentation entnehmen können (*https://docs.docker.com/compose/install*).

Docker Compose war ursprünglich eine eigenständige, in Python geschriebene Anwendung, die mit dem Befehl `docker-compose` ausgeführt wurde. Dieser Befehl wird als *Docker Compose Version 1* bezeichnet, und er wurde kürzlich durch *Docker Compose Version 2* ersetzt. Docker Compose v2 ist vollständig als Plug-in für den Docker-Client in Go geschrieben. Gibt `docker compose version` ein Ergebnis zurück, ist das Plug-in bei Ihnen installiert. Wenn nicht, empfehlen wir Ihnen, sich die Zeit zu nehmen, die Installation jetzt nachzuholen.

Docker Compose ist ein sehr nützliches Tool, das Sie bei allen möglichen Entwicklungsaufgaben unterstützen kann, die zuvor lästig und fehleranfällig waren. Entwickler können damit schnell komplexe Anwendungsstacks hochfahren, sodass sie ihre Anwendung kompilieren können, ohne vorher eine komplexe lokale Entwicklungsumgebung einrichten zu müssen.

In diesem Kapitel werden wir aufzeigen, wie Sie Compose zu Ihrem Vorteil nutzen können. Wir werden ein GitHub-Repository für alle folgenden Beispiele nutzen. Wenn Sie die Beispiele ausführen wollen, während wir sie besprechen, müssen Sie folgendes Kommando ausführen, wenn Sie es nicht schon in Kapitel 6 getan haben:

```
$ git clone https://github.com/spkane/rocketchat-hubot-demo.git \
    --config core.autocrlf=input
```

Die Beispiel-Shell-Skripte und die *docker-compose.yaml*-Dateien weiter unten sind um einige Zeilen gekürzt, damit sie gedruckt werden können. Nutzen Sie daher bitte die Dateien aus dem Git-Repository, wenn Sie die Beispiele ausprobieren wollen.

Das Repository enthält die Konfigurationsdateien, die Sie zum Starten eines kompletten Webservice benötigen. Darin enthalten sind eine MongoDB-Datenbank, der Open-Source-Kommunikationsserver Rocket.Chat, der ChatOps-Bot Hubot (*https://goo.gl/hKT3QW*) und eine `zmachine-api`-Instanz für ein bisschen Entertainment.

Docker Compose konfigurieren

Bevor wir uns in die Tiefen des `docker compose`-Kommandos stürzen, ist es sinnvoll, einen Blick darauf zu werfen, welches Tooling es ersetzt. Schauen wir uns dazu also ein Shell-Skript an, das zum Bauen und Deployen eines lokalen Service genutzt werden kann, der über Docker läuft. Das Skript ist zwar lang, aber es ist wichtig, um nachvollziehen zu können, warum Docker Compose deutlich besser ist als ein Shell-Skript.

Wir empfehlen Ihnen, dieses Skript nicht auszuführen. Es dient nur als Beispiel, und in Ihrer Umgebung funktioniert es eventuell nicht oder hinterlässt Dinge in einem seltsamen Zustand.

```
#!/bin/bash

# This is here just to keep people from really running this.
exit 1

# The actual script
#
# Note: This has not been updated to directly mirror the docker-compose file
#       since it is just intended to make a point.

set -e
set -u
```

```
if [ $# -ne 0 ] && [ ${1} == "down" ]; then
  docker rm -f hubot || true
  docker rm -f zmachine || true
  docker rm -f rocketchat || true
  docker rm -f mongo-init-replica || true
  docker rm -f mongo || true
  docker network rm botnet || true
  echo "Environment torn down..."
  exit 0
fi

# Global Settings
export PORT="3000"
export ROOT_URL="http://127.0.0.1:3000"
export MONGO_URL="mongodb://mongo:27017/rocketchat"
export MONGO_OPLOG_URL="mongodb://mongo:27017/local"
export MAIL_URL="smtp://smtp.email"
export RESPOND_TO_DM="true"
export HUBOT_ALIAS=". "
export LISTEN_ON_ALL_PUBLIC="true"
export ROCKETCHAT_AUTH="password"
export ROCKETCHAT_URL="rocketchat:3000"
export ROCKETCHAT_ROOM=""
export ROCKETCHAT_USER="hubot"
export ROCKETCHAT_PASSWORD="bot-pw!"
export BOT_NAME="bot"
export EXTERNAL_SCRIPTS="hubot-help,hubot-diagnostics,hubot-zmachine"
export HUBOT_ZMACHINE_SERVER="http://zmachine:80"
export HUBOT_ZMACHINE_ROOMS="zmachine"
export HUBOT_ZMACHINE_OT_PREFIX="ot"

docker build -t spkane/mongo:4.4 ./mongodb/docker

docker push spkane/mongo:4.4
docker pull spkane/zmachine-api:latest
docker pull rocketchat/rocket.chat:5.0.4
docker pull rocketchat/hubot-rocketchat:latest

docker rm -f hubot || true
docker rm -f zmachine || true
docker rm -f rocketchat || true
docker rm -f mongo-init-replica || true
docker rm -f mongo || true

docker network rm botnet || true

docker network create -d bridge botnet

docker container run-d \
  --name=mongo \
  --network=botnet \
  --restart unless-stopped \
  -v $(pwd)/mongodb/data/db:/data/db \
  spkane/mongo:4.4 \
  mongod --oplogSize 128 --replSet rs0
sleep 5
docker container run-d \
  --name=mongo-init-replica \
  --network=botnet \
```

```
  spkane/mongo:4.4 \
  'mongo mongo/rocketchat --eval "rs.initiate({ _id: ''rs0'', members: [ { ... '
sleep 5
docker container run-d \
  --name=rocketchat \
  --network=botnet \
  --restart unless-stopped  \
  -v $(pwd)/rocketchat/data/uploads:/app/uploads \
  -p 3000:3000 \
  -e PORT=${PORT} \
  -e ROOT_URL=${ROOT_URL} \
  -e MONGO_URL=${MONGO_URL} \
  -e MONGO_OPLOG_URL=${MONGO_OPLOG_URL} \
  -e MAIL_URL=${MAIL_URL} \
  rocketchat/rocket.chat:5.0.4
docker container run-d \
  --name=zmachine \
  --network=botnet \
  --restart unless-stopped  \
  -v $(pwd)/zmachine/saves:/root/saves \
  -v $(pwd)/zmachine/zcode:/root/zcode \
  -p 3002:80 \
  spkane/zmachine-api:latest
docker container run-d \
  --name=hubot \
  --network=botnet \
  --restart unless-stopped  \
  -v $(pwd)/hubot/scripts:/home/hubot/scripts \
  -p 3001:8080 \
  -e RESPOND_TO_DM="true" \
  -e HUBOT_ALIAS=". " \
  -e LISTEN_ON_ALL_PUBLIC="true" \
  -e ROCKETCHAT_AUTH="password" \
  -e ROCKETCHAT_URL="rocketchat:3000" \
  -e ROCKETCHAT_ROOM="" \
  -e ROCKETCHAT_USER="hubot" \
  -e ROCKETCHAT_PASSWORD="bot-pw!" \
  -e BOT_NAME="bot" \
  -e EXTERNAL_SCRIPTS="hubot-help,hubot-diagnostics,hubot-zmachine" \
  -e HUBOT_ZMACHINE_SERVER="http://zmachine:80" \
  -e HUBOT_ZMACHINE_ROOMS="zmachine" \
  -e HUBOT_ZMACHINE_OT_PREFIX="ot" \
  rocketchat/hubot-rocketchat:latest
echo "Environment setup..."
exit 0
```

Sie können vermutlich den größten Teil des Skripts gut nachvollziehen. Wie Sie vielleicht bereits festgestellt haben, ist das Skript umständlich zu lesen, nicht sehr flexibel, anstrengend anzupassen, und es schlägt möglicherweise an einigen Stellen unerwartet fehl. Würden wir hier zusätzlich noch die Best Practices für Shell-Skripte umsetzen und alle möglichen Fehler abfangen sowie die Reproduzierbarkeit sicherstellen, wäre das Skript auch noch zwei bis drei Mal so lang. Wenn Sie es für andere Projekte einsetzen wollten, müssten Sie viel Arbeit investieren, damit es ein wenig anpassbarer wird, oder einen Großteil der Logik neu schreiben. Und das dann bei jedem Projekt. Genau an diesem Punkt kommt gutes Tooling zum Zuge. Sie können exakt das Gleiche mit

Docker Compose umsetzen, allerdings auf eine reproduzierbare, leicht zu lesende und verständliche Art und Weise, die auch leicht zu warten ist.

Im Gegensatz zu einem chaotischen Shell-Skript, das sehr repetitiv ist und schnell dazu neigt, kaputtzugehen, wird Docker Compose typischerweise mit einer einzelnen deklarativen YAML-Datei (*https://yaml.org*) für jedes Projekt konfiguriert, die dann als *docker-compose.yaml* abgespeichert wird. Diese Konfigurationsdatei ist sehr einfach zu lesen und reproduzierbar, sodass alle User das gleiche Ergebnis haben werden, wenn sie sie ausführen. Hier können Sie ein Beispiel einer *docker-compose.yaml*-Datei sehen, die das vorherige Shell-Skript komplett ersetzen kann:

```
version: '3'
services:
  mongo:
    build:
      context: ../mongodb/docker
    image: spkane/mongo:4.4
    restart: unless-stopped
    environment:
      MONGODB_REPLICA_SET_MODE: primary
      MONGODB_REPLICA_SET_NAME: rs0
      MONGODB_PORT_NUMBER: 27017
      MONGODB_INITIAL_PRIMARY_HOST: mongodb
      MONGODB_INITIAL_PRIMARY_PORT_NUMBER: 27017
      MONGODB_ADVERTISED_HOSTNAME: mongo
      MONGODB_ENABLE_JOURNAL: "true"
      ALLOW_EMPTY_PASSWORD: "yes"
    # Port 27017 already exposed by upstream
    # See the newer upstream Dockerfile:
    # https://github.com/bitnami/containers/blob/
    # f9fb3f8a6323fb768fd488c77d4f111b1330bd0e/bitnami/
    # mongodb/5.0/debian-11/Dockerfile#L52
    networks:
      - botnet
  rocketchat:
    image: rocketchat/rocket.chat:5.0.4
    restart: unless-stopped
    labels:
      traefik.enable: "true"
      traefik.http.routers.rocketchat.rule: Host(`127.0.0.1`)
      traefik.http.routers.rocketchat.tls: "false"
      traefik.http.routers.rocketchat.entrypoints: http
    volumes:
      - "../rocketchat/data/uploads:/app/uploads"
    environment:
      ROOT_URL: http://127.0.0.1:3000
      PORT: 3000
      MONGO_URL: "mongodb://mongo:27017/rocketchat?replicaSet=rs0"
      MONGO_OPLOG_URL: "mongodb://mongo:27017/local?replicaSet=rs0"
      DEPLOY_METHOD: docker
    depends_on:
      mongo:
        condition: service_healthy
    ports:
      - 3000:3000
    networks:
```

```
      - botnet
  zmachine:
    image: spkane/zmachine-api:latest
    restart: unless-stopped
    volumes:
      - "../zmachine/saves:/root/saves"
      - "../zmachine/zcode:/root/zcode"
    depends_on:
      - rocketchat
    expose:
      - "80"
    networks:
      - botnet
  hubot:
    image: rocketchat/hubot-rocketchat:latest
    restart: unless-stopped
    volumes:
      - "../hubot/scripts:/home/hubot/scripts"
    environment:
      RESPOND_TO_DM: "true"
      HUBOT_ALIAS: ". "
      LISTEN_ON_ALL_PUBLIC: "true"
      ROCKETCHAT_AUTH: "password"
      ROCKETCHAT_URL: "rocketchat:3000"
      ROCKETCHAT_ROOM: ""
      ROCKETCHAT_USER: "hubot"
      ROCKETCHAT_PASSWORD: "bot-pw!"
      BOT_NAME: "bot"
      EXTERNAL_SCRIPTS: "hubot-help,hubot-diagnostics,hubot-zmachine"
      HUBOT_ZMACHINE_SERVER: "http://zmachine:80"
      HUBOT_ZMACHINE_ROOMS: "zmachine"
      HUBOT_ZMACHINE_OT_PREFIX: "ot"
    depends_on:
      - zmachine
    ports:
      - 3001:8080
    networks:
      - botnet
networks:
  botnet:
    driver: bridge
```

Die *docker-compose.yaml*-Datei macht es leicht, alle wichtigen Anforderungen für jeden Service zu definieren, darunter auch, wie die Services untereinander kommunizieren. Wir bekommen zusätzlich eine Menge Validierungsmöglichkeiten mitgeliefert, die wir gar nicht erst in unser Shell-Skript geschrieben haben. Und wenn wir sie in das Skript eingebaut hätten, würde es sehr wahrscheinlich auch an einigen Stellen fehlschlagen, egal wie sehr wir aufgepasst hätten.

Was haben wir also Compose in der YAML-Datei mitgeteilt? Die erste Zeile der Datei besagt einfach, welche Version der Compose Configuration Language wir nutzen.

```
version: '3'
```

Der Rest der Datei ist in zwei Sektionen unterteilt: `services` und `networks`.

Für den Anfang lohnt sich ein Blick in die `networks`-Sektion. In dieser *docker-compose.yaml*-Datei definieren wir ein einzelnes Docker-Netzwerk:

```
networks:
  botnet:
    driver: bridge
```

Dies ist eine sehr einfache Konfiguration, die Docker Compose anweist, ein einzelnes Netzwerk namens `botnet` anzulegen, indem es den (`default`-)Bridge-Treiber nutzt, der das Docker-Netzwerk mit dem Netzwerkstack des Hosts verbindet.

Die `services`-Sektion ist der wichtigste Teil der Konfiguration, sie gibt an, welche Anwendungen Docker Compose starten soll. Hier werden innerhalb der `services`-Sektion fünf verschiedene Services definiert: `mongo`, `mongo-init-replica`, `rocketchat`, `zmachine` und `hbot`. Jeder genannte Service enthält Sektionen, die Docker mitteilen, wie diese zu bauen, zu konfigurieren und zu starten sind.

Wenn Sie einen Blick auf den `mongo`-Service werfen, sehen Sie, dass die erste Untersektion `build` heißt und einen `context`-Key enthält. Dieser informiert Docker Compose darüber, dass es das Image bauen kann und dass die dafür benötigten Dateien im Verzeichnis *../../mongodb/docker* hinterlegt sind, das zwei Verzeichnisebenen über der *docker-compose.yaml*-Datei liegt:

```
build:
    context: ../../mongodb/docker
```

Schauen Sie sich das Dockerfile im Verzeichnis *mongodb/docker* an, finden Sie Folgendes:

```
FROM mongo:4.4

COPY docker-healthcheck /usr/local/bin/

# Useful Information:
# https://docs.docker.com/engine/reference/builder/#healthcheck
# https://docs.docker.com/compose/compose-file/#healthcheck
HEALTHCHECK CMD ["docker-healthcheck"]
```

Werfen Sie einen Blick auf die Zeile `HEALTHCHECK`: Diese teilt Docker mit, welcher Befehl ausgeführt werden soll, um den Zustand des Containers zu prüfen. Docker wird nicht auf das Ergebnis dieses Health-Checks reagieren, aber es wird den Status berichten, sodass andere Tools mit diesen Informationen arbeiten können. Wenn Sie neugierig sind, können Sie sich das Skript `docker-healthcheck` im Verzeichnis *mongodb/docker* gerne einmal anschauen.

Die nächste Einstellung ist `image`, die das Image-Tag definiert, das gebaut oder heruntergeladen werden soll und anschließend startet:

```
Image: spkane/mongo:4.4
```

Mit der `restart`-Option geben Sie an, wann Docker die Container neu starten soll. In vielen Fällen möchten Sie, dass Docker die Container dann neu startet, wenn Sie sie nicht explizit gestoppt haben:

```
restart: unless-stopped
```

Als Nächstes folgt ein `environment`-Abschnitt. Hier können Sie Umgebungsvariablen definieren, die an Ihren Container übergeben werden sollen:

```
environment:
  MONGODB_REPLICA_SET_MODE: primary
  MONGODB_REPLICA_SET_NAME: rs0
  MONGODB_PORT_NUMBER: 27017
  MONGODB_INITIAL_PRIMARY_HOST: mongodb
  MONGODB_INITIAL_PRIMARY_PORT_NUMBER: 27017
  MONGODB_ADVERTISED_HOSTNAME: mongo
  MONGODB_ENABLE_JOURNAL: "true"
  ALLOW_EMPTY_PASSWORD: "yes"
```

Die letzte Untersektion für den `mongo`-Service ist `networks`. Hier wird angegeben, mit welchem Netzwerk sich der Container verbinden soll:

```
networks:
    - botnet
```

Springen wir weiter nach unten zum `rocketchat`-Service. Dieser Service hat keine `build`-Untersektion. Er definiert lediglich ein Image-Tag, woraus Docker Compose ableitet, dass es das Image nicht bauen kann, sondern ein bereits existierendes Docker-Image mit dem definierten Tag herunterladen soll.

Die erste neue Untersektion, die Sie bemerken werden, ist der Service namens `volumes`.

Sehr viele Services haben zumindest ein paar Daten, die während der Entwicklung trotz der kurzlebigen Natur von Containern persistiert werden müssen. Um das zu bewerkstelligen, ist es am einfachsten, ein lokales Verzeichnis in den Container zu mounten. Die `volumes`-Sektion erlaubt die Angabe der lokalen Verzeichnisse, die in den Container gemountet werden sollen und wo sie dort landen sollen. Dieser Befehl bind-mountet *../rocketchat/data/uploads* im Container nach */app/uploads*:

```
volumes:
  - "../rocketchat/data/uploads:/app/uploads"
```

Vielleicht ist Ihnen aufgefallen, dass wir kein Volume für MongoDB definieren, was ein wenig kontraintuitiv sein mag. Auch wenn ein bind-mounted Volume zum Ablegen der Datenbankdateien sinnvoll sein mag, wird MongoDB nicht in das native Windows-Dateisystem schreiben können, daher haben wir den Eintrag hier weggelassen, um eine möglichst hohe Kompatibilität zu erreichen. Stattdessen lassen wir die Datenbank für diesen Entwicklungsanwendungsfall in den Container schreiben.

Das bedeutet aber auch, dass Sie beim Löschen des Containers mit einem Befehl wie `docker compose down` alle Daten in der MongoDB-Instanz verlieren werden.

Dieses Problem ließe sich leicht mit einem Data-Volume-Container lösen (*https://docs.docker.com/storage/volumes/#create-and-manage-volumes*), aber das Beispiel nutzt explizit Bind Mounts für die Volumes.

Sie sollten in so gut wie allen Situationen keinen hostbasierten lokalen Storage für produktiv genutzte Container verwenden. Das kann beim Entwickeln sehr praktisch sein, da Sie nur einen einzelnen Host verwenden, aber produktiv werden Ihre Container häufig auf irgendeinen Knoten deployt, der gerade Platz und Ressourcen frei hat, und er verliert dann die Verbindung zu Dateien, die auf dem Dateisystem eines einzelnen Hosts gespeichert sind. Haben Sie in Produktivumgebungen Bedarf an einem zustandsbehafteten Storage, müssen Sie netzwerkbasierten Storage, Kubernetes Persistent Volumes oder Ähnliches einsetzen.

In der Sektion `environment` des `rocketchat`-Service sehen Sie, dass der Wert für `MONGO_URL` weder eine Domain noch eine IP-Adresse erwartet. Dies hängt damit zusammen, dass alle Services im selben Docker-Netzwerk laufen. Docker Compose konfiguriert die Container so, dass diese sich über ihren Servicenamen finden können. Das heißt, dass Sie die URLs so konfigurieren können, dass sie einfach auf den Servicenamen mit dem internen Port des Containers zeigen, mit dem Sie sich verbinden wollen. Wenn Sie an späterer Stelle etwas ändern, zeigen die Namen weiterhin auf den richtigen Container in Ihrem Stack. Zusätzlich führt das dazu, dass man direkt sieht, welche Abhängigkeiten der Container besitzt.

```
environment:
  …
  MONGO_URL: "mongodb://mongo:27017/rocketchat?replicaSet=rs0"
  …
```

Die *docker-compose.yaml*-Datei kann auch Umgebungsvariablen über das Format `${<VARIABLE_NAME>}` nutzen. Das ermöglicht es, Passwörter oder andere Sicherheitstokens zu nutzen, ohne sie im Klartext in die Datei zu schreiben. Docker Compose unterstützt darüber hinaus eine *.env*-Datei, die sehr nützlich zur Handhabung von Passwörtern und Umgebungsvariablen sein kann, die sich von Entwickler zu Entwickler unterscheiden.

Die `depends_on`-Sektion definiert einen anderen Container, der laufen muss, bevor der aktuelle Container gestartet werden kann. Normalerweise stellt `docker compose` nur sicher, dass die Container laufen, und nicht, ob sie korrekt funktionieren. Sie können wenn nötig allerdings in Docker die `HEALTHCHECK`-Funktionalität oder in Docker Compose die bedingte Anweisung nutzen, um sicherzustellen, dass der abhängige Service korrekt funktioniert, bevor Docker Compose den neuen Service hochfährt. Beachten Sie, dass das nur das Starten betrifft. Docker meldet Services, die später nicht mehr richtig arbeiten, tut aber nichts, sofern sich der Container nicht beendet – dann wird Docker ihn neu starten, wenn es entsprechend konfiguriert ist:

```
depends_on:
    mongo
      condition: service_healthy
```

Die Health-Check-Funktionalitäten von Docker haben wir in »Container-Health-Checks« auf Seite 177 genauer behandelt. Sie finden außerdem mehr Informationen in der Dokumentation von Docker (*https://docs.docker.com/engine/reference/builder/#healthcheck*) und Docker Compose (*https://docs.docker.com/compose/compose-file/#healthcheck*).

Die `ports`-Untersektion erlaubt die Definition aller Ports, die Sie vom Container zu dem Host mappen wollen:

```
ports:
    - 3000:3000
```

Der `zmachine`-Service nutzt nur eine neue Untersektion, die `expose` heißt. Diese Sektion erlaubt es Ihnen, Docker mitzuteilen, dass Sie diesen Port für andere Container im Docker-Netzwerk freigeben wollen – unter Ausschluss des darunterliegenden Hosts. Aus diesem Grund wird kein Hostport angegeben, wenn Sie den Port öffnen:

```
expose:
    - "80"
```

Sie haben möglicherweise gemerkt, dass wir zwar einen Port für `zmaschine` geöffnet haben, aber keinen Port für den `mongo`-Service. Es hätte zwar nicht geschadet, allerdings wird der Port für `mongo` bereits durch das Upstream-Dockerfile geöffnet (*https://github.com/docker-library/mongo/blob/58bdba62b65b1d1e1ea5cbde54c1682f120e0676/3.2/Dockerfile#L95*), daher ist das hier nicht nötig. Manchmal wirkt das ein wenig undurchsichtig. Das Ausführen des Befehls `docker image history` auf dem gebauten Image kann da hilfreich sein.

Wir haben hier ein Beispiel gezeigt, das komplex genug ist, um die Fähigkeiten von Docker Compose zu demonstrieren, aber nicht so komplex, dass es zu anstrengend wird. Sie können noch viel mehr konfigurieren, worauf wir hier nicht weiter eingegangen sind, darunter Sicherheitseinstellungen und Ressourcen-Quotas. Detaillierte Informationen über die Konfiguration von Compose finden Sie in der offiziellen Dokumentation (*https://docs.docker.com/compose/compose-file/*).

Services starten

In der YAML-Datei haben wir einige Services definiert. Diese Datei teilt Compose mit, was gestartet werden und wie es konfiguriert sein soll. Also lassen Sie uns loslegen! Um das erste Docker-Compose-Kommando auszuführen, müssen Sie sicherstellen, dass Sie in dem Verzeichnis sind, in dem auch die *docker-compose.yaml*-Datei liegt.

```
$ cd rocketchat-hubot-demo/compose/unix
```

Sobald Sie im richtigen Verzeichnis sind, können Sie die Konfiguration prüfen, indem Sie folgenden Befehl ausführen:

```
$ docker compose config
```

Sofern alles korrekt ist, wird dieses Kommando die Konfigurationsdatei ausgeben. Falls ein Fehler aufgetreten ist, wird eine Fehlermeldung erscheinen, in der das Problem beschrieben wird. Das sieht dann etwa wie folgt aus:

```
services.mongo Additional property builder is not allowed
```

Sie können alle benötigten Container bauen, indem Sie die `build`-Option verwenden. Sämtliche Services, die ein fertiges Image nutzen, werden übersprungen.

```
$ docker compose build

 => [internal] load build definition from Dockerfile                    0.0s
 => => transferring dockerfile: 32B                                      0.0s
 => [internal] load .dockerignore                                        0.0s
 => => transferring context: 2B                                          0.0s
 => [internal] load metadata for docker.io/bitnami/mongodb:4.4           1.2s
 => [auth] bitnami/mongodb:pull token for registry-1.docker.io           0.0s
 => [internal] load build context                                        0.0s
 => => transferring context: 40B                                         0.0s
 => [1/2] FROM docker.io/bitnami/mongodb:4.4@sha256:9162…ae209           0.0s
 => CACHED [2/2] COPY docker-healthcheck /usr/local/bin/                 0.0s
 => exporting to image                                                   0.0s
 => => exporting layers                                                  0.0s
 => => writing image sha256:a6ef…da808                                   0.0s
 => => naming to docker.io/spkane/mongo:4.4                              0.0s
```

Anschließend können Sie Ihren Webservice im Hintergrund starten lassen:

```
$ docker compose up -d

[+] Running 5/5
 :: Network compose_botnet                Created                        0.0s
 :: Container compose-mongo-1             Healthy                       62.0s
 :: Container compose-rocketchat-1        Started                       62.3s
 :: Container compose-zmachine-1          Started                       62.5s
 :: Container compose-hubot-1             Started                       62.6s
```

Docker Compose setzt vor die Namen des Netzwerks und der Container ein Präfix mit dem Namen des Projekts. Das ist standardmäßig der Name des Verzeichnisses, das die *docker-compose.yaml*-Datei enthält. Da dieser Befehl in einem Verzeichnis namens *compose* ausgeführt wurde, beginnt alles mit `compose` als Projektname.

An die Windows-Nutzer: Wenn Sie zum ersten Mal die Services hochfahren, wird Windows eventuell nach der Autorisierung für *vpnkit* fragen. Außerdem wird Docker Desktop nachfragen, ob eine Festplatte genutzt werden darf. Sie müssen beides akzeptieren und die Buttons *Allow Access* und *Share it* anklicken, damit alles korrekt hochfährt.

Sobald alles hochgefahren ist, werfen Sie einen kurzen Blick auf die Logs für alle Services (siehe Abbildung 8-1):

```
$ docker compose logs
```

```
compose-rocketchat-1  | |         Commit Hash: 29fb34babc          |
compose-rocketchat-1  | |        Commit Branch: HEAD               |
compose-rocketchat-1  | |                                          |
compose-rocketchat-1  | +------------------------------------------+
compose-mongo-1       | {"t":{"$date":"2023-03-31T20:48:04.893+00:00"},"s":"I",  "c":"REPL",     "id":21300,
   "ctx":"ReplCoord-0","msg":"Starting replication applier thread"}
compose-mongo-1       | {"t":{"$date":"2023-03-31T20:48:04.893+00:00"},"s":"I",  "c":"REPL",     "id":21301,
   "ctx":"ReplCoord-0","msg":"Starting replication reporter thread"}
compose-hubot-1       | hubot-zmachine@0.1.0 node_modules/hubot-zmachine
compose-hubot-1       | npm info ok
```

Abbildung 8-1: Ausgabe von docker compose logs

Sie können es hier in der gedruckten Ausgabe nicht gut sehen, aber wenn Sie es sich auf Ihrem Rechner anschauen, sehen Sie, dass in allen Logs jeder Service farblich hervorgehoben wird. Außerdem steht bei jeder Logzeile dabei, um welche Uhrzeit Docker die Logzeilen erhalten hat. Das macht es wesentlich einfacher zu erkennen, was wann passiert ist, auch wenn mehrere Services gleichzeitig loggen.

Es kann ein bisschen dauern, bis die Datenbank aufgesetzt ist und sie Verbindungen entgegennehmen kann. Sobald die Logs von Rocket.Chat eine Zeile ausgeben, die den Text `SERVER RUNNING` enthält, sollte alles bereit sein:

```
$ docker compose logs rocketchat | grep "SERVER RUNNING"

compose-rocketchat-1  | |                SERVER RUNNING                |
```

Bis zu diesem Punkt haben wir erfolgreich eine verhältnismäßig komplexe Anwendung gestartet, die aus einem Containerstack besteht. Wir werden uns nun diese Anwendung anschauen, sodass Sie sehen können, was wir aufgebaut haben, und so besser verstehen, wie das Compose-Tooling funktioniert. Auch wenn der nächste Abschnitt nicht viel mit Docker selbst zu tun hat, zeigt er auf, wie man Docker Compose nutzen kann, um komplexe und voll funktionsfähige Webservices aufzubauen.

Rocket.Chat

In diesem Abschnitt werden wir für einen Moment etwas Abstand von Docker nehmen und uns Rocket.Chat anschauen. Wir beschäftigen uns ein wenig damit, sodass Sie genug wissen, um zu erkennen, wie viel einfacher es ist, eine komplexe Umgebung mit Docker Compose aufzubauen. Wenn Sie möchten, können Sie auch direkt zu »Das Netzwerk inspizieren« auf Seite 199 springen, sollte Rocket.Chat Sie nicht interessieren.

In Kürze werden wir tiefer in unser Setup einsteigen. Vorher sollten wir uns aber für einen Augenblick den Anwendungsstack anschauen, den wir gebaut haben. Die Anwendung wird mit Docker Compose gestartet. Rocket.Chat ist eine Open-Source-Chatanwendung (*https://rocket.chat*). Um zu sehen, wie diese läuft, müssen Sie den Browser starten und *http://127.0.0.1:3000/* aufrufen.

Damit erhalten Sie den Admin-Info-Bildschirm für Rocket.Chat (siehe Abbildung 8-2).

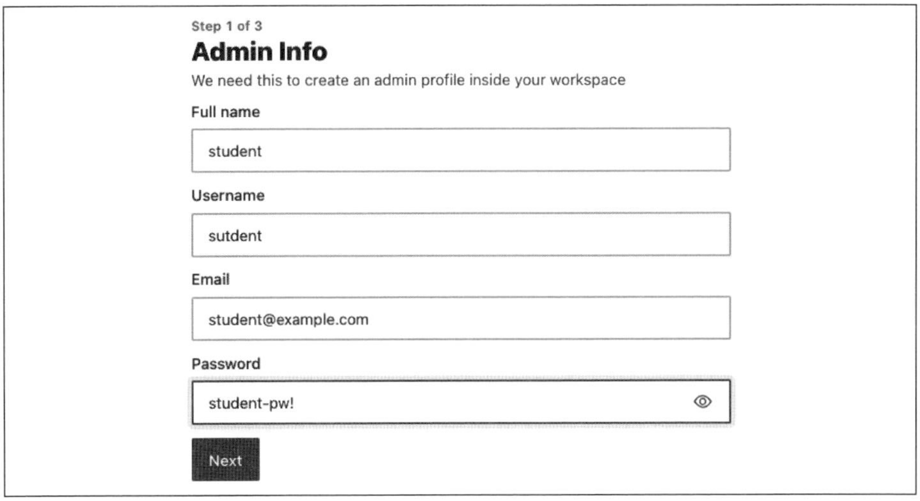

Step 1 of 3

Admin Info

We need this to create an admin profile inside your workspace

Full name

student

Username

sutdent

Email

student@example.com

Password

student-pw!

Next

Abbildung 8-2: Admin-Info-Bildschirm für Rocket.Chat

Füllen Sie das Formular wie folgt aus:

- *Full name*: **`student`**
- *Username*: **`student`**
- *Email*: **`student@example.com`**
- *Password*: **`student-pw!`**

Klicken Sie anschließend auf den Button *Next*.

Nun sehen Sie den Info-Bildschirm zur Organisation (siehe Abbildung 8-3).

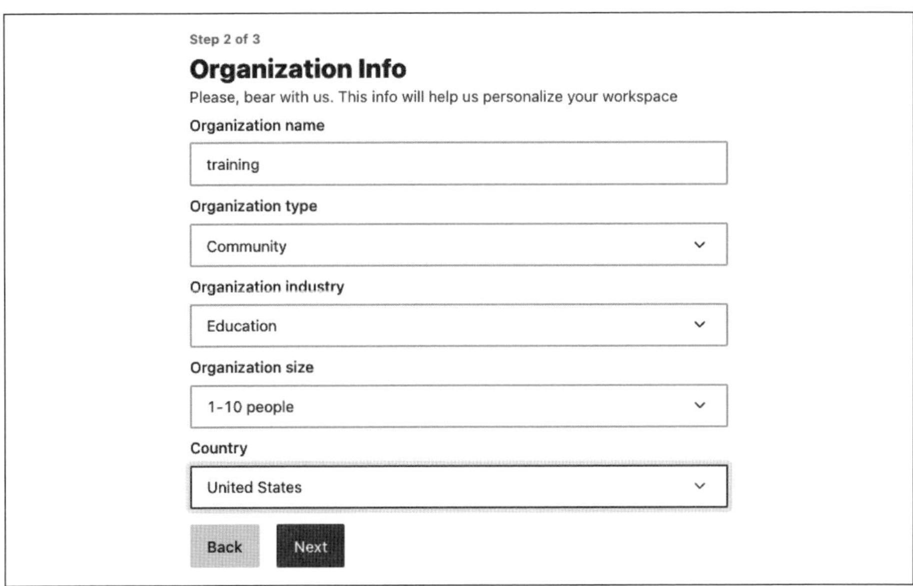

Abbildung 8-3: Organisations-Info-Bildschirm von Rocket.Chat

Die Details sind in diesem Formular nicht entscheidend, Sie können beispielsweise folgende Inhalte eingeben:

- *Organization name*: **`training`**
- *Organization type*: **`Community`**
- *Organization industry*: **`Education`**
- *Organization size*: **`1-10 people`**
- *Country*: **`United States`**

Klicken Sie nun auf den Button *Next*.

Jetzt sollten Sie zum Bildschirm *Register Your Server* gelangen (siehe Abbildung 8-4).

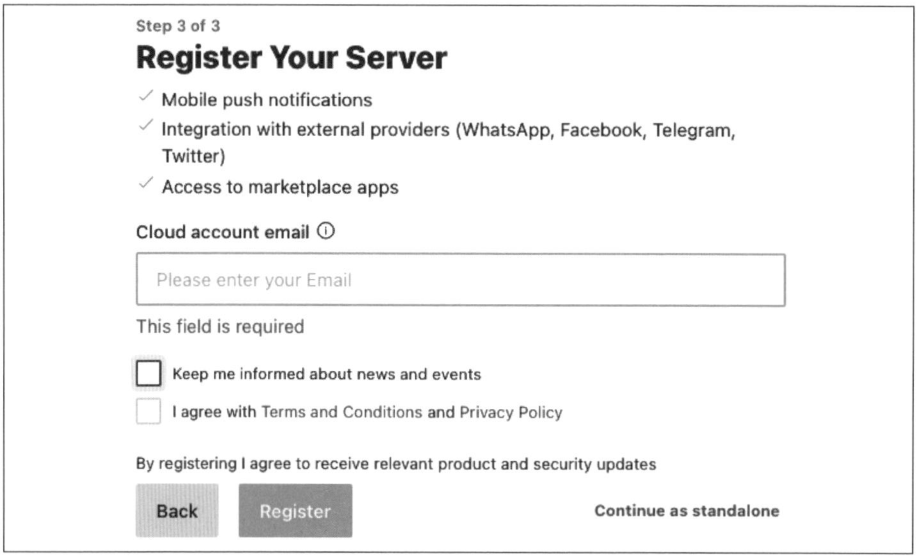

Step 3 of 3

Register Your Server

✓ Mobile push notifications
✓ Integration with external providers (WhatsApp, Facebook, Telegram, Twitter)
✓ Access to marketplace apps

Cloud account email ⓘ

Please enter your Email

This field is required

☐ Keep me informed about news and events
☐ I agree with Terms and Conditions and Privacy Policy

By registering I agree to receive relevant product and security updates

Back | Register | Continue as standalone

Abbildung 8-4: Bildschirm »Register Your Server«

Sie können einfach alles löschen bzw. die Häkchen entfernen und dann auf den Link *Continue as standalone* klicken. Nun gelangen Sie zur Konfigurationsseite für den Stand-alone-Server (siehe Abbildung 8-5). Klicken Sie hier auf den Button *Confirm*.

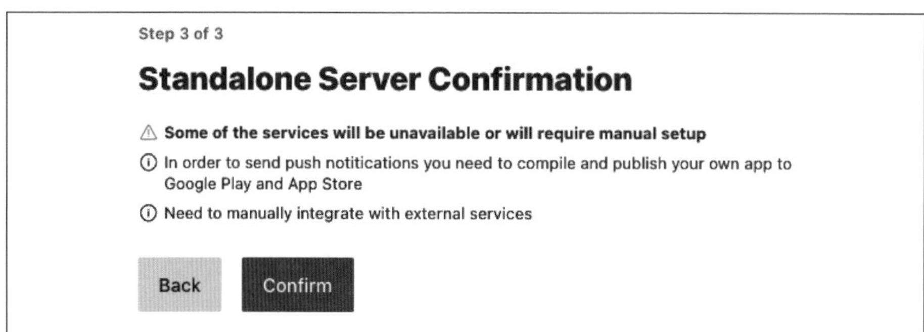

Abbildung 8-5: Konfigurationsseite für den Stand-alone-Server

Nutzen Sie `localhost` oder etwas anderes als 127.0.0.1, um in Ihrem Browser Rocket.Chat aufzurufen, erhalten Sie eventuell ein Pop-up-Fenster, in dem Sie gefragt werden, ob Sie die `SITE_URL` aktualisieren wollen. In den meisten Fällen können Sie den Wert an den anpassen, den Sie nutzen.

Herzlichen Glückwunsch – Sie haben sich nun erfolgreich in einen voll funktionalen Chatclient eingeloggt. Aber noch sind Sie nicht ganz fertig. Die Docker-Compose-Konfiguration hat ebenfalls eine Instanz des Chatassistenten Hubot (*https://hubot.github.com*) und die mysteriöse `zmachine` gestartet. Es lohnt sich also ein Blick darauf.

Da der Rocket.Chat-Server ganz neu ist, hat er noch keinen Nutzer, der unseren Bot einsetzen könnte. Lassen Sie uns das ändern.

Klicken Sie zunächst auf die Sidebar oben links, wo Sie eine lilafarbene Box mit dem Buchstaben *S* darin sehen. Klicken Sie im Pop-up-Menü auf *Administration* (siehe Abbildung 8-6).

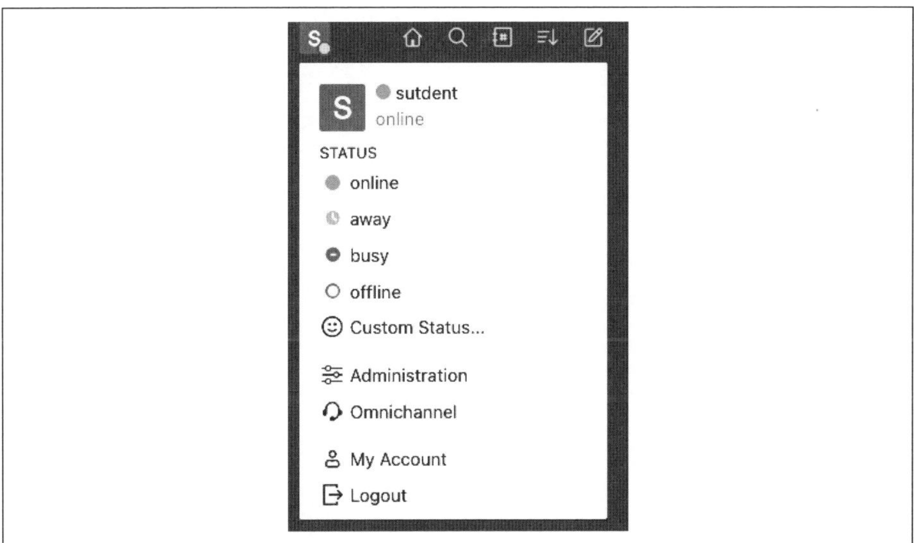

Abbildung 8-6: Rocket.Chat-Administrationsseitenleiste

Klicken Sie nun im Administrationspanel auf *Users* (siehe Abbildung 8-7).

Auf der ganz rechten Seite des Bildschirms klicken Sie auf den *New*-Button, um einen neuen Benutzer anzulegen (siehe Abbildung 8-8).

Administration
Go fully featured
Info
Import
Users
Rooms
Invites
Users
New
Invite
Search Users
Name
Email
Status
Rocket.Cat
@rocket.cat
Online
student
@sutdent
student@example....
Online

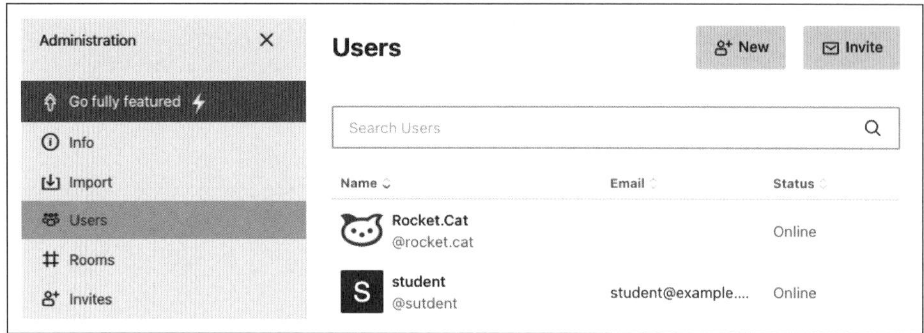

Abbildung 8-7: Userbildschirm in Rocket.Chat

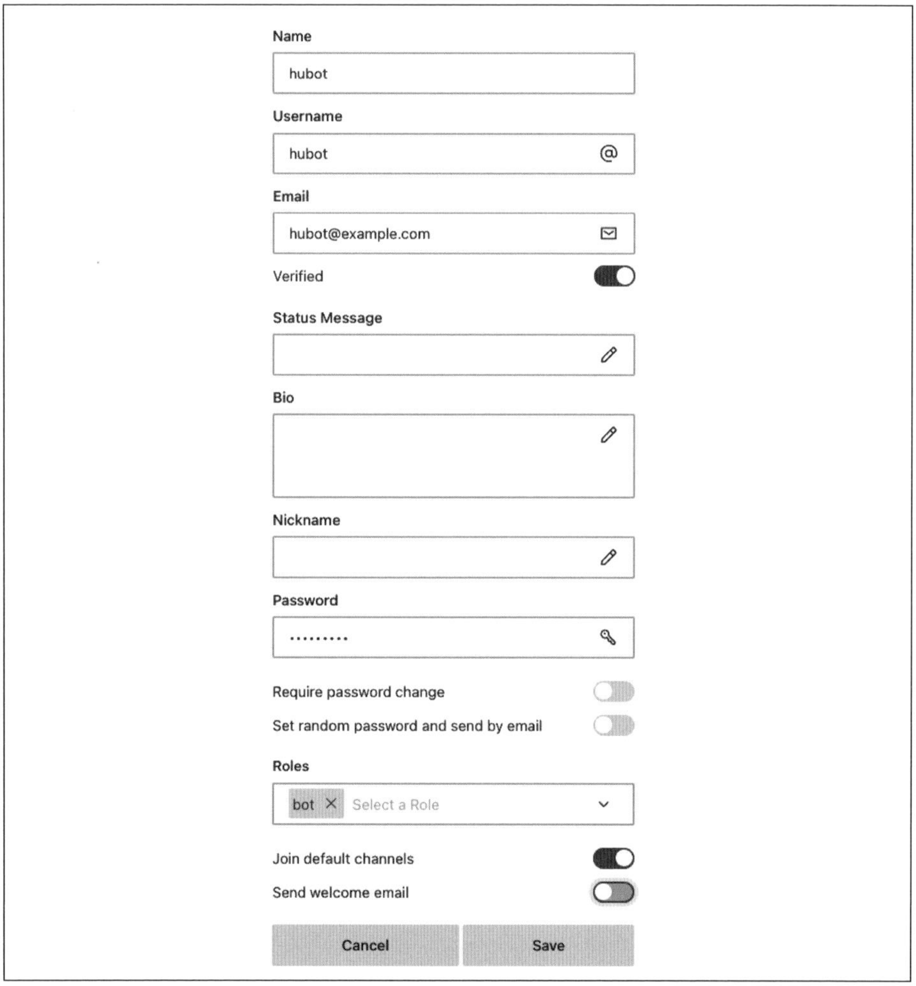

Name
hubot
Username
hubot
Email
hubot@example.com
Verified
Status Message
Bio
Nickname
Password
Require password change
Set random password and send by email
Roles
bot
Select a Role
Join default channels
Send welcome email
Cancel
Save

Abbildung 8-8: Benutzer hinzufügen in Rocket.Chat

Füllen Sie das Formular dann wie folgt aus:

- *Name*: **`hubot`**
- *Username*: **`hubot`**
- *Email*: **`hubot@example.com`**
- Wählen Sie: *Verified*
- *Password*: **`bot-pw!`**
- Wählen Sie die Rolle: *bot*
- Haken herausnehmen bei: *Send welcome email*

Drücken Sie anschließend unten auf *Save*, um den Nutzer anzulegen.

Um sicherzustellen, dass sich der Bot anmelden kann, müssen wir zudem die Zwei-Faktor-Authentifizierung deaktivieren, die standardmäßig aktiv ist. Dazu klicken Sie in der Administrationsseitenleiste unten auf *Settings* (siehe Abbildung 8-9).

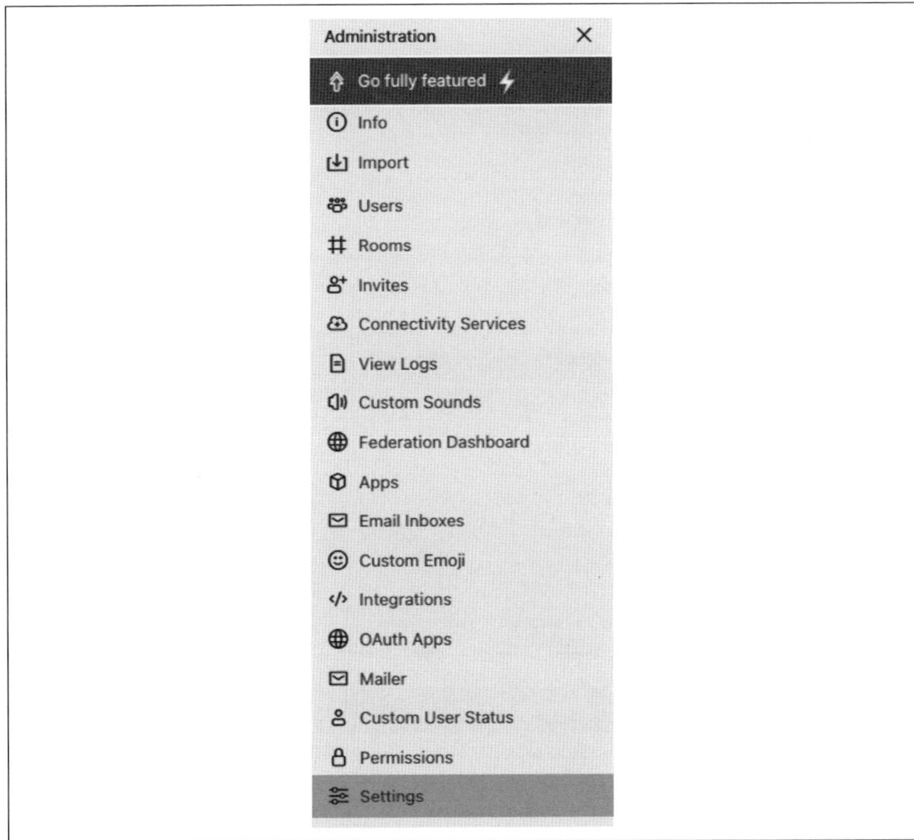

Abbildung 8-9: Administrationseinstellungen in Rocket.Chat

Es wird der *Settings*-Bildschirm angezeigt (siehe Abbildung 8-10).

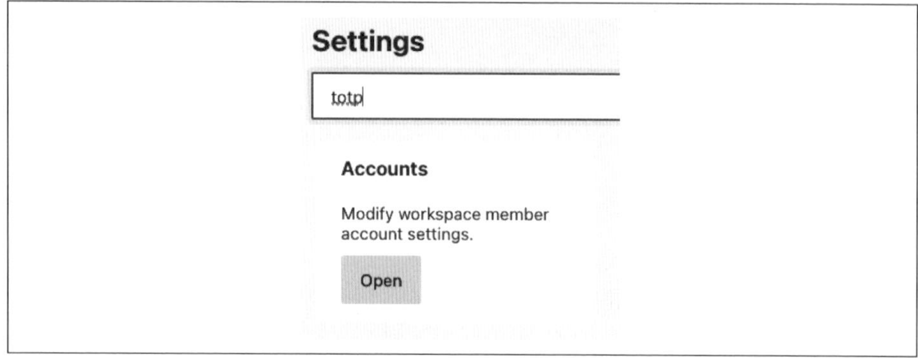

Abbildung 8-10: Account-Einstellungen in Rocket.Chat

Geben Sie in das Suchfeld **`totp`** ein und klicken Sie dann unter *Accounts* auf den *Open*-Button.

Sie sollten nun eine lange Liste mit Einstellungen erhalten (siehe Abbildung 8-11).

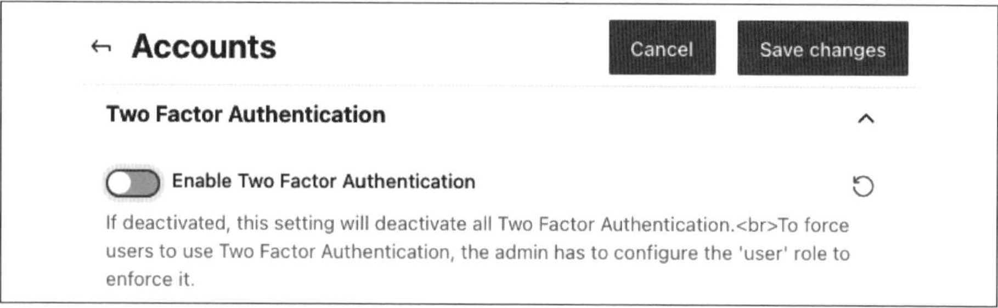

Abbildung 8-11: TOTP-Einstellungen von Rocket.Chat

Scrollen Sie bis zum *Two Factor Authentication*, erweitern Sie diesen und deaktivieren Sie die Option *Enable Two Factor Authentication*.

Danach klicken Sie auf *Save changes*.

Klicken Sie dann auf das *X* oben im linken Administrationspanel, um das Panel zu schließen (siehe Abbildung 8-12).

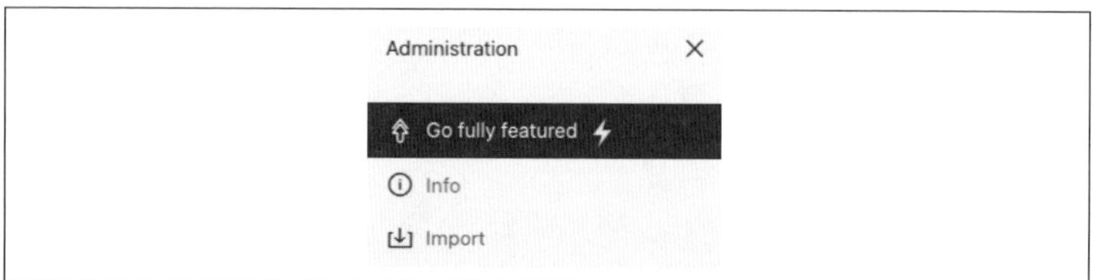

Abbildung 8-12: Administrationspanel schließen

Klicken Sie nun im linken Seitenpanel unter *Channels* auf *general* (siehe Abbildung 8-13).

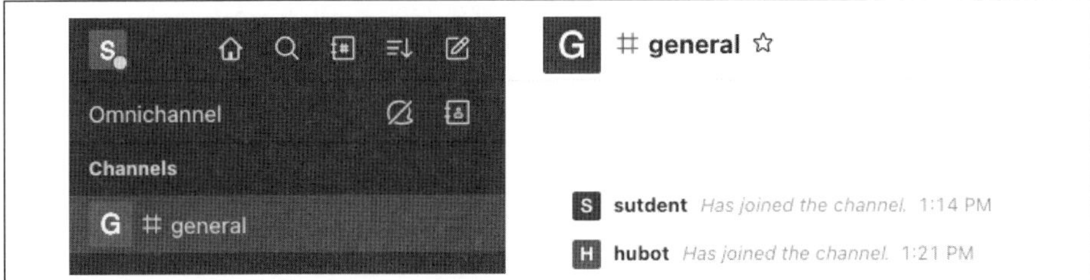

Abbildung 8-13: General Channel im Rocket.Chat

Und wenn Sie nicht schon eine Nachricht im Channel sehen, die »Hubot has joined the channel« lautet, weisen Sie Docker Compose an, den `hubot`-Container neu zu starten. Das wird Hubot dazu zwingen, sich erneut am Chatserver anzumelden, nachdem es nun einen User für den Service gibt:

```
$ docker compose restart hubot
Restarting unix_hubot_1 … done
```

War alles erfolgreich, sollten Sie zurück zum Browser wechseln und dort im Chatfenster Kommandos an den Bot senden.

Hubot sollte dem General Channel automatisch beitreten, aber für alle Fälle können Sie dort die folgende Nachricht absetzen, um ihn explizit einzuladen:

```
/invite @hubot
```

Sie bekommen möglicherweise eine Nachricht vom internen Admin `rocket.cat`, die besagt, dass `hubot` bereits da ist.

Um Hubot zu konfigurieren, wurde über die Umgebungsvariablen als Alias der Punkt konfiguriert. Sie können nun also `. help` tippen, um zu schauen, ob der Bot antwortet. Wenn alles funktioniert, sollten Sie eine Liste von Kommandos bekommen, die der Bot versteht.

```
> . help
. adapter - Reply with the adapter
. echo <text> - Reply back with <text>
. help - Displays all of the help commands that this bot knows about.
. help <query> - Displays all help commands that match <query>.
. ping - Reply with pong
. time - Reply with current time
…
```

Probieren Sie doch mal diesen Befehl aus:

```
. ping
```

Hubot sollte mit `PONG` antworten.

Und geben Sie Folgendes ein:

```
. time
```

Hubot wird Ihnen dann mitteilen, welche Zeit es auf dem Server ist.

Versuchen Sie, einen neuen Chat-Channel zu erzeugen, indem Sie `/create zmachine` in ein Chatfenster eintippen. Sie sollten nun in der Lage sein, auf den neuen `zmachine`-Channel in der linken Seitenleiste zu klicken und `hubot` mittels `/invite @hubot` in den Channel einzuladen.

Es könnte sein, dass `hubot` folgende Nachricht ausgibt: `There's no game for zmachine!` Lassen Sie sich davon nicht beunruhigen.

Als Nächstes können Sie versuchen, das folgende Kommando in ein Chatfenster zu tippen, um eine chatbasierte Version des berühmten Spiels Colossal Cave Adventure (*https://en.wikipedia.org/wiki/Interactive_fiction#Adventure*) zu starten:

```
. z start adventure

more
look
go east
examine keys
get keys

. z save firstgame
. z stop
. z start adventure
. z restore firstgame

inventory
```

Interactive Fiktion kann süchtig machen und viel Zeit verschlingen, also seien Sie vorgewarnt ... Wenn Sie diese Spiele nicht kennen und daran interessiert sind, mehr zu lernen, lohnt sich ein Blick auf diese Informationen:

- Definition von Interactive Fiction (*https://de.wikipedia.org/wiki/Interactive_Fiction*)
- Emulator (*https://davidgriffith.gitlab.io/frotz/*)
- Entwicklung (*https://ganelson.github.io/inform-website*)
- Spiele (*https://ifarchive.org/indexes/if-archiveXgamesXzcode.html*)
- Wettbewerbe (*https://ifcomp.org/*)

Sie haben nun gesehen, wie einfach es ist, komplexe Webservices zu konfigurieren, zu starten und zu managen, auch wenn sie aus mehreren Komponenten bestehen. Im nächsten Abschnitt schauen wir uns weitere Features von Docker Compose an.

Sie können sich bei Rocket.Chat viel Einrichtungsaufwand sparen, indem Sie eine MongoDB mit einer vorkonfigurierten Rocket.Chat-Datenbank provisionieren, aber es erschien uns wichtig, so wenig Magie wie möglich in diesem Beispiel einzusetzen, um klarer zu machen, wie alles zusammenspielt.

Weitere Docker-Compose-Features

Mittlerweile haben Sie Rocket.Chat zum Laufen gebracht und verstehen, wie es funktioniert. Zeit also, ein wenig tiefer einzusteigen, um einen besseren Einblick darin zu erhalten, wie die Services laufen. Einige der gängigen Docker-Kommandos werden auch über Compose-Kommandos genutzt, allerdings für einen spezifischen Stack und weniger für einen einzelnen Container oder alle Container auf einem Host. Sie können `docker-compose top` aufrufen, um eine Übersicht Ihrer Container und der Prozesse, die darin laufen, zu bekommen.

```
$ docker compose top

compose-hubot-1
UID  PID   … CMD
1001 73342 … /usr/bin/qemu-x86_64 /bin/sh /bin/sh -c node -e "console.l…"
1001 73459 … /usr/bin/qemu-x86_64 /usr/local/bin/node node node_modules/…

compose-mongo-1
UID  PID   … CMD
1001 71243 … /usr/bin/qemu-x86_64 /opt/bitnami/mongodb/bin/mongod /opt/…

compose-rocketchat-1
UID   PID   … CMD
65533 71903 … /usr/bin/qemu-x86_64 /usr/local/bin/node node main.js

compose-zmachine-1
UID  PID   … CMD
root 71999 … /usr/bin/qemu-x86_64 /usr/local/bin/node node /root/src/server.js
root 75078 … /usr/bin/qemu-x86_64 /root/src/../frotz/dfrotz /root/src/…
```

Wenn Sie in einen Linux-Container wechseln wollen, funktioniert das unter Compose ähnlich wie bei einem normalen Container mit `docker compose exec`. Weil `docker compose` ein neueres Tool ist, bietet es ein paar praktische Abkürzungen gegenüber den normalen `docker`-Befehlen. Bei `docker compose exec` müssen Sie kein `-i -t` übergeben und können den Servicenamen von Docker Compose nutzen, statt sich die ID oder den Namen des Containers merken zu müssen:

```
$ docker compose exec mongo bash

I have no name!@0078134f9370:/$ mongo
MongoDB shell version v4.4.15
connecting to: mongodb://127.0.0.1:27017/?compressors=disabled&…
Implicit session: session { "id" : UUID("daec9543-bb9c-4e8c-ba6b…") }
MongoDB server version: 4.4.15
…
rs0:PRIMARY> exit
bye
I have no name!@0078134f9370:/$ exit
exit
```

docker-compose logs und docker-compose exec sind vermutlich die nützlichsten Kommandos für das Debuggen. Wenn Docker Compose das Image nicht bauen oder den Container überhaupt nicht starten kann, müssen Sie auf die Standard-Docker-Kommandos zurückgreifen, um Ihre Images und Container zu debuggen, wie wir es in »Fehlerbehebung bei fehlgeschlagenen Builds« auf Seite 114 und »In einen laufenden Container gelangen« auf Seite 165 beschrieben haben.

Sie können Docker Compose mit start und stop verwenden. In einigen Umgebungen funktionieren auch pause und unpause – entweder für einen einzelnen oder für alle Container, je nachdem, was Sie benötigen.

```
$ docker compose stop zmachine
[+] Running 1/1
 ∷ Container compose-zmachine-1  Stopped                                  0.3s
$ docker compose start zmachine
[+] Running 2/2
 ∷ Container compose-mongo-1     Healthy                                  0.5s
 ∷ Container compose-zmachine-1  Started                                  0.4s
$ docker compose pause
[+] Running 4/0
 ∷ Container compose-mongo-1       Paused                                 0.0s
 ∷ Container compose-zmachine-1    Paused                                 0.0s
 ∷ Container compose-rocketchat-1  Paused                                 0.0s
 ∷ Container compose-hubot-1       Paused                                 0.0s
$ docker compose unpause
[+] Running 4/0
 ∷ Container compose-zmachine-1    Unpaused                               0.0s
 ∷ Container compose-hubot-1       Unpaused                               0.0s
 ∷ Container compose-rocketchat-1  Unpaused                               0.0s
 ∷ Container compose-mongo-1       Unpaused                               0.0s
```

Möchten Sie zum Schluss alles herunterfahren und löschen, können Sie dafür ebenfalls Docker Compose verwenden:

```
$ docker compose down
[+] Running 5/5
 ∷ Container compose-hubot-1       Removed                               10.4s
 ∷ Container compose-zmachine-1    Removed                                0.1s
 ∷ Container compose-rocketchat-1  Removed                                0.6s
 ∷ Container compose-mongo-1       Removed                                0.9s
 ∷ Network compose_botnet          Removed                                0.1s
```

Löschen Sie den MongoDB-Container mittels docker compose down, gehen alle Daten in der MongoDB-Instanz verloren.

Die Konfiguration managen

Docker Compose bietet ein paar wichtige Aspekte, die Ihnen dabei helfen können, die Flexibilität Ihrer *docker-compose.yaml*-Dateien deutlich zu steigern. In diesem Abschnitt werden wir uns anschauen, wie Sie es vermeiden können, viele Konfigurationswerte in Ihren *docker-compose.yaml*-Dateien fest zu verdrahten, sie dabei aber gleichzeitig unkompliziert nutzen können.

Standardwerte

Schauen wir uns den `services:rocketchat:environment` der Datei *docker-compose.yaml* an, sehen wir so etwas wie das Folgende:

```
environment:
  RESPOND_TO_DM: "true"
  HUBOT_ALIAS: ". "
  LISTEN_ON_ALL_PUBLIC: "true"
  ROCKETCHAT_AUTH: "password"
  ROCKETCHAT_URL: "rocketchat:3000"
  ROCKETCHAT_ROOM: ""
  ROCKETCHAT_USER: "hubot"
  ROCKETCHAT_PASSWORD: "bot-pw!"
  BOT_NAME: "bot"
  EXTERNAL_SCRIPTS: "hubot-help,hubot-diagnostics,hubot-zmachine"
  HUBOT_ZMACHINE_SERVER: "http://zmachine:80"
  HUBOT_ZMACHINE_ROOMS: "zmachine"
  HUBOT_ZMACHINE_OT_PREFIX: "ot"
```

Ein Blick in *docker-compose-default.yaml* im gleichen Verzeichnis liefert für den gleichen Abschnitt dieses:

```
environment:
  RESPOND_TO_DM: ${HUBOT_RESPOND_TO_DM:-true}
  HUBOT_ALIAS: ${HUBOT_ALIAS:-. }
  LISTEN_ON_ALL_PUBLIC: ${HUBOT_LISTEN_ON_ALL_PUBLIC:-true}
  ROCKETCHAT_AUTH: ${HUBOT_ROCKETCHAT_AUTH:-password}
  ROCKETCHAT_URL: ${HUBOT_ROCKETCHAT_URL:-rocketchat:3000}
  ROCKETCHAT_ROOM: ${HUBOT_ROCKETCHAT_ROOM:-}
  ROCKETCHAT_USER: ${HUBOT_ROCKETCHAT_USER:-hubot}
  ROCKETCHAT_PASSWORD: ${HUBOT_ROCKETCHAT_PASSWORD:-bot-pw!}
  BOT_NAME: ${HUBOT_BOT_NAME:-bot}
  EXTERNAL_SCRIPTS: ${HUBOT_EXTERNAL_SCRIPTS:-hubot-help,
                    hubot-diagnostics,hubot-zmachine}
  HUBOT_ZMACHINE_SERVER: ${HUBOT_ZMACHINE_SERVER:-http://zmachine:80}
  HUBOT_ZMACHINE_ROOMS: ${HUBOT_ZMACHINE_ROOMS:-zmachine}
  HUBOT_ZMACHINE_OT_PREFIX: ${HUBOT_ZMACHINE_OT_PREFIX:-ot}
```

Hier kommt eine Technik namens *Variableninterpolation* zum Einsatz (*https://docs.docker.com/compose/compose-file/#interpolation*), die Docker Compose direkt von vielen Unix-Shells (wie zum Beispiel bash) übernommen hat.

In der Originaldatei ist die Umgebungsvariable `ROCKETCHAT_PASSWORD` fest auf den Wert `"bot-pw!"` gesetzt:

```
ROCKETCHAT_PASSWORD: "bot-pw!"
```

Mit diesem neuen Ansatz sagen wir, dass `ROCKETCHAT_PASSWORD` auf den Wert der Variablen `HUBOT_ROCKETCHAT_PASSWORD` gesetzt werden soll, wenn diese in der Benutzerumgebung gesetzt ist. Sollte das nicht der Fall sein, soll `ROCKETCHAT_PASSWORD` auf den Standardwert `bot-pw!` gesetzt werden:

```
ROCKETCHAT_PASSWORD: ${HUBOT_ROCKETCHAT_PASSWORD:-bot-pw!}
```

Damit sind wir sehr flexibel: So gut wie alles ist konfigurierbar, trotzdem liefern wir sinnvolle Standardwerte für die meisten Anwendungsfälle mit. Wir können das leicht ausprobieren, indem wir docker compose up mit der neuen Datei ausführen:

```
$ docker compose -f docker-compose-defaults.yaml up -d

[+] Running 5/5
 :: Network compose_botnet          Created                                 0.0s
 :: Container compose-mongo-1       Healthy                                31.0s
 :: Container compose-rocketchat-1  Started                                31.2s
 :: Container compose-zmachine-1    Started                                31.5s
 :: Container compose-hubot-1       Started                                31.8s
```

Standardmäßig wird das zu genau dem gleichen Stack führen, den wir weiter oben schon hochgefahren haben. Aber wir könnten jetzt einfach Änderungen vornehmen, indem wir eine oder mehrere Umgebungsvariablen in unserem Terminal setzen, bevor wir docker compose ausführen:

```
$ docker compose -f docker-compose-defaults.yaml down
...

$ docker compose -f docker-compose-defaults.yaml config | \
    grep ROCKETCHAT_PASSWORD

      ROCKETCHAT_PASSWORD: bot-pw!

$ HUBOT_ROCKETCHAT_PASSWORD="my-unique-pw" docker compose \
    -f docker-compose-defaults.yaml config | \
    grep ROCKETCHAT_PASSWORD

      ROCKETCHAT_PASSWORD: my-unique-pw
```

In den hier genutzten Beispielen behandelt Docker Compose eine leere Umgebungsvariable genauso wie eine, die auf einen leeren String gesetzt wurde. Ist in Ihrem Anwendungsfall ein leerer String eine mögliche Option, sollten Sie das Format der Variablensubstitutionszeile so anpassen, dass sie wie ${VARIABLE_NAME-default-value} aussieht. Wir empfehlen Ihnen, sich die Dokumentation dazu unter *https://docs.docker.com/compose/compose-file/#interpolation* anzuschauen, damit Sie die verschiedenen Möglichkeiten kennenlernen.

Das ist schon sehr nett, aber wie sieht es aus, wenn wir gar keinen Standardwert anbieten und stattdessen den Benutzer dazu zwingen wollen, dass dieser etwas setzt? Auch das lässt sich ziemlich einfach erreichen.

Mancher mag nicht glücklich darüber sein, das Passwort als Teil der Befehlszeile zu übergeben, da diese eventuell in der Liste der Systemprozesse und an anderer Stelle auftaucht. Aber seien Sie unbesorgt – wir werden das Problem bald angehen.

Pflichtwerte

Um einen Pflichtwert zu setzen, müssen wir die Zeile mit der Variablensubstitution nur ein bisschen anpassen. Es ist sicher keine gute Idee, ein Standardpasswort zu setzen, daher wollen wir dafür sorgen, dass der Benutzer selbst eins angeben muss.

`ROCKETCHAT_PASSWORD` ist in der Datei *docker-compose-default.yaml* wie folgt definiert:

```
ROCKETCHAT_PASSWORD: ${HUBOT_ROCKETCHAT_PASSWORD:-bot-pw!}
```

In der neueren Datei *docker-compose-env.yaml* sieht die Zeile so aus:

```
ROCKETCHAT_PASSWORD:
  ${HUBOT_ROCKETCHAT_PASSWORD:?HUBOT_ROCKETCHAT_PASSWORD must be set!}
```

Hier ist kein Standardwert enthalten, stattdessen wird ein Fehlertext definiert, wenn die Variable nicht auf einen String gesetzt wurde, der nicht leer ist. Versuchen wir, den Service einfach so hochzufahren, erhalten wir eine Fehlermeldung:

```
$ docker compose -f docker-compose-env.yaml up -d

invalid interpolation format for
  services.hubot.environment.ROCKETCHAT_PASSWORD.
You may need to escape any $ with another $.
required variable HUBOT_ROCKETCHAT_PASSWORD is missing a value:
  HUBOT_ROCKETCHAT_PASSWORD must be set!
```

Die Ausgabe gibt einen groben Hinweis darauf, was eventuell falsch ist, aber die letzten beiden Zeilen sind ziemlich deutlich, und die letzte Ausgabe enthält genau die Fehlermeldung, die wir definiert haben – Sie können sie also auf etwas setzen, das in Ihrer Situation am sinnvollsten ist.

Übergeben wir unser eigenes Passwort, wird alles wie gewünscht hochgefahren:

```
$ HUBOT_ROCKETCHAT_PASSWORD="a-b3tt3r-pw" docker compose \
    -f docker-compose-env.yaml up -d

[+] Running 5/5
 ⠿ Network compose_botnet           Created                 0.0s
 ⠿ Container compose-mongo-1        Healthy                31.0s
 ⠿ Container compose-rocketchat-1   Started                31.3s
 ⠿ Container compose-zmachine-1     Started                31.5s
 ⠿ Container compose-hubot-1        Started                31.8s

$ docker compose -f docker-compose-env.yaml down
…
```

Die Datei dotenv

Das Übergeben in eine einzelne Umgebungsvariable ist nicht so schwierig, aber wenn Sie viele eigene Werte mitgeben müssen – oder ein echtes Secret –, ist es nicht ideal, sie im lokalen Terminal zu setzen. Hier kommt die *.env*-Datei (*dotenv*) ins Spiel.

Die *.env*-Datei ist eine Datei in einem Standardformat (*https://www.dotenv.org/docs/security/env*), die von Programmen geparst werden soll, welche zusätzliche, für die lokale Umgebung spezifische Konfigurationsinformationen benötigen.

Im obigen Anwendungsfall müssen wir ein Passwort setzen, um unsere Docker-Compose-Umgebung hochzufahren. Wir können die Umgebung jedes Mal mitgeben, das ist aber aus einer Reihe von Gründen nicht ideal. Es wäre schön, wenn wir sie auf eine Art und Weise setzen könnten, die für eine Single-User-Umgebung ausreichend sicher ist und unser Leben auch ein wenig einfacher und weniger fehleranfällig macht.

Im Prinzip ist eine *.env*-Datei einfach eine Liste mit Key-Value-Paaren. Da diese Datei für die lokale Umgebung einzigartig sein wird und oft mindestens ein Secret enthält, sollten wir unbedingt darauf achten, sie nie unabsichtlich in unsere Versionsverwaltung einzuchecken. Um das bei der Arbeit mit `git` zu verhindern, können wir in unsere *.gitignore*-Datei *.env* mit aufnehmen, was sie in unserem Fall schon tut:

```
$ grep .env ../.gitignore
.env
```

Arbeiten Sie auf einem Single-User-System, können Sie nun eine *.env*-Datei gefahrlos im selben Verzeichnis erstellen, das unsere *docker-compose.yaml*-Datei(en) enthält.

Probieren Sie das für dieses Beispiel aus und erstellen Sie eine *.env*-Datei mit folgendem Inhalt:

```
HUBOT_ROCKETCHAT_PASSWORD=th2l@stPW!
```

Wir könnten viel mehr solcher Key-Value-Paare hinzufügen, aber um das Ganze einfach zu halten, konzentrieren wir uns hier auf dieses eine Passwort. Führen Sie nach dem Erstellen dieser Datei `git status` aus, wird `git` die neue Datei vollständig ignorieren – genau das, was wir wollen:

```
$ git status
On branch main
Your branch is up to date with 'origin/main'.

nothing to commit, working tree clean
```

Eine *.env*-Datei ist kein Unix-Shell-Skript. Es gibt subtile, aber entscheidende Unterschiede zwischen diesem Format und dem Definieren von Variablen in einem Standard-Shell-Skript. Der wichtigste ist, dass Sie in den meisten Fällen Werte nicht mit Anführungszeichen umschließen sollten.

Im vorherigen Abschnitt haben wir beim Ausführen von `docker compose -f docker-compose-env.yaml up -d` ohne das Setzen von `HUBOT_ROCKETCHAT_PASSWORD` eine Fehlermeldung erhalten. Probieren wir es erneut, nachdem wir die *.env*-Datei erstellt haben, sollte alles funktionieren:

```
$ docker compose -f docker-compose-env.yaml up -d

[+] Running 5/5
```

```
 ⠿ Network compose_botnet           Created                    0.0s
 ⠿ Container compose-mongo-1        Healthy                   31.1s
 ⠿ Container compose-rocketchat-1   Started                   31.3s
 ⠿ Container compose-zmachine-1     Started                   31.5s
 ⠿ Container compose-hubot-1        Started                   31.8s
```

Prüfen Sie, ob der `ROCKETCHAT_PASSWORD` zugewiesene Wert der ist, den wir in der *.env*-Datei gesetzt haben:

```
$ docker compose \
    -f docker-compose-env.yaml config | \
    grep ROCKETCHAT_PASSWORD

      ROCKETCHAT_PASSWORD: th2l@stPW!
```

Der Wert ist tatsächlich auf das gesetzt, was wir in der *.env*-Datei festgelegt haben. Das liegt daran, dass Docker Compose immer die Key-Value-Paare einliest, die in einer *.env*-Datei definiert sind, die im gleichen Verzeichnis wie die von uns verwendete Datei *docker-compose.yaml* liegt.

Es ist wichtig, dass Ihnen die Reihenfolge bewusst ist, die hier zum Einsatz kommt. Zuerst liest Docker Compose alle Standardwerte ein, die in der Datei *docker-compose.yaml* definiert sind. Dann liest es die *.env*-Datei ein und überschreibt die Standardwerte, für die Werte in der Datei definiert sind. Schließlich schaut es sich die Umgebungsvariablen an, die in der lokalen Umgebung definiert sind, und überschreibt die zuvor definierten Werte durch die Variablen.

Standardwerte in der Datei sollten daher die allgemeinsten Einstellungen sein, dann können die Benutzer ihre eigenen allgemeinen Änderungen in der lokalen *.env*-Datei vornehmen, und schließlich können sie lokale Umgebungsvariablen für spezifische Anwendungsfälle einsetzen. Auf diese Art und Weise stellen Sie sicher, dass Sie einen gut wiederholbaren Prozess erstellen, der trotzdem ausreichend Flexibilität besitzt, um die meisten üblichen Workflows abzudecken.

Es gibt zusätzliche Features von Docker Compose, die wir nicht besprochen haben, wie zum Beispiel das Überschreiben von Dateien (*https://docs.docker.com/compose/extends*). Setzen Sie Docker Compose häufiger ein, lohnt es sich, die Dokumentation durchzugehen (*https://docs.docker.com/compose*), sodass Sie weitere Features kennenlernen, die für Ihre Projekte von Nutzen sein können.

So geht es weiter

Sie sollten jetzt ein sehr gutes Gefühl dafür haben, welche Dinge Sie mit Docker Compose erledigen und wie Sie dieses Tool verwenden können, um die Reproduzierbarkeit der Entwicklungsumgebung zu erhöhen und Ihre Mühen zu reduzieren.

Im nächsten Kapitel werden wir Ihnen einige Tools zeigen, die Ihnen helfen, Docker in Ihrem Rechenzentrum und in der Cloud zu skalieren.

KAPITEL 9

Der Weg zu Containern in Produktivumgebungen

Nachdem wir nun das Tooling für die Bereitstellung eines Containerstacks auf einem einzelnen Host untersucht haben, können wir uns ansehen, wie wir das in einer großen Produktivumgebung umsetzen würden. In diesem Kapitel wollen wir Ihnen zeigen, wie Sie Container in die Produktion bringen können. Dabei stehen Ihnen zahlreiche Möglichkeiten zur Verfügung, um die beschriebenen Vorgehensweisen an Ihre individuelle Anwendung und Umgebung anzupassen. Zweck dieses Kapitels ist es, Ihnen einen Ausgangspunkt zu bieten und Sie bei der praktischen Umsetzung der Docker-Philosophie zu unterstützen.

Einstieg in die Produktion

Auf dem Weg zu einem serienreifen Container ist das Deployment wohl der Arbeitsschritt, bei dem man mit den meisten Fallstricken zu kämpfen hat – wenngleich er durch das Modell der Containerauslieferung beträchtlich erleichtert wird. Wenn Sie einmal überlegen, wie mühselig es war, Schiffe mit Waren und Gütern zu beladen, bevor es Frachtcontainer gab, bekommen Sie schon eine ganz gute Vorstellung davon, wie die meisten Deployment-Systeme aussehen. Bei der althergebrachten Verschiffung mussten Kisten, Verschläge und Fässer unterschiedlichster Größen sowie alle möglichen anders verpackten Gegenstände von Hand auf dem Schiff verstaut werden. Und beim Löschen der Fracht musste man dann genau darauf achten, welche Objekte zuerst entladen wurden, damit nicht alles wie ein Turm aus Bauklötzen in sich zusammenfiel.

Seitdem es Frachtcontainer gibt, hat sich all das jedoch grundlegend geändert: Nun gibt es standardisierte Behälter mit allseits bekannten Maßen, die Container können in logischer Reihenfolge be- und entladen werden, und bei Bedarf lassen sich ganze Warengruppen gemeinsam ausliefern. Das Deployment-Modell von Docker ist diesem Prinzip sehr ähnlich: Alle Container unterstützen dieselben externen Schnittstellen und werden einfach auf den Servern abgelegt, auf denen sie laufen sollen, ohne dass man sich Gedanken um ihren Inhalt machen muss.

Wenn ein funktionierender Build der Anwendung vorliegt, ist normalerweise kein gesondertes Tooling nötig, um mit dem Deployment zu beginnen. Soll der Container nur an einen Server ausgeliefert werden, erledigt das Kommandozeilentool docker diese Aufgabe für uns. Andernfalls müssen wir uns in der Community nach einem geeigneteren Tool umsehen. In beiden Fällen gibt es Dinge, denen sich Ihre Anwendung bewusst sein muss, und zu berücksichtigende Aspekte, bevor Sie containerisierte Anwendungen in eine Produktivumgebung bringen.

Bei der Auslieferung der Containeranwendung ist eine bestimmte Schrittfolge einzuhalten:

1. Lokales Bauen und Testen eines Docker-Image auf Ihrer Entwicklungsmaschine.
2. Erstellen des offiziellen Image für Tests und Deployment, typischerweise von einem CI-(Continuous-Integration-) oder einem Build-System.
3. Veröffentlichung des Image auf einer Registry.
4. Deployment des Docker-Image auf dem Server mit anschließender Konfiguration und Start des Containers.

Während sich Ihr Workflow weiterentwickelt, werden Sie diese Schritte früher oder später zu einem einzelnen, nahtlos ablaufenden Vorgang zusammenfassen:

1. Orchestrierung des Deployments von Images und Erstellen der Container auf den Servern in der Produktivumgebung.

Es gibt aber noch viel mehr zu berichten. Ein Produktivsystem muss folgende drei Dinge umfassen:

- Es muss ein reproduzierbarer Prozess sein. Jedes Mal, wenn Sie den Prozess starten, sollte er das Gleiche tun. Und idealerweise sollte er es für alle Ihre Anwendungen tun.
- Es muss die Konfiguration für Sie übernehmen. Sie müssen in der Lage sein, die Konfiguration Ihrer Anwendung in entsprechenden Umgebungen zu definieren, sodass garantiert ist, dass die Konfiguration bei jedem Deployment mit übertragen wird.
- Es muss ein ausführbares Artefakt liefern, das gestartet werden kann.

Um das zu erreichen, gibt es eine Reihe von Dingen, die Sie beachten müssen. Wir werden versuchen, Ihnen dabei zu helfen, indem wir Ihnen einen Leitfaden an die Hand geben, mit dem Sie über Ihre Anwendung in Ihrer Umgebung nachdenken können.

Dockers Rolle in Produktivumgebungen

Wir haben bereits viele Möglichkeiten betrachtet, die Docker mitbringt, und haben auch über generelle Strategien in Produktivumgebungen geschrieben. Bevor wir tiefer in produktive Container einsteigen, schauen wir uns an, inwiefern Docker sowohl in traditionelle als auch in moderne Produktivumgebungen passt. Wenn Sie auf Docker umsteigen und zuvor ein traditionelles System genutzt haben, können Sie auswählen, welche Teile davon Sie zu Docker delegieren, welche zu einem Deployment-Tool oder zu einer größeren Plattform, wie Kubernetes oder einem Cloud-basierten Containersystem, oder ob Sie es gar komplett auf der traditionellen Infrastruktur belassen. Wir haben erfolgreich eine Vielzahl von Systemen von traditionellen Deployments zu containerisierten Systemen umgewandelt. Das Verständnis für die benötigten Komponenten und das Wissen darüber, was moderne und traditionelle Varianten ausmacht, ist wichtig, damit Sie die richtigen Entscheidungen treffen.

In Abbildung 9-1 beschreiben wir eine Reihe von Anwendungsgebieten, die in einem Produktivsystem angegangen werden müssen. Dies sind zum einen die modernen Komponenten, denen sich der Anwendungsgebiete annehmen, und zum anderen die alten Systeme, die sie in einer traditionelleren Umgebung ersetzen könnten. Wir unterscheiden zwischen den Anwendungsgebieten, die von Docker selbst übernommen werden, und solchen, die wir »Plattform« nennen. Die Plattform ist ein System, das eine Reihe von Servern in einem Cluster vereint und eine gemeinsame Schnittstelle für das Managen von Linux-Containern bereitstellt. Dies kann ein vereinheitlichtes System wie Kubernetes oder Docker Swarm sein, es kann aber auch ein System aus mehreren getrennten Komponenten sein, die zusammen die Plattform bilden. Bei der Migration in ein vollständig containerisiertes System mit einem Scheduler kann die Plattform mehr als ein System zur gleichen Zeit sein. Lassen Sie uns einen Blick auf diese Anwendungsgebiete werfen und sehen wir uns an, wie das alles zusammenpasst.

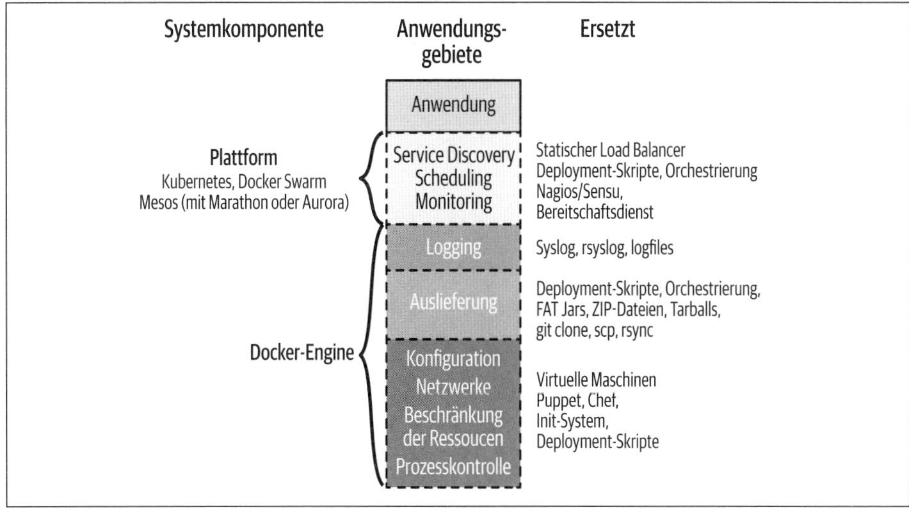

Abbildung 9-1: Dockers Rolle in einem Produktivsystem

In der Abbildung 9-1 sehen Sie, dass die Anwendung ganz oben auf dem Stack sitzt. Sie ist abhängig von allen darunterliegenden Anwendungsgebieten der Layer in einem Produktivsystem. In einigen Fällen kann Ihre Umgebung diese Anwendungsgebiete gezielt übernehmen, und in anderen Fällen werden sie durch etwas bearbeitet, das Sie nicht unbedingt für sinnvoll erachten. Ihre produktiven Anwendungen werden sich auf die eine oder andere Weise auf die meisten dieser Anwendungsgebiete stützen. Wenn Sie von einer bestehenden Umgebung zu einer Umgebung migrieren, die auf Linux-Containern basiert, sollten Sie darüber nachdenken, wie Sie diese Anwendungsgebiete aktuell angehen und wie sie im neuen System behandelt werden könnten.

Wir beginnen mit einem bekannten Bereich und gehen dann schrittweise von unten nach oben. Dieser bekannte Bereich ist Ihre Anwendung, die sich dabei ganz oben befindet! Alle anderen Bereiche dienen dazu, die Funktionalitäten Ihrer Anwendung bereitzustellen. Am Ende ist die Anwendung schließlich das, was den Business Value erzeugt. Alles andere dient lediglich dazu, sie skalierbar zu machen und zu ermöglichen, dass sie zuverlässig funktioniert. Obwohl jeder Layer unter der Anwendung bewusst in einer bestimmten Reihenfolge aufgelistet ist, heißt das nicht, dass jeder Layer zur Funktionalität des darüberliegenden Layers beiträgt. Alle Layer stellen ihre Funktionalitäten der Anwendung selbst zur Verfügung.

Da Linux-Container und Docker einen Großteil der Funktionalität zur Verfügung stellen, wird die Containerisierung Ihres Systems viele Entscheidungen erleichtern. Wenn wir uns dem Plattformteil des Stacks nähern, werden Sie genauer darüber nachdenken müssen, aber wenn Sie alles verstehen, was darunterliegt, wird das viel einfacher sein.

Prozesskontrolle

Die Prozesskontrolle ist für ein modernes Deployment eine Grundvoraussetzung. Sie ist Teil des untersten Blocks in Abbildung 9-1. Ohne irgendeine Form von Prozesskontrolle können Sie kein System betreiben. Das ist etwas, das wir in traditionellen Systemen eher dem Betriebssystem überlassen haben oder dem Init-System von Linux (`systemd`, System V `init`, `runit`, BSD-rc-Skripte usw.), um genauer zu sein. Wir teilen dem Betriebssystem mit, welcher Prozess laufen soll, und konfigurieren anschließend das Verhalten bei Neustarts, beim Neuladen der Konfiguration und beim Managen des Lifecycles der Anwendung.

Wenn wir die Anwendung starten oder stoppen wollen, sind wir abhängig von diesem System. Wir nutzen es ebenfalls für Fälle, in denen die Anwendung robust laufen soll, zum Beispiel für einen Neustart, nachdem die Anwendung abgestürzt ist. Je nach Anwendung sind unterschiedliche Prozesskontrollen nötig. In einem traditionellen Linux-System nutzen Sie möglicherweise `cron`, um Jobs zu einer bestimmten Uhrzeit zu starten und zu stoppen. `systemd` ist eventuell dafür verantwortlich, Ihre Anwendung neu zu starten, wenn sie abgestürzt ist. Wie dies umgesetzt wird, hängt von den Besonderheiten des jeweiligen Systems ab, und es gibt viele verschiedene Implementierungen, mit denen man sich befassen muss.

Wenn wir zu Containern wechseln, wollen wir alle Jobs von außen mehr oder weniger gleich behandeln. Gegebenenfalls brauchen wir ein wenig mehr Metadaten, damit diese genau das tun, was wir von ihnen erwarten, wir wollen dabei aber nicht in den Container schauen. Die Docker-Engine stellt einige Prozesse für den Bereich der

Prozesskontrolle zur Verfügung, darunter zum Beispiel `docker container start`, `docker container stop`, `docker container run` und `docker container kill`. Diese Befehle entsprechen den wichtigsten Kommandos, die für den Lifecycle einer Anwendung gebraucht werden. Alle Plattformen, die rund um Docker-Container gebaut sind – unter anderem Kubernetes –, orientieren sich an diesem Lebenszyklus. Wir haben die Prozesskontrolle im Stack nach ganz unten geschoben, weil Docker für dieses Anwendungsgebiet die geringste Abstraktion bietet. Auch wenn wir keinen anderen Teil von Docker nutzen, ist es trotzdem ein großer Vorteil, weil die Prozesskontrolle für alle Anwendungen und alle Plattformen, auf denen Docker-Container laufen, gleich ist.

Beschränkung der Ressourcen

Über der Prozesskontrolle liegt die Beschränkung der Ressourcen. Auf Linux-Systemen können wir direkt `cgroups` verwenden (*https://www.kernel.org/doc/html/latest/admin-guide/cgroup-v2.html*), um Ressourcen zu beschränken, und manche produktive Umgebungen haben auch genau das getan. Traditionell wurde aber meistens auf `ulimit` (*https://linuxconfig.org/limit-user-environment-with-ulimit-linux-command*) und andere Einstellungen des Runtime Environment gesetzt, wie die virtuellen Maschinen von Java, Ruby oder Python. Einer der ersten Vorteile von Cloud-Systemen war, dass man individuelle virtuelle Server hochfahren konnte, die es ermöglicht haben, die Ressourcen einer einzelnen Businessanwendung zu beschränken. Das war eine schöne Erfindung – keine nervigen Nachbaranwendungen mehr. Verglichen mit Containern war dies aber nur eine sehr grobmaschige Einstellungsmöglichkeit.

Mit Linux-Containern ist es möglich, eine Vielzahl von Ressourcen Ihrer Container über `cgroups` zu begrenzen. Es ist Ihnen freigestellt, den Zugriff Ihrer Anwendung auf Ressourcen wie Arbeitsspeicher, Festplattenspeicher oder I/O zu beschränken. Wir empfehlen allerdings dringend, dass Sie sich hierfür Zeit nehmen, sobald Sie vertraut sind mit dem Betrieb Ihrer Anwendung. Wenn Sie das nicht tun, werden Sie keine Vorteile aus einem der zentralen Features von containerisierten Anwendungen ziehen können – dem Ausführen mehrere Applikationen auf der gleichen Maschine fast ohne Interferenzen. Wie wir bereits beschrieben haben, ist das ein Feature, das kostenlos von Docker mitgeliefert wird, und ein Kernfeature dessen, was Container wertvoll macht. Sie können die spezifischen Argumente, die Docker nutzt, um Ressourcen zu verwalten, in Kapitel 5 nachlesen.

Netzwerke

In Kapitel 11 werden viele Details über Netzwerke in Docker beschrieben, daher gehen wir an dieser Stelle nicht näher darauf ein. Ihre containerisierten Anwendungen müssen sich über das Netzwerk irgendwie untereinander verbinden. Docker bietet eine breite Palette an Konfigurationsoptionen für das Netzwerk. Sie sollten sich für einen Mechanismus entscheiden und diesen in Ihrer Produktivumgebung nutzen, damit alle Container ähnlich funktionieren. Eine Mischung aus verschiedenen Mechanismen wird die Sache viel schwieriger machen. Nutzen Sie eine Plattform wie

Kubernetes, werden Ihnen einige dieser Entscheidungen abgenommen. Gut ist aber, dass die Komplexität des Netzwerks im Allgemeinen nichts ist, mit dem sich die Anwendung im Container herumschlagen muss. Docker oder eine größere Plattform wird Ihnen das abnehmen, und Ihre Anwendung kann innerhalb des Containers auf einem lokalen Rechner genauso laufen wie in der Produktivumgebung, sofern Sie sich an ein paar Regeln halten:

1. Nutzen Sie Docker oder Ihre Plattform, um Ihre Ports dynamisch zu mappen und Ihrer Anwendung mitzuteilen, wohin sie gemappt sind. Die Anwendungen erfahren davon oft über Umgebungsvariablen.
2. Vermeiden Sie Protokolle wie FTP oder RTSP, die zufällige Ports für den wieder eintreffenden Traffic mappen. Das lässt sich in einer containerisierten Plattform nur sehr schwer umsetzen.
3. Nutzen Sie das DNS, das Ihnen von Docker oder Ihrer Produktiv-Runtime für Ihren Container bereitgestellt wird.

Folgen Sie diesen Regeln, sollte es Ihrer Anwendung normalerweise ziemlich egal sein, wo sie deployt ist. Die meisten Produktivumgebungen werden Ihnen die Möglichkeit bieten, die tatsächliche Umgebung zu definieren und sie zur Laufzeit anzuwenden. Docker Compose, der Docker-Swarm-Modus, Kubernetes und die Runtimes von Cloud-Providern, wie zum Beispiel ECS, können das.

Konfiguration

Alle Anwendungen müssen auf irgendeine Art und Weise Zugriff auf ihre Konfiguration haben. Es gibt zwei Konfigurationsebenen für eine Anwendung: Die unterste Ebene beschreibt, wie die Linux-Umgebung um sie herum konfiguriert werden soll. Container bewältigen dies durch das Dockerfile, das Sie verwenden können, um wiederholt die gleiche Umgebung zu bauen. In einem traditionellen System hätten Sie ein Konfigurationsmanagementsystem wie Chef, Puppet oder Ansible verwendet. Sie können diese in einer containerisierten Welt zwar immer noch benutzen, aber Sie tun es normalerweise nicht, um Abhängigkeiten Ihrer Anwendung zu konfigurieren. Das ist Aufgabe von Docker und dem Dockerfile. Auch wenn der Inhalt des Dockerfiles für verschiedene Anwendungen unterschiedlich ist – der Mechanismus und das Tooling darum herum sind überall gleich, was ein großer Vorteil ist.

Die nächste Ebene der Konfiguration ist diejenige, die direkt auf die Anwendung angewendet wird. Wir haben bereits an anderer Stelle detailliert darüber gesprochen. Dockers nativer Mechanismus ist die Nutzung von Umgebungsvariablen, und das funktioniert auf allen modernen Plattformen. Einige Systeme vereinfachen die Verwendung traditioneller Konfigurationsdateien. Insbesondere Kubernetes macht es recht einfach, auf solchen Dateien aufzubauen, aber wir würden es Ihnen nicht empfehlen, wenn Sie wirklich eine portable, Container-native Anwendung haben wollen. Wir denken, dass dies einen großen Einfluss auf die Beobachtbarkeit der Anwendung hat, und empfehlen, nicht auf diese Krücke zu setzen. Mehr über die Hintergründe von Umgebungsvariablen finden Sie in Kapitel 13.

Paketierung und Auslieferung

Wir werden Paketierung und Auslieferung in unserer Diskussion zusammenfassen. Dies ist ein Bereich, in dem ein containerisiertes System große Vorteile gegenüber einem herkömmlichen System bietet. Hier müssen Sie Ihre Vorstellungskraft nicht anstrengen, um die Parallelen zum Schiffscontainermodell zu sehen: Es gibt ein einheitliches Paket, das Container-Image, und eine standardisierte Methode, sie zu platzieren – Dockers Registry sowie `image pull`- und `image push`-Mechanismen. In traditionelleren Systemen hätten Sie eigene Deployment-Tools entwickelt, von denen Sie einige hoffentlich über Ihre Anwendungen hinweg standardisiert hätten. Aber sobald Sie eine mehrsprachige Umgebung gebraucht hätten, wäre das ein Problem gewesen. In Ihrer containerisierten Umgebung müssen Sie sich überlegen, wie Sie mit der Paketierung Ihrer Anwendungen in Images umgehen und wie Sie diese Images speichern.

Der einfachste Weg für Letzteres ist ein kostenpflichtiges Abonnement bei einer gehosteten Image-Registry. Wenn das für Ihr Unternehmen infrage kommt, sollten Sie es in Betracht ziehen. Eine weitere Option ist, die Image-Hosting-Services einer der vielen Cloud-Anbieter, darunter Amazon, in Ihrer eigenen Umgebung einzusetzen. Sie können natürlich auch eine interne, private Registry erstellen und pflegen, wie wir in »Private Registries« auf Seite 86 beschrieben haben. Es gibt dafür eine ganze Reihe von Anbietern, und Sie sollten sich die verschiedenen Möglichkeiten genau anschauen.

Logging

Das Logging sitzt zwischen dem, worauf Sie sich bei Docker in Ihrer containerisierten Umgebung verlassen können, und dem, was die Plattform braucht, um gemanagt zu werden. Das liegt daran, dass Docker, wie wir in Kapitel 6 beschrieben haben, alle Logs aus Ihren Containern sammeln und irgendwo hinschicken kann. Aber normalerweise verlassen sie nicht einmal das lokale System. Das könnte für eine Umgebung mit begrenzter Größe in Ordnung sein. Wenn das für Sie ausreicht, sollten Sie sich darüber keine Sorgen machen. Aber Ihre Plattform ist dafür verantwortlich, Logs aus vielen Anwendungen auf vielen Systemen zu verarbeiten, sodass Sie diese Logs wahrscheinlich in einem System zusammenführen wollen, was deren Sichtbarkeit deutlich verbessert und auch eine Fehlersuche vereinfacht. Wenn Sie Ihre Umgebung aufbauen, lesen Sie die Hinweise in Kapitel 6 über das Logging. Einige Systeme, wie zum Beispiel Kubernetes, haben ihre eigene Meinung zum Umgang mit Logs. Aber aus Sicht der Anwendung müssen Sie nur sicherstellen, dass sie diese an `stdout` oder `stderr` schickt und Docker bzw. der Plattform den Rest überlassen.

Monitoring

Der erste Teil des Systems, der von Docker oder Linux-Containern im Allgemeinen noch nicht so schön gehandhabt wurde, basiert immer noch auf der Standardisierung, die Docker mitliefert. Die Möglichkeit, Health-Checks auf Anwendungen in einer standardisierten Art und Weise durchzuführen, heißt auch, dass das Monitoring von Anwendungen sehr stark vereinfacht wurde. In vielen Systemen übernimmt die Plattform selbst das Monitoring, und der Scheduler wird nicht funktionsfähige Container dynamisch herunterfahren und die Workload an einen anderen Server übertragen oder den Container neu starten. In älteren Systemen werden Container typischerweise von vorhandenen Systemen wie Nagios, Zabbix oder anderen traditionellen Monitoring-Systemen überwacht. Wie wir in Kapitel 6 gezeigt haben, gibt es aber auch neuere Optionen, darunter Systeme wie Prometheus. Die Anbieter von *Application Performance Monitoring* (APM), wie zum Beispiel New Relic, Datadog oder Honeycomb, bieten allesamt eine erstklassige Unterstützung von Linux-Containern und den darin enthaltenen Anwendungen an. Wird Ihre Anwendung also schon von einem dieser Tools überwacht, stehen die Chancen gut, dass Sie gar nicht so viel anpassen müssen.

In älteren Systemen sind es meist Ingenieurinnen oder Ingenieure, die alarmiert werden, die auf Tickets reagieren müssen und die Entscheidungen darüber fällen, wie mit fehlerhaften Anwendungen umgegangen wird. In dynamischen Systemen wird dies durch automatisierte Prozesse abgedeckt, die der Plattform angehören. In der Migrationsphase haben Sie möglicherweise beide Systeme gleichzeitig im Einsatz, während nach und nach auf ein automatisiertes System umgestellt wird, bei dem Ingenieure nur dann alarmiert werden, wenn die Plattform wirklich nicht mehr eingreifen kann. Immer wird ein Mensch die letzte Verteidigungslinie sein. Aber das containerisierte System lässt sich viel einfacher handhaben, wenn etwas schiefgeht, weil die Mechanismen über die Anwendungen hinweg standardisiert sind.

Scheduling

Wie entscheiden Sie, welcher Service auf welchem Server laufen soll? Container können leicht herumgeschoben werden, weil Docker einen guten Mechanismus dafür bietet. Das eröffnet Ihnen eine große Palette an Möglichkeiten für Verbesserungen im Bereich der Ressourcennutzung, größere Zuverlässigkeit, selbstheilende Services und dynamische Skalierung. Irgendetwas muss allerdings diese Entscheidungen treffen.

Auf älteren Systemen wurde das hauptsächlich gelöst, indem man pro Service dedizierte Server einrichtete. Häufig wurde eine Liste von Servern in den Deployment-Skripten konfiguriert. Die gleiche Liste an Servern erhielt die neue Anwendung bei jedem Deployment. Ein-Service-pro-Server-Modelle wurden in frühen Stufen der Virtualisierung in privaten Rechenzentren eingesetzt. Cloud-Systeme vereinfachten diese Modelle weiter, da sie vergleichsweise leicht skalierbar sind. Systeme mit automatischer Skalierung wie AWS ermöglichen zudem ein dynamisches Verhalten. Wenn Sie hingegen auf Container migrieren, in denen viele Services auf demselben virtuellen Server laufen können, helfen Ihnen die Skalierung und das dynamische Verhalten auf Serverebene nicht sonderlich weiter.

Distributed Scheduler

Docker wird als eine Möglichkeit betrachtet, Ihr Netzwerk durch den Einsatz eines Distributed Scheduler in einen einzelnen Computer zu verwandeln. Dem liegt die Idee zugrunde, dass Sie einige Richtlinien hinsichtlich der Ausführung der Anwendungen definieren und das System sich dann selbst darum kümmert, wo sie ausgeführt und wie viele Instanzen davon gestartet werden. Und sollte es zu Serverausfällen oder Problemen mit einer Anwendung kommen, wird sie vom Scheduler auf funktionierender Hardware, die die Anforderungen der Anwendung erfüllt, erneut gestartet. Dies entspricht eher Solomons ursprünglicher Vorstellung von Docker (*https://www.linkedin.com/in/solomonhykes*): eine Möglichkeit, Anwendungen überall auszuführen, ohne sich darum kümmern zu müssen, wie sie dorthin gelangen. Deployments ohne Ausfallzeit finden bei diesem Modell grundsätzlich im Blue-Green-Stil (*http://martinfowler.com/bliki/BlueGreenDeployment.html*) statt, bei dem die neue Generation einer Anwendung gestartet wird, während die alte noch läuft. Neue Workloads werden dann nach und nach der neuen Anwendungsgeneration übergeben.

Wenn man die Metapher nutzt, die Kelsey Hightower berühmt gemacht hat (*https://www.youtube.com/watch?v=HlAXp0-M6SY&feature=youtu.be&t=10m23s*), ist der Scheduler das System, das für Sie Tetris spielt: Es platziert dort Services auf dem Server, wo sie am besten hinpassen.

Kubernetes (*https://kubernetes.io*) ist zwar nicht der erste containerbasierte Scheduler – das waren Plattformen wie Mesos oder Cloud Foundry –, aber zweifelsohne der führende Scheduler und Orchestrierer. Es wurde von Google im Jahr 2014 veröffentlicht. Die frühen Releases bauten auf den Lehren auf, die Google aus seinem eigenen, internen Borg-System (*https://kubernetes.io/blog/2015/04/borg-predecessor-to-kubernetes*) gezogen hat, und stellte sie der Open-Source-Community zur Verfügung. Kubernetes wurde von Beginn an auf Docker aufgebaut und unterstützt neben Dockers `containerd` auch andere Container-Runtimes, die Docker-Container ausführen. Es ist ein sehr großes System, das sich sehr schnell verändert. Es gibt viele kommerzielle und Cloud-basierte Distributionen von Kubernetes. Die *Cloud Native Computing Foundation* (CNCF, *https://landscape.cncf.io/members?category=certified-kubernetes-distribution,certified-kubernetes-hosted,certified-kubernetes-installer&grouping=category*) ermöglicht eine Zertifizierung, um sicherzustellen, dass jede Distribution in der großen Kubernetes-Community bestimmte Standards erfüllt. Kubernetes ist sehr mächtig und entwickelt sich so schnell weiter, dass es schwer ist, immer auf dem aktuellen Stand zu bleiben. Wenn Sie ein brandneues System bauen, sollten Sie sich auf jeden Fall Kubernetes anschauen. Arbeiten Sie in der Cloud, wird es angesichts fehlender Alternativen vermutlich am einfachsten sein, die Implementierung Ihres Providers zu nutzen. Auch wenn wir Ihnen raten, Kubernetes für jedes komplexere System in Betracht zu ziehen, ist es nicht die einzige Option.

Docker Swarm Mode wurde 2015 von Docker, Inc. veröffentlicht und ist ebenfalls grundlegend auf Docker aufgebaut. Es kann eine attraktive Plattform sein, wenn Sie ein sehr einfaches Orchestrierungstool haben wollen, das komplett auf Docker setzt und Support nur von einem einzigen Anbieter anbietet. Es ist auf dem Markt allerdings nicht so verbreitet wie etwa Kubernetes. Da Docker aber dabei ist, Kubernetes stark in das eigene Tooling zu integrieren, ist noch nicht ganz klar, was auf lange Sicht aus Docker Swarm Mode wird.

Orchestrierung

Wenn wir über Scheduler sprechen, dann sprechen wir oft nicht nur über die Möglichkeit, Jobs und Ressourcen aufeinander abzustimmen, sondern auch über ihre Orchestrierungsfähigkeiten. Damit ist die Fähigkeit gemeint, dass man Anwendungen und Deployments über ein ganzes System verwalten kann. Der Scheduler kann Jobs für Sie im laufenden Betrieb verschieben oder erlaubt Ihnen, Tasks auf spezifischen Servern auszuführen. Dies wurde in älteren Systemen häufiger durch spezifische Orchestrierungstools gehandhabt.

In den meisten modernen Containersystemen werden alle Orchestrierungsaufgaben, einschließlich des Schedulings, von der zentralen Cluster-Software gehandhabt – sei es Kubernetes, Swarm, ein Container-Managementsystem eines Cloud-Providers oder etwas anderes.

Von allen genannten Features, die von der Plattform geliefert werden, ist das Scheduling unangefochten das mächtigste. Es hat die größte Auswirkung auf traditionelle Anwendungen, wenn diese in Container geschoben werden. Viele Anwendungen sind nicht auf Service Discovery und Ressourcenallokation ausgelegt, die sich im Betrieb ändern, sie müssen signifikant verändert werden, um sehr gut in vollständig dynamischen Umgebungen zu laufen. Aus diesem Grund muss Ihre Migration zu einem containerisierten System nicht zwangsläufig einen Umzug auf eine Plattform mit Scheduler beinhalten. Häufig besteht der beste Ansatz darin, die Anwendungen zunächst in Containern auf dem traditionellen System auszuführen, bevor man sie dann in ein dynamisches System verschiebt. Das kann bedeuten, Ihre Anwendungen zunächst als Container auf den gleichen Servern laufen zu lassen, auf denen sie aktuell deployt werden. Funktioniert das Ganze gut, können Sie einen Scheduler ins Spiel bringen.

Service Discovery

Service Discovery können Sie sich als Mechanismus vorstellen, mit dem die Anwendung selbstständig alle anderen Services und Ressourcen, die sie benötigt, im Netzwerk findet. Es ist sehr selten, dass eine Anwendung keine Abhängigkeiten zu etwas anderem hat. Statische Webseiten sind möglicherweise das Einzige, was kein Service Discovery benötigt. Nahezu alles andere braucht Kenntnisse über das umgebende System und einen Weg, die passenden Informationen zu finden. Meistens führt das dazu, dass man mehr als ein System benötigt. Diese Systeme sind aber meist sehr eng miteinander verknüpft.

Sie werden vermutlich nicht an Load Balancer denken, allerdings gehörten diese in traditionellen Systemen zu den Hauptgründen für Service Discovery. Load Balancer werden zur Verbesserung der Zuverlässigkeit und für die Skalierung verwendet, aber auch um Endpunkte zu verfolgen, die mit einem bestimmten Service assoziiert sind. Diese sind manchmal manuell konfiguriert und manchmal dynamisch. Die Art und Weise, wie andere Systeme Endpunkte für einen Service finden, besteht in der Verwendung einer bekannten Adresse oder eines bekannten Namens für den Load Balancer. Das ist eine Form von Service Discovery. In älteren Systemen werden dafür üblicherweise Load Balancer eingesetzt. Es gibt sie auch in modernen Umgebungen, auch wenn sie den traditionellen Load Balancern nicht sehr ähnlich scheinen. Andere Gründe für Service Discovery auf älteren Systemen sind statische Datenbankkonfigurationen oder Konfigurationsdateien von Anwendungen.

Wie Sie in Abbildung 9-1 sehen können, hat Docker selbst kein Service Discovery, es sei denn, Sie nutzen Docker Swarm. Für einen Großteil der Systeme wird Service Discovery der Plattform überlassen. Das ist eins der Probleme, die Sie in einer dynamischeren Umgebung lösen müssen. Container sind von Natur aus leicht zu bewegen, und das kann bei traditionellen Systemen leicht zerstörend wirken, wenn sie um statischere Anwendungen herum gebaut werden. Jede Plattform bewältigt das unterschiedlich, sodass Sie entscheiden müssen, was das Beste für Ihr System ist.

Docker Swarm (Classic Swarm, *https://github.com/docker-archive/classicswarm*) und Docker Swarm Mode (*https://docs.docker.com/engine/swarm/*) sind nicht genau dasselbe. Wir werden uns in Kapitel 10 genauer mit Docker Swarm Mode befassen.

Einige Beispiele für Service-Discovery-Mechanismen, die Ihnen vielleicht bekannt sein könnten, sind:

- Load Balancer mit bekannten Adressen
- Round-Robin-DNS
- DNS SRV Records
- dynamische DNS-Systeme
- Multicast DNS
- Overlay-Netzwerke mit bekannten Adressen
- Gossip-Protokolle
- Apples Bonjour-Protokoll (*https://de.wikipedia.org/wiki/Bonjour_(Apple)*)
- Apache Zookeeper (*https://zookeeper.apache.org*)
- HashiCorps Consul (*https://www.consul.io*)
- etcd (*https://etcd.io*)

Das ist eine lange Liste, und es gibt noch weit mehr Optionen. Einige dieser Systeme können viel mehr als nur Service Discovery, was ein bisschen irritieren kann. Ein Beispiel für Service Discovery, das Ihnen hilft, während Sie versuchen, das Konzept zu verstehen, ist der Verlinkungsmechanismus, der von Docker Compose genutzt wird. Dieser Mechanismus greift auf ein DNS-System zurück, das der Docker-Server bereitstellt. Das erlaubt einem Service in Docker Compose, den Namen eines anderen Service zu verwenden und die korrekte IP-Adresse des entsprechenden Containers zurückzubekommen. Kubernetes selbst besitzt ebenfalls ein System, das so funktioniert und auf injizierten Umgebungsvariablen aufbaut. Aber das ist die einfachste Form von Service Discovery in modernen Systemen.

Häufig werden Sie feststellen, dass die Schnittstelle zu solchen Systemen im Wesentlichen auf bekannten Adressen oder Ports für einen Service basiert. Sie müssten etwa *http://service-a.example.com/* aufrufen, um Service A unter dieser Adresse zu erreichen. Oder Sie rufen *http://services.example.com:service-a-port* auf, um den Service unter der Adresse und dem Port zu erreichen. Moderne Umgebungen handhaben das häufig unterschiedlich. Meistens ist dies bei neuen Systemen relativ einfach möglich. Es ist ebenfalls relativ einfach für neue Anwendungen, wenn Sie von der Plattform auf traditionelle Systeme zugreifen. Andersherum ist es oft aber nicht ganz so leicht. Für neue Systeme ist es am besten, wenn dynamisch konfigurierte Load Balancer bereitgestellt werden, die einfach von Ihrer alten Umgebung erreicht werden können. Kubernetes bietet dafür Ingress-Routen, die Sie in Betracht ziehen sollten, wenn Sie diese Plattform nutzen.

Beispiele hierfür:

- Ingress-Controller in Kubernetes (*https://oreil.ly/7ucPN*) mit Traefik (*https://oreil.ly/RbuvY*), Contour (*https://projectcontour.io*) oder anderen
- das Service Mesh Linkerd (*https://kubernetes.io/docs/concepts/services-networking/ingress/*)
- Standalone Sidecar Service Discovery (*https://github.com/NinesStack/sidecar*) mit dem Envoy-Proxy (*https://github.com/envoyproxy/envoy*) von Lyft
- das Service Mesh Istio (*https://istio.io/*) mit Envoy von Lyft

Wenn Sie eine Mischung aus einem modernen und einem traditionellen System nutzen, ist es generell schwierig, Traffic in das containerisierte System zu bekommen. Das sollten Sie zu Beginn gut durchdenken.

Fazit zur Produktion

Die meisten von Ihnen werden zunächst die einfacheren Orchestrierungstools einsetzen. Wenn jedoch die Anzahl der Container und die Häufigkeit der Deployments im Laufe der Zeit allmählich steigen, werden die Vorteile eines Distributed Scheduler schnell deutlich. Tools wie Mesos ermöglichen es, einzelne Server oder auch ganze Rechenzentren in Form großer Ressourcenpools zu abstrahieren, in denen Container ausgeführt werden können.

Darüber hinaus gibt es zweifelsohne noch viele andere lobenswerte Projekte, die sich mit dem Deployment befassen – die hier erwähnten werden jedoch derzeit am häufigsten diskutiert und bieten die meisten öffentlich zugänglichen Informationen. Grundsätzlich lohnt es sich in diesem schnelllebigen Bereich allerdings immer, ein Auge auf die Releases neuer Tools zu haben.

In jedem Fall sollten Sie zunächst einmal anfangen, eine Linux-Container-Infrastruktur einzurichten und zum Laufen zu bringen, und sich dann nach einem Tooling außerhalb dessen umsehen. Wir empfehlen, die leichtgewichtigsten Tools für die jeweiligen Aufgaben einzusetzen, andererseits kann es aber auch nie schaden, sich alle Optionen offenzuhalten, denn Linux-Container werden zunehmend von immer leistungsfähigerem Tooling unterstützt.

Docker und die DevOps-Pipeline

Nachdem wir nun alle diese Dinge erledigt haben, können wir unserer Produktivumgebung in einen robusten Zustand bringen. Aber woher wissen wir, dass sie funktioniert? Eins der Hauptmerkmale von Docker ist die Möglichkeit, eine Anwendung inklusive aller Abhängigkeiten in der exakt gleichen Umgebung testen zu können, die auch im Produktivbetrieb vorliegt. Natürlich kann Docker nicht gewährleisten, dass Sie externe Abhängigkeiten wie Datenbanken hinreichend getestet haben, und es gibt auch kein Test-Framework, das wie von Zauberhand alle Fehler findet – Docker kann aber sehr wohl dafür sorgen, dass die verwendeten Bibliotheken und andere Abhängigkeiten alle gleichzeitig getestet werden. Gerade veränderte Abhängigkeiten sind oftmals der Grund dafür, dass etwas schiefgeht, selbst wenn man beim Testen sehr diszipliniert vorgeht. Beim Einsatz von Docker können Sie Ihr Image erstellen, es zunächst in Ihrer Entwicklungsumgebung auf dem lokalen Rechner ausführen und dann das gleiche Image in Ihrer Continuous-Integration-Pipeline testen, bevor Sie es ausliefern und es in den Produktivbetrieb gelangt.

Das Testen einer containerisierten Anwendung ist eigentlich kaum komplizierter als das Testen der Anwendung selbst. Sie müssen sich jedoch vergewissern, dass in Ihrer Testumgebung ein Docker-Server verfügbar ist, auf dem Sie Anwendungen ausführen können, und dass Sie Umgebungsvariablen oder Kommandozeilenargumente verwenden können, um das Verhalten Ihrer Anwendung beim Testen zu konfigurieren. Im Folgenden wird anhand eines Beispiels beschrieben, wie Sie dabei vorgehen können.

Kurzübersicht

Stellen wir uns also beispielhaft die Produktivumgebung eines fiktiven Unternehmens zusammen. Dabei werden wir versuchen, den Umgebungen in echten Unternehmen möglichst nahezukommen. Zu Demonstrationszwecken soll natürlich auch Docker vorhanden sein.

In der Umgebung des fiktiven Unternehmens findet sich ein Pool von Servern, auf denen jeweils ein Docker-Daemon und eine Auswahl verschiedener Anwendungen laufen. Außerdem gibt es mehrere Build- und Test-Worker, die an den Server zur Pipeline-Koordination angebunden sind. Das Deployment bleibt zunächst außen vor – wir kommen darauf zurück, wenn wir die fiktive Anwendung getestet haben und sie ausgeliefert werden kann.

Abbildung 9-2 zeigt einen typischen Workflow zum Testen containerisierter Anwendungen, der aus folgenden Schritten besteht:

1. Von außerhalb wird ein neuer Build veranlasst – zum Beispiel durch einen Webhook-Aufruf aus einem Quellcode-Repository oder durch ein manuelles Auslösen eines Entwicklers.
2. Der Server beginnt damit, einen Build des Container-Image zu erstellen.
3. Das Image wird auf dem lokalen Server erstellt.

4. Das Image wird mit einer Build- oder Versionsnummer oder einem Commit-Hash getaggt.
5. Es wird ein neuer Container konfiguriert, um die Testanwendung des neu erstellten Image auszuführen.
6. Die Testanwendung wird auf dem Container ausgeführt, und der Build-Server erfasst das Ergebnis.
7. Der Build wird als erfolgreich oder fehlgeschlagen gekennzeichnet.
8. Erfolgreiche Builds werden an eine Image-Registry oder einen anderen Storage-Mechanismus ausgeliefert.

Sie werden bemerkt haben, dass sich dieser Ablauf gar nicht so sehr von den üblichen Mustern beim Testen von Anwendungen unterscheidet. Den Schritt, dass ein Test veranlasst wird, gibt es in jedem Fall. Die weiteren Schritte dienen hier lediglich dazu, ein Container-Image zu erstellen und die Testanwendung innerhalb des Containers auszuführen.

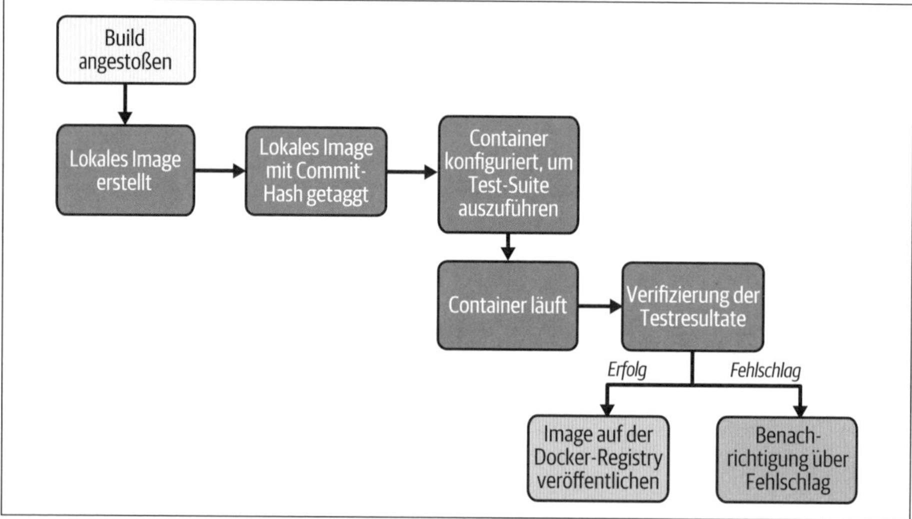

Abbildung 9-2: Diagramm eines Workflows zum Testen

Sehen wir uns nun an, wie das Ganze bei der Anwendung funktioniert, die wir in unserem fiktiven Unternehmen deployen wollen. Wir haben sie soeben aktualisiert und ins Git-Repository eingecheckt. Und wir haben einen Hook konfiguriert, der nach jedem Einchecken das Erstellen eines neuen Builds auf dem Build-Server auslöst, auf dem ebenfalls der `dockerd`-Daemon läuft. Der Job auf dem Build-Server weist die Aufgabe einem Test-Worker zu. Auf dem Test-Worker läuft kein Docker-Daemon, dort ist aber das Kommandozeilentool `docker` installiert. Wir führen also den Befehl `docker image build` auf dem Remote-Server aus, der wiederum ein neues Image erstellt.

Sie sollten Ihr Container-Image immer exakt so erstellen, wie es später auch ausgeliefert wird. Falls Sie hier beim Testen irgendwelche Zugeständnisse machen müssen, sollten Sie dafür extern zugängliche »Switches«, also Schalter, verwenden – entweder in Form von Umgebungsvariablen oder als Kommandozeilenargumente. Das gesamte Konzept beruht darauf, den exakt gleichen Build zu testen, der auch ausgeliefert wird, deshalb ist dieser Punkt von entscheidender Bedeutung.

Sobald das Image erstellt worden ist, wird in unserer Testprozedur anhand des neuen Produktiv-Image ein neuer Container erstellt und ausgeführt. Das Image ist dafür konfiguriert, die Anwendung in der Produktivumgebung auszuführen, beim Testen müssen wir allerdings einen anderen Befehl ausführen. Das stellt jedoch kein Problem dar, denn Docker ermöglicht uns dies, indem wir den Befehl einfach an das Ende des Befehls `docker container run` anfügen. In der Produktivumgebung würde unser imaginärer Container `supervisor` starten, wodurch wiederum eine `nginx`-Instanz sowie einige Instanzen des Ruby-Webservers Unicorn gestartet würden. Zum Testen benötigen wir aber weder `nginx` noch die Webanwendung. Stattdessen wird der Container vom Testjob folgendermaßen gestartet:

```
$ docker container run -e ENVIRONMENT=testing -e API_KEY=12345 \
  -it awesome_app:version1 /opt/awesome_app/test.sh
```

Neben dem Aufruf von `docker container run` erledigen wir hier gleich noch einige andere Aufgaben: Wir übergeben dem Container die beiden Umgebungsvariablen `ENVIRONMENT` und `API_KEY`. Diese sind entweder neu oder aber überschreiben diejenigen, die Docker bereits für uns exportiert hat. Außerdem wählen wir ein bestimmtes Versions-Tag aus, in diesem Fall `version1`. Dadurch ist sichergestellt, dass wir das richtige Image verwenden, selbst wenn gleichzeitig ein anderer Build laufen sollte. Und schließlich überschreiben wir den in der `CMD`-Zeile des Dockerfiles angegebenen Befehl, den der Container beim Start ausführen soll. Stattdessen rufen wir unser Testskript */opt/awesome_app/test.sh* auf. Hier müssen wir das zwar nicht tun, aber Sie sollten sich merken, dass Sie in einigen Fällen den `ENTRYPOINT` (`--entrypoint`) aus dem Dockerfile überschreiben müssen, um etwas anderes als den Standardbefehl für den Container auszuführen.

Geben Sie im Testjob stets das exakte Docker-Tag Ihres Image an. Wenn Sie immer `latest` benutzen, ist nicht gewährleistet, dass Sie das richtige Image verwenden, denn ein anderer Job könnte unmittelbar nach dem Start Ihres Builds dafür gesorgt haben, dass `latest` auf ein anderes Image verweist. Nutzen Sie hingegen das exaktestmögliche Tag, können Sie sich sicher sein, dass Sie auch wirklich den richtigen Build der Anwendung testen.

An dieser Stelle ist eine wichtige Anmerkung angebracht: Der Befehl `docker container run` gibt den Rückgabewert des im Container ausgeführten Befehls zurück. Das heißt, wir können einfach den Rückgabewert überprüfen, um zu ermitteln, ob die Tests erfolgreich waren. Wurde Ihre Test-Suite ordentlich implementiert, ist das alles, was Sie brauchen. Wenn Sie mehrere Schritte ausführen müssen oder der Exitcode unzuverlässig ist, bestünde die Möglichkeit, alle Ausgaben der Tests zu erfassen, sie in einer Datei zu speichern und sich dann die letzte Zeile dieser Datei anzusehen, um zu kontrollieren, ob die Tests bestanden wurden. Und genau das macht unser fiktives Build-System: Wir speichern die Ausgaben der Test-Suite, und unser Skript *test.sh* gibt per `echo`-Befehl auf der letzten Zeile entweder `Result: SUCCESS!` oder `Result: FAILURE!` aus, um zu signalisieren, ob die Tests erfolgreich verlaufen sind. Vergewissern Sie sich, dass Sie nach einem Ausgabe-String suchen, der nicht durch Zufall in der normalen Ausgabe Ihrer Test-Suite erscheinen könnte. Wenn wir beispielsweise nach `SUCCESS` suchen, wäre es sinnvoll, die Suche auf die letzte Zeile zu beschränken. Und auch dort sollte möglichst die ganze Zeile übereinstimmen.

Nun folgt noch ein containerspezifischer Schritt: Der Build, der alle Tests bestanden hat, soll an die Registry ausgeliefert werden. Die Registry ist der Übergabepunkt, an dem Builds für Deployments bereitgestellt werden. Darüber hinaus kann das Image auch von anderen Builds verwendet werden, die möglicherweise darauf aufbauen. Fürs Erste sollten wir die Registry als den Speicherort betrachten, an dem erfolgreiche Builds gespeichert und getaggt werden. Unser Build-Skript führt nun den Befehl `docker image tag` aus, um dem Image die richtigen Build-Tags (eventuell inklusive `latest`) zuzuweisen. Und zum Schluss wird der Befehl `docker image push` ausgeführt, um die Auslieferung des Builds an die Registry zu initiieren.

Das war's! Wie Sie sehen, gibt es im Vergleich zum Testen einer normalen Anwendung nur wenige Unterschiede. Wir nutzen hier natürlich Dockers Client-Server-Modell zu unserem Vorteil, um die Tests auf einem anderen Server als dem eigentlichen Testserver auszuführen, und verwenden ein Shell-Skript, um die Ausgaben der Tests zusammenzufassen und ein Ergebnis zu liefern. Davon abgesehen, ähnelt der Vorgang anderen Build-Systemen jedoch sehr.

Diese Vorgehensweise gewährleistet, dass nur Anwendungen ausgeliefert werden, die alle Tests auf der in der Produktivumgebung eingesetzten Linux-Distribution bestanden haben – mit denselben Bibliotheken und identischen Build-Einstellungen. Dieser Container kann dann eventuell auch gegen äußere Abhängigkeiten wie Datenbanken oder Caches getestet werden, ohne sie mocken zu müssen. Dadurch ist zwar noch kein reibungsloses Funktionieren garantiert, gegenüber dem Glücksspiel, das die Abhängigkeiten bei Deployment-Systemen, die nicht auf Containertechnologien aufgebaut sind, sonst darstellen, ist das allerdings schon ein großer Schritt nach vorn.

Wenn Sie zur kontinuierlichen Integration Jenkins verwenden oder nach einer guten Möglichkeit suchen, die Skalierung mit Docker zu testen, sollten Sie sich die vielen für Docker, Mesos und Kubernetes verfügbaren Plug-ins (*https://plugins.jenkins.io*) näher ansehen. Viele gehostete kommerzielle Plattformen bieten mittlerweile ebenfalls containerisierte CI-Umgebungen an, zum Beispiel CircleCI (*https://circleci.com*) oder GitHub Actions (*https://github.blog/2022-02-02-build-ci-cd-pipeline-github-actions-four-steps*).

Externe Abhängigkeiten

Und was ist mit den externen Abhängigkeiten, die wir bislang unter den Teppich gekehrt haben? Dinge wie Datenbanken oder Memcache- bzw. Redis-Instanzen, die wir mit unserem Container ebenfalls testen müssen? Wenn die Anwendung des fiktiven Unternehmens eine Datenbank benötigt (oder eine Memcache- oder Redis-Instanz), müssen wir diese externe Abhängigkeit auflösen, um eine »saubere« Testumgebung zu gewährleisten. Es wäre natürlich schön, wenn man zur Auflösung dieser Abhängigkeiten das Containermodell verwenden könnte. Das ist mit einem Tool wie *Docker Compose* (*https://github.com/docker/compose*) und ein wenig Zusatzaufwand durchaus möglich – dies haben wir detailliert in Kapitel 8 behandelt. In unserem Build-Job müssten die Abhängigkeiten zwischen den Containern formuliert werden, und Compose würde dann Dockers Linkmechanismen nutzen, um sie miteinander zu verknüpfen.

Die Möglichkeit, Ihre Anwendung in einer Umgebung zu testen, die der Produktivumgebung sehr nah ist, bedeutet einen großen Pluspunkt. Mit Compose ist das ziemlich einfach möglich. Sie müssen immer noch auf das Test-Framework der eingesetzten Sprache zurückgreifen, aber es ist trotzdem einfach, die Umgebung zu orchestrieren.

So geht es weiter

Nachdem wir nun vieles davon besprochen haben, wie Ihre containerisierten Anwendungen mit der äußeren Umgebung interagieren und wo die Grenzen liegen, ist es an der Zeit, zu untersuchen, wie Docker-Cluster aufgebaut werden können, um den globalen, ständig verfügbaren On-Demand-Charakter vieler moderner Technologiebetriebe zu unterstützen.

KAPITEL 10

Skalierung

Zu den größten Stärken von Docker gehört die Fähigkeit, Hardware und Betriebssysteme wegzuabstrahieren, sodass Ihre Anwendung nicht auf einen einzelnen Host oder eine bestimmte Umgebung angewiesen ist. Dadurch wird nicht nur die horizontale Skalierung zustandsloser Anwendungen im Rechenzentrum erleichtert, sondern auch die Nutzung der Services verschiedener Cloud-Provider, ohne dass man dabei mit den sonst üblichen Problemen zu kämpfen hätte. Entsprechend der Frachtcontainer-Metapher sieht ein Container in jeder Cloud gleich aus.

Viele Unternehmen finden Cloud-Deployments mit Linux-Containern reizvoll, weil sich dadurch viele der Vorteile einer skalierbaren, containerbasierten Plattform nutzen lassen, ohne dass man hausintern eine entsprechende Infrastruktur vorhalten müsste. Dennoch ist auch die Hürde zum Aufbau einer eigenen Plattform in der Cloud oder im eigenen Rechenzentrum eigentlich nicht besonders hoch. Einige der verfügbaren Optionen werden wir in Kürze näher betrachten.

Alle größeren Public-Cloud-Provider haben Anstrengungen unternommen, in ihren Angeboten Linux-Container direkt zu unterstützen, unter anderem:

- Amazon Elastic Container Service (*http://aws.amazon.com/ecs*)
- Google Cloud Run (*https://cloud.google.com/run*)
- Azure Container Apps (*https://azure.microsoft.com/de-de/products/container-apps/*)

Viele dieser Firmen bieten auch robuste, gehostete Kubernetes-Landschaften, zum Beispiel:

- Amazon Elastic Kubernetes Service (*https://aws.amazon.com/eks*)
- Google Kubernetes Engine (*https://cloud.google.com/kubernetes-engine*)
- Azure Kubernetes Services (*https://azure.microsoft.com/de-de/products/kubernetes-service/*)

Es ist trivial, Docker auf einer Linux-Instanz in einer Public Cloud zu installieren. Aber Docker auf den Server zu bekommen, ist normalerweise auch nur der erste Schritt auf dem Weg zu einer vollständigen Produktivumgebung. Sie können das komplett eigenständig umsetzen oder eins der vielen verfügbaren Tools verwenden, die von großen Cloud-Providern, Docker, Inc. und der Containercommunity bereitgestellt werden. Einiges vom Tooling funktioniert unabhängig vom Einsatz in der Public Cloud oder im eigenen Rechenzentrum gleich gut.

Im Bereich der Scheduler und des komplexeren Toolings haben wir die Qual der Wahl zwischen Systemen, die einen Großteil der Funktionalität von Public-Cloud-Providern replizieren. Selbst wenn Sie eine Public Cloud verwenden, kann es sinnvoll sein, eine eigene Linux-Container-Umgebung einzusetzen, statt die fertigen Lösungen zu verwenden.

In diesem Kapitel erörtern wir einige der Optionen beim großumfänglichen Betrieb von Docker im eigenen Rechenzentrum. Zunächst betrachten wir das einfachere Docker Swarm, dann sehen wir uns fortgeschrittenere Tools wie Kubernetes und manche der Angebote großer Cloud-Provider genauer an. Die Beispiele vermitteln Ihnen hoffentlich einen Eindruck davon, wie Docker erfolgreich dazu verwendet werden kann, eine unglaublich flexible Plattform für Ihre Anwendungen bereitzustellen.

Docker Swarm Mode

Nach der Fertigstellung einer Runtime für Container in Form der Docker-Engine wandte sich die Entwicklung bei Docker den Problemen der Orchestrierung ganzer Gruppen von Docker-Hosts und der effektiven Konfektionierung dieser mit Containern angefüllten Hosts zu. Das Ergebnis dieser Bemühungen ist das Tool Docker Swarm. Wie wir zuvor bereits geschrieben haben, gibt es jetzt zwei Dinge, die »Swarm« heißen und die beide von Docker, Inc. stammen.

Das erste eigenständige Docker Swarm wird heute im Allgemeinen als *Docker Swarm Classic* bezeichnet (*https://github.com/docker-archive/classicswarm*), aber es gibt noch eine zweite »Swarm«-Implementierung, die genauer gesagt *Swarm Mode* (*https://docs.docker.com/engine/swarm/*) genannt wird. Sie ist kein eigenes Produkt, sondern direkt in den Docker-Client eingebaut. Der eingebaute Swarm Mode kann viel mehr als das originale Docker Swarm und wird dieses Tool mittelfristig ersetzen. Der größte Vorteil von Swarm Mode ist, dass Sie nichts weiter installieren müssen, da es bereits in Docker enthalten ist. Auf dieses Docker Swarm werden wir uns hier fokussieren. Da Sie nun wissen, dass es zwei verschiedene Docker Swarms gibt, lassen Sie sich hoffentlich nicht mehr davon verwirren.

Die Idee hinter Docker Swarm ist eine einzige Schnittstelle zum Docker-Client, sodass dahinter mit einem vollständigen Cluster gesprochen werden kann statt nur mit einem einzelnen Docker-Daemon. Der Fokus von Swarm liegt primär auf dem Managen von geclusterten Compute-Ressourcen über die Docker-Tools. Seit dem ersten Release ist es stark gewachsen und enthält nun einige Scheduler-Plug-ins mit verschiedenen Strategien zum Ausrollen von Containern auf Hosts und ein eingebautes grundlegendes Service Discovery. Aber Docker Swarm bleibt nur ein Baustein einer komplexeren Lösung.

Swarm-Cluster können einen oder mehrere Manager enthalten, die als zentrale Manager für das Docker-Cluster agieren. Am besten ist eine ungerade Anzahl an Managern. Es agiert dabei immer nur ein Manager als Cluster-Leader. Wenn Sie Swarm mehr Nodes hinzufügen, fügen Sie diese zu einem einzigen zusammenhängenden Cluster zusammen, das mit dem Docker-Tooling einfach gesteuert werden kann.

Es ist Zeit, ein Swarm-Cluster einzurichten und zum Laufen zu bringen. Zu Beginn brauchen Sie drei oder mehr Linux-Server, die untereinander im Netzwerk kommunizieren können. Auf jedem dieser Server sollte eine aktuelle Version von Docker Community Edition aus den offiziellen Docker-Software-Repositories laufen.

Schauen Sie sich Kapitel 3 noch einmal an, wenn Sie nähere Informationen zur Installation von `docker-ce`-Paketen unter Linux benötigen.

Für dieses Beispiel werden wir drei Ubuntu-Server mit `docker-ce` nutzen. Das Allererste, das Sie tun müssen, ist, eine SSH-Verbindung zu dem Server aufzubauen, der als Swarm-Manager agieren soll. Dort starten Sie dann den Befehl `swarm init` mit der IP-Adresse des Swarm-Managers.

```
$ ssh 172.17.4.1
...

ubuntu@172.17.4.1:$ sudo docker swarm init --advertise-addr 172.17.4.1

Swarm initialized: current node (hypysglii5syybd2zew6ovuwq) is now a manager.

To add a worker to this swarm, run the following command:

    docker swarm join --token SWMTKN-1-14…a4o55z01zq 172.17.4.1:2377

To add a manager to this swarm, run 'docker swarm join-token manager'
and follow the instructions.
```

Zum Absichern eines Clusters im Docker Swarm Mode müssen Schritte durchgeführt werden, auf die wir hier nicht eingehen. Bevor Sie Docker Swarm Mode auf einem System ausführen, das längere Zeit laufen soll, sollte Ihnen klar sein, was für Möglichkeiten Sie haben, und Sie sollten die notwendigen Schritte ausgeführt haben, um die Umgebung sicher zu halten.

In vielen Beispielen in diesem Kapitel ist es wichtig, die richtigen IP-Adressen für Ihren Manager und Ihre Worker Nodes zu verwenden.

Dieser Schritt initialisiert den Swarm-Manager und gibt als Ausgabe das Token zurück, das benötigt wird, damit die anderen Nodes dem Cluster beitreten können. Keine Sorge: Auch wenn Sie das Token verlieren sollten, können Sie es über folgenden Befehl auf dem Manager wieder erhalten:

```
$ sudo docker swarm join-token --quiet worker
```

Sie prüfen Ihren aktuellen Fortschritt, indem Sie den Aufruf des lokalen Docker-Clients gegen die IP-Adresse des neuen Managers richten:

```
$ docker -H 172.17.4.1 system info
...
Swarm: active
  NodeID: l9gfcj7xwii5deveu3raf4782
  Is Manager: true
  ClusterID: mvdaf2xsqwjwrb94kgtn2mzsm
  Managers: 1
  Nodes: 1
  Default Address Pool: 10.0.0.0/8
  SubnetSize: 24
  Data Path Port: 4789
  Orchestration:
   Task History Retention Limit: 5
  Raft:
   Snapshot Interval: 10000
   Number of Old Snapshots to Retain: 0
   Heartbeat Tick: 1
   Election Tick: 10
  Dispatcher:
   Heartbeat Period: 5 seconds
  CA Configuration:
   Expiry Duration: 3 months
   Force Rotate: 0
  Autolock Managers: false
  Root Rotation In Progress: false
  Node Address: 172.17.4.1
  Manager Addresses:
   172.17.4.1:2377
...
```

Sie können auch alle Nodes aus dem Cluster mit dem folgenden Kommando auflisten:

```
$ docker -H 172.17.4.1 node ls

ID      HOSTNAME       STATUS AVAILABILITY MANAGER STATUS ENGINE VERSION
l9...82 * ip-172-17-4-1 Ready  Active       Leader         20.10.7
```

An dieser Stelle können Sie zwei weitere Server als Worker dem Swarm-Cluster hinzufügen. Das ist das, was Sie in Produktion tun würden, wenn Sie das Cluster vergrößerten. Swarm macht das ziemlich leicht.

```
$ ssh 172.17.4.2 \
        "sudo docker swarm join --token SWMTKN-1-14...a4o55z01zq 172.17.4.1:2377"

This node joined a swarm as a worker.

$ ssh 172.17.4.3 \
        "sudo docker swarm join --token SWMTKN-1-14...a4o55z01zq 172.17.4.1:2377"

This node joined a swarm as a worker.
```

Es ist wichtig, zusätzliche Manager hinzuzufügen, was genauso leicht wie das Ergänzen von Workern funktioniert. Übergeben Sie einfach das Manager-Join-Token statt des Worker-Join-Tokens. Das erhalten Sie durch Ausführen von `docker swarm join-token manager` auf einem der aktiven Knoten.

Wenn Sie nun noch mal `docker node ls` ausführen, sollten Sie alle Ihre Nodes in dem Cluster sehen, von denen nur einer als `Leader` gekennzeichnet ist.

```
$ docker -H 172.17.4.1 node ls

ID        HOSTNAME       STATUS AVAILABILITY MANAGER STATUS ENGINE VERSION
l9...82 * ip-172-17-4-1 Ready  Active       Leader         20.10.7
3d...7b   ip-172-17-4-2 Ready  Active                      20.10.7
ip...qe   ip-172-17-4-3 Ready  Active                      20.10.7
```

Mehr brauchen Sie nicht, um ein Swarm-Cluster im Swarm Mode aufzubauen!

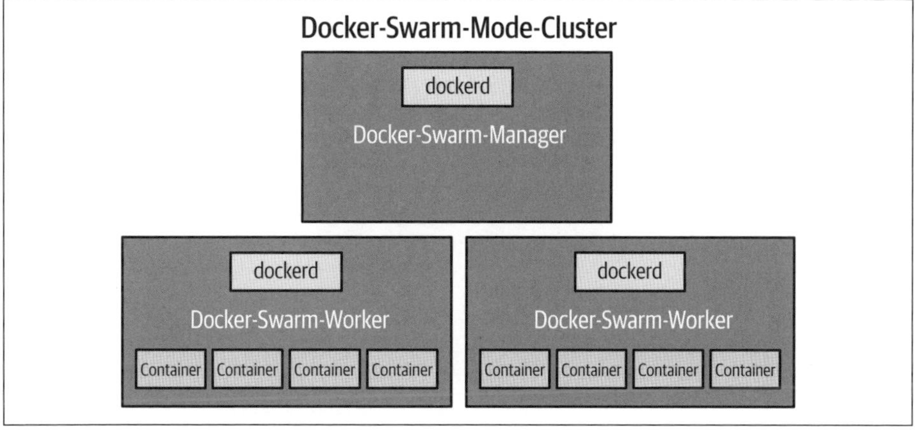

Abbildung 10-1: Einfaches Docker-Swarm-Mode-Cluster

Als Nächstes sollten Sie ein Netzwerk für Ihre Services anlegen. Es gibt in Swarm ein Standardnetzwerk namens `ingress`, aber es ist auch sehr einfach, zusätzliche Netzwerke hinzuzufügen, um eine bessere Isolation zu erhalten:

```
$ docker -H 172.17.4.1 network create --driver=overlay default-net

ckwh5ph4ksthvx6843ylrl5ik

$ docker -H 172.17.4.1 network ls

NETWORK ID     NAME              DRIVER    SCOPE
494e1a1bf8f3   bridge            bridge    local
xqgshg0nurzu   default-net       overlay   swarm
2e7d2d7aaf0f   docker_gwbridge   bridge    local
df0376841891   host              host      local
n8kjd6oa44fr   ingress           overlay   swarm
b4720ea133d6   none              null      local
```

Bis zu diesem Punkt haben wir lediglich die grundlegenden Dinge zum Laufen gebracht, haben aber noch kein Deployment durchgeführt. Zeit also, den ersten Service in das Cluster zu bringen. Dazu dient folgender Befehl:

```
$ docker -H 172.17.4.1 service create --detach=true --name quantum \
--replicas 2 --publish published=80,target=8080 --network default-net \
spkane/quantum-game:latest

tiwtsbf270mh83032kuhwv07c
```

Der zu startende Service startet den Container, der das Spiel Quantum (*https://github.com/stared/quantum-game*) hostet. Hierbei handelt es sich um ein browserbasiertes Spielfeld, das echte Quantenmechanik verwendet. Wir hoffen, dass es ein interessanteres Beispiel ist als ein weiteres »Hello World!«.

Auch wenn wir in vielen dieser Beispiele das `latest`-Tag verwenden, sei nochmals darauf hingewiesen, dass Sie dieses Tag nicht in Produktivumgebungen verwenden sollten. Für das Buch erleichtert es einiges, da wir Updates zum Code einfach hinzufügen können und das Tag nicht auf ein spezifisches Release für eine lange Zeit fixiert ist. Das heißt konkret, dass Ihre Deployments nicht zwangsläufig reproduzierbar sind, wenn Sie das `latest`-Tag verwenden! Es kann ebenfalls dazu führen, dass Sie nicht dieselbe Version einer Anwendung auf all Ihren Servern laufen haben.

Schauen wir uns nun an, wo die Container gelandet sind, indem wir `docker service ps` auf den neu angelegten Service aufrufen:

```
$ docker -H 172.17.4.1 service ps quantum

ID     NAME      IMAGE        NODE            DESIRED… CURRENT… ERROR PORTS
rk…13 quantum.1 spkane/qua… ip-172-17-4-1 Running  Running…
lz…t3 quantum.2 spkane/qua… ip-172-17-4-2 Running  Running…
```

Der Swarm Mode nutzt ein Routing Mesh zwischen den Nodes, um automatisch den Traffic zu einem Container zu bringen, der den Request beantworten kann. Wenn Sie mit `docker service create` einen Port spezifizieren, kann der Request über das Mesh einen der drei Nodes treffen, der es dann zur Webanwendung routet. Beachten Sie, dass es jeden der drei Nodes treffen kann, auch wenn nur zwei Instanzen laufen. Auf traditionellen Systemen müssten Sie zusätzlich noch einen Reverse Proxy hinzufügen, der diese Aufgaben erledigt. In dem Fall ist es aber schon Bestandteil des Swarm Mode.

Um das zu prüfen, können Sie den Service testen, indem Sie die IP-Adresse eines der Nodes in Ihren Browser tippen.

```
http://172.17.4.1
```

Wenn alles wie geplant funktioniert, sehen Sie das erste Spielfeld von »The Quantum Game« (*https://quantumgame.io*).

Um eine Liste aller Services zu bekommen, können wir `service ls` ausführen:

```
$ docker -H 172.17.4.1 service ls

ID     NAME    MODE       REPLICAS IMAGE                         PORTS
iu…9f quantum replicated 2/2      spkane/quantum-game:latest *:80->8080/tcp
```

Dieser Befehl gibt eine Übersicht über die gebräuchlichsten Informationen. Manchmal ist das allerdings nicht genug. Docker besitzt einige Metadaten von Services, genau wie von Containern. Mit `service inspect` können wir detaillierte Informationen über einen Service bekommen:

```
$ docker -H 172.17.4.1 service inspect --pretty quantum

ID:     iuoh6oxrec9fk67ybwuikutqa
Name:     quantum
Service Mode:  Replicated
 Replicas:  2
Placement:
UpdateConfig:
 Parallelism:  1
 On failure:  pause
 Monitoring Period: 5s
 Max failure ratio: 0
 Update order:      stop-first
RollbackConfig:
 Parallelism:  1
 On failure:  pause
 Monitoring Period: 5s
 Max failure ratio: 0
 Rollback order:    stop-first
ContainerSpec:
 Image:    spkane/quantum-game:latest@sha256:1f57…4a8c
 Init:    false
Resources:
Networks: default-net
Endpoint Mode:  vip
Ports:
  PublishedPort = 80
  Protocol = tcp
  TargetPort = 8080
  PublishMode = ingress
```

Hier werden sehr viele Informationen aufgelistet. Konzentrieren wir uns also erst mal auf die wichtigsten. Zunächst können wir sehen, dass es sich um einen replizierten Service mit zwei Replicas handelt, so wie wir es mit dem Befehl `service ls` auch gesehen haben. Wir bemerken ebenfalls, dass Docker alle fünf Sekunden einen Health-Check durchführt. Wenn man ein Update des Service durchführt, nutzt Docker die `stop-first`-Methode, was dazu führt, dass es den Service zuerst auf die Anzahl von *N*–1 reduziert und dann eine neue Instanz hochfährt, um zurück zu *N* zu gelangen. Der Service sollte immer im *N*+1-Modus laufen, sodass Sie während Updates nie einen Node zu wenig in Produktion haben. Sie können dies mit dem Argument `--update-order=start-first` dem Befehl `service update` anhängen. Das wird bei einem Rollback zum gleichen Verhalten führen. Diese Änderung können wir ebenfalls mit `--rollback-order=start-first` erreichen.

In einem echten Szenario müssen wir nicht nur die Fähigkeit haben, Services zu starten, sondern auch hoch- und runterzuskalieren. Es wäre eine Schande, wenn man ein vollständiges Redeployment zur Skalierung durchführen müsste. Das würde nämlich zu weiteren Problemen führen. Glücklicherweise macht es Swarm Mode einfach, die Services mit einem einzigen Befehl zu skalieren. Um die Anzahl der laufenden Instanzen von zwei auf vier zu erhöhen, nutzen Sie folgenden Befehl:

```
$ docker -H 172.17.4.1 service scale --detach=false quantum=4

quantum scaled to 4
overall progress: 4 out of 4 tasks
1/4: running  [==================>]
2/4: running: [==================>]
3/4: running: [==================>]
4/4: running: [==================>]
verify: Service converged
```

Wir haben im vorherigen Befehl `--detach=false` verwendet, damit wir besser sehen konnten, was sonst noch im Hintergrund passiert.

Wir können nun `service ps` einsetzen, um zu sehen, dass Swarm das getan hat, was wir wollten. Dies ist der gleiche Befehl wie vorhin mit dem Unterschied, dass jetzt mehrere Kopien laufen. Aber Moment! Haben wir nicht nach mehr Kopien als verfügbaren Nodes gefragt?

```
$ docker -H 172.17.4.1 service ps quantum

ID     NAME      IMAGE           NODE            DESIRED... CURRENT... ERROR PORTS
rk…13 quantum.1 spkane/quan… ip-172-17-4-1 Running   Running…
lz…t3 quantum.2 spkane/quan… ip-172-17-4-2 Running   Running…
mh…g8 quantum.3 spkane/quan… ip-172-17-4-3 Running   Running…
cn…xb quantum.4 spkane/quan… ip-172-17-4-1 Running   Running…
```

Sie werden feststellen, dass zwei Services auf demselben Host laufen. Haben Sie das erwartet? Das mag vielleicht nicht ideal für die Resilienz des Hosts sein, aber standardmäßig wird Swarm sicherstellen, dass die Anzahl der gewünschten Instanzen auf verschiedenen Hosts verfügbar ist. Wenn Sie nicht genügend Nodes haben, werden mehrere Instanzen auf demselben Node deployt. In Produktivsystemen müssen Sie sich die genauen Parameter bei der Skalierung überlegen. Möglicherweise reicht es nicht, mehrere Kopien auf demselben Host auszuführen, etwa wenn Sie ebendiesen Node verlieren. Würde dann Ihre Anwendung weiterhin bei einer reduzierten Skalierung laufen?

Wenn Sie eine neue Version Ihrer Software bereitstellen müssen, dann müssen Sie den Befehl `docker service update` verwenden. Es gibt eine Menge Optionen für diesen Befehl, hier sehen Sie ein Beispiel:

```
$ docker -H 172.17.4.1 service update --update-delay 10s \
        --update-failure-action rollback --update-monitor 5s \
        --update-order start-first --update-parallelism 1 \
        --detach=false \
```

```
        --image spkane/quantum-game:latest-plus quantum

quantum
overall progress: 4 out of 4 tasks
1/4: running [==================================>]
2/4: running [==================================>]
3/4: running [==================================>]
4/4: running [==================================>]
verify: Service converged
```

Dieser Befehl führt dazu, dass Swarm für das Update des Service immer einen Container nach dem anderen aktualisiert. Ist das erledigt, sollten Sie die URL des Service in einer neuen privaten Browsersession öffnen können (um den lokalen Cache des Browsers zu umgehen) und sehen, dass der Hintergrund des Spiels nun grün statt blau ist.

Jetzt haben Sie erfolgreich ein Update durchgeführt, aber was passiert, wenn etwas schiefläuft? Dann müssen wir gegebenenfalls eine vorherige Version ausrollen, damit es wieder funktioniert. Sie könnten nun das Kommando `service rollback` nutzen, um zum vorherigen Release mit dem blauen Hintergrund zurückzukehren:

```
$ docker -H 172.17.4.1 service rollback quantum

quantum
rollback: manually requested rollback
overall progress: rolling back update: 4 out of 4 tasks
1/4: running  [>                                                  ]
2/4: running  [>                                                  ]
3/4: running  [>                                                  ]
4/4: running  [>                                                  ]
verify: Service converged
```

Das ist der beste Rollback-Mechanismus, den man sich für einen zustandslosen Service wünschen kann. Sie müssen nicht die Versionsnummern im Auge behalten, denn das macht Docker für Sie. Alles, was Sie tun müssen, ist, das Rollback anzustoßen. Docker holt sich die Metadaten aus dem internen Speicher und führt anschließend das Rollback durch. Beachten Sie, dass Docker auch beim Rollback Health-Checks für Ihre Container durchführen kann, um zu prüfen, ob alles ordnungsgemäß funktioniert.

Dieser Rollback-Mechanismus wird immer zur letzten deployten Version zurückkehren – führen Sie ihn also mehrmals hintereinander aus, wird er nur zwischen zwei Versionen hin- und herwechseln.

Auf `docker service` baut ein Befehl namens `docker stack` auf, mit dem Sie eine speziell erstellte Datei *docker-compose.yaml* nach Docker Swarm Mode oder in ein Kubernetes-Cluster deployen können. Schauen Sie sich nochmals das Git-Repo an, das wir in Kapitel 8 genutzt haben: Wir können eine modifizierte Version dieses Containerstacks in unser aktuelles Swarm-Mode-Cluster deployen:

```
$ git clone https://github.com/spkane/rocketchat-hubot-demo.git \
    --config core.autocrlf=input
```

Innerhalb dieses Repositorys findet sich ein Verzeichnis namens *stack* mit einer angepassten Version der weiter oben genutzten Datei *docker-compose.yaml*:

```
$ cd rocketchat-hubot-demo/stack
```

Wollen Sie dieses Setup im Swarm-Mode-Cluster aufsetzen, könnten Sie folgenden Befehl nutzen:

```
$ docker -H 172.17.4.1 stack deploy --compose-file docker-compose-stack.yaml \
    rocketchat

Creating network rocketchat_default
Creating service rocketchat_hubot
Creating service rocketchat_mongo
Creating service rocketchat_rocketchat
Creating service rocketchat_zmachine
```

Jetzt können Sie sich ausgeben lassen, welche Stacks es im Cluster gibt und welche Services durch den Stack hinzugefügt wurden:

```
$ docker -H 172.17.4.1 stack ls

NAME         SERVICES   ORCHESTRATOR
rocketchat   4          Swarm

$ docker -H 172.17.4.1 service ls

ID     NAME            … …   IMAGE                                  PORTS
iu…9f  quantum         … 2/2 spkane/quantum-game:latest             *:80->8080/tcp
nh…jd  …_hubot         … 1/1 rocketchat/hubot-rocketchat:latest     *:3001->8080/tcp
gw…qv  …_mongo         … 1/1 spkane/mongo:4.4
m3…vd  …_rocketchat    … 1/1 rocketchat/rocket.chat:5.0.4           *:3000->3000/tcp
lb…91  …_zmachine      … 1/1 spkane/zmachine-api:latest
```

Dieser Stack dient nur der Demonstration, für echte Anwendungsfälle wurde er nicht ausreichend getestet. Er sollte Ihnen aber deutlich machen, wie Sie selbst etwas Ähnliches aufbauen können.

Vermutlich fällt Ihnen auch auf, dass es eine Weile dauert, bis alle Container laufen, zudem wird Hubot immer wieder neu gestartet. Das ist zu erwarten, denn Rocket.Chat wurde noch nicht konfiguriert. Das Setup von Rocket.Chat wurde in Kapitel 8 behandelt.

Sie könnten jetzt Ihren Webbrowser Port 3000 eines der Swarm-Knoten aufrufen lassen (zum Beispiel *http://172.17.4.1:3000/*) und sollten dann die Setup-Seite für Rocket.Chat zu Gesicht bekommen.

Mit `docker stack ps` sehen Sie alle Container, die durch den Stack gemanagt werden:

```
$ docker -H 172.17.4.1 stack ps -f "desired-state=running" rocketchat

ID     NAME              IMAGE                        NODE … CURRENT STATE          …
b5…1h  …_hubot.1         rocketchat/hubot-rocket…     …-1  … Running 14 seconds ago
eq…88  …_mongo.1         spkane/mongo:4.4             …-2  … Running 11 minutes ago
5x…8u  …_rocketchat.1    rocketchat/rocket.chat:…     …-3  … Running 11 minutes ago
r5…x4  …_zmachine.1      spkane/zmachine-api:lat…     …-4  … Running 12 minutes ago
```

Sind Sie fertig, können Sie den Stack wie folgt abbauen:

```
$ docker -H 172.17.4.1 stack rm rocketchat

Removing service rocketchat_hubot
Removing service rocketchat_mongo
Removing service rocketchat_rocketchat
Removing service rocketchat_zmachine
Removing network rocketchat_default
```

Versuchen Sie, direkt danach alles wieder hochzufahren, sehen Sie sich vielen seltsamen Fehlermeldungen gegenüber. Wenn Sie einen Moment warten, bis das Cluster damit fertig ist, das alte Netzwerk des Stacks abzuräumen und andere Dinge zu erledigen, sollte das nicht wieder auftreten.

Was passiert also, wenn bei einem der Server Probleme auftreten und Sie ihn offline nehmen müssen? In diesem Fall können Sie die Services von einem einzelnen Node auf die anderen Nodes verteilen, indem Sie `docker node update` mit dem Argument `--availability` ausführen.

Es lohnt sich wieder, ein Blick auf die Nodes im Cluster zu werfen:

```
$ docker -H 172.17.4.1 node ls

ID      HOSTNAME        STATUS AVAILABILITY MANAGER STATUS ENGINE VERSION
l9…82 * ip-172-17-4-1 Ready  Active       Leader         20.10.7
3d…7b   ip-172-17-4-2 Ready  Active                      20.10.7
ip…qe   ip-172-17-4-3 Ready  Active                      20.10.7
```

Lassen Sie uns nun noch schauen, wo unsere Container zurzeit laufen:

```
$ docker -H 172.17.4.1 service ps -f "desired-state=running" quantum

ID     NAME      IMAGE        NODE          DESIRED… CURRENT… ERROR   PORTS
sc…1h quantum.1 spkane/qua… ip-172-17-4-1 Running  Running…
ax…om quantum.2 spkane/qua… ip-172-17-4-2 Running  Running…
p4…8h quantum.3 spkane/qua… ip-172-17-4-3 Running  Running…
g8…tw quantum.4 spkane/qua… ip-172-17-4-1 Running  Running…
```

Im vorherigen Kommando haben wir einen Filter verwendet, damit nur die aktuell laufenden Prozesse aufgelistet werden. Standardmäßig zeigt Docker auch frühere Container an, sodass Sie Updates und Rollbacks in der Ausgabe sehen können.

Wenn Sie merken, dass der Server mit der IP-Adresse 172.117.4.3 eine Downtime braucht, können Sie die Tasks auf dem Node zu einem anderen Node schieben, indem Sie den `availability`-State in Swarm auf `drain` stellen:

```
$ docker -H 172.17.4.1 node update --availability drain ip-172-17-4-3

ip-172-17-4-3
```

Wenn wir den Node nun inspizieren, sehen wir, dass die `Availability` auf `drain` gesetzt ist.

```
$ docker -H 172.17.4.1 node inspect --pretty ip-172-17-4-3

ID:      ipohyw73hvf70td9licnls9qe
Hostname:                ip-172-17-4-3
Joined at:               2022-09-04 16:59:52.922451346 +0000 utc
Status:
 State:       Ready
 Availability:           Drain
 Address:     172.17.4.3
Platform:
 Operating System:  linux
 Architecture:    x86_64
Resources:
 CPUs:       2
 Memory:     7.795GiB
Plugins:
 Log:    awslogs, fluentd, gcplogs, gelf, journald, json-file, local,
         logentries, splunk, syslog
 Network:    bridge, host, ipvlan, macvlan, null, overlay
 Volume:    local
Engine Version:    20.10.7
TLS Info:
 TrustRoot:
...

 Issuer Subject:  ...
 Issuer Public Key:  ...
```

Sie fragen sich vielleicht, was für einen Effekt das auf den Service hat. Wir haben einem Node mitgeteilt, dass er aufhören soll, einen Service am Laufen zu halten, sodass der Node entweder gänzlich entfernt oder woandershin migriert werden soll. Was ist also passiert? Wir können uns erneut die Details unseres Service anschauen und sehen, dass alle Container auf dem Host auf einen anderen Node geschoben wurden.

```
$ docker -H 172.17.4.1 service ps -f "desired-state=running" quantum

ID     NAME        IMAGE        NODE            DESIRED... CURRENT... ERROR   PORTS
sc...1h quantum.1  spkane/qua... ip-172-17-4-1 Running    Running...
ax...om quantum.2  spkane/qua... ip-172-17-4-2 Running    Running...
p4...8h quantum.3  spkane/qua... ip-172-17-4-2 Running    Running...
g8...tw quantum.4  spkane/qua... ip-172-17-4-1 Running    Running...
```

Zu diesem Zeitpunkt können Sie problemlos den Node herunterfahren und die nötigen Wartungsarbeiten durchführen, damit dieser anschließend genauso problemlos wieder funktioniert. Wenn Sie bereit sind, den Node erneut dem Swarm-Cluster hinzuzufügen, führen Sie Folgendes aus:

```
$ docker -H 172.17.4.1 node update --availability active ip-172-17-4-3

ip-172-17-4-3
```

Wir ersparen Ihnen das erneute Inspizieren des Nodes zu diesem Zeitpunkt. Sie können allerdings das Kommando `node inspect` ausführen, wenn Sie sehen wollen, wie die Ausgabe aussieht.

Wenn Sie einen Node erneut dem Cluster hinzufügen, wird er nicht automatisch die Container verteilen! Sie müssen explizit ein neues Deployment oder ein Update durchführen, damit die Container wieder gleichmäßig über die Nodes verteilt werden.

Sind Sie fertig, können Sie den Service mit folgenden Befehlen entfernen:

```
$ docker -H 172.17.4.1 service rm quantum

quantum

$ docker -H 172.17.4.1 network rm default-net

default-net
```

Anschließend überprüfen Sie, ob Service und Netzwerk vollständig verschwunden sind:

```
$ docker -H 172.17.4.1 services ps quantum

no such service: quantum

NETWORK ID      NAME              DRIVER    SCOPE
494e1a1bf8f3    bridge            bridge    local
2e7d2d7aaf0f    docker_gwbridge   bridge    local
df0376841891    host              host      local
n8kjd6oa44fr    ingress           overlay   swarm
b4720ea133d6    none              null      local
```

Das ist an dieser Stelle alles! Sie können die Server, die Teil des Swarm-Clusters waren, herunterfahren und löschen, wenn Sie sie nicht mehr brauchen.

Das war eine ganz schön zügige Tour durch Swarm, aber sie deckt die grundlegenden Features vom Swarm Mode der Docker-Engine ab und sollte Ihnen dabei helfen, Ihr eigenes Docker-Cluster aufzusetzen und zu nutzen.

Kubernetes

Nehmen wir uns nun etwas Zeit, um uns Kubernetes anzusehen. Seit es auf der DockerCon (*https://events.docker.com/events/dockercon*) 2014 der Öffentlichkeit präsentiert wurde, ist Kubernetes sehr schnell gewachsen und zur meistgenutzten Containerplattform aufgestiegen. Damit ist es nicht zwangsläufig das älteste oder ausgereifteste Produkt, das trifft eher auf Mesos zu, das bereits im Jahr 2009 veröffentlicht wurde, bevor Container weiter verbreitet waren. Kubernetes wurde von Anfang an für containerisierte Workloads entwickelt, und es besteht aus einem großen Mix an Funktionen (die immer mehr werden) und einer sehr starken Community, in der viele Early Adopter von Docker und Linux-Containern aktiv sind. Dieser Mix führte über die Jahre zu einer steigenden Popularität. Bei der DockerCon EU 2017 kündigte Docker, Inc. an, dass Unterstützung für Kubernetes ins Tooling der Docker-Engine eingebaut werden soll. Docker Desktop kann ein Kubernetes-Cluster mit einem Knoten aufsetzen, und der Client kann Containerstacks zu Entwicklungszwecken deployen. Das ermöglicht eine gute Übergangsmöglichkeit für Entwicklerinnen und Entwickler, die Docker lokal verwenden, aber nach Kubernetes deployen.

Wie auch bei Linux gibt es zahlreiche Kubernetes-Distributionen, die frei oder auch kommerziell sind. Es sind derzeit viele Distributionen verfügbar, die zu verschiedenen Graden unterstützt werden. Durch seine hohe Verbreitung hat Kubernetes einige nette Tools erhalten, mit denen man es etwa lokal laufen lassen kann. Darin enthalten ist dann auch eine vollständige Distribution, die komplett lokal kontrolliert werden kann.

Kubernetes wird in diesem Buch nur rudimentär behandelt – es wird beschrieben, wie Sie Ihren Linux-Container-Workflow mit Kubernetes integrieren können, aber wir gehen nicht allzu sehr auf die Details des Kubernetes-Ökosystems ein. Dafür empfehlen wir das ausgesprochen gute Buch *Kubernetes* von Brendan Burns et al. (dpunkt.verlag, *https://dpunkt.de/produkt/kubernetes-3/*) oder die anderen großartigen Materialien aus dem Internet, um sich mit den relevanten Konzepten und Begriffen vertraut zu machen.

Minikube

Minikube war eines der ersten Tools für das Verwalten einer lokalen Kubernetes-Installation, und es ist das erste, auf das wir hier eingehen werden. Die meisten Konzepte, die Sie bei der Arbeit mit Minikube kennenlernen werden, können dann auf jeder Kubernetes-Implementierung genutzt werden – auch die, die wir danach noch verwenden. Es ist also ein guter Einstiegspunkt.

Es gibt viele weitere Möglichkeiten, ein lokales Kubernetes-Cluster zu betreiben. Wir beginnen mit `minikube`, weil der Container oder die VM, den/die es hochfährt, ein schöner (einzelner) Standardknoten von Kubernetes ist. Wir empfehlen Ihnen, sich dazu noch k3s (*https://k3s.io*), k3d (*https://k3d.io*), k0s (*https://k0sproject.io*) und microk8s (*https://microk8s.io*) anzuschauen.

Was ist Minikube?

Minikube ist eine vollständige Kubernetes-Distribution für eine einzige Instanz. Sie verwaltet einen Container oder eine virtuelle Maschine auf Ihrem eigenen Rechner und erlaubt Ihnen, das gleiche Tooling zu verwenden, das Sie auch in einem Produktivsystem verwenden würden. Minikube gleicht ein wenig Docker Compose: Es lässt Sie lokal einen vollständigen Stack hochfahren. Es geht allerdings einen Schritt weiter als Compose, da es alle APIs aus der Produktivumgebung enthält. Daraus resultiert, dass eine lokale Kubernetes-Umgebung einer produktiven Kubernetes-Umgebung sehr nahekommt, außer wenn es um die Skalierung geht.

Minikube ist ziemlich einzigartig im Umgang, da es sich lediglich um eine einzelne Binärdatei handelt, die heruntergeladen und lokal ausgeführt werden kann. Es wird automatisch erkennen, welchen Virtual-Machine- oder Container-Manager Sie lokal installiert haben, und dann automatisch einen Container oder eine VM mit den notwendigen Kubernetes-Services erstellen und hochfahren. Der Einstieg ist also wirklich einfach.

Lassen Sie es uns nun installieren!

Minikube installieren

Der Großteil der Installation ist auf allen Plattformen gleich, da die Tools, sobald sie installiert sind, das Gateway zu der VM sein werden, auf der Ihre Kubernetes-Installation läuft. Gehen Sie einfach zu der Installationsanleitung für Ihr Betriebssystem. Sobald die Tools laufen, können Sie zu der Dokumentation springen, die für alle Systeme gültig ist.

Um Minikube effektiv nutzen zu können, brauchen wir zwei Tools: `minikube` und `kubectl`. Für die Zwecke unserer einfachen Installation nutzen wir die Tatsache, dass beide Befehle statische Binärdateien ohne externe Abhängigkeiten sind, wodurch sie leicht zu installieren sind.

Es gibt verschiedene Wege, um Minikube zu installieren. Wir zeigen hier für jede Plattform den unserer Meinung nach einfachsten Weg. Wenn Sie eine andere Installationsart präferieren, können Sie natürlich gern einen alternativen Weg wählen. Auf Windows könnten Sie zum Beispiel den Chocolatey Package Manager (*https://chocolatey.org/*) oder auf Linux das Snap Package System (*https://snapcraft.io/*) einsetzen.

macOS

Wie in Kapitel 3 benötigen Sie Homebrew auf Ihrem System. Falls Sie es nicht installiert haben, sollten Sie das nun nachholen. Anschließend ist die Installation des `minikube`-Clients ein Kinderspiel:

```
$ brew install minikube
```

Dieser Befehl führt dazu, dass Homebrew Minikube herunterlädt und installiert. Je nachdem, wie Ihre Konfiguration aussieht, sieht die Kommandozeilenausgabe wie folgt aus:

```
==> Downloading https://ghcr.io/v2/homebrew/core/kubernetes-cli/.../1.25.0
Already downloaded: .../Homebrew/downloads/...kubernetes-cli...manifest.json
==> Downloading https://ghcr.io/v2/homebrew/core/kubernetes-cli/blobs/sha256...
Already downloaded: .../Homebrew/downloads/...kubernetes-cli--1.25...bottle.tar.gz
==> Downloading https://ghcr.io/v2/homebrew/core/minikube/manifests/1.26.1
Already downloaded: .../Homebrew/downloads/...minikube-1.26.1..._manifest.json
==> Downloading https://ghcr.io/v2/homebrew/core/minikube/blobs/sha256:...
Already downloaded: .../Homebrew/downloads/...minikube--1.26.1...bottle.tar.gz
==> Installing dependencies for minikube: kubernetes-cli
==> Installing minikube dependency: kubernetes-cli
==> Pouring kubernetes-cli--1.25.0.arm64_monterey.bottle.tar.gz
🍺  /opt/homebrew/Cellar/kubernetes-cli/1.25.0: 228 files, 52.8MB
==> Installing minikube
==> Pouring minikube--1.26.1.arm64_monterey.bottle.tar.gz
==> Caveats
```

```
Bash completion has been installed to:
  /opt/homebrew/etc/bash_completion.d
==> Summary
🍺  /opt/homebrew/Cellar/minikube/1.26.1: 9 files, 70.6MB
==> Running `brew cleanup minikube`...
Disable this behavior by setting HOMEBREW_NO_INSTALL_CLEANUP.
Hide these hints with HOMEBREW_NO_ENV_HINTS (see `man brew`).
==> Caveats
==> minikube
Bash completion has been installed to:
  /opt/homebrew/etc/bash_completion.d
```

Das war es schon! Jetzt sollten wir noch mal sicherstellen, dass wir Minikube auch aufrufen können:

```
$ which minikube
/opt/homebrew/bin/minikube
```

Homebrew auf *arm64*-Systemen installiert nach */opt/homebrew/bin* statt nach */usr/local/bin*.

Wenn Sie hier keine Antwort erhalten, müssen Sie sicherstellen, dass */usr/local/bin* und */opt/homebrew/bin* in Ihrer `PATH`-Umgebungsvariablen enthalten ist. Ist das der Fall, haben Sie das `minikube`-Tool erfolgreich installiert.

`kubectl` sollte automatisch mit installiert worden sein, weil es eine Abhängigkeit von `minikube` ist. Das können Sie aber auch mit `brew` erledigen. In der Regel entspricht die Version von `kubectl` in Homebrew der aktuellen Version von `minikube`, sodass `brew install` nicht zu inkompatiblen Versionen führen sollte:

```
$ brew install kubernetes-cli
```

Auf die gleiche Weise testen wir nun `minikube`:

```
$ which kubectl
/opt/homebrew/bin/kubectl
```

Wir sind startklar.

Windows

Wie bei Docker Desktop für Windows sollte auch hier eine unterstützte Virtualisierungsplattform wie Hyper-V installiert sein, damit die Kubernetes-VM angelegt werden kann. Um `minikube` zu installieren, müssen Sie lediglich die Binärdatei herunterladen und sie im Dateisystem an eine Stelle schieben, die in der `PATH`-Umgebungsvariablen enthalten ist, sodass Sie sie auf der Kommandozeile ausführen können. Das neueste Release von `minikube` finden Sie auf GitHub unter *https://github.com/kubernetes/minikube/releases/latest*. Vermutlich werden Sie das Executable in *minikube.exe* umbenennen wollen, ansonsten werden Sie viel mehr tippen müssen, als Ihnen lieb ist.

Mehr Details über den Installationsprozess unter Windows und das Binary-Executable finden Sie in der Installationsdokumentation von Minikube unter *https://minikube.sigs.k8s.io/docs/start*.

Anschließend müssen Sie das neueste Kubernetes-CLI-Tool `kubectl` herunterladen, um Ihre Distribution zu verwalten. Leider gibt es keine URL für die neueste Version. Die aktuellste Versionsnummer können Sie auf der Website (*https://storage.googleapis.com/kubernetes-release/release/stable.txt*) ermitteln und dann in folgende URL einfügen:

https://storage.googleapis.com/kubernetes-release/release/<VERSION>/bin/windows/amd64/kubectl.exe

Sobald Sie `kubectl` heruntergeladen haben, sollten Sie noch mal prüfen, ob es in Ihrer `PATH`-Umgebungsvariablen enthalten ist, um es starten zu können.

Linux

Unter Linux werden Sie eher Docker installieren, dann können Sie entweder KVM (die Kernel-basierte virtuelle Maschine von Linux) oder VirtualBox installieren, sodass `minikube` für Sie eine Kubernetes-VM erstellen und verwalten kann. `minikube` ist lediglich eine einzelne Binärdatei, deshalb müssen Sie nichts weiter installieren. Da `minikube` eine statisch gelinkte Binärdatei ist, funktioniert sie auf so ziemlich jeder Linux-Distribution. Wir können an dieser Stelle jetzt cool sein und die Installation in einer einzelnen Zeile durchführen. Falls aber etwas schiefgeht, könnte es schwer werden, den Fehler zu verstehen. Also unterteilen wir die Installation in mehrere Schritte. Beachten Sie, dass die Datei auf *googleapis* gehostet ist, wo die URLs in der Regel sehr stabil sind – also, los geht's:

```
# Herunterladen und Abspeichern der Datei als minikube
$ curl -Lo minikube \
     https://storage.googleapis.com/minikube/releases/latest/minikube-linux-amd64

# ausführbar machen
$ chmod +x minikube

# nach /usr/local/bin
$ sudo mv minikube /usr/local/bin
```

Sie müssen sicherstellen, dass `/usr/local/bin` in Ihrer `PATH`-Umgebungsvariablen ist. Da Sie nun `minikube` heruntergeladen haben, fehlt zum Herunterladen noch `kubectl`, was so geschieht:

```
# Ermittlung der aktuellen Versionsnummer
$ KUBE_VERSION=$(curl -s \
    https://storage.googleapis.com/kubernetes-release/release/stable.txt)

# Binärdatei herunterladen
$ curl -LO \
        https://storage.googleapis.com/kubernetes-release/\
        release/$(KUBE_VERSION)/bin/linux/amd64/kubectl

# ausführbar machen
$ chmod +x kubectl
```

```
# nach /usr/local/bin verschieben
$ sudo mv kubectl /usr/local/bin/
```

Einige der URLs im vorherigen Beispiel haben einen Umbruch und werden in der nachfolgenden Zeile fortgeführt. Sie müssen also gegebenenfalls die Zeilenumbrüche und Backslashs entfernen, um die Binärdatei korrekt herunterzuladen.

Das war es so weit mit der Installation. Jetzt kann es losgehen!

Kubernetes zum Laufen bringen

Jetzt, da wir das `minikube`-Tool heruntergeladen haben, können wir unser Kubernetes-Cluster bootstrappen. Das ist normalerweise ziemlich einfach. In der Regel müssen Sie vorher keine Konfiguration vornehmen. In diesem Beispiel werden Sie sehen, dass `minikube` den *Docker Driver* nutzt, obwohl auch andere ausgewählt werden könnten.

Um `minikube` zu starten, geben Sie Folgendes ein:

```
$ minikube start

  minikube v1.26.1 on Darwin 12.5.1 (arm64)
  Automatically selected the docker driver. Other choices: parallels, ssh, …
  Using Docker Desktop driver with root privileges
  Starting control plane node minikube in cluster minikube
  Pulling base image …
  Downloading Kubernetes v1.24.3 preload …
    > preloaded-images-k8s-v18-v1…: 342.82 MiB / 342.82 MiB  100.00% 28.22 M
    > gcr.io/k8s-minikube/kicbase: 348.00 MiB / 348.00 MiB  100.00% 18.13 MiB
    > gcr.io/k8s-minikube/kicbase: 0 B [_______________________] ?% ? p/s 16s
  Creating docker container (CPUs=2, Memory=4000MB) …
  Preparing Kubernetes v1.24.3 on Docker 20.10.17 …
    • Generating certificates and keys …
    • Booting up control plane …
    • Configuring RBAC rules …
  Verifying Kubernetes components…
    • Using image gcr.io/k8s-minikube/storage-provisioner:v5
  Enabled addons: storage-provisioner, default-storageclass
  Done! kubectl is now configured to use "minikube" cluster and
   "default" namespace by default</pre>
```

Also, was haben wir gerade gemacht? Minikube packt sehr vieles in ein einziges Kommando. Hier haben wir einen einzelnen Linux-Container gestartet, der uns eine funktionsfähige Kubernetes-Installation auf unserem lokalen System bereitstellt. Hätten wir einen der Virtualisierungstreiber mit `minikube` genutzt, wäre statt eines Containers eine vollständige VM mit Kubernetes erzeugt worden. Minikube startet dann alle benötigten Komponenten von Kubernetes innerhalb von Linux-Containern auf dem Host. Wir können in diese Container problemlos hineinschauen:

```
$ minikube ssh

$docker@minikube:~$
```

Vermutlich werden Sie nicht so oft eine SSH-Verbindung verwenden, um die Befehlszeile zu erreichen. Wir wollen aber trotzdem dafür sorgen, dass wir Minikube innerhalb einer Umgebung nutzen, auf der viele Prozesse laufen. Es lohnt sich also, einen Blick auf die Docker-Instanz in unserem Kubernetes-Cluster zu werfen:

```
docker@minikube:~$ docker container ls

...ID   IMAGE         COMMAND                    ... NAMES
48...cf ba...57       "/storage-provisioner"     ... k8s_storage-provisioner_storage-...
4e...8d ed...e8       "/coredns -conf /etc..."   ... k8s_coredns_coredns-6d4b75cb6d-...
1d...3d ...pause:3.6  "/pause"                   ... k8s_POD_coredns-6d4b75cb6d-...
82...d3 7a...dc       "/usr/local/bin/kube..."   ... k8s_kube-proxy_kube-proxy-...
27...10 ...pause:3.6  "/pause"                   ... k8s_POD_kube-proxy-zb6w2_kube-...
15...ce ...pause:3.6  "/pause"                   ... k8s_POD_storage-provisioner_kube-...
ff...3d f9...55       "kube-controller-man..."   ... k8s_kube-controller-manager_kube-...
33...c5 ...pause:3.6  "/pause"                   ... k8s_POD_kube-controller-manager-...
30...97 a9...df       "etcd --advertise-cl..."   ... k8s_etcd_etcd-minikube_kube-...
f5...41 53...a6       "kube-apiserver --ad..."   ... k8s_kube-apiserver_kube-apiserver-...
5b...08 8f...73       "kube-scheduler --au..."   ... k8s_kube-scheduler_kube-scheduler-...
87...cc ...pause:3.6  "/pause"                   ... k8s_POD_kube-apiserver-...
5a...14 ...pause:3.6  "/pause"                   ... k8s_POD_etcd-minikube_kube-...
6f...0c ...pause:3.6  "/pause"                   ... k8s_POD_kube-scheduler-...
```

An dieser Stelle werden wir nicht viel tiefer in die einzelnen Komponenten einsteigen. Inzwischen sollten Sie hoffentlich verstanden haben, wie der Mechanismus funktioniert. Es ist außerdem recht einfach, die Komponenten zu aktualisieren, da es sich um einfache versionierte Container handelt, die von einer Container-Registry heruntergeladen werden können.

Beenden Sie nun die Shell auf dem Minikube-System:

```
docker@minikube:~$ exit
```

Minikube-Kommandos

Aus Zeit- und Platzgründen werden wir nicht alle Befehle für `minikube` durchgehen. Wir empfehlen Ihnen, es ohne Optionen auszuführen, einen Blick auf die Ausgabe zu werfen und mit dem Vorhandenen herumzuexperimentieren. Lassen Sie uns jedoch einen kurzen Blick auf einige der interessantesten Befehle werfen. Wir werden später im Zuge der Installation einer Anwendung noch auf einige weitere Punkte eingehen, aber hier erhalten Sie zunächst einen kurzen Überblick.

Um zu sehen, was im System vor sich geht, haben wir vorhin `minikube ssh` verwendet, was sich hervorragend zum direkten Debuggen oder Inspizieren von Containern eignet. Ohne sich direkt mit dem Minikube-System zu verbinden, können wir jederzeit den Cluster-Status mit einem weiteren `minikube`-Befehl überprüfen:

```
$ minikube status

minikube
type: Control Plane
host: Running
kubelet: Running
apiserver: Running
kubeconfig: Configured
```

Diese Ausgabe zeigt uns, dass alles wie gewünscht funktioniert. Zwei weitere nützliche Befehle sind:

Befehl	Aktion
`minikube ip`	Die IP-Adresse der Minikube-VM ermitteln.
`minikube update-check`	Prüfen, ob Ihre Version von Minikube aktuell ist.

Um Updates anzuwenden, können Sie wie bei der Installation vorgehen.

Entscheidend ist, dass `minikube status` uns auch zeigt, dass `kubeconfig` installiert ist und korrekt funktioniert. Wir werden das brauchen, damit `kubectl` weiß, wie es sich mit unserem Cluster verbindet.

Wir haben das Kubernetes-Cluster mit `minikube start` gestartet. Wie zu erwarten war, folgt es dem Aufbau nach den Docker-CLI-Argumenten, sodass Sie mit `minikube stop` alle Kubernetes-Komponenten und den Linux-Container oder die virtuelle Maschine stoppen können. Um Ihre Umgebung vollständig aufzuräumen, können Sie das Cluster mit `minikube delete` auch noch löschen.

Kubernetes-Dashboard

Jetzt, da wir Minikube eingerichtet haben, wollen wir nicht nur die Kommandozeile verwenden, es gibt auch ein vollständiges Kubernetes-Dashboard, das wir durchstöbern können. Wir erreichen es über `minikube dashboard`. Wenn Sie diesen Befehl ausführen, öffnet sich Ihr Browser und zeigt direkt auf die korrekte IP-Adresse und den Port des Kubernetes-Dashboards. Es gibt auf dem Dashboard eine Menge zu entdecken. Leider können wir nicht jeden Punkt behandeln, aber Sie können sich ja ein wenig durchklicken und herumschauen, was es da so gibt. Abhängig von Ihrer Erfahrung mit Kubernetes dürften Ihnen viele der Begriffe in der Seitenleiste bekannt vorkommen, andere wiederum sind wahrscheinlich völlig fremd. Wenn Sie gerade keinen Rechner zur Hand haben, sehen Sie in Abbildung 10-2 das Kubernetes-Dashboard einer leeren Minikube-Installation nach dem Anklicken des Service-Links.

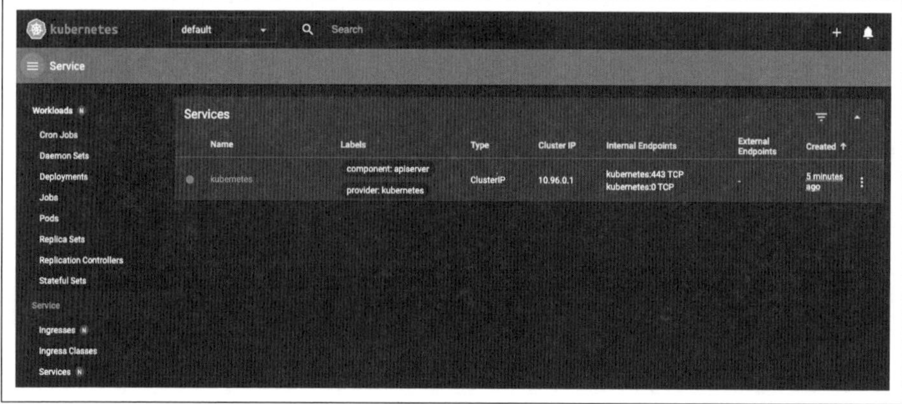

Abbildung 10-2: Kubernetes-Dashboard (Beispiel)

Wenn Sie links im Menü unter *Cluster* auf *Nodes* klicken, sollten Sie einen einzelnen Node namens `minikube` im Cluster sehen. Das ist der Container oder die virtuelle Maschine, den oder die wir gestartet haben und in dem oder der das Dashboard sowie alle anderen Komponenten in Containern laufen. An späterer Stelle werden wir nochmals einen Blick auf das Dashboard werfen, allerdings erst, wenn wir die ersten Container deployt haben.

Kubernetes zeigt nahezu alles, was über das Dashboard sichtbar ist, auch über `kubectl` an, wodurch es für Skripte sehr einfach nutzbar ist. So sollten beispielsweise `kubectl get services` oder `kubectl get nodes` die gleichen Informationen ausgeben, die Sie im Dashboard sehen können.

Wenn Sie ein wenig innerhalb des Dashboards herumklicken, werden Sie sehen, dass Kubernetes selbst als Komponente im System aufgelistet wird – so, wie auch Ihre Anwendung.

Um den Prozess `minikube dashboard` zu beenden und zu Ihrem Terminalprompt zurückzukehren, müssen Sie Strg-C drücken.

Kubernetes-Container und Pods

Nachdem wir gesehen haben, wie einfach es ist, ein lokales Kubernetes-Cluster zum Laufen zu bringen, ist es Zeit, sich mit den Konzepten von Kubernetes auseinanderzusetzen. Kubernetes entstand auf Basis der Erfahrungen, die Google mit der eigenen riesigen Plattform gemacht hat. Google erarbeitete Konzepte zu Problemen und Herausforderungen, die sie selbst in ihren Produktivsystemen erlebt haben. Dabei handelt es sich vor allem um die Art von Problemen, die auftreten, wenn man eine riesige Installation verwalten muss. Kubernetes umfasst viele davon und verfügt damit über ein ganz eigenes Vokabular. Wir werden nicht versuchen, auf all diese Punkte einzugehen, aber es ist wichtig, das Kernelement dieser neuen Abstraktionen zu verstehen – ein Konzept, das als Layer über dem Container liegt und *Pod* genannt wird.

Das Docker-Maskottchen ist der Wal Moby, und eine Gruppe von Walen wird (im Englischen) als *Pod* bezeichnet.

Im Kubernetes-Jargon besteht ein Pod aus einem oder mehreren Containern, die dieselben `cgroups` und Namespaces nutzen. Sie können die Container innerhalb desselben Pods mittels `cgroups` und Namespaces voneinander isolieren. Die Idee dahinter ist, alle Prozesse oder Anwendungen zu einer funktionalen Einheit verbinden, die immer gemeinsam deployt werden muss und die der Scheduler dann managen kann. Alle Container innerhalb eines Pods können untereinander über `localhost` miteinander sprechen, wodurch kein Discovery-Mechanismus benötigt wird. Warum aber sollte man das so lösen und nicht einfach einen großen Container mit allen Anwendungen darin bauen? Der Vorteil eines Pods gegenüber einem Supercontainer ist, dass Beschränkungen der Ressourcen auf einzelne Anwendungen möglich sind und dass Sie auf eine große Sammlung frei verfügbarer Linux-Container zurückgreifen können, um Ihre Anwendung zusammenzustellen.

Darüber hinaus nutzen Kubernetes-Administratoren oft die Pod-Abstraktion, um beim Pod-Start einen Container laufen zu lassen, damit sichergestellt ist, dass die Dinge für die anderen richtig konfiguriert sind, um eine gemeinsame Ressource zu pflegen oder zum Beispiel um die Anwendung anderen mitzuteilen. Das erlaubt das Erzeugen von feingranulareren Containern, was mit einem großen einzelnen Container nicht so gut möglich wäre. Ein weiterer Vorteil der Pod-Abstraktion ist die Möglichkeit, eingebundene Volumes gemeinsam zu nutzen.

Pods haben eine ähnliche Lebensdauer wie Linux-Container. Sie sind genauso vergänglich und können ebenfalls auf anderen Hosts neu deployt werden. Container innerhalb eines Pods besitzen dieselbe IP-Adresse, sodass es von außen so aussieht, als wären sie eine Einheit. So, wie Sie nur eine Instanz einer Anwendung pro Container ausführen würden, lassen Sie ebenfalls nur eine Instanz des Containers pro Pod laufen. Am einfachsten kann man sich Pods als eine Gruppe von Linux-Containern vorstellen, die so wie ein einzelner Container zusammenarbeiten. Wenn Sie nur einen Container brauchen, können Sie natürlich auch einen Pod mit nur einem darin enthaltenen Container deployen. Das Schöne daran ist, dass der Kubernetes-Scheduler sich lediglich um eine Abstraktion kümmert: einen Pod. Einige Teile der Runtime-Umgebung, die die Pods bauen, verwalten die Container mit der Konfiguration, die Sie definiert haben.

Ein großer Unterschied zwischen einem Pod und einem Container ist, dass das Bauen eines Pods kein Schritt des Builds ist. Pods sind lediglich Abstraktionen während der Runtime innerhalb von Kubernetes, die in einem JSON- oder YAML-Manifest definiert sind. Sie bauen also einen Linux-Container und schicken diesen zur Registry. Anschließend definieren und deployen Sie Ihre Pods mit Kubernetes. In der Praxis definieren Sie allerdings nicht direkt einen Pod. Die Tools generieren die Pods durch die Definition eines sogenannten Deployments. Der Pod ist allerdings ein Teil der Ausführung und des Schedulings in einem Kubernetes-Cluster. Es steckt noch sehr viel mehr dahinter, aber das waren bislang die grundlegenden Konzepte, und sie sind vermutlich am einfachsten mithilfe eines kleinen Beispiels zu verstehen. Die Pod-Abstraktion ist, verglichen mit einem System mit individuellen Containern, eher kompliziert, sie kann allerdings auch sehr leistungsstark sein.

Das erste Deployment

Wenn wir mit Pods in Kubernetes arbeiten, verwalten wir diese in Form von *Deployments*, die die Pods abstrahieren. Ein Deployment ist die Definition eines Pods mit zusätzlichen Informationen, unter anderem mit Details zu Health-Checks und Replikation. Es beinhaltet letztlich die Definition des Pods mit ein paar Metadaten darum herum – Zeit also, sich ein einfaches Deployment anzuschauen und es zum Laufen zu bringen.

Der simpelste Weg, etwas in Kubernetes zu deployen, ist die Verwendung eines Pods, der nur einen Container enthält. Wir werden im Folgenden die `httpbin`-Anwendung nutzen (*https://httpbin.org*), um die Grundlagen des Deployments kennenzulernen, und wir werden es `hello-minikube` nennen.

Wir haben zwar bereits das `minikube`-Kommando verwendet, um allerdings etwas innerhalb von Kubernetes zu deployen, müssen wir das Kommando `kubectl` nutzen, das wir ebenfalls zuvor installiert haben.

```
$ kubectl create deployment hello-minikube \
    --image=kennethreitz/httpbin:latest --port=80

deployment.apps/hello-minikube created
```

Um zu sehen, was dieses Kommando bewirkt hat, können wir das Kommando `kubectl get` einsetzen, das uns die Inhalte des Clusters auflistet. Wir kürzen die Ausgabe hier auf die interessanten Teile:

```
kubectl get all

NAME                                READY   STATUS    RESTARTS   AGE
pod/hello-minikube-ff49df9b8-svl68  1/1     Running   0          2m39s

NAME                 TYPE        CLUSTER-IP   EXTERNAL-IP   PORT(S)   AGE
service/kubernetes   ClusterIP   10.96.0.1    <none>        443/TCP   98m

NAME                             READY   UP-TO-DATE   AVAILABLE   AGE
deployment.apps/hello-minikube   1/1     1            1           2m39s

NAME                                       DESIRED   CURRENT   READY   AGE
replicaset.apps/hello-minikube-ff49df9b8   1         1         1       2m39s
```

Mit diesem einen Befehl hat Kubernetes ein Deployment erzeugt, ein ReplicaSet zum Verwalten der Skalierung und einen Pod. Wir wollen sicherstellen, dass unsere Pods als `STATUS` den Wert `Running` haben. Falls das bei Ihnen noch nicht der Fall ist, warten Sie einen Moment und versuchen es dann noch ein paar Mal, bis der Status passt. Der Eintrag `service/kubernetes` ist der laufende Service, der Kubernetes selbst entspricht. Aber wo ist unser Service? So weit sind wir zu diesem Zeitpunkt noch nicht. Im Wesentlichen ist das Deployment jetzt im gleichen Zustand wie bei einem normalen Linux-Container, wenn wir keine Ports geöffnet haben. Wir müssen also Kubernetes das Öffnen des Ports noch mitteilen:

```
$ kubectl expose deployment hello-minikube -type=NodePort
service/hello-minikube exposed
```

Dies hat nun einen Service erzeugt, den wir erreichen und mit dem wir interagieren können. Ein *Service* ist ein Wrapper um ein oder mehrere Deployments einer Anwendung. Er teilt uns mit, wie wir die Anwendung erreichen können. In diesem Fall erhalten wir einen `NodePort`, der einen Port auf jedem Node im Cluster freigibt, das auf die zugrunde liegenden Pods routet. So kann man die vorhandenen Services abrufen:

```
$ kubectl get services

NAME            TYPE      CLUSTER-IP     EXTERNAL-IP PORT(S)       AGE
hello-minikube NodePort  10.105.184.177 <none>      80:32557/TCP  8s
kubernetes     ClusterIP 10.96.0.1      <none>      443/TCP       107m
```

Man mag denken, dass wir jetzt eine Verbindung zu *http://10.105.184.177:8080* aufbauen könnten. Allerdings sind diese Adressen aufgrund des Containers oder der virtuellen Maschine, in dem/der Minikube ausgeführt wird, von Ihrem Hostsystem aus nicht erreichbar. Dafür müssen wir uns mit `minikube` behelfen, das uns mitteilt, wie wir den Service aufrufen können:

```
$ minikube service hello-minikube -url
http://192.168.99.101:30282
```

In manchen Konfigurationen erhalten Sie eventuell eine Meldung wie die folgende:

```
! Because you are using a Docker driver on darwin,
  the terminal needs to be open to run it.
```

Das bedeutet, dass das transparente Aufbauen des Netzwerks von Ihrem Host zu den Kubernetes-Services aktuell nicht möglich ist und Sie den Befehl laufen lassen müssen, während Sie mit Ihrer Anwendung herumspielen. Sie können einen lokalen Webbrowser nutzen oder ein anderes Terminal öffnen, um einen Befehl wie `curl` auszuführen.

Wenn Sie fertig sind, können Sie im ursprünglichen Terminal Strg-C drücken, um den Befehl `minikube service` abzubrechen.

Das Schöne an diesem Kommando ist, dass es, wie andere Kubernetes-Kommandos auch, einfach in Skripten verwendet werden kann, da die Ausgabe unter normalen Umständen kommandozeilenfreundlich ist. Wenn wir es mit `curl` auf der Kommandozeile aufrufen wollen, können wir häufig den `minikube`-Befehl einfach in unseren Befehl einfügen:

```
$ curl -H foo:bar $(minikube service hello-minikube --url)/get

{
  "args": {},
  "headers": {
    "Accept": "*/*",
    "Foo": "bar",
    "Host": "127.0.0.1:56695",
    "User-Agent": "curl/7.85.0"
  },
  "origin": "172.17.0.1",
  "url": "http://127.0.0.1:56695/get"
}
```

`httpbin` ist eine einfache API für HTTP-Requests und -Responses, mit der sich HTTP-Services testen lassen. Zugegeben, dies ist nicht die spannendste Anwendung der Welt, aber Sie können sehen, dass wir uns per `curl` mit unserem Service verbinden und einen Response zurückbekommen können.

Dies ist ein sehr einfacher Use Case. Wir haben nicht wirklich etwas konfiguriert oder definiert, was nicht auf Standardwerte von Kubernetes hinausläuft. Als Nächstes werden wir uns ein etwas komplizierteres Beispiel anschauen. Zunächst löschen wir aber unseren Service und das Deployment. Dafür benötigen wir zwei Befehle: einen, um den Service zu entfernen, und einen für das Deployment.

```
$ kubectl delete service hello-minikube
service "hello-minikube" deleted

$ kubectl delete deployment hello-minikube
deployment.apps "hello-minikube" deleted

$ kubectl get all

NAME                 TYPE        CLUSTER-IP   EXTERNAL-IP   PORT(S)   AGE
service/kubernetes   ClusterIP   10.96.0.1    <none>        443/TCP   138m
```

Deployment eines realistischen Stacks

Es wird Zeit, etwas zu deployen, das einem produktiven Stack ähnelt. Wir deployen eine Anwendung, die PDF-Dokumente von einem S3-Bucket herunterlädt, auf der lokalen Festplatte zwischenspeichert und auf Basis dessen bei einkommenden Requests PNG-Bilder von individuellen Seiten generiert. Um die Anwendung zu starten, wollen wir unsere zwischengespeicherten Dateien irgendwo außerhalb des Containers abspeichern. Wir wollen sie dort ablegen, wo sie etwas dauerhafter und stabiler gespeichert werden können. In diesem Fall wollten wir das Deployment auch reproduzierbar haben, sodass wir die Anwendung nicht durch eine Reihe von Kommandozeilenbefehlen zu deployen brauchen, die wir uns merken müssten. Kubernetes ermöglicht uns – ähnlich wie Docker Compose –, unseren Stack in einer oder mehreren YAML-Dateien mit allen benötigten Details zu definieren. Das ist das, was Sie auch in Produktivumgebungen haben möchten, und vergleichbar mit anderen Tools in Produktivumgebungen.

Der Service, den wir nun erstellen werden, nennen wir `lazyraster`, sodass Sie jedes Mal beim Blick auf die YAML-Definition wissen, auf welche Anwendung wir uns beziehen. Unser `PersistentVolume` nennen wir `cache-data`. Nochmals zur Erinnerung: Kubernetes hat ein großes eigenes Vokabular, das wir hier nicht vollständig behandeln können. An dieser Stelle müssen wir aber zwei neue Konzepte einführen: `PersistentVolume` und `PersistentVolumeClaim`. Ein `PersistentVolume` ist eine physische Ressource, die wir innerhalb des Clusters provisionieren. Kubernetes unterstützt verschiedene Arten von Storage, von lokalem Storage auf einem Node bis zu Amazon Elastic Block Store (Amazon EBS) Volumes auf AWS (*https://docs.aws.amazon.com/AWSEC2/latest/UserGuide/AmazonEBS.html*) oder anderen vergleichbaren Cloud-Providern. Es unterstützt auch Network File System (NFS, *https://de.wikipedia.org/wiki/Network_File_System*) und andere moderne Netzwerkdateisysteme. Ein `PersistentVolume` speichert Daten unabhängig von der Lebensdauer der Anwendung oder des Deployments. Für unseren Cache werden wir es verwenden. Ein `PersistentVolumeClaim` ist ein Link zwischen einer physischen Ressource des `PersistentVolume` und der Anwendung, die es nutzen möchte. Wir können eine Policy darauf setzen, was uns erlaubt, ein einfaches Lese- und Schreibrecht oder mehrfache Leserechte zu vergeben. Das heißt konkret, dass bei Ersterem nur ein Container gleichzeitig lesen und schreiben darf, während bei Letzterem mehrere Container gleichzeitig lesen dürfen. Für unsere Anwendung nutzen wir ein einfaches Lese- und Schreibrecht auf unseren Claim, der mit dem `cache-data` `PersistentVolume` verknüpft ist.

Wenn Sie mehr Details über diese Konzepte erfahren wollen, können Sie im Glossar von Kubernetes (*https://kubernetes.io/docs/reference/glossary/?fundamental=true*) alle relevanten Terme nachlesen. Das kann sehr hilfreich sein. Jeder Eintrag im Glossar ist ebenfalls mit einem Link zu ausführlicheren Informationen versehen.

Sie können die Datei auschecken, die wir in diesem Abschnitt nutzen werden:

```
$ git clone \
    https://github.com/bluewhalebook/\
docker-up-and-running-3rd-edition.git --config core.autocrlf=input

Cloning into 'docker-up-and-running-3rd-edition'…
…

$ cd docker-up-and-running-3rd-edition/chapter_10/kubernetes
```

Die URL im Beispiel wurde auf mehrere Zeilen verteilt, damit sie auf die Buchseite passt. Eventuell müssen Sie sie wieder zusammenfügen und die Backslashs entfernen, damit sie funktioniert.

Wir werden zuerst die Manifest-YAML-Datei *lazyraster-service.yaml* betrachten. Das komplette Manifest enthält mehrere YAML-Dokumente, die durch `---` voneinander getrennt sind. Wir werden dabei jeden Abschnitt einzeln besprechen.

Service-Definition

```
apiVersion: v1
kind: Service
metadata:
  name: lazyraster
  labels:
    app: lazyraster
spec:
  type: NodePort
  ports:
    - port: 8000
      targetPort: 8000
      protocol: TCP
  selector:
    app: lazyraster
```

Der erste Abschnitt definiert unseren `Service`. Der zweite und der dritte Abschnitt, auf die wir gleich eingehen werden, definieren unseren `PersistentVolumeClaim` und unser eigentliches `Deployment`. Wir haben Kubernetes mitgeteilt, dass der Service `lazyraster` heißt und dass es Port 8000 öffnen soll, damit man Port 8000 in unserem

Container erreichen kann. Den Port öffneten wir mit dem NodePort-Mechanismus, was einfach sicherstellt, dass der gleiche Port auf jedem Host genutzt wird – so ähnlich wie mit dem Flag --publish bei docker container run. Dass wir mit minikube nur eine Instanz haben, erleichtert uns die Nutzung von NodePort. Wie bei anderen Teilen von Kubernetes gibt es anstelle von NodePort auch weitere Optionen. Sie finden sehr wahrscheinlich eine Option, die ideal für Ihre Produktivumgebung ist. NodePort ist gut für minikube, es kann aber auch gut für statisch konfigurierte Load Balancer funktionieren.

Zurück zu unserer Service-Definition. Der Service wird über den selector mit dem Deployment verbunden, das wir in der spec-Sektion definieren. Kubernetes nutzt viele Labels, um ähnliche Komponenten miteinander zu verknüpfen. Labels sind Key-Value-Paare, die frei wählbar sind und genutzt werden können, um Teile des Systems zu identifizieren. Hier teilt der selector Kubernetes mit, dass er nach Deployments mit dem Label app: lazyraster suchen soll. Beachten Sie, dass wir dasselbe Label auch auf den Service selbst anwenden. Das ist später nützlich, um alle Komponenten zusammen identifizieren zu können, aber der selector ist es letztendlich, der das Deployment mit dem Service verknüpft. Gut, wir haben nun einen Service, aber der tut noch nichts. Wir benötigen mehr Definitionen, damit Kubernetes das macht, was wir wollen.

Definition des PersistentVolumeClaim

```
apiVersion: v1
kind: PersistentVolumeClaim
metadata:
  name: cache-data-claim
  labels:
    app: lazyraster
spec:
  accessModes:
    - ReadWriteOnce
  resources:
    requests:
      storage: 100Mi
```

Der nächste Abschnitt definiert unseren PersistentVolumeClaim und das Persistent Volume. Mit einem PersistentVolumeClaim können Sie ein Volume benennen und claimen, sodass Sie ein Token haben, mit dem Sie auf das entsprechende Volume zugreifen können. Beachten Sie, dass wir das PersisentVolume hier nicht direkt definiert haben. Das hängt damit zusammen, dass Kubernetes das für uns mithilfe des sogenannten *Dynamic Volume Provisioning* erledigt. In unserem Fall ist der Nutzen relativ einfach: Wir brauchen einen Lese- und Schreibzugriff zu einem Volume und lassen Kubernetes den Zugriff für uns in einem Volume-Container konfigurieren. Sie können sich aber ein Szenario vorstellen, in dem eine Anwendung auf einem Cloud-Provider deployt wird und in dem die dynamische Provisionierung praktisch ist. In diesem Szenario möchten wir nicht wirklich einen separaten Aufruf machen, um unser Volume in der Cloud für uns zu erzeugen. Wir möchten, dass Kubernetes das für uns erledigt. Das ist das, worum es beim Dynamic Volume Provisioning geht. Hier wird es einfach einen Container für uns anlegen, der unsere persistenten Daten enthält und in den Pod einbindet. Wir tun in diesem Abschnitt nicht viel mehr, als nach 100 MB an Daten zu fragen und mit Lese- und Schreibrechten von einem einzigen Volume zu mounten.

Es gibt eine große Anzahl an möglichen Volume-Providern in Kubernetes. Welche verfügbar sind, hängt stark von Ihrem Provider oder Cloud-Service ab. Sie sollten sich anschauen, welche verfügbar und welche für Sie sinnvoll sind, wenn Sie in Produktion gehen.

Deployment-Definition

```
apiVersion: apps/v1
kind: Deployment
metadata:
  name: lazyraster
  labels:
    app: lazyraster
spec:
  selector:
    matchLabels:
      app: lazyraster
  strategy:
    type: RollingUpdate
  template:
    metadata:
      labels:
        app: lazyraster
    spec:
      containers:
      - image: relistan/lazyraster:demo
        name: lazyraster
        env:
        - name: RASTER_RING_TYPE
          value: memberlist
        - name: RASTER_BASE_DIR
          value: /data
        ports:
        - containerPort: 8000
          name: lazyraster
        volumeMounts:
        - name: cache-data
          mountPath: /data
      volumes:
      - name: cache-data
        persistentVolumeClaim:
          claimName: cache-data-claim
```

Das `Deployment` legt für uns die Pods an und nutzt dafür Docker-Container. Wir definieren einige Metadaten der Anwendung, darunter den Namen und ein Label, so wie wir es für die anderen Definitionen auch getan haben. Wir wenden zudem einen weiteren `selector` an, um andere verknüpfte Ressourcen zu finden. Im `strategy`-Abschnitt geben wir an, dass wir ein RollingUpdate haben möchten – die Strategie, die dazu führt, dass bei einem Update die Pods einzeln nacheinander ersetzt werden. Wir könnten auch Recreate verwenden, was dazu führen würde, dass alle existierenden Pods zerstört und danach neue angelegt würden.

Im template-Abschnitt definieren wir letztlich die Kopien dieses Deployments. Die Containerdefinition beinhaltet den Namen des Docker-Image, die Ports, die einzubindenden Volumes und einige Variablen, die die lazyraster-Anwendung benötigt. Der letzte Teil von spec fragt nach dem PersistentVolumeClaim mit dem Namen cache-data-claim.

Und das war's mit der Definition der Anwendung. Zeit, sie zu starten!

Es gibt noch sehr viel mehr Optionen und eine große Bandbreite an Direktiven, die Sie setzen können, um Kubernetes mitzuteilen, wie die Anwendung gehandhabt werden soll. Wir haben hier exemplarisch ein paar einfache Optionen behandelt. Wir empfehlen Ihnen aber, sich die Kubernetes-Dokumentation für weitere Details anzuschauen.

Die Anwendung deployen

Bevor wir weitermachen, schauen wir uns mittels des kubectl-Kommandos noch mal an, was in unserem Kubernetes-Cluster enthalten ist:

```
$ kubectl get all

NAME                 TYPE        CLUSTER-IP   EXTERNAL-IP  PORT(S)  AGE
service/kubernetes   ClusterIP   10.96.0.1    <none>       443/TCP  160m
```

Wir haben momentan nur eine Sache definiert: einen Service namens service/kubernetes. Eine Namenskonvention, die in Kubernetes sehr oft zum Einsatz kommt, ist ein Präfix mit der Art des Objekts – manchmal verkürzt auf zwei oder drei Buchstaben. Gelegentlich wird service auch als svc verwendet. Alle Ressourcen und ihre Kurzformen erhalten Sie mit dem Befehl kubectl api-resources. Legen wir nun also unseren Service, das Deployment und das Volume im Cluster an!

```
$ kubectl apply -f lazyraster-service.yaml

service/lazyraster created
persistentvolumeclaim/cache-data-claim created
deployment.apps/lazyraster created
```

Die Ausgabe sieht genau so aus, wie wir sie erwartet haben: ein Service, ein PersistentVolumeClaim und ein Deployment. Schauen wir uns noch einmal das Cluster an:

```
$ kubectl get all

NAME                              READY   STATUS    RESTARTS   AGE
pod/lazyraster-644cb5c66c-zsjxd   1/1     Running   0          17s

NAME                 TYPE      CLUSTER-IP     EXTERNAL-IP PORT(S)        AGE
service/kubernetes ClusterIP 10.96.0.1      <none>      443/TCP        161m
service/lazyraster NodePort  10.109.116.225 <none>      8000:32544/TCP 17s
```

```
NAME                          READY   UP-TO-DATE   AVAILABLE   AGE
deployment.apps/lazyraster    1/1     1            1           17s

NAME                                     DESIRED   CURRENT   READY   AGE
replicaset.apps/lazyraster-644cb5c66c    1         1         1       17s
```

Sie sehen, dass einiges hinter den Kulissen passiert ist. Und wo ist eigentlich unser `Volume` oder `PersistentVolumeClaim`? Das müssen wir separat erfragen:

```
$ kubectl get pvc

NAME             STATUS VOLUME     CAPACITY ACCESS MODES STORAGECLASS AGE
cache-data-claim Bound  pvc-1a…41  100Mi    RWO          standard     65s
```

`kubectl get all` tut nicht das, was man erwartet. Ein passenderer Aufruf wäre `get all-the-most-ressources`, da der Befehl nur eine gewisse Anzahl an Ressourcen abruft, aber nicht alle. Das Kubernetes-Projekt hat ein praktisches Cheat Sheet (*https://kubernetes.io/docs/reference/kubectl/cheatsheet/*).

Was ist nun ein *ReplicaSet*? Ein ReplicaSet ist dafür da, dass Kubernetes sicherstellt, dass die richtige Anzahl an Instanzen zur selben Zeit läuft und dass diese gesund sind. In der Regel müssen wir nicht darüber nachdenken, was innerhalb eines ReplicaSet passiert, da das Deployment, das wir angelegt haben, es für uns verwaltet. Sie können das ReplicaSet, wenn Sie möchten, selbst verwalten, aber in den meisten Fällen ist das nicht notwendig.

Wir haben `kubectl` keine spezifische Anzahl an Instanzen genannt, daher haben wir eine Instanz erhalten. Außerdem sehen wir, dass der gewünschte und der aktuelle Status genau gleich sind. Wir schauen uns das noch genauer an. Verbinden wir uns jetzt aber mit unserer Anwendung und sehen wir uns an, was wir erhalten haben.

```
$ minikube service --url lazyraster
http://192.168.99.101:31669
```

Sie erhalten wahrscheinlich eine andere IP-Adresse und einen anderen Port zurück, was total in Ordnung ist, da die URL sehr dynamisch ist. Deswegen nutzen wir auch `minikube`, um die URL für uns zu verwalten.

Denken Sie auch daran, dass Sie eine Warnung von `minikube` erhalten, den `service`-Befehl laufen zu lassen, während Sie mit dem `lazyraster`-Service arbeiten. Nehmen Sie also die Adresse, die zurückkam, öffnen Sie den Browser und dann diese URL: *http://<192.168.99.100:32185>/documents/docker-up-and-running-public/sample.pdf?page=1*. Sie müssen die IP-Adresse und den Port in der URL anpassen, damit es für Sie funktioniert.

Sie müssen ebenfalls Zugriff auf das Internet haben, da sich `lazyraster` mit dem Internet verbindet, um ein PDF von einem öffentlichen S3-Bucket zu laden und die erste Seite des Dokuments als PNG zu rendern. Wenn alles funktioniert hat, sollten Sie eine Kopie des Covers einer früheren Auflage der amerikanischen Originalausgabe dieses Buchs sehen! Dieses PDF hat genau zwei Seiten. Sie können die URL also noch mal mit `?page=2` aufrufen. Sie werden dann merken, dass sie wesentlich schneller lädt als noch die erste Seite. Das hängt damit zusammen, dass unser `Persistent Volume` genutzt wurde, in dem die Daten zwischengespeichert wurden. Sie können auch `width=2048` spezifizieren oder mit `?imageType=image/jpeg` nach einem JPEG statt einem PNG fragen. Sie erhalten die erste Seite als sehr großes JPEG etwa wie folgt: *http://<192.168.99.100:32185>/documents/docker-up-and-running-public/sample.pdf?page=1&imageType=image/jpeg&width=2048*

Wenn Sie ein öffentliches S3-Bucket mit anderen PDF-Dateien besitzen, können Sie einfach den Bucket-Namen `docker-up-and-running-public` in der URL durch Ihr eigenes Bucket ersetzen. Möchten Sie ein wenig mehr mit der Anwendung spielen, schauen Sie sich einmal das Repository auf GitHub (*https://github.com/Nitro/lazyraster*) an.

Hochskalierung

Im echten Leben deployen Sie nicht nur Anwendungen, sondern administrieren sie auch. Einer der größten Vorteile hier ist die Möglichkeit, sie je nach Wunsch hoch- und runterzuskalieren, natürlich abhängig von den verfügbaren Ressourcen des Systems. In unserem Fall haben wir nur einen Minikube-Node, aber können trotzdem unsere Services hochskalieren, um höhere Lasten zu verwalten und eine höhere Zuverlässigkeit während des Deployments zu ermöglichen. Kubernetes erlaubt das einfache Hoch- und Runterskalieren. Für unseren Service brauchen wir lediglich einen Befehl, um das zu bewerkstelligen. Danach schauen wir uns noch mal die `kubectl`-Ausgabe an und werfen einen erneuten Blick auf das Kubernetes-Dashboard.

In Kubernetes skalieren wir nicht den Service, sondern das Deployment. Und das geht folgendermaßen:

```
$ kubectl scale --replicas=2 deploy/lazyraster
deployment.apps/lazyraster scaled
```

Super, da hat sich was getan! Aber was?

```
$ kubectl get deploy/lazyraster

NAME         READY   UP-TO-DATE   AVAILABLE   AGE
lazyraster   2/2     2            2           16m
```

Aktuell laufen nur zwei Instanzen unserer Anwendung. Schauen wir uns nun die Logs an:

```
$ kubectl logs deploy/lazyraster

Found 2 pods, using pod/lazyraster-644cb5c66c-zsjxd
Trying to clear existing Lazyraster cached files (if any) in the background…
Launching Lazyraster service…
time="2022-09-10T21:14:16Z" level=info msg="Settings -----------------…
time="2022-09-10T21:14:16Z" level=info msg="  * BaseDir: /data"
time="2022-09-10T21:14:16Z" level=info msg="  * HttpPort: 8000"
…
time="2022-09-10T21:14:16Z" level=info msg="  * LoggingLevel: info"
time="2022-09-10T21:14:16Z" level=info msg="--------------------------…
…
time="2022-09-10T21:14:16Z" level=info msg="Listening on tcp://:6379"
…
```

Wir haben nach den Logs für das Deployment gefragt, aber Kubernetes teilte uns mit, dass zwei laufen, und wählte eines aus. Wir sehen den Start dieser Replica. Wenn wir uns eine spezifische Instanz anschauen, können wir das Log etwa mit `kubectl logs lazyraster-644cb5c66c-zsjxd` abrufen, nachdem wir mit `kubectl get pods` den entsprechenden Pod gefunden haben.

Es laufen jetzt ein paar Kopien unserer Anwendung. Wie sieht es nun im Kubernetes-Dashboard aus? Wir können es erneut mit `minikube dashboard` aufrufen. Dort wählen wir links in der Sidebar *Workloads/Deployments*, klicken auf das `lazyraster`-Deployment und sollten dann etwas sehen, was wie in Abbildung 10-3 aussieht.

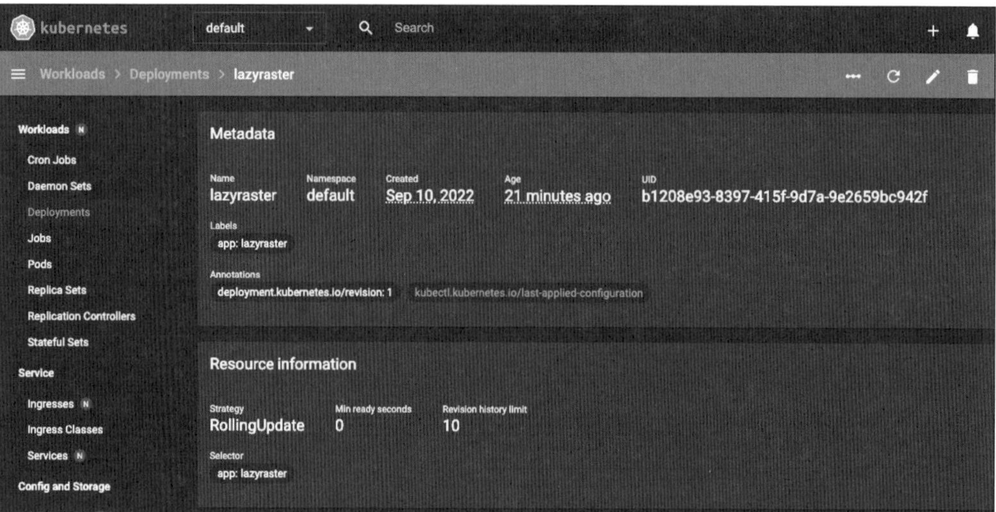

Abbildung 10-3: lazyraster-Service-Dashboard (Beispiel)

Wir empfehlen Ihnen, hier ein wenig herumzuklicken, um herauszufinden, was Kubernetes noch so im Dashboard anzeigt. Mit den hier vorgestellten Konzepten sollte es ein wenig klarer sein, und Sie können nun vermutlich selbstständig noch viel Zusätzliches aufspüren. `kubectl` hat eine Menge weiterer Optionen, wovon Sie etliche in echten Produktivsystemen gebrauchen können. Das vorhin verlinkte Cheat Sheet (*https://kubernetes.io/docs/reference/kubectl/cheatsheet*) ist ein echter Lebensretter!

Wie immer können Sie jederzeit Strg-C drücken, um den laufenden Befehl `minikube dashboard` zu beenden.

kubectl-API

Wir haben Ihnen bisher noch keine API präsentiert. Wie wir mit Docker bereits gezeigt haben, kann es sehr nützlich sein, eine einfache API zu haben, um mittels Skripten mit ihr zu interagieren. Sie könnten also Programme schreiben, die mit den individuellen Komponenten kommunizieren. Für lokale Entwicklung und andere einfache Fälle können Sie einfach `kubectl` als netten Proxy zu Kubernetes verwenden. Es präsentiert eine saubere API, die über `curl` und JSON von Kommandozeilentools nutzbar ist. Hier ist ein Beispiel dazu, was Sie tun könnten:

```
$ kubectl proxy
Starting to serve on 127.0.0.1:8001
```

Wir haben nun `kubectl` dazu gebracht, eine Web-API auf dem lokalen System zur Verfügung zu stellen. Sie können sich darüber, was alles möglich ist, weiter informieren. An dieser Stelle rufen wir aber erst mal nur die individuellen Instanzen der `lazyraster`-Anwendung ab, indem wir im Browser oder mit `curl` folgende URL in einem anderen Terminalfenster aufrufen: *http://localhost:8001/api/v1/namespaces/default/endpoints/lazyraster*.

Es wird eine umfangreiche Ausgabe zurückgegeben, uns interessiert hier der `subsets`-Abschnitt:

```
{
...
  "subsets": [
    {
      "addresses": [
        {
          "ip": "172.17.0.5",
          "nodeName": "minikube",
          "targetRef": {
            "kind": "Pod",
            "namespace": "default",
            "name": "lazyraster-644cb5c66c-zsjxd",
            "uid": "9631395d-7e68-47fa-bb9f-9641d724d8f7"
          }
        },
        {
          "ip": "172.17.0.6",
          "nodeName": "minikube",
          "targetRef": {
            "kind": "Pod",
            "namespace": "default",
            "name": "lazyraster-644cb5c66c-pvcmj",
            "uid": "e909d424-7a91-4a74-aed3-69562b74b422"
          }
        }
      ],
      "ports": [
        {
          "port": 8000,
          "protocol": "TCP"
        }
      ]
    }
  ]
}
```

Interessant ist, dass wir beide Instanzen, die auf dem Minikube-Host laufen, sehen können. Beide haben unterschiedliche IP-Adressen. Wenn wir eine Cloud-Native-Anwendung bauen, müssen wir wissen, wo andere Instanzen der Anwendung laufen. Das hier wäre ein guter Weg, das herauszufinden.

Sie können jederzeit Strg-C drücken, um die laufenden `kubectl proxy`-Prozesse zu beenden, dann können Sie das Deployment und alle seine Komponenten mit folgendem Befehl entfernen. Es kann durchaus ein paar Minuten dauern, bis alles erledigt ist und Kubernetes zum Prompt zurückkehrt:

```
$ kubectl delete -f ./lazyraster-service.yaml

service "lazyraster" deleted
persistentvolumeclaim "cache-data-claim" deleted
deployment.apps "lazyraster" deleted
```

Schließlich können Sie noch Ihr Minikube-Cluster entfernen, wenn Sie mit allem fertig sind:

```
$ minikube delete

🔥 Deleting "minikube" in docker ...
🔥 Deleting container "minikube" ...
🔥 Removing /Users/spkane/.minikube/machines/minikube ...
💀 Removed all traces of the "minikube" cluster.
```

Kubernetes ist wirklich ein sehr umfassendes System mit starker Communitybeteiligung. Wir haben Ihnen nur die Spitze des Eisbergs mit Minikube gezeigt. Wenn Sie mehr wissen wollen, sollten Sie sich die verfügbaren kommerziellen und freien Distributionen anschauen.

In Docker Desktop integriertes Kubernetes

Docker Desktop besitzt ein integriertes Kubernetes-Cluster mit einem einzelnen Node, das sich durch das Aktivieren einer Option in den Anwendungseinstellungen aktivieren lässt.

Das integrierte Kubernetes-Cluster lässt sich nicht so einfach konfigurieren, aber es ist eine sehr praktische Möglichkeit, zumindest grundlegende Funktionen für eine aktuelle Kubernetes-Installation auszuprobieren.

Um die in Docker Desktop eingebaute Kubernetes-Funktionalität zu aktivieren, starten Sie Docker Desktop und öffnen dann die *Preferences* über das Wal-Icon von Docker in Ihrer Taskbar bzw. Menüleiste. Wählen Sie nun den Kubernetes-Tab, klicken Sie auf *Enable Kubernetes* und schließlich auf *Apply & Restart*, um die notwendigen Änderungen an der VM vorzunehmen. Beim ersten Mal wird Docker dann auf den Befehl `kubeadm` zurückgreifen (*https://kubernetes.io/docs/reference/setup-tools/kubeadm*), um das Kubernetes-Cluster einzurichten.

Sind Sie interessiert daran, wie das in Docker Desktop integrierte Kubernetes-Cluster aufgesetzt wird, finden Sie einen guten Blogartikel dazu unter *https://www.docker.com/blog/how-kubernetes-works-under-the-hood-with-docker-desktop*.

Damit wird ein neuer kubectl-Kontext namens docker-desktop erstellt, der auch automatisch ausgewählt werden sollte.

Sie können mit folgendem Befehl überprüfen, welcher Kontext aktuell aktiv ist:

```
$ kubectl config current-context

docker-desktop
```

Müssen Sie den aktuellen Kontext wechseln, können Sie das wie folgt erreichen:

```
$ kubectl config use-context docker-desktop --namespace=default

Switched to context "docker-desktop".
```

Und wenn Sie den aktuellen Kontext vollständig deaktivieren wollen, geht das wie folgt:

```
$ kubectl config unset current-context

Property "current-context" unset.
```

Läuft das Cluster, können Sie mit ihm wie mit jedem anderen Kubernetes-Cluster über den Befehl kubectl interagieren. Fahren Sie Docker Desktop herunter, wird damit auch das Kubernetes-Cluster beendet.

Wollen Sie das Cluster ganz deaktivieren, wechseln Sie erneut in den *Preferences*-Bereich, wählen den Kubernetes-Tab und wählen dann *Enable Kubernetes* ab.

Kind

Als Letztes wollen wir in diesem Abschnitt noch kindvorstellen – ein sehr einfaches, aber ausgesprochen nützliches Werkzeug, mit dem Sie ein Kubernetes-Cluster managen können, das aus einem oder mehreren in Docker laufenden Linux-Containern besteht. Der Name kind ist ein Akronym für *Kubernetes in Docker*, er bezieht sich aber auch darauf, dass Objekttypen in Kubernetes in der API durch ein Feld namens Kind identifiziert werden.

Die Suche nach diesem Tool kann sich im Internet ein wenig schwierig gestalten, aber Sie finden das Tool und seine Dokumentation immer auf seiner Haupt-Website *https://kind.sigs.k8s.io*.

kind ist ein guter Kompromiss zwischen dem sehr einfachen Kubernetes-Cluster aus der Docker-VM und der minikube-VM, die gelegentlich deutlich zu komplex sein kann. Es steht als einzelnes Binary bereit und lässt sich mit Ihrem bevorzugten Paketmanager installieren – oder Sie rufen die Release-Seite des Projekts auf (*https://github.com/kubernetes-sigs/kind/releases*) und laden das aktuellste Release für Ihr System herunter. Im letzteren Fall müssen Sie darauf achten, dass Sie das Binary in kind umbenennen, es in ein Verzeichnis in Ihrem Pfad kopieren und dafür sorgen, dass es die richtigen Berechtigungen besitzt, damit Ihre Anwenderinnen und Anwender es auch nutzen können.

Ist kind installiert, können Sie Ihr erstes Cluster durch folgenden Befehl starten:

```
$ kind create cluster --name test

Creating cluster "test" ...
 ✓ Ensuring node image (kindest/node:v1.25.3) 🖼
 ✓ Preparing nodes 📦
 ✓ Writing configuration 📜
 ✓ Starting control-plane 🕹️
 ✓ Installing CNI 🔌
 ✓ Installing StorageClass 💾
Set kubectl context to "kind-test"
You can now use your cluster with:

kubectl cluster-info --context kind-test

Thanks for using kind! 😊
```

Standardmäßig startet dieser Befehl einen einzelnen Docker-Container, der ein Kubernetes-Cluster mit einem Node repräsentiert, wobei das aktuellste stabile Kubernetes-Release zum Einsatz kommt, das kind unterstützt.

Der aktuelle Kontext von Kubernetes wurde von kind schon so gesetzt, dass er auf das Cluster verweist, daher können wir direkt mit dem Einsatz von kubectl-Befehlen beginnen:

```
$ kubectl cluster-info

Kubernetes control plane is running at https://127.0.0.1:56499
CoreDNS is running at
https://127.0.0.1:56499/api/v1/namespaces/kube-system/services/kube-dns:dns/proxy

To further debug and diagnose cluster problems, use 'kubectl cluster-info dump'.
```

Eine überarbeitete Version der Informationen, mit denen sich kubectl mit dem Kubernetes-Server verbindet, erhalten Sie wie folgt:

```
$ kubectl config view --minify

apiVersion: v1
clusters:
- cluster:
    certificate-authority-data: DATA+OMITTED
    server: https://127.0.0.1:56499
  name: kind-test
contexts:
- context:
    cluster: kind-test
    user: kind-test
  name: kind-test
current-context: kind-test
kind: Config
preferences: {}
users:
- name: kind-test
  user:
    client-certificate-data: REDACTED
    client-key-data: REDACTED
```

`kind` besitzt ein paar fortgeschrittene Features (*https://kind.sigs.k8s.io/docs/user/quick-start/#advanced*), die sich beim Starten des Clusters durch Übergeben einer Konfigurationsdatei per `--config`-Argument steuern lassen.

Zu diesen Features gehören unter anderem:

- das Ändern der verwendeten Version von Kubernetes,
- das Hochfahren mehrere Worker Nodes,
- das Hochfahren mehrerer Control Plane Nodes für HA-Tests,
- das Mappen von Ports zwischen Docker und dem lokalen Hostsystem,
- das Aktivieren und Deaktivieren von Kubernetes Feature Gates (*https://kubernetes.io/docs/reference/command-line-tools-reference/feature-gates*),
- das Exportieren von Komponenten-Logs der Control Plane mit `kind export logs`
- und vieles mehr.

Beim Einsatz von `kind` sollten Sie daran denken, dass Kubernetes innerhalb eines oder mehrerer Container läuft, die eventuell in einer Linux-VM laufen, wenn Sie so etwas wie Docker Desktop einsetzen. Das kann bedeuten, dass Sie möglicherweise für ein zusätzliches Port-Forwarding sorgen müssen, wenn Sie das Cluster hochfahren, was sich über die Einstellung `extraPortMappings` in der Konfiguration von `kind` erreichen lässt.

Jetzt können Sie das Cluster wieder löschen:

```
$ kind delete cluster --name test

Deleting cluster "test" ...
```

Amazon ECS und Fargate

Amazon gehört mit seinem AWS-Angebot (*Amazon Web Services*) zu den beliebtesten Cloud-Providern. AWS Elastic Beanstalk (*https://amzn.to/2wNa1rL*) unterstützt schon seit Mitte 2014 das Ausführen von Containern, allerdings weist dieser Service einer Amazon-Instanz nur einen einzigen Container zu und ist daher nicht besonders gut für kurzlebige oder leichtgewichtige Container geeignet. Amazon Elastic Cloud Computing, auch als Amazon EC2 bekannt, ist hingegen eine hervorragende Plattform zum Hosten von Docker-Umgebungen – und dank Dockers Leistungsfähigkeit ist auch nicht unbedingt viel Zusätzliches erforderlich, um produktiv mit den Instanzen arbeiten zu können. Amazon hat jedoch viel Zeit in die Entwicklung eines Service investiert, der Containern erstklassige Möglichkeiten bietet: den *Amazon Elastic Container Service (Amazon ECS)*. In den letzten paar Jahren hat Amazon darauf aufbauend noch ein paar weitere Produktive gestartet, wie die *Elastic Kubernetes Services* (EKS) und *AWS Fargate*.

Fargate ist lediglich ein Marketinglabel, das Amazon für Features von ECS verwendet. Fargate macht es möglich, dass AWS automatisch alle Nodes in Ihrem Container-Cluster verwaltet, sodass Sie sich auf das Deployen Ihrer Services fokussieren können.

Bei ECS handelt es sich um eine Reihe von Tools, die einige AWS-Komponenten koordinieren. Mit ECS haben Sie die Wahl, ob Sie das Fargate-Tooling nutzen möchten oder eben nicht. Wenn Sie das tun, müssen Sie nicht so viel Arbeit investieren. Nutzen Sie es nicht, müssen Sie zusätzlich zu den Cluster-Nodes, die Ihre Anwendungen hosten sollen, ebenfalls eine oder mehrere EC2-Instanzen hochfahren, auf denen Docker und Amazons spezieller ECS-Agent laufen. Wenn Sie Fargate nutzen, wird das Cluster automatisch für Sie verwaltet. In beiden Varianten fahren Sie ein Cluster hoch und schieben Ihre Container darauf.

Der ECS-Agent (*https://github.com/aws/amazon-ecs-agent*) arbeitet mit dem ECS-Service, um Ihr Cluster zu koordinieren und um Container auf Ihre Hosts zu verteilen. Sie werden nur direkten Kontakt damit haben, wenn Sie ein traditionelles ECS-Cluster oder Fargate nutzen.

Einrichten von AWS

Der Rest dieses Abschnitts setzt voraus, dass Sie Zugang zu einem AWS-Account haben und bereits etwas vertraut im Umgang damit sind. Unter *https://aws.amazon.com/free* können Sie mehr über die Preise und das Anlegen eines Accounts erfahren. Sofern Sie nicht schon einen kostenpflichtigen Account besitzen, bietet Amazon auch kostenfreie Kontingente an, die möglicherweise für Ihre Experimente ausreichen. Nachdem Sie Ihren AWS-Account eingerichtet haben, brauchen Sie einen administrativen Nutzer, ein Schlüsselpaar, eine Amazon Virtual Private Cloud (AWS VPC) und eine Default Security Group in Ihrer Umgebung. Wenn Sie diese nicht bereits eingerichtet haben, können Sie der Anleitung in der Amazon-Dokumentation (*https://amzn.to/2FcPDSL*) folgen.

Einrichtung von IAM-Rollen

Bei AWS werden *IAM*-Rollen (*Identity and Access Management*, Identitäts- und Zugriffsverwaltung) verwendet, um festzulegen, welche Aktionen Benutzerinnen und Benutzer innerhalb der Cloud-Umgebung ausführen dürfen. Wir müssen Benutzenden Zugang zu den passenden Aktionen gewähren können, bevor wir Elastic Container Service freischalten. Um mit ECS zu arbeiten, müssen Sie eine Rolle namens `ecsInstanceRole` anlegen, die mit der Manage Role `AmazonEC2ContainerServiceRole` verknüpft sein muss. Der einfachste Weg dazu ist, sich in die AWS Management Console (*https://console.aws.amazon.com/*) einzuloggen und dort zu *Identity and Access Management* (*https://console.aws.amazon.com/iam/home*) zu navigieren.

Prüfen Sie, ob Sie nicht schon die richtige Rolle haben. Wenn sie bereits existiert, sollten Sie prüfen, ob sie korrekt eingerichtet ist, da sich die Anleitungen über die Jahre verändert haben.

1. Klicken Sie in der linken Seitenleiste auf *Roles*.
2. Anschließend klicken Sie auf den Button *Create role*.
3. Wählen Sie *AWS Service Elastic Container Service* aus.
4. Wählen Sie *Select your use case Elastic Container Service* aus.
5. Klicken Sie weiter auf *Permissions* …
6. … und dann auf *Review*.
7. Tragen Sie **`ecsInstanceRole`** in *Role Name* ein.
8. Erstellen Sie die Rolle durch Klick auf *Create role*.

Wenn Sie daran interessiert sind, die Containerkonfiguration in einem S3 Object Storage Bucket zu speichern, lohnt sich ein Blick in die Dokumentation »Amazon ECS Container Agent Configuration« (*https://amzn.to/2PNapOL*).

Einrichtung der AWS-CLI-Tools

Amazon stellt Kommandozeilentools bereit, die die Verwendung der durch eine API gesteuerten Infrastruktur erleichtern. Hierfür müssen Sie eine ziemlich neue Version der AWS-CLI-Tools (*Command Line Interface*, Kommandozeilenschnittstelle) installieren. Auch dafür stellt Amazon wieder eine ausführliche Dokumentation bereit (*http://amzn.to/1PCpPNA*), in der die Installation erläutert wird. Nachfolgend erläutern wir kurz die grundlegenden Schritte.

Installation

Wir beschreiben hier die native Installation auf verschiedenen Betriebssystemen, Sie können die AWS-CLI aber auch über einen Docker-Container nutzen (*https://docs.aws.amazon.com/cli/latest/userguide/getting-started-docker.html#cliv2-docker-install*)! Springen Sie zu dem Punkt, der für Sie relevant ist. Wenn Sie neugierig sind oder Installationsanleitungen lieben, lesen Sie doch einfach alles!

- **macOS**

  In Kapitel 3 wurde die Installation von Homebrew erläutert. Wenn Sie das erledigt haben, können Sie die AWS-CLI-Tools mit den folgenden Befehlen installieren:

  ```
  $ brew update
  $ brew install awscli
  ```

- **Windows**

  Amazon stellt einen MSI-Installer für Windows zur Verfügung, den Sie von Amazon S3 für Ihre Architektur herunterladen können:

  – 32-Bit-Windows (*https://s3.amazonaws.com/aws-cli/AWSCLI32.msi*)
  – 64-Bit-Windows (*https://s3.amazonaws.com/aws-cli/AWSCLI64.msi*)

- **Andere Betriebssysteme**

  Die AWS-CLI-Tools sind in Python programmiert. Daher können Sie die Tools auf den meisten Plattformen mit der Paketverwaltung `pip` installieren, indem Sie folgenden Befehl in einer Shell ausführen:

  ```
  $ pip install awscli --upgrade --user
  ```

Auf manchen Plattformen ist `pip` standardmäßig nicht installiert. In diesem Fall nutzen Sie die Paketverwaltung `easy_install` wie folgt:

```
$ easy_install awscli
```

Konfiguration

Überprüfen Sie zunächst, ob Sie mindestens die AWS-Version 1.7.0 verwenden:

```
$ aws --version

aws-cli/1.16.256 Python/3.7.4 Linux/5.3.5-arch1-1-ARCH botocore/1.12.246
```

Für die Schnellkonfiguration der AWS-CLI-Tools benötigen Sie Ihre AWS-Access-Key-ID und Ihren AWS-Secret-Access-Key. Nachdem Sie den unten stehenden Befehl ausgeführt haben, werden Sie aufgefordert, Ihre Zugangsdaten einzugeben und einige Standardeinstellungen vorzunehmen:

```
$ aws configure

AWS Access Key ID [None]: BEISPIEL
AWS Secret Access Key [None]: beiSPIEL/bEiSpIeL/BEIspiel
Default region name [None]: us-east-1
Default output format [None]: json
```

Führen Sie dann den folgenden Befehl zur Ausgabe einer Liste der IAM-Benutzer Ihres Kontos aus, um zu überprüfen, ob die CLI-Tools korrekt arbeiten:

```
$ aws iam list-users
```

Sofern alles ordnungsgemäß funktioniert hat und Sie als Standardausgabeformat JSON ausgewählt haben, sollte nun etwas wie dieses hier angezeigt werden:

```
{
    "Users": [
        {
            "Path": "/",
            "UserName": "administrator",
            "UserId": "BeisPL3BeisPL3BeisPL3Be",
            "Arn": "arn:aws:iam::936262807352:user/myuser",
            "CreateDate": "2021-04-08T17:22:23+00:00",
            "PasswordLastUsed": "2022-09-05T15:56:21+00:00"
        }
    ]
}
```

Containerinstanzen

Nach der Installation der CLI-Tools müssen Sie mindestens ein Cluster einrichten, an dem sich Ihre Docker-Hosts anmelden können, wenn sie online geschaltet werden.

Die Standardbezeichnung für ein Cluster lautet fantasievollerweise »default«. Wenn Sie diesen Namen beibehalten, brauchen Sie den Parameter `--cluster-name` in vielen der nachfolgenden Befehle nicht anzugeben.

Als Nächstes möchten wir ein Cluster innerhalb des Containerservice starten. Wenn er läuft, können wir unsere Container in das Cluster hochladen. Für die Beispiele erzeugen wir ein Cluster namens `fargate-testing`:

```
$ aws ecs create-cluster --cluster-name fargate-testing

{
    "cluster": {
        "clusterArn": "arn:aws:ecs:us-east-1:1…2:cluster/fargate-testing",
"clusterName": "fargate-testing",
        "status": "ACTIVE",
        "registeredContainerInstancesCount": 0,
        "runningTasksCount": 0,
        "pendingTasksCount": 0,
        "activeServicesCount": 0,
        "statistics": [],
        "tags": [],
        "settings": [
            {
                "name": "containerInsights",
                "value": "disabled"
            }
        ],
        "capacityProviders": [],
        "defaultCapacityProviderStrategy": []
    }
}
```

Bevor AWS Fargate veröffentlicht wurde, mussten Sie AWS-EC2-Instanzen anlegen, auf denen `docker` und `ecs-agent` liefen. Diese mussten dann dem Cluster hinzugefügt werden. Wenn Sie möchten, können Sie diesen Ansatz weiterhin verfolgen, mit Fargate ist es allerdings sehr viel einfacher, ein dynamisches Cluster, das skalieren kann, zum Laufen zu bringen.

Tasks

Nachdem das Container-Cluster nun läuft, soll es auch etwas zu tun bekommen. Zu diesem Zweck müssen wir mindestens eine Taskdefinition erstellen. Amazon ECS beschreibt den Begriff *Taskdefinition* als eine Liste gemeinsam gruppierter Container.

Öffnen Sie einen Editor, geben Sie den nachfolgenden JSON-Code ein und speichern Sie die Datei unter dem Namen *webgame-task.json* in Ihr Home-Verzeichnis, um eine Taskdefinition anzulegen.

```
{
  "containerDefinitions": [
    {
      "name": "web-game",
      "image": "spkane/quantum-game",
      "cpu": 0,
      "portMappings": [
        {
          "containerPort": 8080,
          "hostPort": 8080,
          "protocol": "tcp"
        }
      ],
      "essential": true,
      "environment": [],
      "mountPoints": [],
      "volumesFrom": []
    }
  ],
  "family": "fargate-game",
  "networkMode": "awsvpc",
  "volumes": [],
  "placementConstraints": [],
  "requiresCompatibilities": [
    "FARGATE"
  ],
  "cpu": "256",
  "memory": "512"
}
```

Sie können diese Dateien auch überprüfen, indem Sie das Git-Repository klonen:

```
git clone \
  https://github.com/bluewhalebook/\
docker-up-and-running-3rd-edition.git \
  --config core.autocrlf=input
```

In dieser Taskdefinition geben wir an, dass wir eine Task-Family namens `fargate-game` anlegen wollen, die einen einzigen Container namens `web-game` startet, der auf dem Quantum Web Game (*https://github.com/stared/quantum-game*) basiert. Wie Sie vielleicht schon in einem früheren Kapitel gesehen haben, startet dieses Docker-Image ein browserbasiertes Rätselspiel, das echte Quantenmechanik nutzt.

Fargate limitiert einige Optionen, die Sie in der Konfiguration angeben können, darunter `networkMode`-, `cpu`- und `memory`-Einstellungen. Mehr über die verfügbaren Optionen können Sie in der offiziellen AWS-Dokumentation zu Taskdefinitionen nachlesen (*https://docs.aws.amazon.com/AWSCloudFormation/latest/UserGuide/aws-resource-ecs-taskdefinition.html*).

In dieser Taskdefinition definieren wir für den Container eine Beschränkung des Arbeitsspeichers und der CPU-Auslastung. Außerdem teilen wir Amazon durch `"essential": true` mit, dass der Container für den Task unbedingt erforderlich ist. Dieses Flag erweist sich als nützlich, wenn in einem Task mehrere Container definiert sind, aber nicht alle davon für seine erfolgreiche Ausführung benötigt werden. Wenn das `essential`-Flag den Wert `true` besitzt und der Start des Containers fehlschlägt, werden die übrigen für den Task definierten Container beendet, und der Task als Ganzes wird als fehlgeschlagen gekennzeichnet. Wir können die Taskdefinition auch nutzen, um nahezu alle typischen Variablen und Einstellungen zu definieren, die sonst im *Dockerfile* stehen oder über `docker container run` auf der Kommandozeile angegeben würden.

Um die Taskdefinition bei Amazon hochzuladen, wird ein Befehl wie der folgende ausgeführt:

```
$ aws ecs register-task-definition --cli-input-json file://./webgame-task.json

{
    "taskDefinition": {
        "taskDefinitionArn": "arn:aws:ecs:…:task-definition/fargate-game:1",
        "containerDefinitions": [
            {
                "name": "web-game",
                "image": "spkane/quantum-game",
                "cpu": 0,
                "portMappings": [
                    {
                        "containerPort": 8080,
                        "hostPort": 8080,
                        "protocol": "tcp"
                    }
                ],
                "essential": true,
                "environment": [],
                "mountPoints": [],
                "volumesFrom": []
            }
        ],
        "family": "fargate-game",
        "networkMode": "awsvpc",
        "revision": 1,
        "volumes": [],
        "status": "ACTIVE",
        "requiresAttributes": [
            {
                "name": "com.amazonaws.ecs.capability.docker-remote-api.1.18"
            },
            {
                "name": "ecs.capability.task-eni"
            }
        ],
        "placementConstraints": [],
        "compatibilities": [
            "EC2",
```

```
            "FARGATE"
        ],
        "requiresCompatibilities": [
            "FARGATE"
        ],
        "cpu": "256",
        "memory": "512",
        "registeredAt": "2022-09-05T09:10:18.184000-07:00",
        "registeredBy": "arn:aws:iam::…:user/me"
    }
}
```

Nun können wir mit diesem Befehl alle Taskdefinitionen anzeigen lassen:

```
$ aws ecs list-task-definitions
{
    "taskDefinitionArns": [
        "arn:aws:ecs:us-east-1:…:task-definition/fargate-game:1",
    ]
}
```

Jetzt sind Sie dazu bereit, Ihren ersten Task im Cluster anzulegen. Dazu dient der nachfolgende Befehl. Das count-Argument in dem Befehl erlaubt die Definition der Anzahl der Kopien des Tasks, die Sie in Ihrem Cluster deployen möchten. Für diesen Job ist eine Kopie genug.

Sie müssen den folgenden Befehl so anpassen, dass Sie eine valide Subnet-ID und eine ebensolche Security-Group-ID von Ihrer AWS-VPC referenzieren. Sie sollten beides in der AWS Management Console oder durch die Nutzung der AWS-CLI-Kommandos aws ec2 describe-subnets und aws ec2 describe-security-groups finden. Sie können AWS auch mitteilen, dass es den Task einer öffentlichen IP-Adresse zuweisen soll, indem es eine Netzwerkkonfiguration vergleichbar zu Folgendem nutzt:

```
awsvpcConfiguration={subnets=[subnet-abcd1234],
                     securityGroups=[sg-abcd1234],
                     assignPublicIp=ENABLED}
```

Es kann erforderlich sein, eine öffentliche IP-Adresse zuzuweisen, wenn Sie öffentliche Subnets verwenden:

```
$ aws ecs create-service --cluster fargate-testing --service-name \
  fargate-game-service --task-definition fargate-game:1 --desired-count 1 \
  --launch-type "FARGATE" --network-configuration \
  "awsvpcConfiguration={subnets=[subnet-abcd1234],\
  securityGroups=[sg-abcd1234]}"
{
    "service": {
        "serviceArn": "arn:aws:ecs:…:service/fargate-game-service",
        "serviceName": "fargate-game-service",
        "clusterArn": "arn:aws:ecs:…:cluster/fargate-testing",
        "loadBalancers": [],
        "serviceRegistries": [],
        "status": "ACTIVE",
        "desiredCount": 1,
        "runningCount": 0,
```

```
        "pendingCount": 0,
        "launchType": "FARGATE",
        "platformVersion": "LATEST",
        "platformFamily": "Linux",
        "taskDefinition": "arn:aws:ecs:…:task-definition/fargate-game:1",
        "deploymentConfiguration": {
            "deploymentCircuitBreaker": {
                "enable": false,
                "rollback": false
            },
            "maximumPercent": 200,
            "minimumHealthyPercent": 100
        },
        "deployments": [
            {
                "id": "ecs-svc/…",
                "status": "PRIMARY",
                "taskDefinition": "arn:aws:ecs:…definition/fargate-game:1",
                "desiredCount": 1,
                "pendingCount": 0,
                "runningCount": 0,
                "failedTasks": 0,
                "createdAt": "2022-09-05T09:14:51.653000-07:00",
                "updatedAt": "2022-09-05T09:14:51.653000-07:00",
                "launchType": "FARGATE",
                "platformVersion": "1.4.0",
                "platformFamily": "Linux",
                "networkConfiguration": {
…
                },
                "rolloutState": "IN_PROGRESS",
                "rolloutStateReason": "ECS deployment ecs-svc/… in progress."
            }
        ],
        "roleArn": "…aws-service-role/ecs.amazonaws.com/AWSServiceRoleForECS",
        "events": [],
        "createdAt": "2022-09-05T09:14:51.653000-07:00",
        "placementConstraints": [],
        "placementStrategy": [],
        "networkConfiguration": {
…
        },
        "schedulingStrategy": "REPLICA",
        "createdBy": "arn:aws:iam::…:user/me",
        "enableECSManagedTags": false,
        "propagateTags": "NONE",
        "enableExecuteCommand": false
    }
}
```

Listen Sie nun alle Services aus Ihrem Cluster mit diesem Kommando auf:

```
$ aws ecs list-services --cluster fargate-testing
{
    "serviceArns": [
        "arn:aws:ecs:us-west-2:…:service/fargate-testing/fargate-game-service"
    ]
}
```

Fargate und das awsvpc-Netzwerk benötigen einen Service, der mit dem ECS verbunden ist. In der Ausgabe sollten Sie eine Zeile sehen, die wie folgt aussieht:

```
"role/aws-service-role/ecs.amazonaws.com/
AWSServiceRoleForECS"
```

Meistens wird das automatisch für Sie generiert. Sie können es aber auch mit dem folgenden Kommando manuell anlegen:

```
$ aws iam create-service-linked-role \
--aws-service-name ecs.amazonaws.com
```

Um alle Details Ihres Service abzurufen, müssen Sie Folgendes ausführen:

```
$ aws ecs describe-services --cluster fargate-testing \
  --services fargate-game-service

{
    "services": [
        {
...
            "deployments": [
                {
                    "id": "ecs-svc/...",
                    "status": "PRIMARY",
                    "taskDefinition": "arn:...:task-definition/fargate-game:1",
                    "desiredCount": 1,
                    "pendingCount": 1,
                    "runningCount": 0,
                    "createdAt": "2022-09-05T09:14:51.653000-07:00",
                    "updatedAt": "2022-09-05T09:14:51.653000-07:00",
                    "launchType": "FARGATE",
                    "platformVersion": "1.4.0",
                    "platformFamily": "Linux",
                    "networkConfiguration": {
...
                    },
                    "rolloutState": "IN_PROGRESS",
                    "rolloutStateReason": "ECS deployment ecs-svc/...progress."
                }
            ],
            "roleArn": "...role/ecs.amazonaws.com/AWSServiceRoleForECS",
            "events": [
                {
                    "id": "83bd5c2eed5d4866bb7ec8c3c938666c",
                    "createdAt": "2022-09-05T09:14:54.950000-07:00",
                    "message": "(...game-service) has started 1 tasks: (...)."
                }
            ],
...
        }
    ],
    "failures": []
}
```

Diese Ausgabe wird Ihnen sehr viel über die Tasks in Ihrem Service mitteilen. In diesem Fall haben wir einen einzelnen aktuell laufenden Task.

Der Wert task-definition ist ein Name, gefolgt von einer Nummer (fargate-game:1). Die Nummer ist eine Revision. Wenn Sie den Task verändern und erneut mit aws ecs register-task-definition registrieren, erhalten Sie eine neue Revision. Das heißt, dass Sie die neue Revision in nachfolgenden Kommandos wie aws ecs update-service erstellen können. Wenn Sie die Nummer nicht anpassen, werden Sie Container auf Basis der älteren JSON-Datei starten. Diese Versionierung vereinfacht es, Rollbacks durchzuführen und neue Revisionen zu testen, ohne alle zukünftigen Instanzen zu beeinträchtigen.

Wenn Sie sehen möchten, welche einzelnen Tasks in Ihrem Cluster laufen, können Sie Folgendes ausführen:

```
$ aws ecs list-tasks --cluster fargate-testing

{
    "taskArns": [
        "arn:aws:ecs:…:task/fargate-testing/83bd5c2eed5d4866bb7ec8c3c938666c"
    ]
}
```

Da Sie im Moment nur einen einzigen Task in Ihrem Cluster haben, ist die Liste sehr kurz.

Um mehr Details über den einzelnen Task zu erhalten, können Sie folgendes Kommando ausführen, nachdem Sie die Task-ID von Ihrem Cluster ersetzt haben:

```
$ aws ecs describe-tasks --cluster fargate-testing \
  --task 83bd5c2eed5d4866bb7ec8c3c938666c
{
    "tasks": [
        {
            "attachments": [
                {
…
                    "details": [
…
                        {
                            "name": "networkInterfaceId",
                            "value": "eni-00a40225208c9411a"
                        },
…
                        {
                            "name": "privateIPv4Address",
                            "value": "172.31.42.184"
                        }
                    ]
                }
            ],
            "attributes": [
…
            ],
            "availabilityZone": "us-west-2b",
            "clusterArn": "arn:aws:ecs:us-west-2:…:cluster/fargate-testing",
            "connectivity": "CONNECTED",
            "connectivityAt": "2022-09-05T09:23:46.929000-07:00",
```

```
            "containers": [
                {
                    "containerArn": "arn:...:container/fargate-testing/...",
                    "taskArn": "arn:...:task/fargate-testing/...",
                    "name": "web-game",
                    "image": "spkane/quantum-game",
                    "runtimeId": "83bd...998",
                    "lastStatus": "RUNNING",
                    "networkInterfaces": [
                        {
                            "attachmentId": "ddab...373a",
                            "privateIpv4Address": "172.31.42.184"
                        }
                    ],
                    "healthStatus": "UNKNOWN",
                    "cpu": "0"
                }
            ],
            "cpu": "256",
            "createdAt": "2022-09-05T09:23:42.700000-07:00",
            "desiredStatus": "RUNNING",
            "enableExecuteCommand": false,
            "group": "service:fargate-game-service",
            "healthStatus": "UNKNOWN",
            "lastStatus": "RUNNING",
            "launchType": "FARGATE",
            "memory": "512",
            "overrides": {
                "containerOverrides": [
                    {
                        "name": "web-game"
                    }
                ],
                "inferenceAcceleratorOverrides": []
            },
            "platformVersion": "1.4.0",
            "platformFamily": "Linux",
            "pullStartedAt": "2022-09-05T09:59:36.554000-07:00",
            "pullStoppedAt": "2022-09-05T09:59:46.361000-07:00",
            "startedAt": "2022-09-05T09:59:48.546000-07:00",
            "startedBy": "ecs-svc/...",
            "tags": [],
            "taskArn": "arn:aws:...:task/fargate-testing/83bd...666c",
            "taskDefinitionArn": "arn:aws:...:task-definition/fargate-game:1",
            "version": 4,
            "ephemeralStorage": {
                "sizeInGiB": 20
            }
        }
    ],
    "failures": []
}
```

In der Ausgabe des letzten Befehls wird als Wert für den Key `lastStatus` sehr wahrscheinlich `PENDING` angezeigt. Sie können nun eine Beschreibung des Tasks abrufen, um sich zu vergewissern, dass er in den Status `RUNNING` übergegangen ist. Ist sichergestellt, dass `lastStatus` auf `RUNNING` steht, können Sie Ihren Container testen.

Abhängig vom Netzwerk kann Ihr Task das Image eventuell nicht herunterladen. Erhalten Sie einen Fehler wie den folgenden:

```
"stoppedReason": "CannotPullContainerError: inspect image h
as been retried 5 time(s): failed to resolve ref \
"docker.io/spkane/quantum-game:latest\
": failed to do request: Head https://registry-1.docker.io/
v2/spkane/quantum-game/manifests/
latest: dial tcp 54.83.42.45:443: i/o timeout"
```

sollten Sie sich den Troubleshooting Guide unter *https://oreil.ly/FYo9Z* durchlesen.

Testen des Tasks

Sie brauchen einen modernen Browser auf Ihrem System, mit dem Sie sich mit dem Container verbinden, um das Spiel zu testen.

In der vorherigen Ausgabe haben Sie vielleicht gesehen, dass der Wert von `privateIPv4Address` für den Beispiel-Task `172.31.42.184` ist (Ihre Ausgabe wird anders aussehen).

Brauchen Sie für Ihren Task mehr Informationen über das Netzwerk und die EC2-Instanz, auf der es läuft, können Sie sich die `networkInterfaceId` aus der Ausgabe von `aws ecs describe-task` holen und diese dann an den Befehl `aws ec2 describe-network-interfaces --network-interface-ids` anhängen, um alle notwendigen Informationen zu erhalten – unter anderem den Wert von `PublicIp`, wenn Sie das für Ihren Service konfiguriert haben.

Stellen Sie sicher, dass Sie mit einem Netzwerk verbunden sind, das entweder die öffentliche oder die private IP-Adresse Ihres Hosts erreichen kann, dann öffnen Sie Ihren Webbrowser und navigieren zu Port 8080 dieser IP-Adresse.

In unserem Beispiel würde die private URL wie folgt aussehen:

```
http://172.31.42.184:8080/
```

Wenn alles wie erwartet funktioniert, sollten Sie vom Startbildschirm von »The Quantum Game« begrüßt werden, dem dann zügig das Rätselspiel folgt.

Die offizielle Version des Spiels finden Sie unter *http://quantumgame.io/*.

Wir können nachvollziehen, wenn Sie an diesem Punkt völlig abgelenkt sind und für ein paar Stunden das Lesen unterbrechen, während Sie versuchen, einige der Rätsel zu lösen, und dabei ein bisschen was über Quantenmechanik lernen. Das Buch wird es glücklicherweise nicht merken! Spielen Sie ruhig ein bisschen und machen Sie später hier weiter.

Task stoppen

Wir haben einen laufenden Task. Schauen wir uns nun an, wie wir ihn stoppen können. Dazu brauchen wir die Task-ID. Ein Weg, um diese zu erhalten, besteht darin, alle Tasks im Cluster auflisten zu lassen.

```
$ aws ecs list-tasks --cluster fargate-testing

{
    "taskArns": [
        "arn:aws:ecs:…:task/fargate-testing/83bd5c2eed5d4866bb7ec8c3c938666c"
    ]
}
```

Sie können auch die Serviceinformationen abrufen:

```
$ aws ecs describe-services --cluster fargate-testing \
  --services fargate-game-service

{
…
                {
                    "id": "6b7f…0384",
                    "createdAt": "2022-09-05T09:59:23.917000-07:00",
                    "message": "…: (task 83bd5c2eed5d4866bb7ec8c3c938666c)."
                }
…
}
```

Mit folgendem Befehl und der korrekten Task-ID können Sie nun den Task stoppen:

```
$ aws ecs stop-task --cluster fargate-testing \
    --task 83bd5c2eed5d4866bb7ec8c3c938666c

{
        "desiredStatus": "STOPPED",
…
        "lastStatus": "RUNNING",
…
        "stopCode": "UserInitiated",
        "stoppedReason": "Task stopped by user",
        "stoppingAt": "2022-09-05T10:29:05.110000-07:00",
…
}
```

Wenn wir jetzt die Beschreibung des Tasks abrufen, sollte für den Key `lastStatus` der Wert `STOPPED` angezeigt werden:

```
$ aws ecs describe-tasks --cluster fargate-testing \
    --task 83bd5c2eed5d4866bb7ec8c3c938666c

{
…
            "desiredStatus": "STOPPED",
…
            "lastStatus": "STOPPED",
…
}
```

Die Liste aller Tasks des Clusters sollte nun leer sein:

```
$ aws ecs list-tasks --cluster testing

{
    "taskArns": []
}
```

Jetzt haben Sie genug Kenntnisse, um komplizierte Tasks anzulegen, die mehrere Container verbinden. Dabei wird das ECS- und Fargate-Tooling verwendet, um neue Hosts hochzufahren, worauf dann die Tasks auf Ihrem Cluster deployt werden.

Wollen Sie den Rest der ECS-Umgebung herunterfahren, können Sie folgenden Befehl verwenden:

```
$ aws ecs delete-service --cluster fargate-testing \
  --service fargate-game-service  --force
...

$ aws ecs delete-cluster --cluster fargate-testing
...
```

Zusammenfassung

In diesem Kapitel haben wir Ihnen sehr viele Optionen aufgezeigt. Es ist unwahrscheinlich, dass Sie alles brauchen werden, da sich vieles überlappt. Jede Option zeigt aus der eigenen Perspektive, wie ein Produktivsystem gelöst werden sollte. Sofern Sie die Tools ausprobiert haben, sollten Sie aber einen guten Überblick darüber haben, wie die Möglichkeiten aussehen und welche Sie nutzen wollen, um Ihre Produktivumgebung aus Linux-Containern zu bauen.

Die Grundlage all dieser Tools ist das Docker-Grundgerüst: Das hochportable Format für Linux-Container und die Möglichkeit der Abstraktion machen es einfach, die Anwendung zwischen Rechenzentren und vielen Cloud-Providern hin- und herzubewegen. Sie müssen nur noch auswählen, welchen Ansatz Sie verfolgen wollen und welcher für Sie und Ihre Organisation am besten funktioniert.

In der Zwischenzeit können wir zum nächsten Kapitel übergehen und einige der technischen Themen des Docker-Ökosystems anschauen, darunter Sicherheitsaspekte, Netzwerke und Storage.

KAPITEL 11

Weiterführende Themen

In diesem Kapitel gehen wir kurz auf einige fortgeschrittenere Themen ein. Wir setzen an dieser Stelle voraus, dass Sie inzwischen über ziemlich gute Docker-Kenntnisse verfügen und es in einer Produktivumgebung einsetzen oder zumindest regelmäßiger Benutzer sind. Im Folgenden werden wir uns näher ansehen, wie Container im Detail funktionieren, und über Netzwerkkonfiguration, Plug-ins, austauschbare Runtime und weitere Sicherheitsaspekte sowie fortgeschrittene Konfigurationen sprechen.

Ein Teil dieses Kapitels beschäftigt sich außerdem mit den Konfigurationsanpassungen, die Sie grundsätzlich an Ihrer Docker-Installation vornehmen können. Diese erweisen sich manchmal als durchaus nützlich, allerdings bringt Docker bereits vernünftige Standardeinstellungen mit, die sich bestens bewährt haben und oftmals auch stabiler sind als die Alternativen. Bedenken Sie, dass Sie es hier mit frühen Releases einer serienreifen Software zu tun haben, die einer rasant fortschreitenden Weiterentwicklung unterliegen. Insofern richtet sich das Hauptaugenmerk stets auf die Standardeinstellungen, und deshalb konzentrieren sich auch die meisten Bugfixes darauf. Dementsprechend sollten Sie auf Ihrem Betriebssystem nach Möglichkeit die standardmäßigen Voreinstellungen beibehalten – es sei denn, es gibt gute Gründe, die dagegensprechen, und Sie sind sich darüber im Klaren, welche Konsequenzen die vorzunehmenden Anpassungen für Sie bedeuten.

Container im Detail

Während wir Linux-Container immer als einzelne Objekte betrachten, werden sie jedoch durch mehrere separate Mechanismen implementiert, die alle zusammenarbeiten: Control Groups (`cgroups`), Namespaces, Secure Computing Mode (`seccomp`) und SELinux bzw. AppArmor. `cgroups` ermöglichen die Beschränkung der Ressourcennutzung, und Namespaces gestatten es verschiedenen Prozessen, dieselben Bezeichnungen für Ressourcen zu verwenden und diese vor anderen Prozessen zu verbergen. Der Secure Computing Mode begrenzt die möglichen Systemaufrufe durch einen Prozess, und SELinux sowie AppArmor schließlich stellen strikte Sicherheitsrichtlinien zur Isolierung bereit. Beginnen wir damit, was `cgroups` und Namespaces leisten.

Bevor wir in die Details einsteigen, kann ein weiterer Vergleich hilfreich sein, um zu verstehen, wie diese Subsysteme in Containern funktionieren. Stellen Sie sich vor, der typische Computer sei vergleichbar mit einem großen Lagerhaus voll mit Arbeitern und Arbeiterinnen (Prozessen). Im Lagerhaus gibt es viel Raum und Ressourcen, aber es ist für die Mitarbeitenden sehr einfach, sich gegenseitig ins Gehege zu kommen, und die meisten Ressourcen werden einfach durch denjenigen genutzt, der zuerst Zugriff darauf hatte.

Nutzen Sie Docker und Linux-Container für Ihre Workloads, ist das so, als würde das Lagerhaus in ein Bürogebäude umgewandelt, in dem nun jede Arbeitskraft ein eigenes Büro besitzt. Jedes Büro hat all die normalen Dinge, die zum Erledigen der täglichen Arbeit erforderlich sind, und im Allgemeinen kann man nun arbeiten, ohne sich groß darum kümmern zu müssen, was die anderen Personen (Prozesse) so treiben.

Namespaces sind die Wände in den Büros, die dafür sorgen, dass Prozesse nicht mit benachbarten Prozessen interagieren dürfen, sofern es nicht explizit erlaubt wurde. Control Groups dagegen sind ein bisschen so, als müsste man Miete zahlen, um Hilfsmittel zu bekommen. Wird der Prozess erstmalig gestartet, werden ihm Zeit auf der CPU und Storage-Subsysteme zugewiesen, die in jedem Zyklus genutzt werden dürfen – neben dem Speicher, der jederzeit eingesetzt werden darf. Damit wird sichergestellt, dass die Prozesse die Ressourcen bekommen, die sie brauchen, damit sie den Aufenthalt genießen können, ohne dass sie Raum und Ressourcen nutzen, die für andere reserviert sind. Stellen Sie sich nervige Nachbarn vor, die sehr laut sind. Dann würden Sie solide Wände zwischen den Räumen zu schätzen wissen. Secure Computing Mode, SELinux und AppArmor sind wiederum vergleichbar mit der Büro-Security: Sie stellen sicher, dass nichts Unerwartetes oder Unpassendes geschieht. Dabei entstehen höchstens einmal Kopfschmerzen durch das Ausfüllen von Formularen, um den Vorfall zu dokumentieren und zu melden, selten aber Schlimmeres.

Control Groups (cgroups)

Bei traditionellen, verteilten Systemen wird häufig das Ziel verfolgt, für jede umfangreichere Aufgabe einen eigenen virtuellen Server abzustellen. Beispielsweise führen Sie Ihre Anwendung nicht auf dem Datenbankserver aus, weil es dann konkurrierende Ressourcenanforderungen gäbe. Die Ressourcennutzung könnte nahezu unbegrenzt anwachsen und den Server so auslasten, dass anderen Anwendungen keine ausreichende Performance mehr zur Verfügung steht.

Beim Einsatz echter Hardware kann das schnell sehr kostspielig werden, und dementsprechend sind Lösungen wie virtuelle Server so reizvoll – weil die teure Hardware von konkurrierenden Anwendungen gemeinsam genutzt werden kann. Die Ressourcenzuteilung übernimmt dabei der Virtualisierungslayer. Das spart zwar Geld, stellt aber, sofern Sie auf die anderen durch die Virtualisierung gebotenen Isolierungsoptionen verzichten können, trotzdem eine vergleichsweise kostspielige Lösung dar, denn das Ausführen mehrerer Kernel bedeutet einen nicht unerheblichen

Mehraufwand. Und der Betrieb virtueller Maschinen ist ebenfalls nicht die preisgünstigste Lösung, wenngleich das Cloud-Computing unter Beweis gestellt hat, wie enorm leistungsfähig und effizient es sein kann, wenn man das richtige Tooling einsetzt.

Aber wenn die einzige Form der Isolierung, die hier benötigt wird, die Ressourcenzuteilung ist, wäre es dann nicht viel besser, wenn man dazu nur einen Kernel bräuchte, ohne eine weitere Betriebssysteminstanz betreiben zu müssen? Schon seit vielen Jahren ist es möglich, einem Prozess einen »nice«-Wert zuzuweisen, der bei der Zuteilung der CPU-Rechenzeit berücksichtigt wird, die ein Prozess im Vergleich zu anderen erhält. Es war jedoch nicht möglich, fixe Begrenzungen vorzugeben, wie dies bei virtuellen Maschinen machbar ist. Außerdem kann die Ressourcenzuteilung mit einem nice-Wert nicht so fein abgestimmt werden: Man kann einem Prozess nicht gleichzeitig mehr Bandbreite bei der Ein- und Ausgabe, aber weniger CPU-Performance als anderen Prozessen zuteilen. Die derartig fein abstimmbare Steuerung ist natürlich einer der großen Vorteile von Linux-Containern – und genau dabei kommen cgroups zum Einsatz, die es schon länger als Docker gibt und die erfunden wurden, um eben dieses Problem zu lösen.

Control Groups oder kurz cgroups gestatten die Beschränkung von Ressourcen für Prozesse und deren Kindprozesse. Diesen Mechanismus verwendet der Linux-Kernel, um die Beschränkungen für die Nutzung von Arbeitsspeicher, Swap und CPU umzusetzen. cgroups sind in den Kernel integriert und seit 2007 (Linux 2.6.24) verfügbar. Die offizielle Kernel-Dokumentation (*https://www.kernel.org/doc/Documentation/cgroup-v2.txt*) beschreibt cgroups als einen »Mechanismus zum hierarchischen Organisieren von Prozessen und zum steuer- und konfigurierbaren Verteilen von Systemressourcen entlang dieser Hierarchie«. Hier ist es wichtig, festzuhalten, dass diese Einstellungen für einen Prozess und sämtliche von diesem Prozess erzeugten Kindprozesse gelten – genau so sind nämlich Container strukturiert.

Es sei darauf hingewiesen, dass es bei Linux Control Groups mindestens zwei große Releases gab: v1 (*https://www.kernel.org/doc/Documentation/cgroup-v1/cgroups.txt*) und v2 (*https://www.kernel.org/doc/Documentation/cgroup-v2.txt*). Achten Sie darauf, dass Sie wissen, welche Version produktiv zum Einsatz kommt, sodass Sie alle verfügbaren Möglichkeiten einsetzen können.

Jedem Linux-Container wird eine cgroup zugeordnet, die nur für diesen einen Container zuständig ist. Alle Prozesse eines Containers gehören zur selben cgroup. Auf diese Weise lassen sich die Ressourcen für jeden Container als Ganzes leicht steuern, ohne dass man sich Gedanken darüber machen muss, was darin läuft. Wenn beim wiederholten Deployment eines Containers neue Prozesse hinzukommen, können Sie Docker anweisen, dieselben Richtlinien anzuwenden, die dann für alle Prozesse des Containers gelten.

Wir hatten die über die Docker-API zugänglichen cgroups-Hooks bereits kurz erwähnt. Sie können damit die Nutzungskontingente des Arbeitsspeichers, des Swap und des Festplattenspeicherplatzes steuern. Es gibt jedoch noch viele weitere Dinge, die Sie mit cgroups managen können, beispielsweise das Taggen von Netzwerkpaketen eines Containers, um zum Beispiel Traffic damit zu priorisieren. Sie werden vielleicht feststellen, dass Sie in Ihrer Umgebung einige dieser Möglichkeiten zur Steuerung Ihrer Container einsetzen müssen – und gibt verschiedene Wege, das zu tun. Beim Einsatz von cgroups muss naturgemäß über die Ressourcennutzung der verschiedenen Gruppen Buch geführt werden. Der Kernel hält in diesem Fall eine Menge interessanter Statistiken über CPU- bzw. RAM-Nutzung, Ein-/Ausgabevorgänge usw. Ihrer Prozesse für Sie bereit. Docker verwendet cgroups also nicht nur, um Ressourcen zu beschränken, sondern auch, um Berichte über die Ressourcennutzung zu erstellen. Sie finden beispielsweise viele dieser Kennzahlen in der Ausgabe des Befehls `docker stats` wieder.

Das /sys-Dateisystem

Um eine fein abgestimmte Steuerung der cgroups zu erzielen, werden Sie hier wohl vornehmlich selbst Hand anlegen, auch wenn sie mit Docker konfiguriert wurden. Dies ist generell die effizienteste Methode, weil Änderungen nicht nur zum Zeitpunkt der Erstellung des Containers stattfinden können, sondern auch im laufenden Betrieb.

Auf Systemen mit systemd gibt es Kommandozeilenbefehle wie `systemctl`, die Sie zu diesem Zweck einsetzen können. Da cgroups aber Bestandteil des Kernels sind, gibt es auch eine Methode, die überall funktioniert, nämlich die direkte Kommunikation mit dem Kernel über das /sys-Dateisystem. Falls Ihnen /sys nicht vertraut ist: Dabei handelt es sich um ein Dateisystem, über das Sie direkt auf eine Reihe von Einstellungen und Ausgaben des Kernels zugreifen können. Sie können einfache Kommandozeilenbefehle benutzen, um verschiedene Verhaltensweisen des Kernels zu ändern.

Allerdings ist hierbei zu beachten, dass diese Methode zur Konfiguration von cgroups für Container nur direkt auf dem Docker-Server funktioniert. Es gibt auch keinerlei API, um aus der Ferne darauf zuzugreifen. Falls Sie dieses Verfahren verwenden möchten, müssen Sie selbst herausfinden, wie Sie es in Ihrer Umgebung durch Skripte automatisieren können.

Wenn Sie cgroups-Werte außerhalb der normalen Docker-Konfiguration ändern, geht ein Teil der Reproduzierbarkeit beim Deployment verloren. Sollten Sie diese Änderungen nicht zum Bestandteil des Deployment-Vorgangs machen, gehen sie verloren, sobald Container ersetzt werden.

Als Beispiel zeigen wir die Änderung der CPU-cgroups-Einstellung eines Containers, der bereits läuft. Zunächst benötigen wir die lange ID des Containers, die wir dann im /sys-Dateisystem finden müssen. Das sieht folgendermaßen aus:

```
$ docker container run -d spkane/train-os \
  stress -v --cpu 2 --io 1 --vm 2 --vm-bytes 128M --timeout 360s

dcbb…8e86f1dc0a91e7675d3c93895cb6a6d83371e25b7f0bd62803ed8e86
```

Wir haben Docker hier mit dem Befehl `docker container run` die lange ID ausgeben lassen, die `dcbb…8e86f1dc0a91e7675d3c93895cb6a6d83371e25b7f0bd62803ed8e86` lautet – es dürfte klar sein, warum Docker sie normalerweise abschneidet.

In den Beispielen werden wir das ebenfalls gelegentlich tun, damit sie besser lesbar sind und auf die Breite einer Seite passen, in der Praxis müssen Sie aber natürlich die lange ID verwenden!

Nun können wir anhand der ID die cgroup unseres Containers im `/sys`-Dateisystem ausfindig machen. cgroups sind so aufgebaut, dass die einzelnen Arten von Einstellungen jeweils in einem Modul gruppiert sind, das dann im `/sys`-Dateisystem auftaucht. Wenn wir uns beispielsweise die CPU-Einstellungen betrachten, sehen wir, dass keine `blkio`-Einstellungen angezeigt werden. Stöbern Sie ruhig ein wenig im `/sys`-Dateisystem herum, wenn Sie wissen möchten, welche Einstellungen verfügbar sind. Fürs Erste sehen wir uns jedoch die CPU-Einstellungen an. Sie benötigen dazu `root`-Rechte, da Sie hier Kernel-Einstellungen modifizieren.

Erinnern Sie sich an unseren `nsenter`-Trick, den wir in Kapitel 3 vorgestellt haben? Sie können `docker container run --rm -it --privileged --pid=host debian nsenter -t 1 -m -u -n -i sh` aufrufen, um Zugriff auf den Docker-Host zu erhalten – auch dann, wenn Sie sich nicht per SSH mit dem Server verbinden können.

```
$ ls /sys/fs/cgroup/docker/dcbb…8e86

cgroup.controllers       cpuset.cpus.partition     memory.high
cgroup.events            cpuset.mems               memory.low
cgroup.freeze            cpuset.mems.effective     memory.max
cgroup.max.depth         hugetlb.2MB.current       memory.min
cgroup.max.descendants   hugetlb.2MB.events        memory.oom.group
cgroup.procs             hugetlb.2MB.events.local  memory.stat
cgroup.stat              hugetlb.2MB.max           memory.swap.current
cgroup.subtree_control   hugetlb.2MB.rsvd.current  memory.swap.events
cgroup.threads           hugetlb.2MB.rsvd.max      memory.swap.high
cgroup.type              io.bfq.weight             memory.swap.max
cpu.max                  io.latency                pids.current
cpu.stat                 io.max                    pids.events
cpu.weight               io.stat                   pids.max
cpu.weight.nice          memory.current            rdma.current
cpuset.cpus              memory.events             rdma.max
cpuset.cpus.effective    memory.events.local
```

Die Pfadangabe in diesem Befehl ist von der Linux-Distribution, auf der Ihr Docker-Server läuft, und dem Hashwert des Containers abhängig.

Im Verzeichnis *cgroups* gibt es einen Unterordner namens *docker*, der alle auf diesem Host laufenden Linux-Container enthält. Sie können keine `cgroups`-Einstellungen für Elemente vornehmen, die nicht aktiv sind, weil sie nur auf laufende Prozesse anwendbar sind. Das ist ein wichtiger Punkt, dem Sie Beachtung schenken sollten. Docker kümmert sich darum, die cgroups-Einstellungen erneut anzuwenden, wenn Sie Container starten und stoppen – ohne diesen Mechanismus sind Sie aber mehr oder weniger auf sich allein gestellt.

Doch zurück zu unserem eigentlichen Vorhaben. Wir wollen die CPU-Anteile (*https://docs.kernel.org/admin-guide/cgroup-v2.html#cpu-interface-files*) dieses Containers anzeigen. Wie Sie aus Kapitel 5 wissen, lassen sich diese über das Argument `--cpus` mit dem Docker-Kommandozeilentool `docker container run` einstellen. Bei einem normalen Container, für den keine Einstellungen vorgenommen wurden, wird hier der Standardwert angezeigt:

```
$ cat /sys/fs/cgroup/docker/dcbb…8e86/cpu.weight
100
```

`100` CPU-Anteile bedeuten, dass es keine Beschränkung gibt. Nun weisen wir den Kernel an, dass der fragliche Container auf die Hälfte dieses Werts beschränkt werden soll:

```
$ echo 50 > /sys/fs/cgroup/docker/dcbb…8e86/cpu.weight
$ cat /sys/fs/cgroup/docker/dcbb…8e86/cpu.weight
50
```

In einer Produktivumgebung sollten Sie diese Methode zum Anpassen von `cgroups` im laufenden Betrieb nicht nutzen. Wir zeigen sie hier trotzdem, damit Sie die zugrunde liegenden Mechaniken verstehen. Schauen Sie sich `docker container update` an (*https://dockr.ly/2PPC4P1*), wenn Sie das Ganze bei einem laufenden Container machen wollen. Vielleicht finden Sie auch die Option `--cgroup-parent` für `docker container run` interessant (*https://dockr.ly/2PTLaKK*).

Und siehe da: Wir haben die Einstellung des Containers im laufenden Betrieb geändert. Diese Methode ist äußerst leistungsfähig, da Sie damit sämtliche cgroups-Einstellungen des Containers ändern können. Wie bereits erwähnt, ist sie aber auch ganz und gar von vorübergehender Natur. Sobald der Container gestoppt und wieder gestartet wird, erfolgt die Rücksetzung der Einstellung auf den Standardwert:

```
$ docker container stop dcbb…8e86
dcbb…8e86

$ cat /sys/fs/cgroup/docker/dcbb…8e86/cpu.weight
cat: /sys/fs/…/cpu.weight: No such file or directory
```

Wie Sie sehen, existiert sogar der Pfad nach dem Stoppen des Containers nicht mehr. Nach dem erneuten Start ist er zwar wieder vorhanden, die Einstellung besitzt jedoch auch wieder den Wert `100`:

```
$ docker container start dcbb…8e86
dcbb…8e86

$ cat /sys/fs/cgroup/docker/dcbb…8e86/cpu.weight
100
```

Wenn Sie eine Einstellung dieser Art unmittelbar über das /sys-Dateisystem in einem Produktivsystem vornehmen möchten, müssen Sie sich von vornherein irgendwie behelfen. Eine Möglichkeit bestünde beispielsweise darin, dass ein Daemon den `docker events`-Stream überwacht und beim Starten des Containers die Einstellung ändert.

Es ist möglich, benutzerdefinierte `cgroups` außerhalb von Docker zu erstellen, die sich dann durch die Übergabe des Arguments `--cgroup-parent` beim Aufruf von `docker container create` einem neuen Container zuweisen lassen. Dieser Mechanismus wird bereits von Schedulern genutzt, die mehrere Container in derselben `cgroup` laufen lassen, zum Beispiel Kubernetes-Pods.

Namespaces

Innerhalb eines jeden Containers gibt es ein Dateisystem, eine Netzwerkschnittstelle, Festplatten und andere Ressourcen, die scheinbar allein dem Container zur Verfügung stehen, obwohl er sich den Kernel mit allen anderen auf dem System laufenden Prozessen teilen muss. Die Netzwerkschnittstelle des Hosts ist beispielsweise eine einzige gemeinsam genutzte Ressource – für den Container sieht es jedoch so aus, als stünde sie ihm allein als eigene Netzwerkschnittstelle zur Verfügung. Dabei handelt es sich um eine wirklich nützliche Abstrahierung, denn auf diese Weise entsteht der Eindruck, der Container sei ein eigenständiger Rechner. Dieses Verhalten wird im Kernel durch Linux-Namespaces implementiert, die eine nur einmalig vorhandene globale Ressource so erscheinen lassen, als stünde sie ausschließlich dem Container zur Verfügung.

Namespaces lassen sich im Dateisystem nicht so einfach begutachten wie `cgroups`, aber die meisten Details finden sich unter den Hierarchien */proc/*/ns/** und */proc/*/task/*/ns/**. In neueren Linux-Releases kann zudem der Befehl `lsns` sehr hilfreich sein.

Anstelle nur eines einzigen Namespace halten Container standardmäßig jeweils eigene Namespaces für jede der Ressourcen vor, die gegenwärtig vom Kernel verwaltet werden: Mounts, UTS, IPC, PID, Netzwerk- und Benutzer-Namespaces, dazu der teilweise implementierte Time-Namespace. Wenn man von einem Container spricht, ist damit im Wesentlichen eine Reihe verschiedener Namespaces gemeint, die Docker für Sie eingerichtet hat. Doch was leisten diese Namespaces eigentlich?

Mount-Namespaces
: Linux verwendet Namespaces dieses Typs vornehmlich zu dem Zweck, dass es für den Container so aussieht, als stünde ihm ein vollständiges eigenes Dateisystem zur Verfügung. Wenn Ihnen `chroot`-Jails vertraut sind, können Sie sich die Mount-Namespaces ganz ähnlich, nur robuster vorstellen. In diesem Fall werden allerdings sämtliche Ebenen bis tief hinein in den Kernel mit einbezogen, sodass sogar `mount`- und `unmount`-System-Calls innerhalb des Namespace stattfinden. Wenn Sie einen der Befehle `docker container exec` oder `nsenter` verwenden, um ins Innere eines Containers zu gelangen, werden Sie das Root-

Verzeichnis »/« vorfinden – aber natürlich wissen wir, dass es sich dabei mitnichten um das echte Root-Verzeichnis des Systems handelt. Dieses Verhalten wird überhaupt erst durch die Mount-Namespaces ermöglicht.

UTS-Namespaces
: Diese Art von Namespace ist nach dem *Unix Timesharing System* und der davon verwalteten Kernel-Struktur benannt und stattet Ihren Container mit einem eigenen Host- und Domänennamen aus. Er wird auch von älteren Systemen wie NIS (*Network Information Service*) genutzt, um zu ermitteln, welcher Domäne ein Host angehört. Wenn Sie innerhalb eines Containers auf einen Hostnamen stoßen, der nicht mit dem seines Wirtssystems übereinstimmt, ist das diesem Namespace zu verdanken.

Ein Container kann den UTS-Namespace seines Hosts verwenden, indem beim Start des Containers mit `docker container run` die Option `-uts=host` angegeben wird. Es gibt ähnliche Kommandos, wenn man andere Namespaces verwenden will.

IPC-Namespaces
: Diese Namespaces trennen die System-V-IPC- und POSIX-Nachrichtenwarteschlangen Ihres Containers von denen des Hosts. Einige der IPC-Mechanismen (*Inter-Process Communication*) wenden Methoden an, bei denen Ressourcen des Dateisystems wie etwa benannte Pipes eine Rolle spielen, die vom Mount-Namespace gehandhabt werden. Der IPC-Namespace ist für Dinge wie gemeinsam genutzten Speicher oder Semaphoren zuständig, die nicht zum Dateisystem gehören, den Grenzbereich des Containers aber besser nicht verlassen sollten.

PID-Namespaces
: Dass Sie mit dem Linux-Befehl `ps` alle in Containern laufenden Prozesse auf dem Linux-Server anzeigen können, wissen Sie ja bereits. Innerhalb des Containers besitzen die Prozesse jedoch vollkommen andere PIDs – und an dieser Stelle tritt der PID-Namespace in Aktion. Ein Prozess besitzt in jedem Namespace, zu dem er gehört, eine eindeutige PID. Wenn Sie innerhalb eines Containers den Inhalt des Verzeichnisses */proc* betrachten oder den Befehl `ps` ausführen, werden nur die Prozesse im PID-Namespace des Containers angezeigt.

Netzwerk-Namespaces
: Der Netzwerk-Namespace ermöglicht Ihrem Container, eigene Netzwerkschnittstellen, Ports usw. zu nutzen. Wenn Sie den Befehl `docker container ls` ausführen und Ihnen daraufhin die Ports angezeigt werden, an die Ihr Container angebunden ist, sind dies die Ports beider Namespaces. Innerhalb des Containers ist `nginx` vielleicht an Port 80 gebunden, doch das gilt nur im Netzwerk-Namespace. Dieser macht es erst möglich, dass Ihr Container scheinbar über ein völlig eigenständiges Netzwerk verfügt.

Benutzer-Namespaces
: In diesem Fall separiert der Namespace die Benutzer- und Gruppen-IDs des Containers von denen des Linux-Hosts. Genau das ist es, was bei der Ausgabe

des Befehls `ps` innerhalb und außerhalb des Containers die Anzeige verschiedener Benutzer-IDs bewirkt. Ein im Container neu angelegter Benutzer ist im Namespace des Linux-Hosts unbekannt, und umgekehrt gilt das Gleiche. Hier sind allerdings gewisse Feinheiten zu beachten. Beispielsweise ist `root` im Benutzer-Namespace nicht notwendigerweise `root` im Hauptsystem. Es gibt in dieser Hinsicht verschiedene Sicherheitsbedenken, auf die wir in Kürze noch zu sprechen kommen und aufgrund deren sich so etwas wie Rootless Container zunehmender Beliebtheit erfreuen.

cgroup-Namespaces
: Dieser Namespace wurde mit dem Linux-Kernel 4.6 im Jahr 2016 eingeführt und ist dazu gedacht, die Identität der `cgroup` zu verbergen, zu der ein Mitglied gehört. Ein Prozess, der abfragt, zu welcher `cgroup` ein Prozess gehört, erhält einen Pfad relativ zur `cgroup`, die beim Erstellen gesetzt wurde, wodurch die wahren Position und Identität der `cgroup` verborgen wird.

Time-Namespaces
: Die Zeit hat aus historischen Gründen keinen Namespace erhalten, da sie ein so integraler Bestandteil des Linux-Kernels ist und das Umsetzen eines vollständigen Namespace sehr komplex wäre. Aber mit dem Release des Linux-Kernels 5.6 im Jahr 2020 gab es Unterstützung für einen Time-Namespace (*https://man7.org/linux/man-pages/man7/time_namespaces.7.html*), der es Containern erlaubt, ihre eigenen Zeitverschiebungen zu nutzen.

Aktuell bietet Docker keine direkte Unterstützung für das Setzen der Zeitverschiebung, aber wie alles andere kann sie bei Bedarf direkt gesetzt werden.

Durch das Kombinieren all dieser Namespaces kann Linux die visuelle und – in vielen Fällen – funktionale Isolierung bieten, die einen Container wie eine VM aussehen lässt, auch wenn er auf dem gleichen Kernel läuft. Schauen wir uns genauer an, wie Namespacings funktionieren.

Es wird sehr viel Arbeit in die Sicherheit von Containern gesteckt. Die Community schaut aktiv, wie Rootless Container (*https://rootlesscontaine.rs/*) so zum Laufen gebracht werden können, dass keine besonderen Rechte zum Erstellen, Laufen und Verwalten von Containern gebraucht werden. In Docker lässt sich das mittlerweile über den Rootless Mode (*https://docs.docker.com/engine/security/rootless*) erreichen. Neue Container-Runtimes wie Google gVisor (*https://github.com/google/gvisor*) versuchen, solche neuen Wege einzuschlagen, um viel sicherere Container-Sandboxen zu erstellen, ohne die Vorteile von containerisierten Workflows zu verlieren.

Namespaces erkunden

Am einfachsten lässt sich die Funktionsweise anhand des UTS-Namespace demonstrieren. Wir verwenden nun den Befehl `docker container exec`, um an eine Shell in einem Container zu gelangen und das auszuprobieren. Geben Sie Folgendes auf dem Docker-Server ein:

```
$ hostname

docker-desktop
```

Denken Sie daran, dass Sie mit dem in Kapitel 3 vorgestellten Befehl `docker container run --rm -it --privileged --pid=host debian nsenter -t 1 -m -u -n -i sh` Zugriff auf den Docker-Host erhalten, auch wenn Sie sich nicht per SSH mit dem Server verbinden können.

Auf Ihrem lokalen System führen Sie nun dieses aus:

```
$ docker container run -ti --rm ubuntu \
    bash -c 'echo "Container hostname: $(hostname)"'

Container hostname: 4cdb66d4495b
```

Per Befehl `docker container run` verschaffen wir uns eine interaktive Session (`-ti`) und führen dann innerhalb des Containers `/bin/bash` aus. Da der Befehl `hostname` innerhalb des Namespace des Containers ausgeführt wird, erhalten wir als Ausgabe die kurze Container-ID. Das ist der Standard-Hostname eines Containers, sofern Sie Docker nicht anweisen, ihn anders zu benennen. Auch wenn es sich hierbei um ein sehr einfaches Beispiel handelt, zeigt es doch deutlich, dass wir uns in einem anderen Namespace befinden als der Host.

Ein weiteres gut verständliches Beispiel sind die PID-Namespaces. Erstellen wir einen neuen Container:

```
$ docker container run -d --rm --name pstest spkane/train-os sleep 240
6e005f895e259ed03c4386b5aeb03e0a50368cc173078007b6d1beaa8cd7dded

$ docker container exec -ti pstest ps -ef

UID        PID  PPID  C STIME TTY          TIME CMD
root         1     0  0 15:33 ?        00:00:00 sleep 240
root        13     0  0 15:33 pts/0    00:00:00 ps -ef
```

Und nun lassen wir uns dieselbe Liste vom Host anzeigen:

```
$ docker container top pstest

UID   PID    PPID   C  STIME  TTY  TIME      CMD
root  31396  31370  0  15:33  ?    00:00:00  sleep 240
```

Innerhalb des Containers wird der in der `CMD`-Zeile des Dockerfiles angegebene Befehl `sleep 240` ausgeführt, dem im Container die PID `1` zugewiesen wurde. Wie Sie wissen, wird diese PID normalerweise vom `init`-Prozess eines Unix-Systems verwendet. In diesem Fall ist der beim Start des Containers aufgerufene Befehl `sleep 240` der erste Prozess, und dementsprechend wird ihm die PID `1` zugewiesen. Wenn wir uns den Containerprozess jedoch im Namespace des Docker-Hosts anzeigen lassen, ist die PID dort nicht `1`, sondern `31396`. Er läuft als Kindprozess des Prozesses mit der PID `31370`.

Wenn Sie neugierig sind, können Sie einen Befehl wie den folgenden ausführen, um herauszufinden, was die PID 31370 ist:

```
$ docker container run --pid=host ubuntu ps -p 31370
PID    TTY  TIME      CMD
31370  ?    00:00:00  containerd-shim
```

Wir können den Container aus dem letzten Beispiel mit folgendem Befehl wieder löschen:

```
$ docker container rm -f pstest
```

Die anderen Namespaces arbeiten im Wesentlichen auf die gleiche Art, sodass die Funktionsweise nun eigentlich deutlich geworden sein sollte. Als wir in Kapitel 3 den Befehl `nsenter` verwendeten, um in einen Container zu gelangen, mussten wir einen (zum damaligen Zeitpunkt) ziemlich undurchschaubaren Satz von Argumenten übergeben. Sehen Sie sich den Teil mit `nsenter` des Befehls `docker container run --rm -it --privileged --pid=host debian nsenter -t 1 -m -u -n -i sh` noch einmal an.

Es stellt sich heraus, dass `nsenter -t 1 -m -u -n -i sh` das Gleiche wie `nsenter --target 1 --mount --uts --net -ipc sh` ist. Dieser Befehl sagt also einfach, sich PID `1` anzuschauen und dann eine Shell im gleichen `mount`-, `uts`-, `net`- und `ipc`-Namespace zu öffnen wie dieser Prozess.

Nachdem Sie nun die Namespaces kennengelernt haben, dürfte das schon eher einen Sinn ergeben. Sehr aufschlussreich ist es auch, `nsenter` anzuweisen, nur bestimmte Namespaces eines Wegwerfcontainers zu nutzen und dann zu beobachten, welche Teile verfügbar sind.

Letzten Endes sind die Namespaces ausschlaggebend dafür, dass sich ein Container auch wie ein Container verhält. Zusammen mit den cgroups ist damit eine durchaus robuste Isolierung von auf demselben Kernel laufenden Prozessen erzielbar.

Sicherheitsaspekte

Wir haben uns nun ausgiebig damit befasst, wie Docker Anwendungen handhabt, Ressourcen kontingentiert und Namespaces verwendet, um einem Container eine eigene Sicht auf das System zu gewähren. Außerdem haben wir kurz erwähnt, dass der Einsatz von Secure Computing Mode, SELinux oder AppArmor erforderlich ist. Einer der Vorteile von Containern ist, dass sie in vielen Fällen virtuelle Maschinen ersetzen können. Sehen wir uns im Folgenden also einmal an, welches Maß an Isolierung wir standardmäßig erhalten – und welches nicht.

Ihnen dürfte inzwischen zweifelsohne klar geworden sein, dass Container nicht so streng isoliert sind wie virtuelle Maschinen. Wir haben von Anfang an immer wieder darauf hingewiesen, dass Container ganz normale auf dem Linux-Server laufende Prozesse sind. Trotz der durch Namespaces ermöglichten Isolierung sind Container nicht so sicher, wie man in Anbetracht der Vorstellung, Container seien leichtgewichtige virtuelle Maschinen, vielleicht meinen könnte.

Dass Container den Kernel des Linux-Servers gemeinsam nutzen, verbessert die Performance und ist einer der Gründe dafür, dass sie so leichtgewichtig sind. Gleichzeitig ist diese Form der gemeinsamen Nutzung aber auch die Ursache für einige der größten Sicherheitsbedenken hinsichtlich des Einsatzes von Linux-Containern. Hier ist entscheidend, dass nicht alle Bestandteile des Kernels durch Namespaces geschützt sind. Wir haben die vorhandenen Namespaces erörtert und erläutert, wie sie die Perspektive eines Containers beschränken. Viele Teile des Kernels sind jedoch nicht isoliert – und ein Namespace beschränkt Sie nur dann, wenn Sie den Kernel nicht anweisen können, Ihnen Zugriff auf einen anderen Namespace zu gewähren.

Container sind bereits sicherer als direkt auf dem Host ausgeführte Anwendungen, denn `cgroups` (sofern Sie diese verwenden) und Namespaces bieten ein gewisses Maß an Isolierung. Sie dürfen aber nicht der irrigen Annahme unterliegen, Container seien ein Ersatz für vernünftige Sicherheitsrichtlinien. Überlegen Sie sich, wie Sie eine normale Anwendung auf einem Produktivsystem betreiben würden – auf dieselbe Art und Weise sollten auch Container ausgeführt werden. Wenn Ihre Anwendung in einer Umgebung ohne Container beispielsweise von einem nicht privilegierten Benutzer ausgeführt wird, sollte das auch innerhalb des Containers der Fall sein. Sie können Docker anweisen, den gesamten Container als nicht privilegierter Benutzer auszuführen, und in Produktivumgebungen werden Sie das vermutlich auch tun.

> Das Argument `--userns-remap` am `dockerd`-Kommando und der Rootless Mode ermöglichen es, dass alle Container mit einem bestimmten User und einer bestimmten Gruppe ausgeführt werden und explizit nicht privilegierte Rechte auf dem Hostsystem besitzen. Das schützt vor diversen potenziellen Security-Exploits.
>
> Mehr Informationen lassen sich in der offiziellen Dokumentation zu `userns-remap` (*https://dockr.ly/2BYfWze*) und dem Docker-Daemon (*https://dockr.ly/2LE9gG2*) nachlesen.
>
> Zum Rootless Mode erfahren Sie noch mehr in »Rootless Mode« auf Seite 319.

Sehen wir uns also einige der Sicherheitsrisiken und entsprechende Gegenmaßnahmen an.

UID 0

Dass der `root`-Benutzer im Container auch der `root`-Benutzer des Systems ist, stellt das erste und weitreichendste Sicherheitsrisiko in einem Container dar, sofern Sie nicht den Rootless Mode oder die Funktion `userns-remap` nutzen. Der `root`-Benutzer unterliegt in einem Container zwar zusätzlichen Einschränkungen, und Namespaces sind gut geeignet, um den `root`-Benutzer von den gefährlichsten Teilen des */proc*- und */sys*-Dateisystems fernzuhalten. Mit der UID 0 haben Sie aber `root`-Zugriff, und wenn Sie auf Ressourcen außerhalb des Namespace zugreifen können, betrachtet der Kernel Sie auch als `root`. Docker startet standardmäßig alle Services in Containern als `root`, daher sind Sie wie auf jedem Standard-Linux-System auch selbst für die Verwaltung der Berechtigungen in Ihrer Anwendung verantwortlich. Nachfolgend betrachten wir die für root geltenden Beschränkungen und einige der offenkundigen Lücken. Wir wollen hier keinen erschöpfenden Exkurs zum Thema Sicherheit von Containern liefern, sondern lediglich ein grundlegendes Verständnis von den verschiedenen Kategorien von Sicherheitsrisiken vermitteln.

Zunächst starten wir auf dem im folgenden Listing dargestellten öffentlich verfügbaren Ubuntu-Image einen Container und eine Shell. Danach prüfen wir, welche Berechtigungen vorhanden sind:

```
$ docker container run --rm -ti ubuntu /bin/bash

root@808a2b8426d1:/# apt-get update
...
root@808a2b8426d1:/# apt-get install -y kmod
...
root@808a2b8426d1:/# lsmod
Module                              Size  Used by
xfrm_user                          36864  1
xfrm_algo                          16384  1 xfrm_user
shiftfs                            28672  0
grpcfuse                           16384  0
vmw_vsock_virtio_transport         16384  2
vmw_vsock_virtio_transport_common 28672  1 vmw_vsock_virtio_transport
vsock                              36864  9 vmw_vsock_virtio_transport_common...
```

In Docker Desktop sehen Sie möglicherweise nur wenige Module in dieser Liste. Auf einem normalen Linux-System kann die Liste hingegen sehr lang sein. Mit `lsmod` haben wir den Kernel gebeten, uns zu sagen, welche Module geladen sind. Es ist nicht weiter überraschend, dass wir diese Liste aus dem Inneren unseres Containers bekommen, schließlich kann das jeder normale Benutzer tun, aber es verdeutlicht, dass wir mit demselben Linux-Kernel kommunizieren. Wenn Sie diesen Befehl auf dem Docker-Server selbst ausführen, erhalten Sie dasselbe Ergebnis, was nochmals verdeutlicht, dass der Container mit demselben Kernel spricht. Wir können also Kernel-Module anzeigen – doch was geschieht, wenn wir versuchen, das Modul `floppy` zu entfernen?

```
root@808a2b8426d1:/# rmmod shiftfs

rmmod: ERROR: ../libkmod/libkmod-module.c:799 kmod_module_remove_module() ...
rmmod: ERROR: could not remove module shiftfs: Operation not permitted

root@808a2b8426d1:/# exit
```

Diese Fehlermeldung erhält auch ein nicht privilegierter Benutzer, der dem Kernel Anweisungen gibt. Der Kernel versucht also prinzipiell, uns von Dingen abzuhalten, die wir besser unterlassen sollten. Und da uns nur ein beschränkter Namespace zur Verfügung steht, können wir ihn auch nicht anweisen, uns Zugriff auf die oberste Ebene des Namespace zu gewähren. Wir sind hier wirklich darauf angewiesen, dass es im Kernel keine Bugs gibt, die eine Rechteausweitung ermöglichen, denn wenn das gelingen sollte, wären wir root und könnten Änderungen vornehmen.

Stellen wir uns ein einfaches Beispiel dafür vor, was schiefgehen könnte: Wir starten in einem Container, in dem das */etc*-Verzeichnis des Docker-Servers per Bind Mount in den Namespace des Containers eingebunden ist, eine Shell. Denken Sie daran, dass jeder, der einen Container auf dem Docker-Server starten kann, jederzeit dasselbe tun könnte, was wir jetzt tun werden, weil es nicht möglich ist, Docker so zu konfigurieren, dass es verhindert wird.

Dieses Beispiel geht davon aus, dass Sie die `docker`-CLI auf einem Linux-System ausführen, in dem es eine Datei */etc/shadow* gibt. Unter Windows oder macOS mit so etwas wie Docker Desktop funktioniert das nicht.

```
$ docker container run --rm -it -v /etc:/host_etc ubuntu /bin/bash

root@e674eb96bb74:/# more /host_etc/shadow
root:!:16230:0:99999:7:::
daemon:*:16230:0:99999:7:::
bin:*:16230:0:99999:7:::
sys:*:16230:0:99999:7:::
...
irc:*:16230:0:99999:7:::
nobody:*:16230:0:99999:7:::
libuuid:!:16230:0:99999:7:::
syslog:*:16230:0:99999:7:::
messagebus:*:16230:0:99999:7:::
kmatthias:$1$aTAYQT.j$3xamPL3dHGow4ITBdRh1:16230:0:99999:7:::
sshd:*:16230:0:99999:7:::
lxc-dnsmasq:!:16458:0:99999:7:::

root@e674eb96bb74:/# exit
```

Mit dem Parameter `-v` haben wir Docker angewiesen, ein Verzeichnis des Hosts im Container zu mounten, und zwar */etc*, was ziemlich gefährlich ist, aber einen wichtigen Fakt belegt: Im Container sind wir `root` – und `root` verfügt über Zugriffsrechte auf dieses Verzeichnis. Wir können daher jederzeit den Inhalt der */etc/shadow*-Datei auf dem Linux-Server anzeigen, die die verschlüsselten Passwörter aller User enthält. Ihnen stehen hier noch viele weitere Möglichkeiten offen, der entscheidende Punkt ist jedoch, dass Ihre Berechtigungen standardmäßig nur in begrenztem Maße eingeschränkt sind.

Es ist keine gute Idee, Container mit der UID 0 auszuführen, denn jede Sicherheitslücke, die es einem Prozess ermöglicht, seinen Namespace zu verlassen, führt dazu, dass dieser Prozess mit administrativen Rechten auf das Hostsystem zugreifen kann. Sie sollten normale Container immer als nicht privilegierter Benutzer ausführen.

Der einfachste Weg, diese potenziellen Probleme zu umgehen, ist, Docker anzuweisen, eine andere UID als 0 innerhalb des Containers zu nutzen.

Dafür fügen Sie das `-u`-Argument beim Befehl `docker container run` ein. Im nächsten Beispiel starten wir den `whoami`-Befehl, um zu zeigen, dass wir standardmäßig `root` sind und die */etc/shadow*-Datei innerhalb des Containers lesen können.

```
$ docker container run --rm spkane/train-os:latest whoami
root
```

```
$ docker container run --rm spkane/train-os:latest cat /etc/shadow
root:!locked::0:99999:7:::
bin:*:18656:0:99999:7:::
daemon:*:18656:0:99999:7:::
adm:*:18656:0:99999:7:::
lp:*:18656:0:99999:7:::
...
```

In diesem Beispiel fügen wir `-u 500` hinzu. Nun sind wir ein unprivilegierter Nutzer, der die */etc/shadow*-Datei nicht mehr lesen kann:

```
$ docker container run --rm -u 500 spkane/train-os:latest whoami
user500

$ docker container run --rm -u 500 spkane/train-os:latest cat /etc/shadow
cat: /etc/shadow: Permission denied
```

Ein weiterer, sehr empfehlenswerter Ansatz ist, die `USER`-Direktive in Ihr *Dockerfile* aufzunehmen, sodass daraus erstellte Container standardmäßig einen nicht-privilegierten User verwenden:

```
FROM fedora:34
RUN useradd -u 500 -m myuser
USER 500:500
CMD ["whoami"]
```

Erstellen Sie dieses *Dockerfile*, bauen es und führen es aus, werden Sie sehen, dass `whoami` statt `root` nun `myuser` zurückgibt:

```
$ docker image build -t user-test .

[+] Building 0.5s (6/6) FINISHED
 => [internal] load build definition from Dockerfile                    0.0s
 => => transferring dockerfile: 36B                                     0.0s
 => [internal] load .dockerignore                                       0.0s
 => => transferring context: 2B                                         0.0s
 => [internal] load metadata for docker.io/library/fedora:34            0.4s
 => [1/2] FROM docker.io/library/fedora:34@sha256:321d…2697              0.0s
 => CACHED [2/2] RUN useradd -u 500 -m myuser                           0.0s
 => exporting to image                                                  0.0s
 => => exporting layers                                                 0.0s
 => => writing image sha256:4727…30d5                                    0.0s
 => => naming to docker.io/library/user-test                            0.0s

$ docker container run --rm user-test
myuser
```

Rootless Mode

Eine der großen sicherheitstechnischen Herausforderungen bei Containern ist, dass sie oft Root-Berechtigungen brauchen, um Prozesse zu starten oder sie zu managen. Selbst wenn Sie das Feature `--userns-remap` des Docker-Daemons nutzen, läuft der Daemon selbst als privilegierter Prozess, auch wenn die von ihm gestarteten Prozesse das nicht tun.

Mit dem *Rootless Mode* (*https://docs.docker.com/engine/security/rootless*) ist es möglich, den Daemon und alle Container ohne Root-Berechtigungen zu betreiben, was die Sicherheit des zugrunde liegenden Systems deutlich verbessern kann.

Für den Rootless Mode ist ein Linux-System erforderlich, und Docker empfiehlt Ubuntu, daher wollen wir ein Beispiel mit einem neuen Ubuntu 22.04 durchspielen.

Bei diesen Schritten wird davon ausgegangen, dass Sie sich als nicht privilegierter Benutzer anmelden und dass Sie die Docker-Engine (*https://docs.docker.com/engine/install/ubuntu*) schon installiert haben.

Als Erstes müssen wir sicherstellen, dass `dbus-user-session` und `uidmap` installiert sind. Ist `dbus-user-session` noch nicht installiert, müssen wir uns abmelden und erneut anmelden, nachdem wir den folgenden Befehl ausgeführt haben:

```
$ sudo apt-get install -y dbus-user-session uidmap
…
dbus-user-session is already the newest version (1.12.20-2ubuntu4).
…
Setting up uidmap (1:4.8.1-2ubuntu2) …
…
```

Auch wenn es nicht zwingend erforderlich ist, ist es dennoch nicht verkehrt, einen systemweit automatisch zu startenden Docker-Daemon zu deaktivieren und dann einen Reboot durchzuführen:

```
$ sudo systemctl disable --now docker.service docker.socket

Synchronizing state of docker.service with SysV service script with
  /lib/systemd/systemd-sysv-install.
Executing: /lib/systemd/systemd-sysv-install disable docker
Removed /etc/systemd/system/sockets.target.wants/docker.socket.
Removed /etc/systemd/system/multi-user.target.wants/docker.service.

$ sudo shutdown -r now
```

Ist das System wieder aktiv, können Sie sich per SSH als normaler Benutzer mit dem Server verbinden und sich vergewissern, dass sich */var/run/docker.sock* nicht mehr auf dem System befindet:

```
$ ls /var/run/docker.sock
ls: cannot access '/var/run/docker.sock': No such file or directory
```

Nun führen Sie das Installationsskript für den Rootless Mode aus, das vom Docker-Installer in */usr/bin* installiert wurde:

```
$ dockerd-rootless-setuptool.sh install

[INFO] Creating /home/me/.config/systemd/user/docker.service
[INFO] starting systemd service docker.service
+ systemctl --user start docker.service
+ sleep 3
+ systemctl --user --no-pager --full status docker.service
• docker.service - Docker Application Container Engine (Rootless)
     Loaded: loaded (/home/me/.config/systemd/user/docker.service; …)
…
```

```
+ DOCKER_HOST=unix:///run/user/1000/docker.sock /usr/bin/docker version
Client: Docker Engine - Community
 Version:           20.10.18
...
Server: Docker Engine - Community
 Engine:
  Version:          20.10.18
...
+ systemctl --user enable docker.service
Created symlink /home/me/.config/systemd/user/default.target.wants/
  docker.service ? /home/me/.config/systemd/user/docker.service.
[INFO] Installed docker.service successfully.

[INFO] To control docker.service, run:
        `systemctl --user (start|stop|restart) docker.service`
[INFO] To run docker.service on system startup, run:
        `sudo loginctl enable-linger me`

[INFO] Creating CLI context "rootless"
Successfully created context "rootless"

[INFO] Make sure the following environment variables are set
       (or add them to ~/.bashrc):
export PATH=/usr/bin:$PATH
export DOCKER_HOST=unix:///run/user/1000/docker.sock
```

Die UID in der Variablen DOCKER_HOST sollte zur UID des Benutzers passen, der das Skript ausgeführt hat. In diesem Fall hat die UID den Wert 1000.

Das Skript hat ein paar Checks durchgeführt, um sicherzustellen, dass auf unserem System alles bereit ist. Dann wurde eine User-Scoped Servicedatei systemd in *${HOME}/.config/systemd/user/docker.service* installiert und gestartet. Jeder Benutzer auf dem System könnte bei Bedarf das Gleiche tun.

Der User-Docker-Daemon lässt sich wie die meisten systemd-Services steuern. Ein paar einfache Beispiele dafür sind:

```
$ systemctl --user restart docker.service
$ systemctl --user stop docker.service
$ systemctl --user start docker.service
```

Damit der User-Docker-Daemon laufen kann, wenn der Benutzer nicht angemeldet ist, muss dieser sudo verwenden, um ein systemd-Feature namens linger zu aktivieren. Dann können Sie den Docker-Daemon immer dann starten lassen, wenn das System hochgefahren wird:

```
$ sudo loginctl enable-linger $(whoami)
$ systemctl --user enable docker
```

Das ist jetzt ein guter Moment, um diese Umgebungsvariable in unsere Shell-Startup-Dateien aufzunehmen, aber zumindest sollten wir sicherstellen, dass sie im aktuellen Terminal gesetzt sind:

```
$ export PATH=/usr/bin:$PATH
$ export DOCKER_HOST=unix:///run/user/1000/docker.sock
```

Einen Standardcontainer können wir nun bequem starten:

```
$ docker container run --rm hello-world

Hello from Docker!
This message shows that your installation appears to be working correctly.
...
For more examples and ideas, visit:
 https://docs.docker.com/get-started/
```

Sie werden aber merken, dass einige der privilegierten Container, die wir in früheren Abschnitten genutzt haben, in dieser Umgebung nicht mehr funktionieren:

```
$ docker container run --rm -it --privileged --pid=host debian nsenter \
    -t 1 -m -u -n -i sh

docker: Error response from daemon: failed to create shim task: OCI runtime
create failed: runc create failed: unable to start container process: error
during container init: error mounting "proc" to rootfs at "/proc":
mount proc:/proc (via /proc/self/fd/7), flags: 0xe:
operation not permitted: unknown.
```

Das liegt daran, dass der Container im Rootless Mode nicht mehr Berechtigungen haben kann als der Benutzer, der den Container ausführt, auch wenn der Container oberflächlich betrachtet immer noch volle Root-Berechtigungen besitzt:

```
$ docker container run --rm spkane/train-os:latest whoami
root
```

Schauen wir uns das Ganze ein bisschen genauer an, indem wir einen kleinen Container starten, der `sleep 480s` ausführt:

```
$ docker container run -d --rm --name sleep spkane/train-os:latest sleep 480s
1f8ccec0a834537da20c6e07423f9217efe34c0eac94f0b0e178fb97612341ef
```

Mit einem Blick auf die Prozesse innerhalb des Containers sehen wir, dass alle mit dem Benutzer `root` zu laufen scheinen:

```
$ docker container exec sleep ps auxwww
USER         PID %CPU %MEM    VSZ   RSS TTY      STAT START   TIME COMMAND
root           1  0.1  0.0   2400   824 ?        Ss   17:51   0:00 sleep 480s
root           7  0.0  0.0   7780  3316 ?        Rs   17:51   0:00 ps auxwww
```

Aber schauen wir uns die Prozesse im Linux-System an, zeigt sich, dass der Befehl `sleep` tatsächlich vom lokalen Benutzer `me` ausgeführt wird – und nicht von `root`:

```
$ ps auxwww | grep sleep
me    3509 0.0 0.0  2400  824 ?     Ss 10:51 0:00 sleep 480s
me    3569 0.0 0.0 17732 2360 pts/0 S+ 10:51 0:00 grep --color=auto sleep
```

Der `root`-Benutzer innerhalb eines Rootless Containers wird auf den Benutzer selbst abgebildet. Die Containerprozesse können nicht mehr Berechtigungen nutzen, als der Benutzer besitzt, der den Daemon betreibt. Daher ist das eine sehr sichere Möglichkeit, Benutzern auf einem Multi-User-System zu erlauben, Container auszuführen, ohne ihnen weitergehende Berechtigungen auf dem System geben zu müssen.

Auf der Docker-Website unter *https://docs.docker.com/engine/security/rootless/#uninstall* finden Sie eine Anleitung zum Deinstallieren des Rootless Mode.

Privilegierte Container

Es gibt Situationen, in denen ein Container bestimmte Capabilities des Kernels benötigt (*https://man7.org/linux/man-pages/man7/capabilities.7.html*), deren Nutzung einem normalen Container nicht gestattet wäre. Dabei könnte es sich beispielsweise um das Mounten eines USB-Laufwerks, das Ändern der Netzwerkkonfiguration oder das Anlegen eines neuen Unix-Geräts handeln.

Im folgenden Code versuchen wir, die MAC-Adresse des Containers zu ändern:

```
$ docker container run --rm -ti spkane/train-os /bin/bash

[root@280d4dc16407 /]# ip link ls
1: lo: <LOOPBACK,UP,LOWER_UP> mtu 65536 qdisc noqueue state UNKNOWN mode ...
    link/loopback 00:00:00:00:00:00 brd 00:00:00:00:00:00
2: tunl0@NONE: <NOARP> mtu 1480 qdisc noop state DOWN mode DEFAULT ...
    link/ipip 0.0.0.0 brd 0.0.0.0
3: ip6tnl0@NONE: <NOARP> mtu 1452 qdisc noop state DOWN mode DEFAULT ...
    link/tunnel6 :: brd :: permaddr 12b5:6f1b:a7e9::
22: eth0@if23: <BROADCAST,MULTICAST,UP,LOWER_UP> mtu 1500 qdisc noqueue ...
    link/ether 02:42:ac:11:00:02 brd ff:ff:ff:ff:ff:ff link-netnsid 0

[root@fc4589fb8778 /]# ip link set eth0 address 02:0a:03:0b:04:0c
RTNETLINK answers: Operation not permitted

[root@280d4dc16407 /]# exit
```

Wie Sie sehen, funktioniert das nicht. Der Linux-Kernel verhindert, dass der nicht privilegierte Container diese Änderung vornimmt, was ja normalerweise durchaus erwünscht ist. Wenn wir jedoch auf diese Funktionalität angewiesen sind, damit der Container wie beabsichtigt funktioniert, besteht die einfachste Möglichkeit, die Berechtigungen des Containers zu erweitern, darin, ihn mit dem Argument `--privileged=true` zu starten:

Tatsächlich empfehlen wir, das Kommando `ip link set eth0 address` im nächsten Beispiel nicht auszuführen, da es die MAC-Adresse auf der Netzwerkschnittstelle des Containers verändert. Wir zeigen es hier nur, um Ihnen den Mechanismus vorzuführen. Probieren Sie es auf eigene Gefahr aus.

```
$ docker container run -ti --rm --privileged=true spkane/train-os /bin/bash

[root@853e0ef5dd63 /]# ip link ls
1: lo: <LOOPBACK,UP,LOWER_UP> mtu 65536 qdisc noqueue state UNKNOWN mode ...
    link/loopback 00:00:00:00:00:00 brd 00:00:00:00:00:00
2: tunl0@NONE: <NOARP> mtu 1480 qdisc noop state DOWN mode DEFAULT ...
    link/ipip 0.0.0.0 brd 0.0.0.0
```

```
3: ip6tnl0@NONE: <NOARP> mtu 1452 qdisc noop state DOWN mode DEFAULT ...
    link/tunnel6 :: brd :: permaddr 12b5:6f1b:a7e9::
22: eth0@if23: <BROADCAST,MULTICAST,UP,LOWER_UP> mtu 1500 qdisc noqueue ...
    link/ether 02:42:ac:11:00:02 brd ff:ff:ff:ff:ff:ff link-netnsid 0

[root@853e0ef5dd63 /]# ip link set eth0 address 02:0a:03:0b:04:0c

[root@853e0ef5dd63 /]#  ip link show eth0
26: eth0@if27: <BROADCAST,MULTICAST,UP,LOWER_UP> mtu 1500 qdisc noqueue ...
    link/ether 02:0a:03:0b:04:0c brd ff:ff:ff:ff:ff:ff link-netnsid 0

[root@853e0ef5dd63 /]# exit
```

Die Fehlermeldung bleibt nun aus, und der Wert von `link/ether` für `eth0` wurde geändert.

Das Problem beim Einsatz des Arguments `--privileged=true` ist, dass Sie dem Container damit sehr weitgehende Rechte einräumen, obwohl Sie in den meisten Fällen wahrscheinlich nur einige wenige Kernel-Capabilities benötigen, um eine gegebene Aufgabe zu erledigen.

Wenn Sie den privilegierten Container genauer untersuchen, werden Sie feststellen, dass die Möglichkeiten weit über das Ändern der MAC-Adresse hinausgehen. Sie können sogar Dinge anstellen, die sowohl Docker als auch dem System des Hosts möglicherweise Probleme bereiten. Im folgenden Code werden wir eine Festplattenpartition des zugrunde liegenden Hostsystems mounten, alle Docker-basierten Linux-Container auf dem System ausgeben und einige ihrer kritischeren Dateien untersuchen:

```
$ docker container run -ti --rm --privileged=true spkane/train-os /bin/bash

[root@664a896983d7 /]# mount /dev/vda1 /mnt && \
                       ls -F /mnt/docker/containers | \
                       head -n 10

047df420f6d1f227a26667f83e477f608298c25b0cdad2e149a781587aae5e11/
0888b9f97b1ecc4261f637404e0adcc8ef0c8df291b87c9160426e42dc9b5dea/
174ea3ec35cd3a576bed6f475b477b1a474d897ece15acfc46e61685abb3101d/
1eddad26ee64c4b29eb164b71d56d680739922b3538dc8aa6c6966fce61125b0/
22b2aa38a687f423522dd174fdd85d578eb21c9c8ec154a0f9b8411d08f6fd4b/
23879e3b9cd6a42a1e09dc8e96912ad66e80ec09949c744d1177a911322e7462/
266fe7da627d2e8ec5429140487e984c8d5d36a26bb3cc36a88295e38216e8a7/
2cb6223e115c12ae729d968db0d2f29a934b4724f0c9536e377e0dbd566f1102/
306f00e86122b69eeba9323415532a12f88360a1661f445fc7d64c07249eb0ce/
333b85236409f873d07cd47f62ec1a987df59f688a201df744f40f98b7e4ef2c/

[root@664a896983d7 /]# ls -F /mnt/docker/containers/047d...5e11/

047df420f6d1f227a26667f83e477f608298c25b0cdad2e149a781587aae5e11-json.log
checkpoints/
config.v2.json
hostconfig.json
hostname
hosts
mounts/
resolv.conf
```

```
resolv.conf.hash

[root@664a896983d7 /]# cat /mnt/docker/containers/047d…5e11/047…e11-json.log

{"log":"047df420f6d1\r\n","stream":"stdout","time":"2022-09-14T15:18:29.…"}
…

[root@664a896983d7 /]# exit
```

Löschen oder ändern Sie keine dieser Dateien! Das könnte unvorhersehbare Auswirkungen auf die Container des zugrunde liegenden Linux-Systems haben.

Wie Sie sehen, ist es also durchaus möglich, in einem privilegierten Container Dinge anzustellen, die man eigentlich nicht tun sollte.

Die einzige Capability des Kernels, die zum Ändern der MAC-Adresse benötigt wird, ist `CAP_NET_ADMIN`. Statt dem Container sämtliche Berechtigungen einzuräumen, geben wir ihm nur dieses eine Privileg, indem wir ihn mit dem Argument `--cap-add` starten:

```
$ docker container run -ti --rm --cap-add=NET_ADMIN spkane/train-os /bin/bash

[root@087c02a3c6e7 /]# ip link show eth0
36: eth0@if37: <BROADCAST,MULTICAST,UP,LOWER_UP> mtu 1500 qdisc noqueue …
    link/ether 02:42:ac:11:00:02 brd ff:ff:ff:ff:ff:ff link-netnsid 0

[root@087c02a3c6e7 /]# ip link set eth0 address 02:0a:03:0b:04:0c

[root@087c02a3c6e7 /]# ip link show eth0
36: eth0@if37: <BROADCAST,MULTICAST,UP,LOWER_UP> mtu 1500 qdisc noqueue …
    link/ether 02:0a:03:0b:04:0c brd ff:ff:ff:ff:ff:ff link-netnsid 0

[root@087c02a3c6e7 /]# exit
```

Jetzt können wir zwar die MAC-Adresse ändern, der Befehl `mount` hingegen funktioniert im Container nun nicht mehr:

```
$ docker container run -ti --rm --cap-add=NET_ADMIN spkane/train-os /bin/bash

[root@b84a06ddaa0d /]# mount /dev/vda1 /mnt
mount: /mnt: permission denied.

[root@b84a06ddaa0d /]# exit
```

Es ist ebenfalls möglich, spezifische Capabilities aus einem Container zu entfernen. Zum Beispiel könnte das Security-Team verlangen, dass `tcpdump` in allen Containern deaktiviert sein muss. Wenn Sie nun ein paar Container testen und dann das eine oder andere installierte `tcpdump` finden, kann Folgendes einfach ausgeführt werden.

```
$ docker container run -ti --rm spkane/train-os:latest tcpdump -i eth0

dropped privs to tcpdump
tcpdump: verbose output suppressed, use -v[v]… for full protocol decode
```

```
listening on eth0, link-type EN10MB (Ethernet), snapshot length 262144 bytes
15:40:49.847446 IP6 fe80::23:6cff:fed6:424f > ff02::16: HBH ICMP6, …
15:40:49.913977 ARP, Request who-has _gateway tell 5614703ffee2, length 28
15:40:49.914048 ARP, Request who-has _gateway tell 5614703ffee2, length 28
15:40:49.914051 ARP, Reply _gateway is-at 02:49:9b:d9:49:4e (oui Unknown), …
15:40:49.914053 IP 5642703bbff2.45432 > 192.168.75.8.domain: 44649+ PTR? …
…
```

Sie könnten `tcpdump` aus Ihren Images entfernen, aber das verhindert kaum, dass jemand es nachinstallieren könnte. Der effektivste Weg, das Problem zu lösen, ist, zu ermitteln, welche Kernel-Capability `tcpdump` braucht, um zu funktionieren, und diese aus den Containern zu entfernen. In diesem Fall können Sie `--cap-drap=NET_RAW` Ihrem `docker container run`-Befehl hinzufügen.

```
$ docker container run -ti --rm --cap-drop=NET_RAW spkane/train-os:latest \
  tcpdump -i eth0

tcpdump: eth0: You don't have permission to capture on that device
(socket: Operation not permitted)
```

Mit den Argumenten `--cap-add` und `--cap-drop` des Befehls `docker container run` können Sie die Kernel-Capabilities Ihres Containers (*https://man7.org/linux/man-pages/man7/capabilities.7.html*) genau auf Ihre Bedürfnisse abstimmen.

Achten Sie darauf, dass es neben dem Zugriff auf Systemaufrufe auch noch andere Dinge gibt, die durch das Aktivieren einer bestimmten Linux-Capability ermöglicht werden. Dazu kann beispielsweise die Sichtbarkeit aller Devices auf dem System gehören oder die Möglichkeit, die Zeit des Systems zu ändern.

Secure Computing Mode

Als die Linux-Kernel-Version 2.6.12 im Jahr 2005 veröffentlicht wurde, enthielt sie ein neues Sicherheitsfeature namens *Secure Computing Mode*, abgekürzt `seccomp`. Dieses Feature ermöglicht einem Prozess eine Transition in einen Zustand, in dem es nur noch erlaubt ist, ausgewählte System Calls auszuführen: `exit()`, `sigreturn()` sowie `read()` oder `write()` zu bereits offenen Dateideskriptoren.

Eine Erweiterung zu `seccomp` ist `seccomp-bpf`. Es nutzt die Linux-Version des Berkeley-Packet-Filters (BPF, *https://www.kernel.org/doc/Documentation/networking/filter. txt*), was Ihnen ermöglicht, eine explizite Liste von System Calls, die einen Prozess ausführen dürfen, als Richtlinie zu setzen. Die Docker-Unterstützung für `seccomp` verwendet auch `seccomp-bpf`, sodass Benutzer Profile anlegen können, die eine sehr genaue Kontrolle über Kernel-System-Calls für die containerisierten Prozesse ermöglichen.

Standardmäßig nutzen alle Container `seccomp` mit einem Standardprofil. Sie können mehr über Secure Computing Mode (*https://docs.docker.com/engine/security/seccomp/*) und darüber, welche System Calls im Standard geblockt sind, in der offiziellen Dokumentation nachlesen. Der JSON-Datei der Standardrichtlinie (*https://github.com/moby/moby/blob/master/profiles/seccomp/default.json*) können Sie entnehmen, wie die Richtlinien aussehen, und verstehen, wie sie definiert werden.

Um nachzuvollziehen, wie man die Funktion nutzen kann, verwenden wir das Programm strace, das die System Calls eines Prozesses darstellt, wenn wir versuchen, ein Dateisystem mit dem Befehl umount wieder unzumounten.

Die hier gezeigten Beispiele sollen nur die Idee verständlicher machen. Es sollte offensichtlich sein, dass Sie keine Dateisysteme aus Ihrem Container unmounten, wenn Sie nicht ganz genau wissen, was dann passieren wird.

```
$ docker container run -ti --rm spkane/train-os:latest umount /sys/fs/cgroup
umount: /sys/fs/cgroup: must be superuser to unmount.

$ docker container run -ti --rm spkane/train-os:latest \
  strace umount /sys/fs/cgroup

execve("/usr/bin/umount", ["umount", "/sys/fs/cgroup"], 0x7fff902ddbe8 ...
...
umount2("/sys/fs/cgroup", 0)           = -1 EPERM (Operation not permitted)
write(2, "umount: ", 8umount: )                = 8
write(2, "/sys/fs/cgroup: must be superuse"...,
      45/sys/fs/cgroup: must be superuser to unmount.) = 45
write(2, "\n", 1
)                            = 1
dup(1)                                 = 3
close(3)                               = 0
dup(2)                                 = 3
close(3)                               = 0
exit_group(32)                         = ?
+++ exited with 32 +++
```

Wir wissen schon, dass Befehle rund ums Mounten in einem Container mit normalen Berechtigungen nicht funktionieren, und strace zeigt auch deutlich, dass das System eine Fehlermeldung »Operation not permitted« liefert, wenn der Befehl umount versucht, den Systemaufruf umount2 auszuführen.

Das können Sie korrigieren, wenn Sie Ihrem Container die Rechte für die Capability SYS_ADMIN freigeben:

```
$ docker container run -ti --rm --cap-add=SYS_ADMIN spkane/train-os:latest \
    strace umount /sys/fs/cgroup

execve("/usr/bin/umount", ["umount", "/sys/fs/cgroup"], 0x7ffd3e4452b8 ...
...
umount2("/sys/fs/cgroup", 0)           = 0
dup(1)                                 = 3
close(3)                               = 0
dup(2)                                 = 3
close(3)                               = 0
exit_group(0)                          = ?
+++ exited with 0 +++
```

Mit --cap-add=SYS_ADMIN wird es aber auch möglich, jetzt ganz andere Dinge zu tun – unter anderem mit einem Befehl wie dem folgenden Systempartitionen zu mounten:

```
$ docker container run -ti --rm --cap-add=SYS_ADMIN spkane/train-os:latest \
  mount /dev/vda1 /mnt
```

Sie können das Problem aber auch mit einem fokussierteren Ansatz lösen, indem Sie ein seccomp-Profil anlegen. Im Gegensatz zu seccomp wird --cap-add eine ganze Reihe von System Calls und einige zusätzliche Berechtigungen freischalten, auch mit Sicherheit solche, die Sie nicht benötigen werden. CAP_SYS_ADMIN ist besonders leistungsfähig und besitzt deutlich mehr Berechtigungen, die eine Capability eigentlich nicht haben sollte. Mit einem seccomp-Profil können Sie jedoch sehr genau festlegen, welche System Calls Sie aktiviert oder deaktiviert haben möchten.

Wenn wir einen Blick auf das seccomp-Standardprofil werfen, sehen wir Folgendes:

```
{
    "defaultAction": "SCMP_ACT_ERRNO",
    "defaultErrnoRet": 1,
    "archMap": [
        {
            "architecture": "SCMP_ARCH_X86_64",
            "subArchitectures": [
                "SCMP_ARCH_X86",
                "SCMP_ARCH_X32"
            ]
        },
...
    ],
    "syscalls": [
        {
            "names": [
                "accept",
                "accept4",
                "access",
                "adjtimex",
...
                "waitid",
                "waitpid",
                "write",
                "writev"
            ],
            "action": "SCMP_ACT_ALLOW"
        },
        {
            "names": [
                "bpf",
                "clone",
...
                "umount2",
                "unshare"
            ],
            "action": "SCMP_ACT_ALLOW",
            "includes": {
                "caps": [
                    "CAP_SYS_ADMIN"
                ]
            }
        },
...
    ]
}
```

Diese JSON-Datei enthält eine Liste der unterstützten Architekturen, einen Standardregelsatz und Gruppen mit System Calls, die in den Scope jeder Capability fallen. Hier ist die Standardaktion `SCMP_ACT_ERRNO`, die eine Fehlermeldung generiert, wenn ein unspezifizierter System Call versucht wird.

Betrachten Sie sich das Standardprofil genauer, werden Sie sehen, dass `CAP_SYS_ADMIN` 37 System Calls enthält – eine sehr große Menge, die noch viel größer als die vier bis sechs Aufrufe der meisten anderen Capabilities ist.

Im aktuellen Use Case brauchen wir tatsächlich die von `CAP_SYS_ADMIN` angebotene Funktionalität, aber es sind nicht alle System Calls erforderlich, um korrekt zu funktionieren. Um sicherzustellen, dass Sie nur einen zusätzlichen System Call freischalten, können Sie auf Basis der Standardrichtlinie Ihre eigene Secure-Computing-Mode-Richtlinie anlegen.

Laden Sie sich dazu zuerst die Standard-Policy herunter und machen Sie eine Kopie von ihr:

```
$ wget https://raw.githubusercontent.com/moby/moby/master/\
profiles/seccomp/default.json

$ cp default.json umount2.json
```

Die obige URL hat Zeilenumbrüche. Sie müssen gegebenenfalls die URL nochmals anpassen und die Backslashs entfernen, damit der Befehl in Ihrer Umgebung richtig funktioniert.

Anschließend bearbeiten Sie die Datei und entfernen einen Haufen System Calls, die `CAP_SYS_ADMIN` normalerweise ermöglicht. In diesem Fall müssen nur zwei System Calls übrig bleiben, um sicherzustellen, dass sowohl `strace` wie auch `umount` korrekt funktionieren.

Der Abschnitt der Datei, den wir bearbeiten wollen, endet mit diesem JSON-Block:

```
"includes": {
    "caps": [
        "CAP_SYS_ADMIN"
    ]
}
```

Dieses `diff` zeigt die genauen Änderungen, die hier vorzunehmen sind:

```
$ diff -u -U5 default.json umount2.json

diff -u -U5 default.json umount2.json
--- default.json        2022-09-25 13:23:57.000000000 -0700
+++ umount2.json        2022-09-25 13:38:31.000000000 -0700
@@ -575,34 +575,12 @@
                                ]
                        }
                },
                {
                        "names": [
```

```
-                          "bpf",
                           "clone",
-                          "clone3",
-                          "fanotify_init",
-                          "fsconfig",
-                          "fsmount",
-                          "fsopen",
-                          "fspick",
-                          "lookup_dcookie",
-                          "mount",
-                          "mount_setattr",
-                          "move_mount",
-                          "name_to_handle_at",
-                          "open_tree",
-                          "perf_event_open",
-                          "quotactl",
-                          "quotactl_fd",
-                          "setdomainname",
-                          "sethostname",
-                          "setns",
-                          "syslog",
-                          "umount",
-                          "umount2",
-                          "unshare"
+                          "umount2"
                   ],
                   "action": "SCMP_ACT_ALLOW",
                   "includes": {
                           "caps": [
                                   "CAP_SYS_ADMIN"
…
```

Sie haben nun die Vorbereitungen getroffen, um das neue seccomp-Profil zu testen und sicherzustellen, dass Sie `umount`, aber nicht `mount` ausführen können:

```
$ docker container run -ti --rm --security-opt seccomp=umount2.json \
  --cap-add=SYS_ADMIN spkane/train-os:latest /bin/bash

[root@15b8a26b6cfe /]# strace umount /sys/fs/cgroup
execve("/usr/bin/umount", ["umount", "/sys/fs/cgroup"], 0x7ffece9ebc38 …
close(3)                                = 0
exit_group(0)                           = ?
+++ exited with 0 +++

[root@15b8a26b6cfe /]# mount /dev/vda1 /mnt
mount: /mnt: permission denied.

[root@15b8a26b6cfe /]# exit
```

Geht alles planmäßig vonstatten, läuft der `strace`-Aufruf für `umount` erfolgreich durch, und `mount` sollte blockiert werden. In der Realität wäre es viel sicherer, Ihre Anwendung so zu überarbeiten, dass sie diese besonderen Berechtigungen gar nicht benötigt, aber wenn es sich nicht vermeiden lässt, sollten Sie die Tools nutzen können, um dafür zu sorgen, dass Ihre Container so sicher wie möglich bleiben, dabei aber trotzdem von Nutzen sein können.

Mit `--security-opt seccomp=unconfined` könnten Sie das seccomp-Standardprofil abschalten. Allerdings müssen Sie sich bewusst sein, dass das Ausführen eines Containers ohne Einschränkungen im Allgemeinen eine schlechte Idee ist. Es könnte nur dann nützlich sein, wenn Sie herauszufinden versuchen, welche System Calls Sie in Ihrem Profil definieren müssen.

Die Stärke des Secure Computing Mode liegt darin, dass er den Nutzerinnen und Nutzern erlaubt, sehr viel selektiver einzustellen, was ein Container mit dem darunterliegenden Linux-Kernel tun darf und was nicht. Für die meisten Container sind angepasste Profile nicht notwendig. Dennoch sind sie ein mächtiges und nützliches Tool, wenn Sie einen leistungsstarken und sicheren Container bauen wollen.

SELinux und AppArmor

Wir hatten bereits erwähnt, dass sich Container `cgroups` und Namespaces zunutze machen. SELinux (*https://www.redhat.com/en/topics/linux/what-is-selinux*) sowie AppArmor (*https://apparmor.net*) sind Sicherheitsschichten im Linux-Ökosystem, mit denen sich die Sicherheit von Containern noch weiter verbessern lässt. Diese beiden Systeme wollen wir nun etwas eingehender betrachten. Sie ermöglichen es, Sicherheitsmaßnahmen zu treffen, die über die üblicherweise von Unix-Systemen unterstützten deutlich hinausgehen. SELinux wurde ursprünglich von der US-amerikanischen Nation Security Agency entwickelt und bietet sehr fein abstimmbare Steuerungsmöglichkeiten. AppArmor verfolgt ähnliche Ziele, ist dabei jedoch einfacher nutzbar als SELinux.

Docker wird für Plattformen, die eines dieser Profile unterstützen, standardmäßig mit brauchbaren aktivierten Profilen ausgeliefert. Durch ein Konfigurieren der Profile können Sie alle möglichen Features aktivieren oder abblocken. Falls Sie Docker in einer Produktivumgebung einsetzen, sollten Sie eine Risikoanalyse durchführen und überprüfen, ob Sie sich um die Sicherheitsaspekte Gedanken machen müssen. Der folgende kurze Überblick erläutert die Vorteile, die sich aus den beiden Systemen ziehen lassen.

SELinux und AppArmor beruhen auf einem Verfahren, das als *MAC* (*Mandatory Access Control*, obligatorische Zugriffskontrolle) bezeichnet wird. Dabei handelt es sich um eine Zugriffskontrollstrategie, bei der systemweite Sicherheitsrichtlinien den Benutzern (oder »Initiatoren«) Zugriff auf eine Ressource (oder ein »Ziel«) gewähren. Sie können damit verhindern, dass irgendjemand, `root` eingeschlossen, auf einen Teil des Systems zugreift, der nicht zugänglich sein soll. Solche Richtlinien lassen sich auf den gesamten Container anwenden, um die Berechtigungen aller Prozesse zu beschränken. Eine detaillierte Übersicht über die Konfiguration dieser Systeme im Einzelnen würde mehrere Kapitel erfordern. Die Standardprofile verhindern beispielsweise den Zugriff auf Teile der Dateisysteme `/proc` und `/sys`, weil es potenziell gefährlich wäre, diese zugänglich zu machen, auch wenn sie im Namespace des Containers sichtbar sind. Darüber hinaus sind Einschränkungen beim Mounten von Dateisystemen vorgesehen, um zu verhindern, dass Container auf Mountpoints zugreifen, die Ihnen nicht zugänglich sein sollten.

Wenn Sie es in Betracht ziehen, Linux-Container in einer Produktivumgebung einzusetzen, sollten Sie ernsthaft darüber nachdenken, auf den entsprechenden Systemen AppArmor oder SELinux zu aktivieren. Im Großen und Ganzen sind beide Systemvarianten gleichwertig, aber im Zusammenhang mit Docker gibt es bei SELinux eine erwähnenswerte Einschränkung: SELinux funktioniert nur vollständig auf Systemen, die Dateisystem-Metadaten unterstützen. AppArmor hingegen benötigt keine Dateisystem-Metadaten und funktioniert auf allen Docker-Backends. Welches der Systeme Sie verwenden, kann auch von der Linux-Distribution abhängen, daher sind Sie möglicherweise gezwungen, aufgrund der eingesetzten Distribution ein bestimmtes Backend zu wählen.

Wie sicher ist der Docker-Daemon?

Hinsichtlich der Sicherheit ist der Docker-Daemon das einzige wirklich neue Risiko im Netzwerk. Ihre containerisierten Anwendungen sind nicht unsicherer, sondern eher etwas sicherer, als sie es wären, wenn das Deployment ohne Container stattfände. Aber ohne Container würden Sie den Docker-Daemon nicht verwenden. Sie können Docker so betreiben, dass keinerlei Ports im Netzwerk zugänglich sind. Das ist sehr empfehlenswert und der Standard bei den meisten Docker-Installationen.

In der Standardkonfiguration aller uns bekannten Distributionen ist Docker im Netzwerk isoliert – lediglich ein lokaler Unix-Socket ist zugänglich. Da sich ein so eingerichteter Docker-Server nicht aus der Ferne verwalten lässt, fügen viele der Konfiguration den unverschlüsselten Port 2375 hinzu. Diese Vorgehensweise ist gut geeignet, um sich mit Docker vertraut zu machen. Ob das dauerhaft so bleiben kann, hängt von Ihren Sicherheitsanforderungen ab – in Umgebungen, in denen ein gewisses Sicherheitsniveau angebracht ist, sollten Sie jedoch lieber davon Abstand nehmen. Tatsächlich sollten Sie Docker überhaupt nicht nach außen hin öffnen, es sei denn, es gibt gute Gründe dafür. Wenn Sie sich dafür entscheiden, sollten Sie es ordentlich absichern. Die meisten Scheduler-Systeme führen ihre Services auf jedem Node aus und kommunizieren nicht über einen Netzwerkport, sondern über den Unix Domain Socket mit Docker.

Es gibt verschiedene Möglichkeiten zur Absicherung von Docker, die in den meisten Produktivumgebungen sinnvoll sind. Aber was Sie auch tun, Sie sind doch immer darauf angewiesen, dass der Docker-Daemon selbst nicht für Pufferüberläufe oder Race Conditions (Wettlaufsituationen) anfällig ist – zwei der häufiger anzutreffenden Sicherheitsschwachstellen. Das trifft allerdings auf alle im Netzwerk bereitgestellten Services zu, wenngleich das Risiko bei Docker deutlich höher ist, da es normalerweise als `root` läuft und damit beliebige Dinge auf Ihrem System anstellen kann, während es gleichzeitig keine Role-Based Access Control besitzt.

Die Absicherung von Docker erfolgt im Wesentlichen wie bei vielen anderen Netzwerkservices auch: Verschlüsseln Sie den Daten-Traffic und sorgen Sie dafür, dass Benutzer sich authentifizieren müssen. Ersteres lässt sich in Docker ziemlich leicht einrichten, Letzteres ist nicht ganz so einfach. Wenn Ihnen Zertifikate zum Schutz des HTTP-Daten-Traffics Ihrer Hosts zur Verfügung stehen, etwa ein allgemeines

Zertifikat für Ihre Domain, können Sie TLS aktivieren, um sämtlichen Daten-Traffic mit Ihren Docker-Servern über Port 2376 zu verschlüsseln. Das ist schon mal ein guter Anfang. Einzelheiten dazu können Sie der Docker-Dokumentation (*https://docs.docker.com/engine/ security/protect-access*) entnehmen.

Authentifizierung und Autorisierung sind dagegen komplizierter. Docker bietet hinsichtlich der Autorisierung keinerlei Einstellungsmöglichkeiten: Entweder dürfen Sie zugreifen oder eben nicht. Die Authentifizierung andererseits ist ziemlich sicher: Docker verwendet signierte Zertifikate. Leider bedeutet das aber auch, dass der Schritt zum Einsatz einer Authentifizierung nicht ganz einfach ist, weil in den meisten Fällen die Einrichtung einer Zertifizierungsstelle erforderlich ist. Sollte Ihr Unternehmen bereits über Zertifikate verfügen, dürfen Sie sich glücklich schätzen, denn die Verwaltung der Zertifikate eines Unternehmens oder einer Organisation muss sehr sorgfältig gehandhabt werden – zum einen, damit sie sicher sind, und zum anderen, damit sie effizient vergeben werden können. Hier sind die grundlegenden Schritte:

1. Richten Sie ein Verfahren zum Erzeugen und Signieren von Zertifikaten ein.
2. Erstellen Sie Zertifikate für den Server und die Clients.
3. Konfigurieren Sie Docker mit `--tlsverify` so, dass Zertifikate erforderlich sind.

Ausführliche Anleitungen zur Einrichtung von Server und Client sowie einer einfachen Zertifizierungsstelle finden Sie in der Docker-Dokumentation (*https://docs.docker.com/engine/security/protect-access*).

In Anbetracht der Tatsache, dass der Daemon so gut wie immer als `root` läuft und Ihre Anwendungen unter seiner unmittelbaren Kontrolle stehen, ist es vermutlich keine gute Idee, Docker direkt über das Internet zugänglich zu machen. Falls Sie von außerhalb Ihres Netzwerks auf Docker zugreifen möchten, sollten Sie in Betracht ziehen, ein VPN oder einen SSH-Tunnel über einen als Zwischenstation dienenden Rechner zu verwenden.

Erweiterte Konfiguration

Docker hat eine sehr saubere externe Schnittstelle, die von außen betrachtet monolithisch wirkt. Hinter den Kulissen gehen allerdings viele Dinge vor, die konfigurierbar sind. Das Logging-Backend, das wir in »Logging« auf Seite 169 beschrieben haben, ist dafür ein gutes Beispiel. Sie können vieles anpassen, wie etwa das Storage-Backend für Container-Images für den kompletten Daemon, die Nutzung einer komplett anderen Runtime oder die Konfiguration von verschiedenen Netzwerken für individuelle Container. Das sind ziemlich mächtige Switches, deren Funktionsweise Sie verstehen sollten, bevor Sie sie einsetzen. Zunächst werden wir über die Netzwerkkonfiguration sprechen, gefolgt von den Storage-Backends, und zum Schluss werden wir den Wechsel zu einer komplett anderen Container-Runtime behandeln, um das standardmäßige `runc` zu ersetzen.

Netzwerke

Eingangs haben wir die verschiedenen Netzwerk-Layer beschrieben, die sich zwischen einem Linux-Container und dem »echten« Netzwerk befinden. Wie das funktioniert, wollen wir uns nun etwas genauer ansehen. Abbildung 11-1 zeigt einen typischen Docker-Server mit drei Containern, die in einem privaten Netzwerk laufen (in der Abbildung rechts). Einer der Container hat einen Port geöffnet, der auf dem Docker-Server öffentlich zugänglich ist (TCP-Port 10520). Wir wollen nun nachverfolgen, wie ein eingehender Request zum Linux-Container gelangt und wie ein Container eine ausgehende Verbindung zu einem externen Netzwerk herstellen kann.

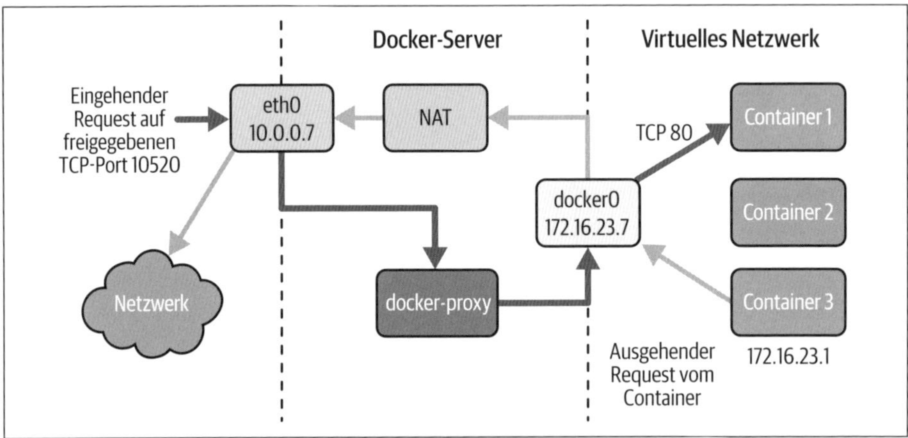

Abbildung 11-1: Der Swarm-Manager steuert das Docker-Cluster.

Wenn irgendein Client im Netzwerk mit dem auf Port 80 des Containers 1 erreichbaren `nginx`-Server kommunizieren möchte, geht dieser Request auf der `eth0`-Schnittstelle des Docker-Servers ein. Da Docker bekannt ist, dass es sich um einen öffentlich zugänglichen Port handelt, wird eine `docker-proxy`-Instanz gestartet, die auf Port 10520 horcht. Der Request wird also dem `docker-proxy`-Prozess übergeben, der ihn an den richtigen Container im privaten Netzwerk auf dem korrekten Port weiterleitet. Die Antwort auf den Request nimmt denselben Weg in umgekehrter Richtung.

Der ausgehende Daten-Traffic eines Containers nimmt einen anderen Weg, bei dem der `docker-proxy` überhaupt keine Rolle mehr spielt. Im vorliegenden Fall möchte sich Container 3 mit einem Server im öffentlich zugänglichen Internet verbinden. Container 3 besitzt im privaten Netzwerk die IP-Adresse 172.16.23.1 und nutzt als Standardroute die `docker0`-Schnittstelle mit der Adresse 172.16.23.7, an die er seinen Request sendet. Der Docker-Server, auf dem die Weiterleitung von Daten-Traffic aktiviert ist, erkennt, dass es sich bei dem Request um ausgehenden Daten-Traffic handelt. Da das virtuelle Netzwerk privat ist, möchte er den Request über seine eigene öffentliche IP-Adresse versenden. Er durchläuft also die NAT-Ebene (*Network Address Translation*) des Kernels und wird über die `eth0`-Schnittstelle an das externe Netzwerk weitergeleitet. Die Antwort nimmt auch hier denselben Weg in umgekehrter Richtung. Beachten Sie, dass NAT nur in einer Richtung stattfindet –

die Container im virtuellen Netzwerk erhalten Antwortpakete, die echte Netzwerkadressen enthalten.

Ihnen ist sicherlich aufgefallen, dass diese Konfiguration nicht gerade einfach ist. Der Mechanismus ist einigermaßen umständlich, lässt Docker aber ziemlich transparent erscheinen – und trägt darüber hinaus zum Sicherheitsansatz von Docker bei, da die Container in ihrem Netzwerk-Namespace gekapselt sind, sich in ihrem eigenen privaten Netzwerk befinden und auch nicht auf Komponenten wie den D-Bus (Desktop Bus) oder die iptables des Hauptsystems zugreifen können.

Sehen wir uns die Vorgänge auf etwas ausführlicherer Ebene an. Die Schnittstellen, die im Linux-Container in der Ausgabe von `ifconfig` oder `ip addr` erscheinen, sind tatsächlich virtuelle Ethernet-Anschlüsse des auf dem Docker-Server laufenden Kernels. Sie werden in den Netzwerk-Namespace des Containers eingebunden und erhalten die Bezeichnungen, die Ihnen innerhalb des Containers angezeigt werden. Werfen wir als Nächstes einen Blick auf die Ausgabe des Befehls `ip addr show` auf einem Docker-Server, die an dieser Stelle der Einfachheit halber etwas verkürzt dargestellt wird:

```
$ ip addr show

1: lo: <LOOPBACK,UP,LOWER_UP> mtu 65536 qdisc noqueue state UNKNOWN group …
    link/loopback 00:00:00:00:00:00 brd 00:00:00:00:00:00
    inet 127.0.0.1/8 brd 127.255.255.255 scope host lo
       valid_lft forever preferred_lft forever
    inet6 ::1/128 scope host
       valid_lft forever preferred_lft forever
2: eth0: <BROADCAST,MULTICAST,UP,LOWER_UP> mtu 1500 qdisc pfifo_fast state …
    link/ether 02:50:00:00:00:01 brd ff:ff:ff:ff:ff:ff
    inet 172.16.168.178/24 brd 192.168.65.255 scope global dynamic …
       valid_lft 4908sec preferred_lft 3468sec
    inet6 fe80::50:ff:fe00:1/64 scope link
       valid_lft forever preferred_lft forever
…
7: docker0: <BROADCAST,MULTICAST,UP,LOWER_UP> mtu 1500 qdisc noqueue …
    link/ether 02:42:9c:d2:89:4f brd ff:ff:ff:ff:ff:ff
    inet 172.17.42.1/16brd 172.17.255.255 scope global docker0
       valid_lft forever preferred_lft forever
    inet6 fe80::42:9cff:fed2:894f/64 scope link
       valid_lft forever preferred_lft forever
…
185: veth772de2a@if184: <BROADCAST,MULTICAST,UP,LOWER_UP> mtu 1500 qdisc …
    link/ether 9a:a9:24:b7:5a:31 brd ff:ff:ff:ff:ff:ff link-netnsid 1
    inet6 fe80::98a9:24ff:feb7:5a31/64 scope link
       valid_lft forever preferred_lft forever
```

Hier werden die normale Loopback-Schnittstelle `lo`, die echte Ethernet-Schnittstelle `eth0` sowie die bereits beschriebene Docker-Bridge `docker0` angezeigt. Letztere nimmt den ausgehenden Daten-Traffic der Container im virtuellen Netzwerk entgegen. Die Überraschung ist die Schnittstelle `veth772de2a`: Wenn Docker einen Container erzeugt, werden auch zwei virtuelle Schnittstellen angelegt. Eine gehört zum Docker-Server und wird mit der `docker0`-Bridge verbunden, die andere erscheint im Namespace des Containers. Was Sie hier sehen, ist die virtuelle Schnittstelle aufseiten des Docker-Servers. Ist Ihnen aufgefallen, dass für diese Schnittstelle keine zugewiesene IP-Adresse angezeigt wird? Das liegt daran, dass diese virtuelle Schnittstelle einfach nur mit der Bridge verknüpft wird. Im Namespace des Containers trägt diese Schnittstelle übrigens einen völlig anderen Namen.

Wie häufig bei Docker können Sie auch die Implementierung des Proxys austauschen. Dafür nutzen Sie `--userland-proxy-path=<path>`. Es gibt nicht viele Gründe, die für einen Austausch sprechen, es sei denn, Sie haben ein sehr spezielles Netzwerk-Setup. Mit `--userland-proxy=false` kann der `userland-proxy` komplett deaktiviert werden, sodass Docker vollständig auf NAT-Funktionalität setzt (*https://www.geeksforgeeks.org/network-address-translation-nat*), um Traffic zwischen lokalen Containern zu routen. Brauchen Sie Services mit höherem Durchsatz, mag das für Sie das Richtige sein.

Ein *Hairpin-NAT* kommt normalerweise zum Einsatz, um Services innerhalb eines NAT-Netzwerks zu beschreiben, die sich untereinander über ihre öffentlichen IP-Adressen ansprechen. Das sorgt dafür, dass Traffic vom Quellservice ins Internet geroutet wird, die externe Schnittstelle für den NAT-Router erreicht und dann zurück in das ursprüngliche Netzwerk zum Zielservice geroutet wird. Der Traffic bewegt sich wie der Buchstabe U – oder eben eine Haarnadel.

Host-Networking

Es wäre durchaus möglich, einen Container ohne diese Netzwerkkonfiguration zu betreiben, die Docker für Sie einrichtet. Außerdem kann der `docker-proxy` bei Services mit umfangreichem Daten-Traffic zum Engpass werden. Doch was geschieht, wenn wir den `docker-proxy` deaktivieren? Docker bot von Anfang an die Möglichkeit, mit dem Kommandozeilenargument `--net=host` den `docker-proxy` für einzelne Container abzuschalten. Es gibt Situationen – etwa wenn Sie eine Anwendung mit hohem Datendurchsatz betreiben –, in denen das angebracht sein kann, allerdings geht dann ein Teil von Dockers Flexibilität verloren. Schauen wir uns an, wie dieser Mechanismus funktioniert.

Ebenso wie einige andere in diesem Kapitel angesprochene Aspekte sollten Sie diese Einstellung nicht auf die leichte Schulter nehmen: Sie hat Folgen für den Betrieb und die Sicherheit des Containers, die für Sie womöglich nicht akzeptabel sind. Unter bestimmten Umständen kann sie angemessen sein, bedenken Sie jedoch immer auch die Auswirkungen.

Wir starten also mit `--net=host` einen Container und beobachten, was geschieht:

```
$ docker container run --rm -it --net=host spkane/train-os bash

[root@docker-desktop /]# docker container run --rm -it --net=host \
                           spkane/train-os ip addr show

1: lo: <LOOPBACK,UP,LOWER_UP> mtu 65536 qdisc noqueue state UNKNOWN group
                                default qlen 1000
    link/loopback 00:00:00:00:00:00 brd 00:00:00:00:00:00
    inet 127.0.0.1/8 brd 127.255.255.255 scope host lo
```

```
    valid_lft forever preferred_lft forever
  inet6 ::1/128 scope host
    valid_lft forever preferred_lft forever
2: eth0: <BROADCAST,MULTICAST,UP,LOWER_UP> mtu 1500 qdisc pfifo_fast
                                              state UP group default qlen 1000
  link/ether 02:50:00:00:00:01 brd ff:ff:ff:ff:ff:ff
  inet 192.168.65.3/24 brd 192.168.65.255 scope global dynamic
                                               noprefixroute eth0
    valid_lft 4282sec preferred_lft 2842sec
  inet6 fe80::50:ff:fe00:1/64 scope link
    valid_lft forever preferred_lft forever
...
7: docker0: <NO-CARRIER,BROADCAST,MULTICAST,UP> mtu 1500 qdisc noqueue
                                                   state DOWN group default
  link/ether 02:42:9c:d2:89:4f brd ff:ff:ff:ff:ff:ff
  inet 172.17.0.1/16 brd 172.17.255.255 scope global docker0
    valid_lft forever preferred_lft forever
  inet6 fe80::42:9cff:fed2:894f/64 scope link
    valid_lft forever preferred_lft forever
8: br-340323d07310: <NO-CARRIER,BROADCAST,MULTICAST,UP> mtu 1500 qdisc
                                             noqueue state DOWN group default
  link/ether 02:42:56:24:42:b8 brd ff:ff:ff:ff:ff:ff
  inet 172.22.0.1/16 brd 172.22.255.255 scope global br-340323d07310
    valid_lft forever preferred_lft forever
11: br-01f7537b9475: <NO-CARRIER,BROADCAST,MULTICAST,UP> mtu 1500 qdisc
                                              noqueue state DOWN group default
  link/ether 02:42:ed:14:67:61 brd ff:ff:ff:ff:ff:ff
  inet 172.18.0.1/16 brd 172.18.255.255 scope global br-01f7537b9475
    valid_lft forever preferred_lft forever
  inet6 fc00:f853:ccd:e793::1/64 scope global
    valid_lft forever preferred_lft forever
  inet6 fe80::42:edff:fe14:6761/64 scope link
    valid_lft forever preferred_lft forever
  inet6 fe80::1/64 scope link
    valid_lft forever preferred_lft forever
```

Das sollte Ihnen bekannt vorkommen, denn wenn wir einen Container mit der Option --net=host betreiben, befinden wir uns im Netzwerk-Namespace des Hosts. Beachten Sie, dass wir uns *auch* im UTS-Namespace des Servers befinden. Der Hostname des Servers lautet docker-desktop, lassen wir uns also den Hostnamen des Containers anzeigen:

```
[root@docker-desktop /]# hostname
docker-desktop
```

Wenn wir den Befehl mount ausführen, wird allerdings erkennbar, dass Docker die Dateien */etc/resolv.conf*, */etc/hosts* und */etc/hostname* beibehält. Wie erwartet, enthält die Datei */etc/hostname* einfach nur den Hostnamen des Servers:

```
[root@docker-desktop /]# mount

overlay on / type overlay (rw,relatime,lowerdir=/var/lib/docker/overlay2/...)
...
/dev/vda1 on /etc/resolv.conf type ext4 (rw,relatime)
/dev/vda1 on /etc/hostname type ext4 (rw,relatime)
/dev/vda1 on /etc/hosts type ext4 (rw,relatime)
...
```

```
[root@docker-desktop /]# cat /etc/hostname
docker-desktop
```

Um zu überprüfen, ob wir wirklich alle Netzwerkverbindungen des Docker-Servers »sehen« können, zeigen wir mit ss die Sockets an, die Docker einsetzt:

```
root@852d18f5c38d:/# ss | grep docker

u_str  ESTAB  0  0  /run/guest-services/docker.sock  18086  * 16860
...
u_str  ESTAB  0  0  /var/run/docker.sock             21430  * 21942
```

Lauscht der Docker-Daemon an einem TCP-Port wie 2375, hätten Sie auch danach schauen können. Betrachten Sie sich doch mal einen anderen TCP-Port auf Ihrem Server, von dem Sie wissen, dass er genutzt wird.

Suchen Sie in der Ausgabe eines normalen Containers in seinem eigenen Namespace nach docker, werden Sie kein Ergebnis erhalten:

```
$ docker container run --rm -it spkane/train-os bash -c "ss | grep docker"
```

Wir befinden uns also tatsächlich im Netzwerk-Namespace des Servers. Zusammengefasst bedeutet dies, dass wir beim Betrieb einer Anwendung mit hohem Datendurchsatz eine Netzwerkperformance erwarten dürfen, die der normalen Performance des Docker-Servers gleichkommt. Es besteht aber auch die Gefahr, dass es bei der Verwendung von Ports zu Konflikten kommt, wenn diese auf dem Docker-Server bereits in Gebrauch sind. Seien Sie bei Portzuweisungen also besonders vorsichtig.

Netzwerke konfigurieren

Es gibt jedoch mehr Netzwerke als nur das Standard- oder Hostnetzwerk.

Mit dem Befehl docker network lassen sich mehrere Netzwerke mit verschiedenen Backends nutzen. Er erlaubt auch, sich Docker ansehen zu können und Docker-Netzwerk-Layer zu manipulieren. Er gibt Aufschluss darüber, wie die Netzwerkebenen mit den auf dem System laufenden Containern verknüpft sind.

Mit dem folgenden Befehl können Sie die aus der Perspektive von Docker verfügbaren Netzwerke anzeigen:

```
$ docker network ls

NETWORK ID      NAME     DRIVER   SCOPE
5840a6c23373    bridge   bridge   local
1c22b4582189    host     host     local
c128bfdbe003    none     null     local
```

Um weitere Details über eins der Netzwerke herauszufinden, rufen Sie den Befehl docker inspect network zusammen mit der Netzwerk-ID auf:

```
$ docker network inspect 5840a6c23373

[
    {
```

```
        "Name": "bridge",
        "Id": "5840...fc94",
        "Created": "2022-09-23T01:21:55.697907958Z",
        "Scope": "local",
        "Driver": "bridge",
        "EnableIPv6": false,
        "IPAM": {
            "Driver": "default",
            "Options": null,
            "Config": [
                {
                    "Subnet": "172.17.0.0/16",
                    "Gateway": "172.17.0.1"
                }
            ]
        },
        "Internal": false,
        "Attachable": false,
        "Ingress": false,
        "ConfigFrom": {
            "Network": ""
        },
        "ConfigOnly": false,
        "Containers": {},
        "Options": {
            "com.docker.network.bridge.default_bridge": "true",
            "com.docker.network.bridge.enable_icc": "true",
            "com.docker.network.bridge.enable_ip_masquerade": "true",
            "com.docker.network.bridge.host_binding_ipv4": "0.0.0.0",
            "com.docker.network.bridge.name": "docker0",
            "com.docker.network.driver.mtu": "1500"
        },
        "Labels": {}
    }
]
```

Mit dem `network`-Befehl können Sie Docker-Netzwerke erstellen und entfernen und sie mit einzelnen Containern verknüpfen oder eine solche Verknüpfung wieder aufheben.

Bis jetzt haben wir drei Docker-Netzwerk-Typen angelegt: kein Docker-Netzwerk, ein Bridge-Netzwerk und ein Bridge-Netzwerk mit Hairpin-NAT. Es gibt ein paar weitere Treiber, die Sie nutzen können, um verschiedene Topologien mit Docker zu verwenden. Darunter zählen `overlay` und `macvlan` zu den bekanntesten Treibern. Lassen Sie uns einen Blick darauf werfen.

`overlay`
: Dieser Treiber wird im Swarm Mode genutzt, um ein Overlay-Netz zwischen Docker-Hosts herzustellen. Dadurch ergibt sich ein privates Netzwerk zwischen allen Containern, die über dem echten Netzwerk laufen. In Swarm ist das nützlich, ist aber nicht geeignet für Container außerhalb von Swarm.

`macvlan`
: Dieser Treiber erzeugt eine echte MAC-Adresse für jeden Ihrer Container. Diese wird dann auf dem Netzwerk über das Interface Ihrer Wahl freigegeben. Das be-

deutet allerdings auch, dass Sie die Unterstützung von mehr als einer MAC-Adresse pro physischen Port auf dem Switch aktivieren. Daraus resultiert, dass alle Container direkt auf dem darunterliegenden Netzwerk erreichbar sind. Wenn Sie von einem Legacy-System zu einem containerbasierten System wechseln, kann das sehr nützlich sein. Es gibt aber Nachteile, wie z. B. ein erschwertes Debuggen, um zu erkennen, von welchem Host der Traffic im Netzwerk kommt, das Overflowing der MAC-Tabellen in Ihren Netzwerk-Switches, übermäßiges ARPing durch Containerhosts und andere zugrunde liegende Netzwerkprobleme. Aus diesen Gründen wird `macvlan` nicht empfohlen, es sei denn, Sie haben ein gutes Verständnis von Ihrem zugrunde liegenden Netzwerk und können es effektiv verwalten.

Es gibt ein paar Konfigurationen, die hier möglich sind. Das grundlegende Setup ist einfach zu konfigurieren:

```
$ docker network create -d macvlan \
        --subnet=172.16.16.0/24 \
        --gateway=172.16.16.1 \
        -o parent=eth0 ourvlan

$ docker network ls
NETWORK ID      NAME            DRIVER     SCOPE
5840a6c23373    bridge          bridge     local
1c22b4582189    host            host       local
c128bfdbe003    none            null       local
8218c0ecc9e2    ourvlan         macvlan    local

$ docker network rm 8218c0ecc9e2
```

Sie können verhindern, dass Docker spezifische Adressen zuweist, indem Sie mit `--aux-address="my-router=172.16.16.129"` Auxiliary-Adressen definieren.

Die Docker-Netzwerk-Layer bieten eine Vielzahl von Konfigurationsmöglichkeiten. In der Praxis werden Sie wahrscheinlich vornehmlich die Standardeinstellungen Hostnetzwerk (`--net=host`) und proxyloser Modus (`userland-proxy=false`) verwenden und antreffen. Zu den weiteren Einstellungen, die konfigurierbar sind, gehören unter anderem die verwendeten DNS-Server, die Optionen für die Namensauflösung, die Standard-Gateways der Container und vieles mehr. Die Docker-Dokumentation über Netzwerke (*https://docs.docker.com/engine/userguide/networking/*) liefert Ihnen einen guten Überblick darüber, wie diese Aufgaben erledigt werden können.

Wenn Sie an erweiterten Netzwerkkonfigurationen interessiert sind, sollten Sie sich *Weave* (*https://github.com/weaveworks/weave*) ansehen. Damit wird es möglich, dass sich Container über mehrere Docker-Hosts erstrecken, vergleichbar mit dem `overlay`-Treiber, allerdings mit deutlich mehr Konfigurationsoptionen und ohne Swarm. Ein weiteres Angebot ist *Project Calico* (*https://www.tigera.io/project-calico*). Und wenn Sie Kubernetes einsetzen möchten, das seine eigene Netzwerkkonfiguration nutzt, sollten Sie sich mit dem *Container Net-*

work Interface (CNI, *https://www.cni.dev*) vertraut machen und dann einen Blick auf *Cilium* werfen (*https://cilium.io*), eine robuste, eBPF-gestützte Netzwerkkomponente für Container.

Storage

Hinter all den Images und Containern Ihres Docker-Servers steht letzten Endes ein Storage-Backend, das das Lesen und Schreiben der Daten managt. Docker stellt ziemlich stramme Anforderungen an das Storage-Backend: Es muss mehrschichtige Dateisysteme unterstützen, denn mithilfe dieses Mechanismus überwacht Docker die vorgenommenen Änderungen, um sowohl den vom Container belegten Speicherplatz als auch die beim Deployment neuer Images über das Netzwerk zu übertragene Datenmenge zu verringern. Dank einer Copy-on-Write-Strategie kann Docker neue Container von einem bereits vorhandenen Image starten, ohne das gesamte Image kopieren zu müssen. Auch dies muss das Storage-Backend unterstützen – ebenso wie es ermöglichen muss, Images als Gruppen geänderter Layer zu exportieren oder den Zustand eines laufenden Containers zu speichern. In den meisten Fällen benötigen Sie die Hilfe des Kernels, um diese Aufgaben effizient zu erledigen. Das liegt darin begründet, dass Ihr Container aus Sicht des Dateisystems eine Zusammenstellung von Storage-Layern ist, die tatsächlich gar nicht in den Container kopiert werden. Stattdessen werden sie Ihnen lediglich angezeigt – und erst wenn Sie Änderungen vornehmen, wird effektiv etwas in das Dateisystem Ihres Containers geschrieben. Der Layering-Mechanismus wird für Sie sichtbar, wenn Sie ein neues Image von einer Registry wie Docker Hub hoch- oder herunterladen. Der Docker-Daemon wird jeden Layer gleichzeitig hoch- und herunterladen. Wenn schon ein Layer lokal existiert, wird er diesen verwenden. Manchmal wird Docker auch sagen, von welchen Images das Mounten durchgeführt wurde.

Docker ist bei der Handhabung der Layer auf eine Reihe von Kernel-Treibern angewiesen. Die Docker-Codebasis enthält diversen Code für die Interaktion mit vielen dieser Backends, und welcher davon letztlich zum Einsatz kommen soll, kann bei einem Neustart des Daemons konfiguriert werden. Werfen wir also einen Blick auf die verfügbaren Optionen und deren Vor- und Nachteile.

Die verschiedenen Backends unterliegen diversen Einschränkungen, durch die sie sich entweder als Mittel der Wahl auszeichnen – oder eben auch nicht. In manchen Fällen ist die Auswahl des Backends schon dadurch begrenzt, was die eingesetzte Linux-Distribution überhaupt unterstützt. Die Verwendung von Treibern, die in den mit der Linux-Distribution ausgelieferten Kernel integriert sind, kann die Arbeit ungemein erleichtern. Es ist grundsätzlich immer am besten, bei den erprobten Vorgehensweisen zu bleiben. Uns sind seit dem erstmaligen Release von Docker im Zusammenhang mit den unterschiedlichen Backends schon die merkwürdigsten Dinge begegnet – und wie üblich wird der gebräuchlichste Fall immer am besten unterstützt. Außerdem stellen die einzelnen Backends unterschiedliche statistische Daten über die Schnittstelle der Docker-Remote-API (`/info`-Endpunkt) zur Verfügung. Das könnte sich beim Überwachen Ihrer Docker-Systeme als nützlich erweisen.

Overlay

Overlay (*https://www.kernel.org/doc/html/latest/filesystems/overlayfs.html*, vormals OverlayFS) ist ein Dateisystem, in dem mehrere Layer zusammen gemountet werden, sodass sie als einzelnes Dateisystem erscheinen. Dieser Treiber wird für Docker-Storage am häufigsten empfohlen und funktioniert auf den meisten großen Distributionen. Wenn Sie einen älteren Linux-Kernel als 4.0 (oder 3.10.0-693 auf CentOS/RHEL) verwenden, werden Sie die Vorteile dieses Backends nicht nutzen können. Zuverlässigkeit und Performance sind jedoch so gut, dass Sie eine Aktualisierung Ihres Betriebssystems für Docker in Betracht ziehen sollten, auch wenn Ihre Firma eine ältere Distribution nutzt. Das Overlay-Dateisystem ist Teil des Linux-Kernels und wurde über die Zeit immer stabiler. Die Tatsache, dass es im Linux-Kernel enthalten ist, garantiert quasi eine langfristige Unterstützung, was ebenfalls ein großer Vorteil ist. Docker unterstützt zwei Overlay-Backends: `overlay` und `overlay2`. Sie können sich vermutlich schon denken, dass wir Ihnen dringend empfehlen, `overlay2` einzusetzen, da es schneller, effizienter und robuster ist.

Die Docker-Community verbessert regelmäßig die Unterstützung für verschiedene Dateisystem-Backends. Für mehr Details zu diesen Dateisystemen lohnt sich ein Blick in die offizielle Dokumentation (*https://docs.docker.com/storage/storagedriver/*).

AuFS (Advanced Multi-layered Unification Filesystem)

Auch wenn es derzeit nicht mehr offiziell empfohlen wird, ist AuFS das ursprüngliche Backend (*https://aufs.sourceforge.net*). Hierbei handelt es sich um einen Treiber für ein Overlay-Dateisystem, das von diversen verbreiteten Linux-Distributionen vernünftig unterstützt wird. AuFS wurde allerdings nie in den Standard-Kernel übernommen, sodass er in einigen Distributionen nur eingeschränkt verfügbar ist. Beispielsweise ist dieser Treiber kein Bestandteil der jüngsten Versionen von Red Hat oder Fedora und gehört auch nicht zur Standard-Ubuntu-Distribution, er findet sich jedoch im `linux-image-extra`-Paket von Ubuntu.

Sein Status als Second-Class-Objekt im Kernel hat zur Entwicklung vieler der inzwischen verfügbaren anderen Backends geführt. Wenn Sie eine ältere Distribution nutzen, die AuFS unterstützt, sollten Sie trotzdem erwägen, zu einem neueren Kernel zu wechseln, der nativ Overlay oder `btrfs` unterstützt.

Btrfs (B-tree Filesystem)

`btrfs` (*https://btrfs.wiki.kernel.org/index.php/Main_Page*) ist grundsätzlich ein Copy-on-Write-Dateisystem und damit ziemlich gut für Dockers Image-Modell geeignet. Docker verwendet das Backend wie im Fall von AuFS (und anders als beim Device Mapper) in der vorgesehenen Art und Weise, das heißt, es arbeitet in Produktivumgebungen sehr stabil, ziemlich flott und skaliert darüber hinaus gut – mehrere Tausend Container auf einem System sind problemlos möglich. Bei Red-Hat-basierten Systemen gibt es den großen Nachteil, dass `btrfs` SELinux nicht unterstützt. Wir empfehlen, es sich neben `overlay2` durchaus einmal anzuschauen. Eine weitverbreitete Methode, `btrfs` als Backend zu nutzen, ist, ein `btrfs`-Dateisystem in einer Datei anzulegen und es per Loopback mit z. B. dem Befehl `mount -o loop file.btrfs /mnt` zu mounten. Mit dieser Methode können Sie selbst ein Container-Storage-Dateisystem mit 50 GB auf Cloud-basierten Systemen anlegen, ohne Ihren lokalen Storage komplett an `btrfs` abzugeben.

Device Mapper
Device Mapper wurde ursprünglich von Red Hat entworfen, um dessen Distribution zu unterstützen, die zu Beginn von Docker keine AuFS-Unterstützung hatte. Red-Hat-basierte Distributionen setzen daher auf Device Mapper als Standard-Backend. Abhängig von der eingesetzten Red-Hat-Linux-Version ist dies eventuell Ihre einzige Option. Der Device Mapper ist schon seit Ewigkeiten Teil des Linux-Kernels und sehr stabil. Die Art und Weise, wie der Docker-Daemon ihn nutzt, ist allerdings ungewöhnlich, daher war das Backend früher nicht so stabil. Aufgrund dieser Vergangenheit empfehlen wir, wenn möglich, eher ein anderes Backend. Sollte Ihre Distribution nur `devicemapper` unterstützen, wird das für Sie auch in Ordnung sein. Es ist trotzdem sinnvoll, sich einmal mit `overlay2` und `btrfs` auseinanderzusetzen. Standardmäßig nutzt `devicemapper` den `loop-lvm`-Modus, was keinerlei Konfiguration benötigt. Er ist allerdings sehr langsam und nur zu Entwicklungszwecken nützlich. Wenn Sie sich für `devicemapper` entscheiden, ist es sehr wichtig, dass es den `direct-lvm`-Modus für Produktivumgebungen einsetzt.

Sie können in der offiziellen Dokumentation (*https://docs.docker.com/storage/storagedriver/device-mapper-driver/*) mehr über die verschiedenen `devicemapper`-Modi nachlesen. Ein Blogpost (*https://developers.redhat.com/blog/2014/09/30/overview-storage-scalability-docker/*) zeigt noch ein paar weitere Details zur Historie verschiedener Docker-Storage-Backends auf.

VFS (Virtual File System)
Der `vfs`-Treiber ist der einfachste und am langsamsten startende Treiber unter den zur Verfügung stehenden. Copy-on-Write wird praktisch nicht unterstützt, stattdessen werden alle vorhandenen Daten in ein neu angelegtes Verzeichnis kopiert. Ursprünglich war `vfs` für den Einsatz in Tests und zum Mounten von Host-Volumes gedacht. Die Erstellung von Containern erfolgt sehr langsam, aber die Runtime-Performance ist nativ – ein echter Vorteil. Es handelt sich hier um einen sehr einfachen Mechanismus – und das bedeutet, dass weniger schiefgehen kann. Docker, Inc. rät allerdings davon ab, `vfs` in Produktivumgebungen einzusetzen, deshalb sollten Sie mit Bedacht an die Sache herangehen, wenn Sie der Meinung sind, dass dies dennoch die richtige Lösung für Ihre Umgebung ist.

ZFS
ZFS wurde ursprünglich von Sun Microsystems entwickelt und war das fortgeschrittenste Open-Source-Dateisystem, das auch für Linux verfügbar war. Aufgrund von Lizenzrestriktionen ist es nicht Bestandteil von Linux. Das Projekt »ZFS On Linux« (*https://zfsonlinux.org*) hat die Installation für Linux allerdings sehr vereinfacht. Docker kann die Copy-on-Write-Features nutzen, um Layer

zu implementieren. Dadurch, dass ZFS nicht im Kernel enthalten ist, braucht es ein paar mehr Schritte, um es zum Laufen zu bringen. Die einzige Ausnahme dürfte Ubuntu sein, dort es ist mittlerweile auch direkt nutzbar. Wenn Sie in Produktivumgebungen ZFS bereits verwenden, ist dies ebenfalls eine sehr gute Option.

Storage-Backends können erhebliche Auswirkungen auf die Performance Ihrer Container haben. Und wenn Sie das Backend Ihres Docker-Servers wechseln, werden sämtliche vorhandenen Images nicht mehr angezeigt: Sie sind zwar nicht wirklich weg, werden aber erst wieder sichtbar, wenn Sie den Treiber zurücksetzen.

Mit dem Befehl `docker info` können Sie sich anzeigen lassen, welches Storage-Backend Ihr System verwendet:

```
$ docker system info
...
Storage Driver: overlay2
  Backing Filesystem: extfs
  Supports d_type: true
  Native Overlay Diff: true
  userxattr: false
...
```

Dieser Ausgabe können Sie ebenfalls entnehmen, welches Dateisystem eingesetzt wird (sofern es eins gibt). Da wir hier `overlay2` nutzen, sehen wir, dass es auf einem ext-Dateisystem gespeichert wird.

Sie können das Storage-Backend auch beim Start von Docker durch die Konfigurationsdatei *daemon-json* oder über das Anpassen eines Kommandozeilenarguments wechseln. Wenn unser Ubuntu-System beispielsweise statt AuFS den Device Mapper verwenden soll, lässt sich das mit folgendem Befehl erreichen:

```
$ docker daemon --storage-driver=devicemapper
```

Das funktioniert auf praktisch allen Linux-Systemen, auf denen auch Docker läuft, denn `devicemapper` ist fast immer vorhanden. Das Gleiche gilt für `overlay2` auf modernen Linux-Kerneln. Dabei müssen allerdings etwaige Abhängigkeiten von anderen Treibern berücksichtigt werden. So wird Docker beispielsweise nicht starten, wenn Sie als Treiber AuFS einstellen, im Kernel aber kein AuFS (für gewöhnlich als Kernel-Modul) vorhanden ist. Das Gleiche gilt auch für `btrfs` und ZFS.

Die Auswahl des passenden Storage-Treibers für Ihre Systeme ist einer der wichtigeren technischen Punkte, die Sie frühzeitig beachten müssen, wenn Sie Docker in Produktivumgebungen nutzen. Seien Sie vorsichtig und stellen Sie sicher, dass der Weg, den Sie wählen, gut von Kernel und Distribution unterstützt wird. Früher war das sehr anstrengend. Mittlerweile sind die meisten Treiber ziemlich stabil geworden. Seien Sie allerdings weiterhin zurückhaltend, wenn neue Backends auftauchen. Unserer Erfahrung nach braucht es Zeit, bis neue Backends zuverlässig funktionieren und problemlos in Produktivumgebungen eingesetzt werden können.

nsenter

nsenter steht als Abkürzung für *Namespace Enter*. Es gestattet Ihnen, beliebige Linux-Namespaces zu »betreten«, und ist Teil des zentralen util-linux-Pakets von kernel.org (*https://mirrors.edge.kernel.org/pub/linux/utils/util-linux*). Wir können auf dem Server selbst mit nsenter in den Linux-Container gelangen, sogar wenn der dockerd-Server nicht mehr reagiert und docker container exec somit nicht verfügbar ist. nsenter kann darüber hinaus dazu verwendet werden, auf dem Server innerhalb des Containers Aufgaben als root auszuführen, die docker container exec verhindern würde. Beim Debuggen kann das wirklich äußerst hilfreich sein. In den meisten Fällen ist docker container exec alles, was Sie brauchen, dennoch sollte Ihnen die Existenz von nsenter bekannt sein.

Die meisten Linux-Distributionen werden mit einem ausreichend aktuellen util-linux-Paket ausgeliefert, sodass auch nsenter enthalten ist. Sollten Sie eine Distribution verwenden, die es nicht bereithält, ist es am einfachsten, es über einen Linux-Container eines Drittherstellers zu installieren (*https://github.com/jpetazzo/nsenter*).

Laden Sie das Docker-Image aus der Docker-Hub-Registry herunter und führen Sie dann den speziell vorgefertigten Linux-Container aus, der das Kommandozeilentool nsenter in */usr/local/bin* installiert. Auf den ersten Blick wirkt das merkwürdig, tatsächlich handelt es sich dabei jedoch um eine clevere Methode, die es ermöglicht, nsenter nur mit dem Befehl docker auf beliebigen Docker-Remote-Servern zu installieren.

Anders als docker container exec, das remote ausgeführt werden kann, müssen Sie nsenter direkt auf dem Server selbst starten – direkt oder über einen Container. Für unsere Zwecke werden wir einen speziell erstellten Container nutzen. Wie im Beispiel mit docker container exec muss ein Container laufen:

```
$ docker container run -d --rm  ubuntu:22.04 sleep 600
fd521174d66dc32650d165e0ce7dd97255c7b3624c34cb1d119d955284382ddf
```

Während sich docker container exec ziemlich einfach einsetzen lässt, ist nsenter etwas unhandlicher. Es muss die PID des aktuellen Top-Level-Prozesses in Ihrem Container kennen, die sich nicht so offensichtlich herausfinden lässt. Führen wir einmal nsenter per Hand aus, um zu sehen, wie man vorgeht.

Als Erstes müssen Sie die ID des laufenden Containers kennen, weil nsenter sie für den Zugriff wissen muss. Sie erreichen sie über docker container ls:

```
$ docker container ls

CONTAINER ID  IMAGE          COMMAND       … NAMES
fd521174d66d   ubuntu:22.04  "sleep 1000" … angry_albattani
```

Die für uns interessante ID findet sich in der ersten Spalte: fd521174d66d. Damit können Sie nun die eigentlich notwendige PID ermitteln, zum Beispiel:

```
$ docker container inspect --format \{{.State.Pid\}} fd521174d66d
2721
```

Die echten PIDs der Prozesse in Ihrem Container erhalten Sie auch über docker container top, gefolgt von der Container-ID. In unserem Beispiel würde das wie folgt aussehen:

```
$ docker container top fd521174d66d

UID   PID   PPID  C  STIME  TTY  TIME      CMD
root  2721  2696  0  20:37  ?    00:00:00  sleep 600
```

Achten Sie darauf, im folgenden Befehl das Argument --target an Ihre Prozess-ID anzupassen, die Sie durch den vorherigen Befehl erhalten haben. Dann rufen Sie nsenter auf:

```
$ docker container run --rm -it --privileged --pid=host debian \
    nsenter --target 2721 --all

# ps -ef

UID         PID  PPID  C STIME TTY          TIME CMD
root          1     0  0 20:37 ?        00:00:00 sleep 600
root         11     0  0 20:51 ?        00:00:00 -sh
root         15    11  0 20:51 ?        00:00:00 ps -ef
# exit
```

Wenn das Ergebnis so ähnlich wie das von docker container exec aussieht, liegt dies daran, dass hinter den Kulissen auch fast das Gleiche passiert!

Das Argument --all weist nsenter an, alle Namespaces zu betreten, die vom per --target bestimmten Prozess genutzt werden.

Container ohne Shell debuggen

Wollen Sie in einem Container auf Fehlersuche gehen, der keine Unix-Shell besitzt, wird es ein wenig kniffliger, es ist aber trotzdem möglich. In diesem Beispiel starten wir einen Container, der nur eine einzige ausführbare Datei enthält:

```
$ docker container run --rm -d --name outyet-small \
    --publish mode=ingress,published=8090,target=8080 \
    spkane/outyet:1.9.4-small
4f6de24d4c9c794c884afa758ef5b33ea38c01f8ec9314dcddd9fadc25c1a443
```

Schauen wir uns kurz an, welche Prozesse darin laufen:

```
$ docker container top outyet-small

UID  PID   PPID  C STIME TTY TIME     CMD
root 61033 61008 0 22:43 ?   00:00:00 /outyet -version 1.9.4 -poll 600s …
```

Versuchen Sie, im Container eine Unix-Shell zu starten, erhalten Sie eine Fehlermeldung:

```
$ docker container exec -it outyet-small /bin/sh

OCI runtime exec failed: exec failed: unable to start container process: exec:
  "/bin/sh": stat /bin/sh: no such file or directory: unknown
```

Wir können dann einen zweiten Container starten, der eine Shell und ein paar weitere nützliche Werkzeuge enthält. Dabei achten wir darauf, dass der neue Container die Prozesse im ersten Container sehen kann, den gleichen Netzwerkstack nutzt und ein paar zusätzliche Privilegien erhält, die beim Debuggen helfen:

```
$ docker container run --rm -it --pid=container:outyet-small \
  --net=container:outyet-small --cap-add sys_ptrace \
  --cap-add sys_admin spkane/train-os /bin/sh

sh-5.1#
```

Geben Sie in diesem Container `ls` ein, werden Sie im Dateisystem das Image `spkane/train-os` sehen, das */bin/sh* und all unsere anderen Debugging-Tools enthält – aber keine der Dateien aus unserem Container `outyet-small`:

```
sh-5.1# ls

bin   dev  home  lib64       media  opt   root  sbin  sys  usr
boot  etc  lib   lost+found  mnt    proc  run   srv   tmp  var
```

Rufen Sie allerdings `ps -ef` auf, werden Sie auch alle Prozesse aus dem ursprünglichen Container erhalten. Das liegt daran, dass wir Docker durch `--pid=container:outyet-small` angewiesen haben, den Namespace des Containers `outyet-small` zu nutzen:

```
sh-5.1# ps -ef

UID  PID PPID C STIME TTY   TIME     CMD
root   1    0 0 22:43 ?     00:00:00 /outyet -version 1.9.4 -poll 600s ...
root  29    0 0 22:47 pts/0 00:00:00 /bin/sh
root  36   29 0 22:49 pts/0 00:00:00 ps -ef
```

Und weil wir auch den gleichen Netzwerkstack verwenden, können wir sogar per `curl` den Port ansprechen, an den der `outyet`-Service des ersten Containers gebunden ist.

```
sh-5.1# curl localhost:8080

<!DOCTYPE html><html><body><center>
  <h2>Is Go 1.9.4 out yet?</h2>
  <h1>

    <a href="https://go.googlesource.com/go/&#43;/go1.9.4">YES!</a>

  </h1>
  <p>Hostname: 155914f7c6cd</p>
</center></body></html>
```

Sie könnten jetzt `strace` oder andere Hilfsmittel nutzen, um Ihre Anwendung zu debuggen, und dann schließlich mit `exit` den neuen Debug-Container verlassen, während der ursprüngliche Container auf dem Server fröhlich weiterläuft.

Nutzen Sie `strace`, müssen Sie den entsprechenden Prozess mit Strg-C verlassen.

```
sh-5.1# strace -p 1

strace: Process 1 attached
futex(0x963698, FUTEX_WAIT, 0, NULL^Cstrace: Process 1 detached
 <detached ...>

sh-5.1# exit
exit
```

In diesem Fall haben wir keinen Zugriff auf das Dateisystem. Müssen Sie Dateien aus dem Container kopieren oder einsehen, können Sie den Befehl `docker container export` verwenden, um einen Tarball mit dem Dateisystem des Containers zu erhalten:

```
$ docker container export outyet-small -o export.tar
```

Dann können Sie die Dateien mit `tar` anzeigen oder auspacken:

```
$ tar -tvf export.tar

-rwxr-xr-x  0 0   0        0 Jul 17 16:04 .dockerenv
drwxr-xr-x  0 0   0        0 Jul 17 16:04 dev/
-rwxr-xr-x  0 0   0        0 Jul 17 16:04 dev/console
drwxr-xr-x  0 0   0        0 Jul 17 16:04 dev/pts/
drwxr-xr-x  0 0   0        0 Jul 17 16:04 dev/shm/
drwxr-xr-x  0 0   0        0 Jul 17 16:04 etc/
-rwxr-xr-x  0 0   0        0 Jul 17 16:04 etc/hostname
-rwxr-xr-x  0 0   0        0 Jul 17 16:04 etc/hosts
lrwxrwxrwx  0 0   0        0 Jul 17 16:04 etc/mtab -> /proc/mounts
-rwxr-xr-x  0 0   0        0 Jul 17 16:04 etc/resolv.conf
drwxr-xr-x  0 0   0        0 Apr 24  2021 etc/ssl/
drwxr-xr-x  0 0   0        0 Apr 24  2021 etc/ssl/certs/
-rw-r--r--  0 0   0   261407 Mar 13  2018 etc/ssl/certs/ca-certificates.crt
-rwxr-xr-x  0 0   0  5640640 Apr 24  2021 outyet
drwxr-xr-x  0 0   0        0 Jul 17 16:04 proc/
drwxr-xr-x  0 0   0        0 Jul 17 16:04 sys/
```

Sind Sie fertig, löschen Sie *export.tar* und stoppen dann den Container `outyet-small` mithilfe von `docker container stop outyet-small`.

Sie können sich das Dateisystem des Containers auf dem Docker-Server anschauen, indem Sie direkt zum Speicherort des Containerdateisystems navigieren. Typischerweise sind das Pfade wie z. B. */var/lib/docker/overlay/ fd5...*, allerdings sind diese von den Docker-Einstellungen, dem Storage-Backend und dem Hashwert des Containers abhängig. Das Root-Verzeichnis Ihres Docker-Servers können Sie sich mit dem Befehl `docker system info` anzeigen lassen.

Die Struktur von Docker

Docker besteht aus fünf serverseitigen Komponenten, die über eine gemeinsame API zugänglich gemacht werden. Diese Teile sind `dockerd`, `containerd`, `runc`, `containerd-shim-runc-v2` und `docker-proxy` – Letzterer beschrieben in »Netzwerke« auf Seite 334. Wir haben sehr viel Zeit mit `dockerd` und der Interaktion mit der darin enthaltenen API verbracht. `dockerd` ist verantwortlich für die Orchestrierung aller Komponenten, die Docker ausmachen. Wenn Docker einen Container startet, benötigt es den `containerd`-Prozess, um die Instanziierung des Containers zu verarbeiten. Dies wurde früher mal im `dockerd`-Prozess selbst durchgeführt, das hatte aber einige Nachteile:

- `dockerd` hatte eine große Anzahl an Jobs.
- Eine monolithische Runtime verhinderte, dass Komponenten einfach und bei Bedarf in den Swap geschoben werden konnten.
- `dockerd` musste den Lebenszyklus der Container selbst überwachen. Es konnte nicht neu gestartet oder aktualisiert werden, ohne dabei alle laufenden Container zu verlieren.

Eine weitere Motivation für die Einführung von `containerd` war, dass Container nicht nur einfache Abstraktionen sind. Auf der Linux-Plattform sind sie Prozesse mit Namespaces, `cgroups` und Security-Regeln in AppArmor oder SELinux. Die Idee hinter `containerd` ist, dass es einen standardisierten Layer für die Außenwelt darstellen soll, egal wie die Implementierung ist. Entwicklerinnen und Entwickler können sich auf die Konzepte von Containern, Tasks und Snapshots konzentrieren, statt sich mit spezifischen Linux-System-Calls auseinandersetzen zu müssen. Das vereinfacht den Docker-Daemon ziemlich und ermöglicht, dass Plattformen wie Kubernetes direkt mit `containerd` interagieren können, statt die Docker-API zu nutzen. Kubernetes hat viele Jahre lang einen Docker-Shim genutzt, greift aber heutzutage direkt auf `containerd` zurück.

Werfen wir einen Blick auf die Komponenten (siehe Abbildung 11-2) und sehen wir uns an, was jede von ihnen tut:

`dockerd`
: Einmal pro Server. Stellt die API zur Verfügung, baut Container-Images und ist für das High-Level-Netzwerk-Management zuständig, darunter Volumes, Logging, Reporting von Statistiken und mehr.

`docker-proxy`
: Einer pro Port-Forwarding-Regel. Jede Instanz kümmert sich um das Weiterleiten des definierten Protokoll-Traffics (TCP/UDP) von der definierten Host-IP und dem definierten Port an die definierte Container-IP und den definierten Port.

`containerd`
: Einmal pro Server. Verwaltet den Lifecycle, die Ausführung, Copy-on-Write-Dateisysteme und Low-Level-Netzwerktreiber.

`containerd-shim-runc-v2`
: Einmal pro Container. Verwaltet Dateideskriptoren, die zum Container geleitet werden, und liefert den Exit-Status zurück.

`runc`
: Erstellt den Container und führt ihn aus. Sammelt Statistiken und meldet Events vom Lifecycle.

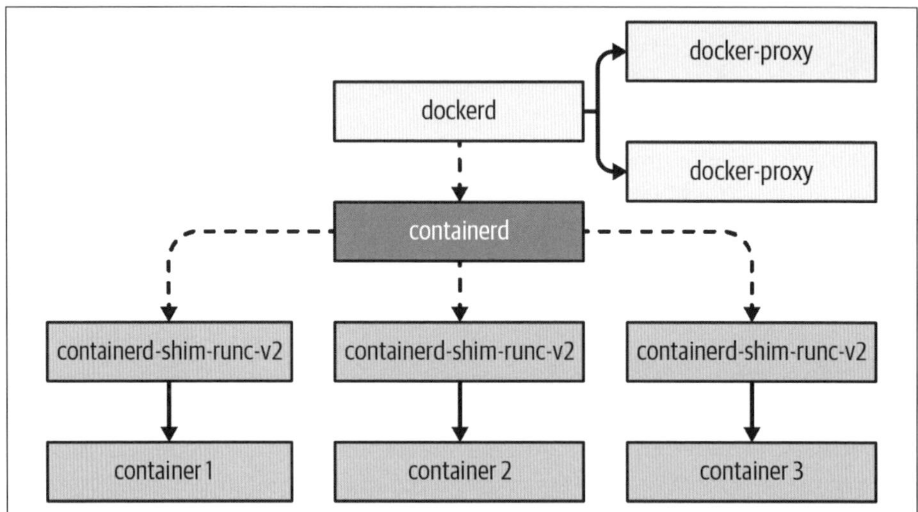

Abbildung 11-2: Struktur von Docker

`dockerd` und `containerd` sprechen über einen Unix-Socket miteinander und nutzen dafür die gRPC-API (*https://grpc.io/*). In diesem Fall ist `dockerd` der Client und `containerd` der Server! `runc` ist das Kommandozeilentool, das die JSON-Konfiguration von der Festplatte liest und dann von `containerd` ausgeführt wird.

Wenn wir einen neuen Container starten, stellt `dockerd` sicher, dass das Image lokal vorhanden ist. Ist das nicht der Fall, wird es das Image herunterladen. Der Docker-Daemon ist auch für die restlichen Aufgaben des Setups von Containern verantwortlich, wie zum Beispiel das Starten von `docker-proxy` für das Port-Forwarding. `dockerd` spricht dann mit `containerd` und fragt den Start des Containers an. `containerd` nimmt das Image und wendet die Containerkonfiguration an, die von `dockerd` übergeben wird. Der Docker-Daemon generiert ein OCI-Bundle (*Open Container Initiative*, *https://www.opencontainers.org/*), das `runc` anschließend ausführt.[1] Danach wird dann `containerd-shim-runc-v2` ausgeführt, um den Container zu starten. Dieses wird wiederum `runc` ausführen, um den Container zu konstruieren und zu starten. `runc` wird allerdings nicht die ganze Zeit laufen, womit `containerd-shim-runc-v2` der echte Elternprozess des neuen Containerprozesses ist.

Wenn wir einen Container starten und uns dann die Ausgabe von `ps axlf` auf dem Docker-Server ansehen, erkennen wir die Eltern-Kind-Beziehungen der diversen Prozesse. PID 1 ist `/sbin/init` und der Elternprozess für `containerd`, `dockerd` und `containerd-shim-runc-v2`.

1 Die Open Container Initiative (OCI) ist eine leichtgewichtige Open-Government-Structure (Projekt) unter dem Dach der Linux Foundation. Das Ziel der Initiative ist die Erstellung eines offenen Industriestandards für Container-Runtimes und Containerformate. OCI wurde am 22. Juni 2015 von Docker, CoreOS und weiteren führenden Firmen aus der Containerindustrie gestartet.

Die Docker-Desktop-VM enthält minimale Versionen der meisten Linux-Tools und manche dieser Befehle liefern eventuell eine andere Ausgabe als beim Einsatz eines Standard-Linux-Servers als Docker-Daemon-Host.

```
$ docker container run --rm -d \
  --publish mode=ingress,published=8080,target=80 \
  --name nginx-test --rm nginx:latest
08b5cffed7baaf32b3af50498f7e5c5fa7ed35e094fa6045c205a88746fe53dd

$ ps axlf
… PID  PPID COMMAND
…
… 5171 1    /usr/bin/containerd
… 5288 1    /usr/bin/dockerd -H fd:// --containerd=/run/cont…/containerd.…
… 5784 5288 \_ /usr/bin/docker-proxy -proto tcp -host-ip … -host-port 8080
… 5791 5288 \_ /usr/bin/docker-proxy -proto tcp -host-ip :: -host-port …
… 5807 1    /usr/bin/containerd-shim-runc-v2 -namespace moby -id …
… 5829 5807  \_ nginx: master process nginx -g daemon off;
… 5880 5829      \_ nginx: worker process
… 5881 5829      \_ nginx: worker process
… 5882 5829      \_ nginx: worker process
… 5883 5829      \_ nginx: worker process
…
```

Was passierte also mit runc? Der Job von runc ist es, den Container zu konstruieren und zu starten und sich dann selbst zu beenden, wodurch die Kindprozesse an den Elternprozess übergeben werden, also containerd-shim-runc-v2. Das hinterlässt eine minimale Menge Code im Arbeitsspeicher, die nötig ist, um Dateideskriptoren und den Exit-Status von containerd zu verwalten.

Um zu verstehen, was hier genau passiert, schauen wir uns nun an, was unter der Haube vor sich geht, wenn wir einen Container starten. Wir werden den nginx-Container für dieses Beispiel wiederverwenden, da dies eine sehr leichtgewichtige Anwendung ist und der Container im Hintergrund laufen kann:

```
$ docker container ls

CONTAINER ID IMAGE        COMMAND           … PORTS                  NAMES
08b5cffed7ba nginx:latest "/docker-ent…"  … 0.0.0.0:8080->80/tcp … nginx-test
```

Nutzen wir nun das runc-Runtime-Kommandozeilentool, um einen genaueren Blick auf das System zu werfen. Einen ähnlichen Blick hätten wir mit ctr, dem Kommandozeilentool von containerd. Wir verwenden aber runc, da es einfacher ist, damit zu arbeiten, und es im niedrigsten Level genutzt wird.

```
$ sudo runc --root /run/docker/runtime-runc/moby list

ID          PID  … BUNDLE                                        … OWNER
08b5…53dd  5829 … …/io.containerd.runtime.v2.task/moby/08b5…53dd … root
```

Denken Sie daran, dass wir hierfür root-Rechte benötigen. Im Gegensatz zum Docker-Kommandozeilentool reichen uns an dieser Stelle nicht die Berechtigungen des Docker-Daemons, da Low-Level-Funktionen genutzt werden. Mit runc haben wir direkten Kontakt zu diesen Privilegien. Was wir in der Ausgabe von docker-runc sehen, ist unser Container. Genauer gesagt, ist dies das OCI-Runtime-Bundle, das unseren Container repräsentiert. Beachten Sie, dass es auch eine PID des Containers zurückgibt. Das ist die PID auf dem Host der Anwendung, die innerhalb des Containers läuft:

```
$ ps -edaf | grep 5829

root      5829  5807  …  nginx: master process nginx -g daemon off;
systemd+  5880  5829  …  nginx: worker process
systemd+  5881  5829  …  nginx: worker process
systemd+  5882  5829  …  nginx: worker process
systemd+  5883  5829  …  nginx: worker process
```

Wenn wir uns das Bundle ansehen, erkennen wir die Anzahl der benannten Pipes unseres Containers:

```
$ sudo ls -la /run/docker/containerd/08b5…53dd

total 0
drwxr-xr-x 2 root root 80 Oct  1 08:49 .
drwxr-xr-x 3 root root 60 Oct  1 08:49 ..
prwx------ 1 root root  0 Oct  1 08:49 init-stderr
prwx------ 1 root root  0 Oct  1 08:49 init-stdout
```

Unter */run/containerd/io.containerd.runtime.v2.task/moby* finden Sie noch eine Menge weiterer Dateien, die zu Ihrem Container gehören:

```
$ sudo ls -la /run/containerd/io.containerd.runtime.v2.task/moby/08b5…53dd/

total 32
drwx------ 3 root root  240 Oct  1 08:49 .
drwx--x--x 3 root root   60 Oct  1 08:49 ..
-rw-r--r-- 1 root root   89 Oct  1 08:49 address
-rw-r--r-- 1 root root 9198 Oct  1 08:49 config.json
-rw-r--r-- 1 root root    4 Oct  1 08:49 init.pid
prwx------ 1 root root    0 Oct  1 08:49 log
-rw-r--r-- 1 root root    0 Oct  1 08:49 log.json
-rw------- 1 root root   82 Oct  1 08:49 options.json
drwx--x--x 2 root root   40 Oct  1 08:49 rootfs
-rw------- 1 root root    4 Oct  1 08:49 runtime
-rw------- 1 root root   32 Oct  1 08:49 shim-binary-path
lrwxrwxrwx 1 root root  119 Oct  1 08:49 work -> /var/lib/containerd/io…
```

Die *config.json*-Datei ist ähnlich ausführlich wie die Ausgabe von docker container inspect. Wir werden dies daher hier nicht zusätzlich ausgeben, empfehlen aber, dass Sie selbst einen Blick darauf werfen. Beispielsweise sehen Sie darin alle seccomp-Einträge (siehe »Secure Computing Mode« auf Seite 326).

Wenn Sie runc etwas näher untersuchen wollen, können Sie ein wenig mit dem Kommandozeilentool herumexperimentieren. Viele dieser Funktionen sind bereits in Docker selbst enthalten. In der Regel sind sie auf einem höheren und nützlicheren Level als das, was in runc enthalten ist. Das Ausprobieren und Herumexperimentieren ist nützlich, um zu verstehen, wie Container und Docker funktionieren. Es ist ebenso interessant, die Events anzuschauen, die von runc über einen laufenden Container gemeldet werden. Bei normal laufenden Containern sieht man nicht so viele Aktivitäten im Eventstream. Mit runc ist es allerdings möglich, Runtime-Statistiken in regelmäßigen Abständen zu erhalten, die im JSON-Format vorliegen:

```
$ sudo runc --root /run/docker/runtime-runc/moby events 08b5…53dd

{"type":"stats","id":"08b5…53dd","data":{"cpu":{"usage":{"…"}}}}
```

Um Platz zu sparen, haben wir vieles aus der Ausgabe entfernt. Die Ausgabe dürfte Ihnen aber bekannt vorkommen, da sie der Ausgabe von `docker container stats` sehr ähnlich ist. Sie haben vielleicht schon richtig erraten, dass Docker die Statistiken von runc erhält.

Sie können jetzt den Beispielcontainer wieder mithilfe von `docker container stop nginx-test` stoppen.

Runtimes austauschen

Wie wir in Kapitel 2 bereits thematisiert haben, gibt es noch ein paar weitere native OCI-kompatible Runtimes, die runc ersetzen können. So gibt es beispielsweise crun (*https://github.com/containers/crun*), das sich selbst als »schnelle, vollständig in C geschriebene OCI-Container-Runtime mit wenig Speicherbedarf« beschreibt. Einige andere alternative native Runtimes, wie zum Beispiel `railcar` oder `rkt`, werden nicht mehr weiterentwickelt und größtenteils sich selbst überlassen. Im nächsten Abschnitt werden wir über eine Sandbox-Runtime von Google mit dem Namen gVisor sprechen (*https://gvisor.dev*), die eine Userspace-Runtime für nicht vertrauenswürdigen Code bietet.

Kata Containers (*https://github.com/kata-containers*) ist ein sehr interessantes Open-Source-Projekt, das eine Runtime bereitstellt, die VMs als Isolationsschicht für Container nutzen kann. Aktuell arbeitet Version 3 von Kata mit Kubernetes zusammen, nicht aber mit Docker. Die Entwicklerinnen und Entwickler von Kata versuchen zusammen mit der Docker-Entwicklung, diese Situation zu verändern (*https://github.com/kata-containers/kata-containers/issues/5321*) und auch eine bessere Dokumentation anzubieten. Wird Docker 22.06 öffentlich bereitgestellt, kann das Problem eventuell schon gelöst sein.

gVisor

Mitte 2018 hat Google gVisor veröffentlicht, das einen komplett neuen Ansatz für eine Runtime darstellt. Es ist OCI-kompatibel und damit auch unter Docker einsetzbar. Allerdings läuft es auch im Userspace und isoliert die Anwendungen durch die Implementierung von System Calls voneinander, statt auf den Kernel-Isolierungsmechanismus zu setzen. Das ist auch der größte Vorteil von gVisor, denn es läuft vom Kernel isoliert. Wenn es zu Sicherheitsproblemen kommt, können sich diese nicht über den Userspace hinweg ausbreiten, trotzdem können Security Controls angewandt werden. Der Nachteil ist, dass die Performance von gVisor meist schlechter ist als die von Kernel- oder VM-basierten Lösungen.

Wenn Sie Prozesse haben, die keine massive Skalierung, aber eine sehr hohe Isolierung benötigen, kann gVisor eine ideale Lösung für Sie sein. Ein häufiger Use Case für gVisor besteht dann, wenn Container von Endnutzern bereitgestellten Code starten, bei dem nicht garantiert ist, dass der Code gutartig ist. Zeit also, zu zeigen, wie gVisor funktioniert.

Die Installation kann der Dokumentation (*https://gvisor.dev/docs/user_guide/quick_start/docker*) von gVisor entnommen werden. gVisor ist in Go geschrieben und wird als einzelne ausführbare Datei ausgeliefert, die von keinem anderen Paket abhängig ist. Sobald Sie gVisor installiert haben, können die Container mit der `runsc`-Runtime starten. Um die verschiedenen Isolierungslevel von gVisor zu demonstrieren, starten wir eine Shell und vergleichen die Ausgabe mit der Ausgabe eines normalen Containers.

Zunächst starten wir also die Shell in gVisor und schauen uns ein wenig um:

```
$ docker container run --rm --runtime=runsc -it alpine /bin/sh
```

Damit gelangen wir in eine Shell innerhalb eines Alpine-Linux-Containers. Ein Unterschied wird deutlich, wenn wir das `mount`-Kommando ausführen:

```
$ docker container run --rm --runtime=runsc -it alpine /bin/sh -c "mount"

none on / type 9p (rw,trans=fd,rfdno=4,wfdno=4,aname=/,…)
none on /dev type tmpfs (rw,mode=0755)
none on /sys type sysfs (ro,noexec,dentry_cache_limit=1000)
none on /proc type proc (rw,noexec,dentry_cache_limit=1000)
none on /dev/pts type devpts (rw,noexec)
none on /dev/shm type tmpfs (rw,noexec,mode=1777,size=67108864)
none on /etc/hosts type 9p (rw,trans=fd,rfdno=7,wfdno=7,…)
none on /etc/hostname type 9p (rw,trans=fd,rfdno=6,wfdno=6,…)
none on /etc/resolv.conf type 9p (rw,trans=fd,rfdno=5,wfdno=5,…)
none on /tmp type tmpfs (rw,mode=01777)
```

Es ist nicht viel mehr darin! Vergleichen Sie diese Ausgabe mit der Ausgabe eines klassischen Containers, der mit runc gestartet wurde:

```
$ docker container run --rm -it alpine /bin/sh -c "mount"

overlay on / type overlay (rw,relatime,…)
proc on /proc type proc (rw,nosuid,nodev,noexec,relatime)
tmpfs on /dev type tmpfs (rw,nosuid,size=65536k,mode=755,inode64)
devpts on /dev/pts type devpts (rw,nosuid,noexec,relatime,gid=5,…)
sysfs on /sys type sysfs (ro,nosuid,nodev,noexec,relatime)
cgroup on /sys/fs/cgroup type cgroup2 (ro,nosuid,nodev,noexec,relatime)
mqueue on /dev/mqueue type mqueue (rw,nosuid,nodev,noexec,relatime)
shm on /dev/shm type tmpfs (rw,nosuid,nodev,noexec,relatime,…)
/dev/sda3 on /etc/resolv.conf type ext4 (rw,relatime,errors=remount-ro)
…
devpts on /dev/console type devpts (rw,nosuid,noexec,relatime,gid=5,…)
proc on /proc/bus type proc (ro,nosuid,nodev,noexec,relatime)
…
tmpfs on /proc/asound type tmpfs (ro,relatime,inode64)
…
```

Diese Ausgabe war eigentlich 24 Zeilen lang, daher haben wir sie ein wenig gekürzt. Es sollte ziemlich klar sein, dass es hier viele Systemdetails gibt. Diese Details repräsentieren den Kernel-Footprint, der in jedem Container ersichtlich ist. Der Kontrast zu der sehr kurzen Ausgabe von gVisor sollte Ihnen eine Vorstellung von dem unterschiedlichen Grad der Isolierung geben. Wir werden nicht viel Zeit darauf verwenden, aber es lohnt sich trotzdem, einen Blick auf die Ausgabe von `ip addr show` zu werfen. Bei gVisor sieht sie folgendermaßen aus:

```
$ docker container run --rm --runtime=runsc alpine ip addr show

1: lo: <LOOPBACK,UP,LOWER_UP> mtu 65522
    link/loopback 00:00:00:00:00:00 brd ff:ff:ff:ff:ff:ff
    inet 127.0.0.1/8 scope global dynamic
2: eth0: <UP,LOWER_UP> mtu 1500
    link/ether 02:42:ac:11:00:02 brd ff:ff:ff:ff:ff:ff
    inet 172.17.0.2/16 scope global dynamic
```

Und in einem normalen Linux-Container:

```
$ docker container run --rm alpine ip addr show

1: lo: <LOOPBACK,UP,LOWER_UP> mtu 65536 qdisc noqueue state UNKNOWN qlen 1000
    link/loopback 00:00:00:00:00:00 brd 00:00:00:00:00:00
    inet 127.0.0.1/8 scope host lo
       valid_lft forever preferred_lft forever
44: eth0@if45: <BROADCAST,MULTICAST,UP,LOWER_UP,M-DOWN> mtu 1500 qdisc
                                                         noqueue state UP
    link/ether 02:42:ac:11:00:02 brd ff:ff:ff:ff:ff:ff
    inet 172.17.0.2/16 brd 172.17.255.255 scope global eth0
       valid_lft forever preferred_lft forever
```

Selbst das Linux-*/proc*-Dateisystem ist in gVisor-Containern kaum sichtbar:

```
$ docker container run --rm --runtime=runsc alpine ls -C /proc

1               filesystems     net             sys
cgroups         loadavg         self            thread-self
cmdline         meminfo         sentry-meminfo  uptime
cpuinfo         mounts          stat            version
```

Und hier noch mal der Vergleich mit einem normalen Linux-Container:

```
$ docker container run --rm alpine ls -C /proc

1             fb            mdstat        stat
acpi          filesystems   meminfo       swaps
asound        fs            misc          sys
bootconfig    interrupts    modules       sysrq-trigger
buddyinfo     iomem         mounts        sysvipc
bus           ioports       mpt           thread-self
cgroups       irq           mtd           timer_list
cmdline       kallsyms      mtrr          tty
consoles      kcore         net           uptime
cpuinfo       key-users     pagetypeinfo  version
crypto        keys          partitions    version_signature
devices       kmsg          pressure      vmallocinfo
diskstats     kpagecgroup   schedstat     vmstat
```

```
dma             kpagecount    scsi          zoneinfo
driver          kpageflags    self
dynamic_debug   loadavg       slabinfo
execdomains     locks         softirqs
```

Neben der Isolierung ist die Benutzererfahrung innerhalb eines gVisor-Containers sehr interessant, da gVisor viel mehr nach einer isolierten Umgebung aussieht, als man es bei normalen Docker-Containern erwartet. Sandbox-Runtimes wie gVisor bieten viel Potenzial für das sichere Ausführen nicht vertrauenswürdiger Workloads, indem eine deutlich stabilere Barriere zwischen der Anwendung und dem zugrunde liegenden Kernel errichtet wird.

Zusammenfassung

Das war ein schneller Durchgang durch einige fortgeschrittenere Konzepte von Docker. Hoffentlich konnte er Ihre Vorstellung von dem, was unter der Haube geschieht, erweitern. Dieser Hintergrund soll Ihnen beim Aufbau und beim Pflegen einer produktiven Plattform helfen und Sie unterstützen, wenn Sie Docker für Ihr System anpassen müssen.

KAPITEL 12

Das wachsende Ökosystem

Das Ökosystem an verfügbaren Werkzeugen, die mit Linux-Containern interagieren, wird fortlaufend größer – insbesondere seit Kubernetes in den letzten Jahren eine so große Verbreitung findet.

In diesem Kapitel werden wir uns kurz ein paar Tools anschauen, die von Docker inspiriert sind, sich aber häufig darauf fokussieren, bestimmte Anwendungsfälle zu verbessern. Das Ganze soll keine vollständige Liste darstellen, sondern Ihnen einfach nur zeigen, was für Kategorien und Möglichkeiten es zu erforschen gibt.

Clienttools

In diesem Abschnitt werden wir drei Kommandozeilentools vorstellen: `nerdctl`, `podman` und `buildah`. Alle drei können nützlich sein, wenn Sie mit Docker und seinen normalen Workflows vertraut sind.

nerdctl

Auch wenn `crictl` (*https://oreil.ly/zElq_*) standardmäßig in vielen auf `containerd` basierenden Umgebungen installiert ist, lohnt sich ein näherer Blick auf `nerdctl`, eine einfach zu nutzende, zu Docker kompatible CLI für `containerd`. Es kann ein guter Migrationspfad für Personen und Skripten sein, die Docker nutzen, aber auch `containerd`-Systeme unterstützen müssen, die nicht mit dem Docker-Daemon laufen.

Ein kurzes Beispiel: Wenn Sie ein kleines Kubernetes-Cluster mit `kind` hochfahren (siehe »Kind« auf Seite 287), sollten Sie bei einem auf `containerd` basierenden Kubernetes-Cluster landen, das nicht direkt kompatibel zur `docker`-CLI ist:

```
$ kind create cluster --name nerdctl
Creating cluster "nerdctl" …
…

$ docker container exec -ti nerdctl-control-plane /bin/bash
```

Jetzt sollten Sie sich innerhalb des `kind`/Kubernetes-Containers befinden.

Stellen Sie beim folgenden `curl`-Befehl sicher, dass Sie die richtige Version für Ihre Architektur herunterladen. Dabei müssen Sie `${ARCH}` abhängig von Ihrem System durch `amd64` oder `arm64` ersetzen. Sie können auch gleich noch die aktuellste Version von `nerdctl` herunterladen (*https://github.com/containerd/nerdctl/releases*).

Haben Sie den folgenden `curl`-Befehl entsprechend angepasst und in eine Zeile umgesetzt, sollten Sie den `nerdctl`-Client herunterladen und auspacken können, um ein paar Befehle damit auszuprobieren:

```
root@nerdctl-control-plane:/# curl -s -L \
  "https://github.com/containerd/nerdctl/releases/download/v0.23.0/\
nerdctl-0.23.0-linux-${ARCH}.tar.gz" -o /tmp/nerdctl.tar.gz

root@nerdctl-control-plane:/# tar -C /usr/local/bin -xzf /tmp/nerdctl.tar.gz

root@nerdctl-control-plane:/# nerdctl namespace list

NAME      CONTAINERS    IMAGES    VOLUMES    LABELS
k8s.io    18            24        0

root@nerdctl-control-plane:/# nerdctl --namespace k8s.io container list

CONTAINER ID IMAGE                                  … NAMES
07ae69902d11 registry.k8s.io/pause:3.7              … k8s://kube-system/core…
0b241db0485f registry.k8s.io/coredns/coredns:v1.9.3 … k8s://kube-system/core…
…

root@nerdctl-control-plane:/# nerdctl --namespace k8s.io container run --rm \
                              --net=host debian sleep 5

docker.io/library/debian:latest:  resolved       |++++++++++++++++++++++++++|
index-sha256:e538…4bff:           done           |++++++++++++++++++++++++++|
manifest-sha256:9b0e…2f7d:        done           |++++++++++++++++++++++++++|
config-sha256:d917…d33c:          done           |++++++++++++++++++++++++++|
layer-sha256:f606…5ddf:           done           |++++++++++++++++++++++++++|
elapsed: 6.4 s                    total:  52.5 M (8.2 MiB/s)

root@nerdctl-control-plane:/# exit
```

Im Allgemeinen können `docker`-Befehle ohne Anpassung übernommen werden. Allerdings müssen Sie oft einen Wert für den Namespace mitliefern. Das liegt daran, dass containerd eine API bietet, die Namespaces vollständig unterstützt (*https://github.com/containerd/containerd/blob/main/docs/namespaces.md*), sodass immer anzugeben ist, an welchem wir gerade interessiert sind.

Haben Sie den `kind`-Container verlassen, können Sie ihn löschen:

```
$ kind delete cluster --name nerdctl

Deleting cluster "nerdctl" …
```

podman und buildah

podman (*https://podman.io*) und buildah (*https://buildah.io*) sind ein Satz Tools von Red Hat, die vor längerer Zeit für einen Container-Workflow erstellt wurden, der nicht auf einem Daemon-Prozess wie Docker basiert. Sie kommen in der Red-Hat-Community intensiv zum Einsatz und sorgen für einen anderen Blick auf das Bauen von Images und das Ausführen und Managen von Containern.

Eine gute Einführung in podman und buildah für Docker-Anwender finden Sie im Red-Hat-Blog unter *https://developers.redhat.com/blog/2019/02/21/podman-and-buildah-for-docker-users*.

```
$ kind create cluster --name podman
Creating cluster "podman" ...
...

$ docker container exec -ti podman-control-plane /bin/bash
```

Einen Überblick über das Installieren und den Einsatz von kind finden Sie in »Kind« auf Seite 287.

Jetzt sollten Sie sich innerhalb des kind/Kubernetes-Containers befinden:

```
root@podman-control-plane:/# apt update
Get:1 http://security.ubuntu.com/ubuntu jammy-security InRelease [110 kB]
...

root@podman-control-plane:/# apt install -y podman
Reading package lists... Done
...

root@podman-control-plane:/# podman container run -d --rm \
                             --name test debian sleep 120
9b6b333313c0d54e2da6cda49f2787bc5213681d90dac145a9f64128f3e18631

root@podman-control-plane:/# podman container list

CONTAINER ID  IMAGE                            COMMAND    ... NAMES
548a2f709785  docker.io/library/debian:latest  sleep 120  ... test

root@podman-control-plane:/# podman container stop test
test
```

Anders als bei docker (das mit dem Docker-Daemon spricht) und nerdctl (das mit containerd kommuniziert) umgeht podman die Container-Engine und interagiert direkt mit einer zugrunde liegenden Container-Runtime wie runc.

Auch wenn Sie mit podman build ebenfalls Container erstellen können, bietet buildah eine ausgefeiltere Schnittstelle dafür an, die es ermöglicht, den gesamten Build-Prozess für Images zu verskripten und sich vom *Dockerfile*-Format (podman nennt es *Containerfile*) lösen zu können.

Wir wollen hier nicht in die Details von buildah einsteigen, aber Sie können ein sehr einfaches Beispiel im kind-Container ausprobieren. Sind Sie an Alternativen zum klassischen Dockerfile-Ansatz oder an den neueren Varianten der LBB-Schnittstellen von BuildKit (*https://github.com/moby/buildkit#exploring-llb*) interessiert, finden Sie mehr über buildah online auf GitHub (*https://github.com/containers/buildah*) oder im Red-Hat-Blog (*https://www.redhat.com/sysadmin/building-buildah*).

Um ein buildah-Skript im kind-Container auszuprobieren, geben Sie folgende Befehle ein:

```
root@podman-control-plane:/# cat > apache.sh <<"EOF"

#!/usr/bin/env bash

set -x

ctr1=$(buildah from "${1:-fedora}")

## Get all updates and install the apache server
buildah run "$ctr1" -- dnf update -y
buildah run "$ctr1" -- dnf install -y httpd

## Include some buildtime annotations
buildah config --annotation "com.example.build.host=$(uname -n)" "$ctr1"

## Run our server and expose the port
buildah config --cmd "/usr/sbin/httpd -D FOREGROUND" "$ctr1"
buildah config --port 80 "$ctr1"

## Commit this container to an image name
buildah commit "$ctr1" "${2:-myrepo/apache}"

EOF

root@podman-control-plane:/# chmod +x apache.sh
root@podman-control-plane:/# ./apache.sh

++ buildah from fedora
+ ctr1=fedora-working-container-1
+ buildah run fedora-working-container-1 -- dnf update -y
…
Writing manifest to image destination
Storing signatures
037c7a7c532a47be67f389d7fd3e4bbba64670e080b120d93744e147df5adf26

root@podman-control-plane:/# exit
```

Sobald Sie den kind-Container verlassen haben, können Sie ihn löschen:

```
$ kind delete cluster --name podman

Deleting cluster "podman" …
```

All-in-one-Entwicklungstools

Auch wenn Docker Desktop ein sehr nützliches Werkzeug ist, haben Veränderungen am Lizenzmodell von Docker und an der allgemeinen Technologielandschaft dazu geführt, dass sich so mancher auf die Suche nach alternativen Tools gemacht hat. In diesem Abschnitt werden wir uns kurz Rancher Desktop und Podman Desktop anschauen und zeigen, wie sie dazu genutzt werden können, Teile der Funktionalität von Docker Desktop zu ersetzen, und welche eigenen interessanten Features sie bieten.

Rancher Desktop

Rancher Desktop (*https://rancherdesktop.io*) verfolgt eine sehr ähnliche Vorgehensweise wie Docker Desktop, konzentriert sich dabei aber mehr auf die Integration mit Kubernetes. Es nutzt *k3s* (*https://k3s.io*) für ein zertifiziertes und schlankes Kubernetes-Backend und kann als Container-Runtime entweder `containerd` oder `dockerd` (`moby`) einsetzen.

Bevor Sie Rancher Desktop ausprobieren, sollten Sie Docker Desktop (und/oder Podman Desktop) beenden, da sie alle eine VM hochfahren, die Systemressourcen frisst.

Nach dem Herunterladen, Installieren und Starten von Rancher Desktop haben Sie ein lokales Kubernetes-Cluster, das standardmäßig `containerd` nutzt und mit dem man per `nerdctl` interagieren kann.

Es kann ein bisschen vom verwendeten Betriebssystem abhängen, wo genau Rancher Desktop das `nerdctl`-Binary installiert. Sie sollten beim ersten Mal sicherstellen, dass Sie die mit Rancher Desktop mitgelieferte Version starten.

```
$ ${HOME}/.rd/bin/nerdctl --namespace k8s.io image list

REPOSITORY      TAG      IMAGE ID      ... PLATFORM     SIZE       BLOB SIZE
moby/buildkit   v0.8.3   171689e43026  ... linux/amd64  119.2 MiB  53.9 MiB
moby/buildkit   <none>   171689e43026  ... linux/amd64  119.2 MiB  53.9 MiB
...
```

Vergessen Sie nicht, Rancher Desktop zu stoppen, wenn Sie fertig sind – ansonsten wird die VM weiterlaufen und zusätzliche Ressourcen erfordern.

Podman Desktop

Podman Desktop (*https://podman-desktop.io*) konzentriert sich darauf, ein Daemonfreies Containertool bereitzustellen, das trotzdem den Entwicklerinnen und Entwicklern ermöglicht, auf allen großen Betriebssystemen die gleiche Umgebung einsetzen zu können.

Bevor Sie Podman Desktop ausprobieren, sollten Sie Docker Desktop (und/oder Rancher Desktop) beenden, da sie alle eine VM hochfahren, die Systemressourcen frisst.

Nach dem Herunterladen, Installieren und Starten von Podman Desktop sehen Sie ein Anwendungsfenster auf dem *Home*-Tab. Findet Podman Desktop keine `podman`-CLI auf Ihrem System, wird es Ihnen anbieten, über den Button *Install* eine nachzuinstallieren. Wird die Podman-Desktop-VM, die sich auf der Befehlszeile über `podman machine` steuern lässt, nicht gestartet, klicken Sie auf *Run Podman* und warten einen Moment. Der Schalter sollte verschwinden, und Sie müssten die Meldung *Podman is running* erhalten.

Es kann ein bisschen vom verwendeten Betriebssystem abhängen, wo genau Podman Desktop das `podman`-Binary installiert. Sie sollten beim ersten Mal sicherstellen, dass Sie die von Podman Desktop installierte Version starten.

Um das System zu testen, geben Sie Folgendes ein:

```
$ podman run quay.io/podman/hello

!… Hello Podman World …!
```

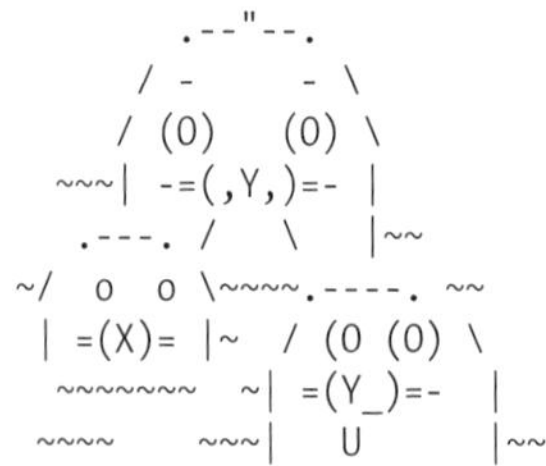

```
         .--"--.
       / -     - \
      / (O)   (O) \
   ~~~| -=(,Y,)=- |
    .---. /   \   |~~
 ~/  o  o \~~~~.----. ~~
  | =(X)= |~  / (O (O) \
   ~~~~~~~  ~| =(Y_)=-  |
  ~~~~    ~~~|   U      |~~

Project:   https://github.com/containers/podman
Website:   https://podman.io
Documents: https://docs.podman.io
Twitter:   @Podman_io
```

Haben Sie sich in Podman Desktop genug umgesehen, können Sie die VM herunterfahren, indem Sie auf den *Preferences*-Tab wechseln, dort *Resources/Podman/Podman Machine* auswählen und dann auf den *Stop*-Button klicken.

Danach können Sie Podman Desktop beenden.

Sie können die Podman-VM auch über die Befehle `podman machine start` und `podman machine stop` starten und beenden.

Zusammenfassung

Docker ist aus der Technikgeschichte nicht mehr wegzudenken. Es hat die bestehende Linux-Container-Technologie genommen, durch sein Image-Format erweitert und dann die Konzepte und Techniken überall auf der Welt verfügbar gemacht.

Man kann darüber diskutieren, ob das alles heutzutage besser ist als vor Linux-Containern und Docker, und man kann darüber streiten, welche Tools und Workflows hilfreicher sind, aber letztendlich läuft vieles darauf hinaus, wie jedes Werkzeug genutzt und wie diese Workflows designt werden.

Kein Tool wird auf magische Weise alle Ihre Probleme lösen, und jedes Tool kann so schlecht implementiert sein, dass alles viel schlimmer als vorher wird. Darum ist es so wichtig, ausreichend Zeit damit zu verbringen, den Prozess-Workflow, den Sie implementieren wollen, aus mindestens drei Sichtweise zu betrachten. Erstens: Was muss der Workflow als Eingangsparameter und Ausgangswerte unterstützen? Zweitens: Wie einfach wird der Workflow für diejenigen sein, die ihn tagtäglich oder auch nur einmal im Jahr nutzen? Und drittens: Wie einfach wird es für die Menschen sein, ihn auszuführen und zu warten, die dafür sorgen sollen, dass das System problemlos und sicher läuft?

Haben Sie ein gutes Bild dessen, was Sie erreichen wollen, können Sie damit beginnen, die Tools auszuwählen, die Ihnen dabei helfen, diese Ziele umzusetzen.

KAPITEL 13

Container in der Produktivumgebung

Bei der Implementierung grundlegend neuer Technologien in Produktivumgebungen wird oft am meisten durch das Design einer belastbaren Plattform erreicht, die mit den früher oder später auftretenden unerwarteten Problemen zurechtkommt. Docker kann ein unglaublich leistungsfähiges Tool sein, wenn es wie vorgesehen mit genauem Blick auf die Details eingesetzt wird. Da es sich um eine noch junge Technologie handelt, die rasante Wachstumszyklen durchlebt, werden Sie jedoch zwangsläufig auch auf frustrierende Bugs in Docker selbst sowie bei dessen Interaktion mit dem Kernel stoßen.

Wenn Sie dieses Tool nicht einfach nur in Ihrer Umgebung deployen, sondern sich die Zeit nehmen, eine wohldurchdachte Containerplattform zu entwickeln, die Docker als eine zentrale Komponente verwendet, können Sie viele der Vorteile eines darauf beruhenden Workflows nutzen, ohne sich den Gefahren auszusetzen, die typischerweise mit einem schnellen Wandel unterliegenden Projekten wie diesem verbunden sind.

Natürlich kann Docker nicht wie von Zauberhand alle Probleme lösen – das vermag keine Technologie zu leisten. Um das volle Potenzial auszuschöpfen, müssen Unternehmen und Organisationen ganz bewusst Entscheidungen in Bezug darauf treffen, warum und wie sie Docker nutzen möchten. Bei kleineren Projekten ist Docker auf sehr einfache Art und Weise einsetzbar. Wenn Sie allerdings vorhaben, ein groß angelegtes Projekt umzusetzen, das bedarfsweise skalierbar sein soll, muss gewährleistet sein, dass wohlüberlegte Entscheidungen in Bezug auf das Design der Anwendungen und die Plattform getroffen werden – damit sichergestellt ist, dass sich die Investitionen in die Technologie auch wirklich lohnen. Sich die Zeit für ein gründliches Design der Plattform zu nehmen, kann darüber hinaus die allmähliche Anpassung des Workflows sehr erleichtern. Eine wohldurchdachte Containerplattform und ein Deployment-Prozess werden so schlank und geradlinig wie möglich sein, während sie gleichzeitig die Features unterstützen, die erforderlich sind, um all die technischen und regulatorischen Anforderungen zu erfüllen. Ein kluges Design gewährleistet, dass Ihrer Software ein dynamisches System zugrunde liegt, das sich leicht aufrüsten lässt, wenn sich Technologie und Workflows im Laufe der Zeit weiterentwickeln.

In diesem Kapitel werden wir uns zwei Dokumente anschauen – »The Twelve-Factor App« (*https://12factor.net/*) und »The Reactive Manifesto« (*https://www.reactive-manifesto.org/*, ein ergänzendes Dokument zu »The Reactive Principles«, *https://www.reactiveprinciples.org*) – und untersuchen, wie sich diese gegenüber Docker und dem Aufbau einer robusten Containerplattform verhalten. Beide Dokumente enthalten eine Vielzahl von Ideen, die Ihnen bei Design und Aufbau Ihrer Containerplattform helfen und für eine höhere Resilienz und eine einfachere Wartung in allen Bereichen sorgen sollen.

The Twelve-Factor App

Im November 2011 veröffentlichten Adam Wiggins, Mitbegründer von Heroku, und seine Mitarbeitenden einen Artikel mit dem Titel »The Twelve-Factor App« (*http://12factor.net*). Das Dokument beschreibt zwölf methodische Praktiken, in denen sich die Erfahrungen widerspiegeln, die die Heroku-Entwickler beim Design von Anwendungen gemacht haben, die in einer modernen SaaS-Umgebung (*Software as a Service*) wachsen und gedeihen können.

Auch wenn die Einhaltung dieser zwölf Praktiken nicht zwingend erforderlich ist, so hat sich doch gezeigt, dass Anwendungen, bei deren Entwicklung sie berücksichtigt werden, tatsächlich ideale Kandidaten für einen Docker-Workflow sind. Im Folgenden werden wir die einzelnen Schritte daher etwas ausführlicher betrachten und erläutern, warum sie Ihnen in vielfältiger Weise behilflich sein können, Ihren Entwicklungszyklus zu verbessern:

- Codebasis
- Abhängigkeiten
- Konfiguration
- Unterstützende Services
- Build, Release und Ausführung
- Prozesse
- Portanbindung
- Nebenläufigkeit
- Austauschbarkeit
- Gleichstellung von Entwicklungs- und Produktivumgebung
- Logs
- Administrationsprozesse

Codebasis

Verwenden Sie eine einzige Codebasis mit Versionsverwaltung.

Es können mehrere Instanzen Ihrer Anwendung gleichzeitig ausgeführt werden, die aber alle demselben Repository entstammen sollten. Wirklich jedes Image sollte anhand eines einzigen Quellcode-Repositorys erstellt werden, das sämtlichen zum Erzeugen des Linux-Containers erforderlichen Code enthält. Dadurch ist gewährleistet, dass der Code problemlos neu kompiliert werden kann und dass die erforderliche Drittanbietersoftware wohldefiniert ist und beim Build automatisch berücksichtigt wird.

Hiermit ist gemeint, dass es beim Kompilieren der Anwendung nicht notwendig sein sollte, den Code aus mehreren Repositories zusammenschustern zu müssen. Das soll aber nicht heißen, dass eine Abhängigkeit von einem Artefakt eines anderen Repositorys nicht zulässig wäre. Es muss jedoch einen eindeutigen Mechanismus geben, mit dem man herausfinden kann, welcher Code zum Zeitpunkt der Kompilierung aktuell war. Dockers Fähigkeit, die Verwaltung von Abhängigkeiten zu vereinfachen, ist sehr viel weniger nützlich, wenn Sie beim Kompilieren Ihrer Anwendung auf mehrere Repositories zugreifen und Codefragmente zusammenkopieren müssen. Außerdem ist diese Vorgehensweise kaum reproduzierbar.

Ein guter Test könnte sein, einem neuen Entwickler in Ihrer Firma einen leeren Laptop und einen Satz von Anweisungen zu geben und dann zu sehen, ob er in unter einer Stunde einen sauberen und erfolgreichen Build der Anwendung bewerkstelligen kann. Wenn er das nicht schafft, muss der Prozess verfeinert und vereinfacht werden.

Abhängigkeiten

Nehmen Sie eine ausdrückliche Deklaration und eine explizite Isolierung von Abhängigkeiten vor.

Sie sollten sich niemals darauf verlassen, dass eine Abhängigkeit auf irgendeinem anderen Weg erfüllt wird, etwa durch die Installation des Betriebssystems. Alle Abhängigkeiten Ihrer Anwendung sollten in der Codebasis wohldefiniert sein und beim Kompilieren heruntergeladen werden. Dadurch können Sie besser gewährleisten, dass Ihre Anwendung nach dem Deployment auch läuft, ohne auf Bibliotheken angewiesen zu sein, die anderweitig installiert wurden. Bei Containern ist das besonders wichtig, weil die zugehörigen Prozesse vom übrigen Betriebssystem des Hosts isoliert sind und für gewöhnlich nicht auf Objekte außerhalb des Dateisystems des Container-Image zugreifen können.

Das *Dockerfile* und sprachabhängige Konfigurationsdateien wie Nodes *package.json* oder Rubys *Gemfile* sollten alle nicht externen Abhängigkeiten Ihrer Anwendung definieren. Dadurch wird sichergestellt, dass Ihr Image auf allen Systemen, auf denen Sie es deployen, korrekt läuft – die leidige Erfahrung, dass Sie eine Anwendung nach dem Deployment starten, nur um feststellen zu müssen, dass wichtige Bibliotheken fehlen oder die falsche Version installiert wurde, gehört damit der Vergangenheit an. Diese Vorgehensweise bringt nicht nur große Vorteile hinsichtlich der Verlässlichkeit und der Reproduzierbarkeit mit sich, sondern hat auch positive Auswirkungen auf die Sicherheit des Systems. Wenn Sie die OpenSSL- oder `libyaml`-Bibliotheken aktualisieren, die Ihre containerisierte Anwendung nutzt, um eine Sicherheitslücke zu schließen, können Sie sicher sein, dass die fragliche Anwendung, wo auch immer Sie sie deployen, stets mit dieser Version läuft.

Hier ist es außerdem wichtig, anzumerken, dass viele Docker-Base-Images tatsächlich viel größer sind als nötig. Ihr Anwendungsprozess läuft auf einem gemeinsam genutzten Kernel, und die einzigen Dateien innerhalb des Image, die Sie wirklich brauchen, sind diejenigen, die der Prozess zur Ausführung benötigt. Durch den Container wird der Vorgang reproduzierbar, in manchen Fällen werden dadurch jedoch Abhängigkeiten verborgen. Häufig werden anfangs minimale Alpine-, Ubuntu- oder Fedora-Installationen verwendet, diese Images enthalten allerdings noch immer viele zum Betriebssystem gehörende Dateien und Programme, die Ihr Prozess sehr wahrscheinlich nicht benötigt. Möglicherweise sind auch Dateien enthalten, auf die er angewiesen ist, ohne dass es Ihnen bewusst ist – zum Beispiel beim Kompilieren Ihrer Anwendung mit der Systembibliothek `musl` in Alpine im Gegensatz zu `glibc` in vielen anderen Basis-Images. In jedem Fall sind Sie selbst für die Abhängigkeiten verantwortlich – auch wenn Sie Ihre Anwendung containerisieren. Sie müssen ebenfalls überlegen, welche Supporttools Sie mit aufnehmen (wenn überhaupt), da man sehr leicht vom einfacheren Debuggen ins Vergrößern der Angriffsoberfläche rutscht.

Eine gute Möglichkeit, Licht ins Dunkel der Abhängigkeiten von Dateien zu bringen, ist der Vergleich mit einem Container für ein statisch gelinktes Programm, das in einer Sprache wie Go oder C geschrieben wurde. Solche Programme benötigen keine zusätzlichen Bibliotheken oder ausführbare Kommandozeilentools.

Um dies nachzuvollziehen, lohnt sich ein Blick zurück auf den Abschnitt »Images klein halten« auf Seite 95, in dem wir gezeigt haben, wie man einen ultraleichten Container `spkane/scratch-helloworld` bauen kann. Anschließend erläuterten wir, wie das darunterliegende Dateisystem aussieht, und verglichen es mit dem populären `alpine`-Base-Image.

Neben den von Docker genutzten Dateisystem-Layern ist die Beschränkung des Inhalts Ihrer Container auf das Nötigste eine gute Methode, um für schlanke Images und eine schnelle Ausführung des Befehls `docker image pull` zu sorgen – mit in einem Container laufenden Interpreter-Sprachen ist das sehr viel schwieriger zu bewerkstelligen, weil die Runtimes und die Abhängigkeitsgraphen viel größer sind. Entscheidend ist jedoch, dass Sie versuchen sollten, sich bei Ihren Images auf das Nötigste zu beschränken, damit Sie sich zielführende Gedanken über die Abhängigkeiten machen können. Docker hilft Ihnen zwar dabei, sie zu bündeln, im Endeffekt bleiben Sie aber selbst für die Abhängigkeiten verantwortlich.

Konfiguration

Speichern Sie Konfigurationsdaten in Umgebungsvariablen, nicht in Dateien, die in der Codebasis eingecheckt werden.

Auf diese Weise ist es möglich, die exakt gleiche Codebasis in verschiedenen Umgebungen wie Staging- oder Produktivumgebung zu deployen, ohne komplizierte Konfigurationen im Code zu pflegen oder den Container für jede Umgebung neu zu erstellen. Ihre Codebasis bleibt dadurch sehr viel aufgeräumter, weil umgebungsabhängige Informationen wie Datenbanknamen und Kennwörter nicht Teil des Quellcode-Repositorys sind. Noch wichtiger ist aber, dass keine Annahmen über die Deployment-Umgebung Eingang ins Repository finden. Dadurch wird es besonders einfach, die Anwendung überall zu deployen, wo sie von Nutzen ist. Sie müssen außerdem in der Lage sein, dasselbe Image testen zu können, das Sie in der Produktivumgebung ausliefern – und dies ist nicht machbar, wenn das Image für jede Umgebung mit allen Konfigurationsdaten neu erstellt werden muss.

Wie in Kapitel 4 erläutert, können Sie Umgebungsvariablen übergeben, indem Sie den Befehl `docker container run` mit dem Kommandozeilenargument `-e` verwenden. Zum Beispiel weist `-e APP_ENV=production` Docker an, die Umgebungsvariable `APP_ENV` in dem neu gestarteten Container auf `production` zu setzen.

Für ein praktisches Beispiel wollen wir annehmen, dass wir das Image für den Chatbot Hubot heruntergeladen und den Rocket.Chat-Adapter (*https://www.hipchat.com/chat*) installiert haben. Dann führen wir folgenden Befehl aus, um den Chatbot zu starten:

```
$ docker container run \
  --rm --name hubot -d \
  -e ENVIRONMENT="development" \
  -e ROCKETCHAT_URL='rocketchat:3000' \
  -e ROCKETCHAT_ROOM='general' \
  -e RESPOND_TO_DM=true \
  -e ROCKETCHAT_USER=bot \
  -e ROCKETCHAT_PASSWORD=bot \
  -e ROCKETCHAT_AUTH=password \
  -e BOT_NAME=bot \
  -e EXTERNAL_SCRIPTS=hubot-pugme,hubot-help \
  docker.io/rocketchat/hubot-rocketchat:latest
```

Hier übergeben wir beim Erstellen des Containers eine ganze Reihe von Umgebungsvariablen. Wenn der Prozess im Container läuft, hat er Zugriff auf all diese Umgebungsvariablen und kann sich zur Runtime selbst ordnungsgemäß konfigurieren. Somit stellen diese Konfigurationsdaten eine externe Abhängigkeit dar, die wir zur Runtime modifizieren können.

Es gibt viele verschiedene Wege, um Daten in einen Container zu bringen, darunter die Nutzung von Key-Value-Stores wie `etcd` oder `consul`. Umgebungsvariablen sind universelle Optionen, die sehr gut als Startpunkt für die meisten Projekte dienen können. Sie sind ein einfacher Weg, um Konfigurationen durchzuführen, da sie durch die Plattform und häufig genutzte Programmiersprachen sehr gut unterstützt werden. All das hilft der Überprüfbarkeit, da die Anwendung mit `docker container inspect` inspiziert werden kann.

Im Fall einer Node.js-Anwendung wie `hubot` könnten Sie nun Code wie den folgenden schreiben, um die Umgebungsvariablen als Entscheidungsgrundlage zu nutzen:

```
switch(process.env.ENVIRONMENT){
        case 'development':
            console.log('[INFO] Running in development');

        case 'staging':
            console.log('[INFO] Running in staging');

        case 'production':
            console.log('[INFO] Running in production');

        default:
            console.log('[WARN] Environment value is unknown');
    }
```

Die genaue Methode, die verwendet wird, um dem Container Konfigurationsdaten zu übergeben, hängt stark vom spezifischen Tooling des Projekts ab. Die meisten Projekte werden versuchen, das Tooling einfach zu gestalten, damit jedes Deployment die richtigen Settings für die richtigen Umgebungen bekommen kann.

Wenn Sie spezielle Konfigurationsdaten aus dem Quellcode heraushalten, ist es sehr einfach, den exakt gleichen Container in verschiedenen Umgebungen zu deployen, ohne Änderungen oder sensible Informationen beim Code-Repository einchecken zu müssen. Entscheidend ist hier, dass Sie Ihr Container-Image gründlich testen können, bevor Sie es in der Produktivumgebung deployen, da in beiden Umgebungen dasselbe Image zum Einsatz kommt.

```
$ docker container stop hubot
```

Wenn Sie dem Container Passwörter oder andere Security-Tokens übergeben müssen, sollten Sie sich entweder die Dokumentation (*https://docs.docker.com/engine/swarm/secrets/*) für das Kommando `docker secret`, das in Docker Swarm Mode arbeitet, oder HashiCorps Vault (*https://www.vaultproject.io/*) anschauen.

Unterstützende Services

Handhaben Sie unterstützende Services wie beigefügte Ressourcen.

Lokale Datenbanken sind nicht verlässlicher als externe Services und sollten daher auch dementsprechend behandelt werden. Anwendungen sollten mit dem Verlust einer beigefügten Ressource problemlos zurechtkommen. Wenn Sie einen Mechanismus zur graduellen Leistungsabnahme (*Graceful Degradation*) implementieren und dafür sorgen, dass zu keinem Zeitpunkt die Verfügbarkeit irgendeiner Ressource (inklusive Speicherplatz auf dem Dateisystem) vorausgesetzt wird, kann Ihre Anwendung weiterhin ebenso viele Funktionen wie sonst auch anbieten, selbst wenn externe Ressourcen nicht verfügbar sind.

Hierbei kann Docker Sie nicht direkt unterstützen. Es ist natürlich immer eine gute Idee, belastbare Services zu programmieren – beim Einsatz von Containern ist das allerdings ganz besonders wichtig. Anders als bei herkömmlichen virtuellen Maschinen wird im Fall der Container eine Hochverfügbarkeit größtenteils durch horizontale Skalierung und Rolling-Deployment-Modelle erzielt, anstatt durch die Live-Migration dauerhaft laufender Prozesse. Das bedeutet, dass bestimmte Instanzen eines Service im Laufe der Zeit des Öfteren kommen und gehen – und Ihr Service sollte damit problemlos zurechtkommen.

Da Linux-Containern außerdem nur begrenzte Dateisystemressourcen zur Verfügung stehen, können Sie auch nicht einfach voraussetzen, dass lokaler Storage-Speicherplatz bereitsteht. Diese Tatsache müssen Sie bei den Abhängigkeiten Ihrer Anwendung unbedingt berücksichtigen und explizit handhaben.

Build, Release und Ausführung

Stellen Sie eine strikte Trennung von Build- und Ausführungsphase sicher.

Erstellen Sie den Code, releasen Sie ihn mit der geeigneten Konfiguration und deployen Sie ihn dann. Auf diese Weise behalten Sie die Kontrolle über den Vorgang und können jeden Schritt einzeln ausführen, ohne immer gleich den vollständigen Workflow durchlaufen zu müssen. Wenn gewährleistet ist, dass die einzelnen Schritte unabhängige Teile eines eigenständigen Vorgangs sind, erhalten Sie unmittelbares Feedback und können schneller auf möglicherweise im Ablauf des Deployments auftretende Probleme reagieren.

Beim Design Ihres Docker-Workflows müssen Sie sicherstellen, dass die verschiedenen Schritte des Deployment-Vorgangs deutlich voneinander getrennt sind. Es ist völlig unproblematisch, auf Knopfdruck einen Container zu erstellen, ihn zu testen und dann zu deployen, sofern Sie Vertrauen in Ihre Tests haben. Sie möchten aber sicher nicht gezwungen sein, einen Container neu erstellen zu müssen, nur um ihn in einer anderen Umgebung zu deployen.

Docker unterstützt das Ideal einer »Twelve-Factor App« in diesem Bereich gut, weil es beim Erstellen eines Image und der Auslieferung an die Produktivumgebung einen eindeutigen Übergabepunkt gibt: die Registry. Wenn Ihr Build-Prozess Images erzeugt und sie in der Registry ablegt, können diese beim Deployment einfach auf die Server heruntergeladen und dann ausgeführt werden.

Prozesse

Führen Sie die Anwendung als zustandslosen Prozess bzw. als zustandslose Prozesse aus.

Der Zugriff auf gemeinsam genutzte Daten erfordert eine zustandsbehaftete Speicherlösung, sodass Sie Anwendungsinstanzen leicht erneut deployen können, ohne dass wichtige Sessiondaten verloren gehen. Kritische Zustandsdaten sollten keinesfalls auf dem Dateisystem des nur vorübergehend vorhandenen Containers oder im Arbeitsspeicher eines der Containerprozesse gespeichert werden. Und containerisierte Anwendungen sollten stets als kurzlebig und flüchtig betrachtet werden. Eine wirklich dynamische Containerumgebung macht es erforderlich, dass Container jederzeit entfernt und neu erstellt werden können. Erst diese Flexibilität ermöglicht den rasanten Deployment-Zyklus und das Verkraften von Ausfällen, die für moderne agile Workflows nötig sind.

Soweit möglich, sollten vorzugsweise Anwendungen programmiert werden, die ihren Zustand nicht länger bewahren müssen, als es dauert, einen einzelnen Request zu verarbeiten und zu beantworten. Auf diese Weise ist gewährleistet, dass die Auswirkungen beim Entfernen eines beliebigen Containers nur minimal sind. Wenn Sie Zustände speichern müssen, ist es am besten, einen externen Datenspeicher wie Redis, PostgreSQL, Memcache oder vielleicht sogar Amazon S3 zu nutzen – je nachdem, wie belastbar Ihre Lösung sein muss.

Portanbindung

Stellen Sie Services über Portanbindungen bereit.

Ihre Anwendung muss über einen bestimmten Port erreichbar sein. Im Allgemeinen sollten sich Anwendungen zur Bereithaltung des Service direkt an einen Port anbinden und nicht auf externe Daemons wie `inetd` angewiesen sein, die diese Aufgabe für sie erledigen. Sie müssen sicher sein können, dass Sie auch tatsächlich mit Ihrer Anwendung kommunizieren, wenn Sie deren Port ansprechen. Die meisten modernen Webplattformen sind in der Lage, sich direkt an Ports anzubinden und die eingehenden Requests selbst zu verarbeiten.

Um einen Port Ihres Containers zu öffnen, können Sie, wie in Kapitel 4 beschrieben, den Befehl `docker container run` mit dem Kommandozeilenargument `--publish` ausführen. Beispielsweise würde `--publish mode=ingress,published=80,target=8080` Docker anweisen, den Containerport 80 an Port 8080 des Hosts anzubinden.

Der Container mit dem statisch verlinkten Go-Programm, den wir in »Images optimieren« auf Seite 95 vorgestellt haben, ist ein schönes Beispiel dafür, denn er enthält nichts weiter als die Anwendung, die ihren Inhalt an einen Webbrowser ausliefert – wir mussten keinen zusätzlichen Webserver hinzufügen, was wiederum weitere Konfigurationen erforderlich gemacht, die Komplexität erhöht und zusätzliche potenzielle Fehlerquellen geschaffen hätte.

Nebenläufigkeit

Verwenden Sie zur Skalierung das Prozessmodell.

Berücksichtigen Sie beim Design Ihrer Anwendungen die Nebenläufigkeit und die horizontale Skalierung. Einer bereits vorhandenen Instanz weitere Ressourcen zur Verfügung zu stellen, kann schwierig sein und lässt sich oft nur mühsam wieder rückgängig machen. Das Entfernen oder Hinzufügen von Instanzen ganz nach Bedarf ist dagegen erheblich einfacher – und darüber hinaus bleibt auch die Flexibilität der Infrastruktur erhalten. Einen weiteren Container auf einem neuen Server zu starten, bedeutet im Vergleich zu den Anstrengungen, die nötig sind, um einem virtuellen oder physischen System zusätzliche Ressourcen bereitzustellen, praktisch kaum einen Aufwand. Die Berücksichtigung der horizontalen Skalierung beim Design gestattet eine viel schnellere Reaktion auf einen veränderten Ressourcenbedarf.

Wie Sie im Beispiel in Kapitel 10 gesehen haben, kann ein Service leicht mit Docker Swarm Mode skaliert werden, indem man ein Kommando wie das folgende ausführt:

```
$ docker service scale myservice=8
```

Hier glänzen Tools wie Swarm, Mesos und Kubernetes: Sobald Sie ein Docker-Cluster mit dynamischer Aufgabenplanung implementiert haben, ist es ein Kinderspiel, dem Cluster bei steigender Last drei weitere Instanzen Ihrer Anwendung hinzuzufügen und später zwei davon wieder zu entfernen, sobald die Last sinkt.

Austauschbarkeit

Maximieren Sie die Belastbarkeit durch schnelles Starten und problemloses Beenden.

Services sollten dafür ausgelegt sein, dass sie nur vorübergehend vorhanden sind. Wir haben dieses Thema schon kurz gestreift, als es um externe Zustände ging. Andererseits erfordern die horizontale Skalierung, Rolling-Deployment-Modelle und eine schnelle Reaktionsfähigkeit auf unerwartete Probleme jedoch Anwendungen, die sehr zügig und einfach gestartet bzw. beendet werden können. Services sollten problemlos auf `SIGTERM`-Signale des Betriebssystems reagieren und auch schwerwiegendere Störungen souverän handhaben. Am wichtigsten ist jedoch, dass wir uns keine Gedanken darüber machen müssen, ob irgendein Container für unsere Anwendung gerade läuft. Solange Requests beantwortet werden, sollten sich Entwicklerinnen und Entwickler nicht um den Zustand irgendeiner einzelnen Komponente des Systems kümmern müssen. Wenn ein einzelner Netzknoten Probleme bereitet, sollte die Entscheidung, ihn abzuschalten oder erneut zu deployen, vielmehr leichtfallen und keine umständlichen Planungen und Bedenken über den Zustand des übrigen Clusters nach sich ziehen.

Wie in Kapitel 7 erläutert, sendet Docker Standard-Unix-Signale an Container, wenn sie gestoppt oder entfernt werden sollen. Es ist daher jeder containerisierten Anwendung möglich, diese Signale zu erkennen und die geeigneten Schritte zu unternehmen, um sich ordnungsgemäß zu beenden.

Gleichstellung von Entwicklungs- und Produktivumgebung

Sorgen Sie dafür, dass die Entwicklungsumgebung, die Staging-Umgebung und die Produktivumgebung so gleichartig wie möglich sind.

Bei den Build-, Test- und Deployment-Prozessen von Services sollten in allen Umgebungen dieselben Verfahren und Artefakte eingesetzt werden. Die Arbeit sollte in allen Umgebungen von denselben Menschen erledigt werden, und auch der physische Aufbau der verschiedenen Umgebungen sollte so gleichartig wie möglich sein. Der Faktor Reproduzierbarkeit ist äußerst wichtig. Nahezu alle in der Produktivumgebung auftretenden Probleme lassen sich auf beim Deployment begangene Fehler zurückführen. Jeder Bereich, in dem es in der Produktivumgebung Abweichungen von der Staging-Umgebung gibt, stellt ein potenzielles Risiko dar. Durch solche Widersprüchlichkeiten sind Sie bestimmten möglicherweise in der Produktivumgebung auftretenden Problemen gegenüber blind, bis es zu spät ist, vorbeugende Maßnahmen zu treffen.

In vielerlei Hinsicht spiegelt sich hier die Quintessenz einiger der schon genannten Empfehlungen wider. An dieser Stelle ist entscheidend, dass voneinander abweichende Umgebungen Risiken bergen – und wenngleich solche Abweichungen in vielen Unternehmen häufig vorkommen, sind sie in containerisierten Umgebungen doch sehr viel weniger notwendig. Docker-Container lassen sich normalerweise so gestalten, dass sie in allen Umgebungen identisch sind. Umgebungsabhängige Konfigurationsänderungen sollten typischerweise nur einen Einfluss darauf haben, mit welchen Endpunkten sich Ihr Service verbindet, ohne dass sich das Verhalten der Anwendung ändert.

Logs

Handhaben Sie Logs als Eventstreams.

Services sollten sich nicht selbst mit der Speicherung oder Koordinierung von Logs befassen müssen. Die Events sollten vielmehr ungepuffert über `STDOUT` ausgegeben werden, damit der beherbergende Prozess sie handhaben kann. In der Entwicklungsumgebung kann `STDOUT` leicht angezeigt werden, in den Staging- und Produktivumgebungen hingegen kann der Eventstream weitergeleitet werden, z. B. an einen zentralen Logging-Service. Grundsätzlich gibt es in den verschiedenen Umgebungen unterschiedliche Ausnahmen bei der Handhabung von Logs, diese Logik sollte aber niemals fest in der Anwendung verdrahtet werden. Wenn alle Events über `STDOUT` ausgegeben werden, kann sich die Prozessverwaltung auf oberster Ebene darum kümmern, wie mit den Logs verfahren wird, und die für die Umgebung geeignetste Methode auswählen – und Anwendungsentwickler können sich so auf die eigentliche Funktionalität konzentrieren.

In Kapitel 6 haben wir den Befehl `docker container logs` erörtert, der die `STDOUT`-Ausgaben Ihrer Container sammelt und als Logs speichert. Wenn Sie Ihre Logs in irgendwelchen Dateien im Dateisystem des Containers speichern, ist es schwierig, darauf zuzugreifen. Eine weitere Möglichkeit bestünde darin, Docker so zu konfigurieren, dass sie einem lokalen oder Remote-Logging-System wie `rsyslog`, `journald` oder `fluentd` übergeben werden.

Wenn Sie eine Prozessverwaltung oder ein `init`-System wie `upstart` oder `systemd` mit dem Plug-in für das Remote-Logging verwenden, ist es für gewöhnlich ganz einfach, alle Ausgaben an `STDOUT` umzulenken und von der Prozessverwaltung aus an einen Remote-Logging-Service übermitteln zu lassen.

Verwaltungsvorgänge

Führen Sie Verwaltungsaufgaben als einmalige Vorgänge aus.

Einmalige Verwaltungsaufgaben sollten anhand derselben Codebasis und Konfiguration ausgeführt werden, die auch von der Anwendung genutzt werden. Dadurch lassen sich Probleme mit der Synchronisierung und dem Auseinanderdriften des Codes vermeiden. Oftmals finden einmalige Skripte Verwendung, oder es werden Verwaltungstools eingesetzt, die zu einer komplett anderen Codebasis gehören. Es ist aber viel sicherer, solche Tools innerhalb der Codebasis der Anwendung zu entwickeln und sich dieselben Bibliotheken und Funktionen zunutze zu machen, um die erforderlichen Arbeiten zu erledigen. Die Verlässlichkeit dieser Tools lässt sich erheblich verbessern, wenn gewährleistet ist, dass sie dieselben Pfade verwenden, auf die auch die Anwendung angewiesen ist, um ihre Aufgabe zu erfüllen.

Sie sollten also nicht auf irgendwelche `cron`-artigen Skripte zurückgreifen, um Verwaltungs- oder Wartungsaufgaben durchzuführen – fügen Sie die Skripte und Funktionen stattdessen der Codebasis der Anwendung hinzu. Sofern nicht alle Instanzen Ihrer Anwendung davon betroffen sind, können Sie zur Erledigung einzelner Wartungsaufgaben einen eigenen kurzlebigen Container starten oder `docker container exec` nutzen, das dann einfach seine Arbeit ausführt, irgendwo seinen Status vermeldet und sich dann beendet.

»Twelve-Factor«-Zusammenfassung

Das »The Twelve-Factor App«-Manifest bezieht sich zwar nicht speziell oder gar ausschließlich auf Docker, dennoch lassen sich fast alle hier konstatierten Erkenntnisse für die Programmierung und das Deployment von Anwendungen auf einer Docker-Plattform verwerten. Das liegt einerseits sicher daran, dass das Design von Docker stark von diesem Manifest beeinflusst wurde, ist aber andererseits ebenso dem Umstand geschuldet, dass das Manifest darüber hinaus viele der Best Practices der modernen Softwarearchitektur festschreibt.

The Reactive Manifesto

Neben »The Twelve-Factor App« wurde im Juli 2013 ein weiteres relevantes Dokument veröffentlicht, in diesem Fall von Jonas Bonér, Mitbegründer und CTO von Typesafe: »The Reactive Manifesto« (*http://www.reactivemanifesto.org/*). Jonas hatte ursprünglich zusammen mit einer kleinen Gruppe weiterer Autoren ein Manifest ausgearbeitet, das sich damit befasst, wie sich die Anforderungen an die Belastbarkeit von Anwendungen in den letzten Jahren entwickelt haben und wie Anwendungen konzipiert sein sollten, um in vorhersagbarer Weise auf verschiedene Formen der Interaktion zu reagieren, wie etwa Events, Benutzer, Lasten und Ausfälle (*https://www.lightbend.com/blog/why-do-we-need-a-reactive-manifesto*).

In diesem Manifest wird festgestellt, dass »reaktive Systeme« reaktionsschnell, belastbar, flexibel und nachrichtengesteuert sind.

Reaktionsschnell

Das System reagiert, wenn irgend möglich, zeitnah.

Generell ist damit gemeint, dass eine Anwendung sehr schnell auf einen Request reagieren sollte. Benutzerinnen und Benutzer wollen schlicht und einfach nicht warten – und es gibt auch kaum einen vernünftigen Grund, sie warten zu lassen. Ein containerisierter Service, der große PDF-Dateien erzeugt, sollte beispielsweise sofort eine Meldung wie »Verarbeitung läuft« anzeigen, damit Benutzer sich in der Zwischenzeit mit anderen Dingen befassen können. Später sollten Sie dann eine weitere Meldung ausgeben lassen, die darüber informiert, dass die Verarbeitung abgeschlossen ist und wo das PDF herunterzuladen ist.

Belastbar

Das System reagiert gegebenenfalls auch bei Ausfällen weiterhin zeitnah.

Sollte Ihre Anwendung aus irgendeinem Grund nicht richtig funktionieren, wird die Situation noch schlimmer, wenn die Anwendung daraufhin gar nicht mehr reagiert. Viel besser ist es, die Fehlfunktion kontrolliert zu handhaben und die Funktionalität der Anwendung dynamisch einzuschränken oder sogar eine einfache, aber verständliche Fehlermeldung anzuzeigen und das Problem intern zu loggen.

Flexibel

Das System reagiert bei variabler Auslastung zeitnah.

Docker erzielt diese Flexibilität durch das dynamische Deployment und die Außerbetriebnahme von Containern, wenn Anforderungen und Auslastung fluktuieren, sodass Ihre Anwendung stets in der Lage ist, Requests schnell zu beantworten, ohne dass unausgelastete Ressourcen verfügbar gemacht werden.

Nachrichtengesteuert

Reaktive Systeme nutzen eine asynchrone Nachrichtenübermittlung, um Komponenten voneinander abzugrenzen.

Docker nimmt dieses Problem nicht unmittelbar in Angriff, die hier zugrunde liegende Überlegung ist jedoch, dass es Situationen gibt, in denen eine Anwendung beschäftigt oder nicht verfügbar ist. Wenn Ihre Services asynchron Nachrichten austauschen, können Sie dadurch gewährleisten, dass keine Requests verloren gehen und dass alle Requests so bald wie möglich verarbeitet werden.

Zusammenfassung

Diese vier Design-Features machen es erforderlich, dass Entwicklerinnen und Entwickler in ihren Anwendungen sowohl eine graduelle Leistungsabnahme (*Graceful Degradation*) als auch eine klare Trennung von Verantwortlichkeiten unterstützen. Da in diesem Fall alle Abhängigkeiten von unterstützenden Services wie beigefügte Ressourcen behandelt werden, können Sie in Ihrer Umgebung einzelne Services verlässlich skalieren und Netzknoten, die Probleme bereiten, schnell ersetzen.

Die grundlegenden Thesen des »The Reactive Manifesto« bilden eine sinnvolle Ergänzung zu den Grundsätzen des »The Twelve-Factor App«-Dokuments und dem Docker-Workflow. Beide Dokumente fassen die Ansätze und Denkweisen zusammen, die man sich zu eigen machen muss, um den neuen Anforderungen in diesem Bereich erfolgreich zu begegnen. Der Docker-Workflow stellt eine praktische Methode zur Verfügung, viele dieser Ideen in jedem Unternehmen in leicht zugänglicher Weise zu implementieren.

KAPITEL 14

Schlusswort

Sie haben Docker und Linux-Container nun ausführlich kennengelernt und erfahren, welche Vorteile sie Ihnen und Ihrem Unternehmen bringen können. Darüber hinaus haben wir auch einige der mit der Nutzung einhergehenden Fallstricke aufgezeigt. Wir haben versucht, Sie an den vielen kleinen Erkenntnissen teilhaben zu lassen, die wir beim Einsatz von Linux-Containern in einer Produktivumgebung gewonnen haben. Unsere persönliche Erfahrung hat gezeigt, dass die Vorteile, die man sich von Docker verspricht, tatsächlich erzielbar sind. Wie alle anderen leistungsfähigen Technologien besitzt es sicherlich auch Nachteile, aber im Großen und Ganzen stellt die Verwendung von Docker für uns, unser Team und unser Unternehmen einen großen Gewinn dar. Wenn Sie den Docker-Workflow implementieren und ihn in die in Ihrem Unternehmen bereits vorhandenen Workflows integrieren, haben wir allen Grund zu der Annahme, dass Sie ebenfalls davon profitieren werden.

In diesem Kapitel werden wir nun einen Moment innehalten, uns Dockers sich immer weiter entwickelnden Platz in der Technologielandschaft anschauen und dann noch einmal kurz zusammenfassen, bei welchen Problemstellungen Docker Ihnen Lösungen anbieten kann und was Docker tatsächlich leistet.

Der Blick voraus

Ohne Zweifel werden uns Container sehr lange begleiten, aber die Zukunft von Docker wurde immer wieder infrage gestellt. Das liegt vor allem daran, dass das Wort »Docker« für jeden etwas anderes bedeutet (*https://oreil.ly/pvSEl*). Redet man über die Firma, die im Jahr 2019 an Mirantis verkauft wurde und zwei Jahre nach der Restrukturierung 50 Millionen USD Annual Recurring Revenue (ARR) meldet? Oder meint man `docker`, das Clienttool, dessen Quellcode von *https://github.com/docker/cli* heruntergeladen, angepasst und von jedem gebaut werden kann? Schwer zu sagen. Die Menschen versuchen immer gern, die Zukunft vorherzusagen, aber die Realität liegt oft irgendwo dazwischen, verborgen in den leicht zu übersehenden Details.

2020 hat Kubernetes `dockershim` abgekündigt (*https://kubernetes.io/blog/2022/02/17/dockershim-faq*), was mit Kubernetes v1.24 vollständig umgesetzt wurde. Damals gingen viele davon aus, dass Docker damit tot wäre, aber es wurde übersehen, dass

Docker vor allem ein Entwicklungswerkzeug war, keine Komponente für den Produktiveinsatz. Es lässt sich natürlich aus den unterschiedlichsten Gründen in einem Produktivsystem nutzen, aber seine wirkliche Stärke ist das Vereinfachen des Workflows zum Verpacken und Testen von Software in einem zusammengefassten Toolset. Kubernetes nutzt das *Container Runtime Interface* (CRI, *https://kubernetes.io/blog/2016/12/container-runtime-interface-cri-in-kubernetes*), das nicht von Docker implementiert ist und für das daher eine Wrapper-Software namens `dockershim` bereitgehalten werden musste, damit die Docker-Engine über das CRI angesprochen werden konnte. Diese Abkündigung sollte keine Aussage über den Platz von Docker im Ökosystem sein – es ging schlicht darum, ein großes, von Freiwilligen getriebenes Open-Source-Projekt einfacher warten zu können. Docker läuft vielleicht nicht auf Ihren Kubernetes-Servern, aber in den meisten Fällen hat das keinen Einfluss auf den Entwicklungs- und Release-Zyklus Ihrer Software. Sofern Sie kein Kubernetes-Operator sind, der die `docker`-CLI für das direkte Ansprechen der Container auf einem Kubernetes-Node genutzt hat, werden Sie vermutlich gar nichts von diesem Wechsel mitbekommen.

Und wie sich herausstellt, hat die Mutterfirma von Docker einen neuen Shim entwickelt: `cri-dockerd` (*https://github.com/Mirantis/cri-dockerd*). Damit kann Kubernetes weiterhin mit Docker reden, wenn der Workflow es erfordert.

Interessanterweise diversifiziert sich Docker ebenfalls in Technologien, die nichts mit Containern zu tun haben, wie zum Beispiel WebAssembly (Wasm, *https://docs.docker.com/desktop/wasm*), das Container ergänzen kann und dabei die Bedienerfreundlichkeit für die Entwicklung steigert.

Docker als entwicklungsfreundliches Toolset wird uns also wahrscheinlich noch lange erhalten bleiben, was aber nicht heißt, dass es keine anderen Werkzeuge im Ökosystem gibt, die es ergänzen oder sogar ersetzen können, wenn Sie diese nutzen möchten (oder müssen). Das Schöne an den diversen bestehenden Standards wie OCI und ihre umfassende Umsetzung ist, dass viele dieser Tools mit den gleichen Images und Containern arbeiten können, die andere Tools erzeugen und managen.

Herausforderungen

Bei herkömmlichen Deployment-Workflows sind die verschiedensten Arbeitsschritte erforderlich, die in der Regel erheblich dazu beitragen, dass der Vorgang als solches vom Team als eine Belastung empfunden wird. Jeder einzelne Schritt, der dem Deployment-Workflow hinzugefügt wird, erhöht das mit der Auslieferung an die Produktivumgebung einhergehende Gesamtrisiko. Docker kombiniert einen Workflow mit einer einfachen Toolbox, um genau dieses Problem in Angriff zu nehmen. Ganz nebenbei manövriert es Ihren Entwicklungsprozess in die Richtung bewährter Vorgehensweisen, und sein etwas eigenwilliger Ansatz führt zu einer verbesserten Kommunikation und stabileren Anwendungen.

Zu den Problemen, bei deren Entschärfung Docker und Linux-Container helfen können, gehören unter anderem:

- Vermeiden signifikanter Unterschiede zwischen Deployment-Umgebungen.
- Geänderte Voraussetzungen dadurch, dass Anwendungsentwickler ihren Logging-Mechanismus und die Konfigurationsmöglichkeiten neu schreiben müssen.
- Veraltete Build- und Release-Verfahren, die mehrfache Übergaben zwischen Entwicklern und Administratoren erfordern.
- Komplexe und fragile Build- und Deploy-Prozesse.
- Abweichende Versionsabhängigkeiten von Anwendungen, die auf derselben Hardware laufen müssen.
- Die Verwaltung mehrerer verschiedener Linux-Distributionen im selben Unternehmen.
- Die Einrichtung einmaliger Deployments für jede einzelne an die Produktivumgebung ausgelieferte Anwendung.
- Die ständige Notwendigkeit, Sicherheitslücken zu patchen, während die Anwendung in der Produktivumgebung läuft.
- Und vieles mehr.

Durch die Nutzung der Registry als Übergabepunkt erleichtert und vereinfacht Docker die Kommunikation zwischen den Entwickler- und Administratorenteams oder zwischen verschiedenen Entwicklerteams desselben Projekts. Und durch die Bündelung aller Abhängigkeiten in nur einem auszuliefernden Artefakt sorgt Docker dafür, dass man sich keine Gedanken darüber machen muss, welche Linux-Distribution die Entwickler verwenden möchten, welche Version einer Bibliothek benutzt wird oder wie die Software kompiliert oder ausgeliefert wird. So werden die Administratoren von dem Build-Vorgang isoliert, und die Entwickler sind selbst für die Abhängigkeiten verantwortlich.

Der Docker-Workflow

Der Docker-Workflow hilft Unternehmen und Organisationen dabei, wirklich schwierige Probleme in Angriff zu nehmen – zum Teil dieselben Probleme, die durch den DevOps-Ansatz gelöst werden sollen. Das Hauptproblem bei der Integration des DevOps-Ansatzes in die Workflows eines Unternehmens besteht darin, dass viele Menschen keine Ahnung haben, womit sie anfangen sollen. Oft werden irgendwelche Tools fälschlicherweise als Lösungen für Probleme präsentiert, die grundsätzlich im prozeduralen Ablauf zu suchen sind. Die Umgebung zusätzlich mit Virtualisierung, automatisierten Tests, Deployment-Tools oder einer Konfigurationsverwaltung auszustatten, ändert oft nur das Erscheinungsbild des Problems, ohne es jedoch tatsächlich zu lösen.

Nun könnte man Docker einfach als ein weiteres Tool abtun, das unhaltbare Versprechen in Bezug auf die Lösung von in Geschäftsprozessen auftretenden Problemen macht, doch damit würde man ihm keinesfalls gerecht. Dockers Stärke zeigt sich in der Art und Weise, wie sein natürlicher Workflow es Anwendungen gestattet, ihren gesamten Lebenszyklus, von der Konzeption bis zur Ausmusterung, innerhalb eines Ökosystems zu durchlaufen. Dieser Workflow ist oftmals etwas eigenwillig, folgt aber einem Weg, der die Übernahme einiger der Grundprinzipien von DevOps vereinfacht. Er fördert aufseiten der Entwicklerteams das Verständnis für den gesamten Lebenszyklus ihrer Anwendungen und ermöglicht es den Administratorenteams, ein sehr viel breiteres Spektrum von Anwendungen im selben Runtime Environment zu unterstützen – und das ist für alle von Vorteil.

Minimierung der Deployment-Artefakte

Docker verringert die mit der übermäßigen Vermehrung von Deployment-Artefakten verbundene Belastung, indem das Ergebnis eines Builds als ein einzelnes Artefakt definiert wird: das Docker-Image, das alles beinhaltet, was Ihre Linux-Anwendung zur Ausführung in einem geschützten Runtime Environment benötigt. Die Container lassen sich dann leicht auf modernen Linux-Distributionen deployen. Dank der klaren Trennung zwischen Docker-Client und -Server können Entwickler ihre Anwendungen aber auch auf anderen Plattformen als Linux entwickeln und dennoch an der Linux-Container-Umgebung teilhaben.

Der Einsatz von Docker ermöglicht Softwareentwicklerinnen und -entwicklern das Erstellen von Images, die schon seit dem ersten *Proof of Concept* (PoC, Machbarkeitsnachweis) lokal ausgeführt, automatisiert getestet und dann an die Produktivumgebung ausgeliefert werden können, ohne sie jemals neu erstellen zu müssen. Dadurch ist gewährleistet, dass die Anwendung in der Produktivumgebung unter exakt denselben Bedingungen ausgeführt wird wie in der Entwicklungsumgebung. Während des Deployments muss nichts erneut kompiliert oder gebündelt werden, wodurch sich die üblichen mit den meisten Deployment-Verfahren einhergehenden Risiken erheblich verringern. Darüber hinaus ersetzt ein einziger Build-Schritt einen typischerweise fehleranfälligen Vorgang, der das Kompilieren und Paketieren mehrerer komplexer Komponenten zwecks Veröffentlichung beinhaltet.

Docker-Images gestalten auch die Installation und Konfiguration einer Anwendung einfacher, weil gewährleistet ist, dass sämtliche Softwarekomponenten, die eine Anwendung zur Ausführung auf einem modernen Linux-Kernel benötigt, auf dem Image enthalten sind. Zusätzliche Komponenten, die in vielen Umgebungen zu Abhängigkeitskonflikten führen könnten, gibt es nicht. Auf diese Weise wird es fast schon trivial, auf ein und demselben Server mehrere verschiedene Anwendungen zu betreiben, die auf unterschiedliche Versionen der zugrunde liegenden Systemsoftware angewiesen sind.

Speicherung und Abruf optimieren

Docker verwendet Dateisystem-Layer, damit Container aus einer Kombination von mehreren Images aufgebaut werden können. Auf diese Weise wird viel Zeit und Aufwand eingespart, da beim Deployment nur die eigentlichen Änderungen über das Netzwerk übertragen werden müssen. Außerdem wird auch nicht mehr so viel Speicherplatz benötigt, weil mehrere Container auf demselben Betriebssystem-Image beruhen können, das sich auf einem niedrigeren Layer befindet. Neue oder geänderte Dateien werden dann durch einen Copy-on-Write-Prozess in einen oberen Layer geschrieben. Und auch bei der Skalierung einer Anwendung erweist sich dieses Verfahren als nützlich, weil auf demselben Server einfach weitere Instanzen gestartet werden können, ohne dass eine erneute Übertragung des Image erforderlich ist.

Um den Abruf von Images zu ermöglichen, macht sich Docker eigens eine Registry zunutze, in der sie gehostet werden. Das ist zwar nicht unbedingt eine revolutionäre Neuerung, trotzdem hilft diese Registry dabei, Verantwortlichkeiten gemäß den DevOps-Prinzipien auf Teams aufzuteilen. Entwicklerteams können ihre Anwendung erstellen, testen, das fertige Image an die Registry übergeben und es in die Produktivumgebung deployen. Und Administratorenteams können sich ganz darauf konzentrieren, exzellentes Tooling für das Deployment und die Verwaltung von Clustern zu entwickeln, das auf die Registry zugreifen kann, zuverlässig arbeitet und den intakten Zustand der Umgebung gewährleistet. Außerdem können die Administratoren den Entwicklern Feedback liefern und dafür Sorge tragen, dass die Anwendung frühzeitig getestet wird, anstatt darauf warten zu müssen, dass Probleme auftreten, nachdem die Anwendung an die Produktivumgebung ausgeliefert wurde. Beide Teams können sich so auf ihre Aufgaben konzentrieren, ohne sich mit mehrfachen Übergaben herumplagen zu müssen.

Der Lohn der Mühe

Wenn die Teams im Laufe der Zeit mit Docker und dem Docker-Workflow vertrauter geworden sind, dämmert allmählich die Erkenntnis, dass Container einen unglaublich leistungsfähigen Abstraktionslayer zwischen all den Softwarekomponenten und dem zugrunde liegenden Betriebssystem darstellen. Firmen können allmählich dazu übergehen, sich bei den meisten Anwendungen von der Einrichtung physischer Server oder virtueller Maschinen zu verabschieden und stattdessen ganze Gruppen identischer Docker-Hosts zu deployen, die dann als großer Ressourcenpool dienen, um mit ungekannter Leichtigkeit dynamisch Anwendungen zu deployen.

Wenn sich diese Änderungen in Bezug auf den Workflow als erfolgreich erweisen, kann das massive Auswirkungen auf die Unternehmenskultur haben. Die Entwicklerteams sind in höherem Maße für ihre Anwendungsstacks verantwortlich – bis hin zu den kleinsten Details, die ansonsten typischerweise von einer völlig anderen Gruppe gehandhabt würden. Und die Administratorenteams müssen sich nicht mehr damit herumplagen, Anwendungen mit komplizierten Abhängigkeiten zu paketieren und zu deployen, ohne die Anwendung selbst sonderlich gut zu kennen.

Bei einem wohldurchdachten Docker-Workflow kompilieren und paketieren die Entwickler die Anwendung, was es sehr erleichtert, sich auf die eigentliche Aufgabe zu konzentrieren, und zudem gewährleistet, dass die Anwendung in allen Umgebungen ordnungsgemäß läuft, ohne dass man sich Sorgen darüber machen müsste, dass seitens der Administratoren signifikante Änderungen an der Anwendungsumgebung vorgenommen werden. Gleichzeitig ist das Administratorenteam von der Last befreit, einen Großteil seiner Zeit mit dem Support der Anwendung zu verbringen, und kann sich stattdessen darauf konzentrieren, eine robuste und stabile Plattform zu entwickeln, auf der sie läuft. Auf diese Weise entsteht eine durch und durch intakte Umgebung, in der die Verantwortlichkeiten in Bezug auf die Auslieferung der Anwendung klar geregelt sind – was die zwischen den Teams herrschenden Spannungen drastisch reduziert.

Wenn hier alles richtig gemacht wird, ziehen sowohl Unternehmen als auch Kunden große Vorteile daraus: Ohne unternehmensinterne Spannungen verbessert sich die Qualität der Software, Workflows werden optimiert, und der Code wird schneller an die Produktivumgebung ausgeliefert. All dies hilft den Unternehmen dabei, mehr Zeit in die Zufriedenheit ihrer Kunden zu investieren und sich unmittelbar mit den allgemeineren Unternehmenszielen zu befassen. Ein vernünftig implementierter Docker-basierter Workflow kann viel zum Erreichen dieser Ziele beitragen.

Zum Abschluss

Wir hoffen, dass Ihnen die in diesem Buch vermittelten Kenntnisse beim Einsatz von Docker in einer Produktivumgebung zugutekommen werden. Scheuen Sie sich nicht, in kleinem Maßstab mit Docker auf Ihrem Laptop oder einer virtuellen Maschine herumzuexperimentieren, um sich ein gründliches Verständnis darüber anzueignen, wie die einzelnen Bestandteile ineinandergreifen und zusammenwirken. Als Nächstes sollten Sie sich dann überlegen, wie Sie anfangen könnten, Docker selbst zu implementieren. Jedes Unternehmen, jeder einzelne Entwickler und jede einzelne Entwicklerin geht dabei anders vor, je nachdem, welcher Bedarf besteht und welche Kenntnisse bereits vorhanden sind. Falls Sie nach Hilfestellung suchen, wie man am besten anfängt: Wir haben die Erfahrung gemacht, dass man das Deployment zunächst am besten mit den einfacheren Tools in Angriff nehmen sollte. Danach können Sie sich Schritt für Schritt weiter vorarbeiten und sich mit Dingen wie der Service Discovery oder Distributed Schedulers beschäftigen. Docker kann beliebig kompliziert konfiguriert werden, aber wie so oft lohnt es sich auch hier, eher klein anzufangen.

Nun hoffen wir, dass Sie mit dem in diesem Buch vermittelten Wissen fortfahren und einige der Verbesserungen, die Docker und Linux-Container in Aussicht stellen, in die Praxis umsetzen können.

Index

Symbole

A

B

C

D

E

F

G

H

I

J

K

L

M

N

O

P

Über die Autoren

Sean P. Kane ist Gründer von techlabs.sh und Principal Production Operations Engineer bei SuperOrbital. Er hat sich auf das Entwickeln von sowie Unterrichten und Schreiben über moderne DevOps-Prozesse spezialisiert, unter anderem zu Kubernetes, Docker und Terraform. Er war lange als IT-Techniker tätig und hat in sehr breit gefächerten Industriebranchen viele verschiedene Posten bekleidet. Sean ist Lead Inventor eines mit Containern in Zusammenhang stehenden Patents und verbringt einen Großteil seiner Freizeit als Autor, Tutor und Speaker über Technologien. Zudem ist er begeisterter Urlauber, Wanderer und Camper. Er lebt mit seiner Frau, seinen Kindern und seinen Hunden im pazifischen Nordwesten der USA.

Karl Matthias ist VP of Architecture bei Community.com und hat zuvor über 25 Jahre in verschiedensten Rollen als Senior Engineer oder Leiter bei diversen bekannten Technologiefirmen gearbeitet. Er hat Spaß am Lösen kniffliger Probleme, an der Arbeit mit verteilten Systemen, an Go, Ruby, Elixir, skalierbaren Datastores, automatisierter Infrastruktur und reproduzierbaren Systemen.

Kolophon

Das Tier auf dem Titelbild von *Praxiswissen Docker* ist ein Blauwal (*Balaenoptera musculus*). Blauwale können bis zu 33 Meter lang und bis zu 200 Tonnen schwer werden, was sie zu den größten Tieren der Erde macht – sogar zu den größten bisher existierenden Tieren. Bei der Geburt ist ein Blauwalkalb schon so groß wie ein erwachsenes Nilpferd und kann bis zu 100 Kilogramm pro Tag zunehmen. Voll ausgewachsen, sind Blauwale lang und dünn mit einer kleinen Finne auf dem Rücken, zwei Flossen an der Seite und einem horizontalen Schwanz, der auch als Fluke bezeichnet wird. Blauwale tragen ihren Namen aufgrund ihre blaugrauen Färbung.

Blauwale sind eine Wanderart, und sie können in allen Ozeanen angetroffen werden. In den kälteren polaren Regionen nehmen sie vor allem Nahrung auf, während sie zur Fortpflanzung wärmere tropische Gewässer aufsuchen. Blauwale wandern im Allgemeinen allein oder als Paar, und sie kommunizieren durch Folgen komplexer Laute. Als Mitglied der Furchenwal-Familie (*Balaenopteridae*) fressen sie, indem sie ihre Nahrung durch Barten in ihrem Maul einsaugen. Sie ernähren sich fast ausschließlich von Krill – kleinen Krustentieren, die Shrimps ähneln. Jeden Tag benötigen sie 1,5 Millionen Kilokalorien Energie und können täglich fast 4.000 Kilogramm Krill zu sich nehmen. Aufgrund ihrer Geschwindigkeit und Größe haben Blauwale praktisch keine natürlichen Feinde.

Blauwale waren einst sehr verbreitet mit einer Population in den Hunderttausenden. Sie waren zu groß für Walfänger, aber die Erfindung der Harpune im späten 19. Jahrhundert ermöglichte die erfolgreiche Jagd. Die folgenden Jahrzehnte sorgten daher für einen signifikanten Rückgang der Population. Ein internationales Fangverbot wurde 1966 erlassen, sodass sich die Zahlen erholen konnten – trotzdem bleibt die Art gefährdet.

Viele der Tiere auf den O'Reilly-Covern sind vom Aussterben bedroht; sie alle sind wichtig für unsere Welt. Wenn Sie sich für das Fortbestehen der Walpopulationen einsetzen möchten, sollten Sie darüber nachdenken, bei Walschutzorganisationen wie der *Whale and Dolphin Conservation Society* (*https://whales.org*) ehrenamtlich mitzuarbeiten oder für diese Initiativen zu spenden.

Die Umschlagillustration stammt von Karen Montgomery und basiert auf einem Schwarz-Weiß-Stich aus *A History of British Quadrupeds*. Die für den Umschlag genutzten Schriften sind Gilroy Semibold und Guardian Sans.